의료사회복지론

의료사회복지론

엄태완

KNOWLEDGE COMMUNITY 공동체

이 책의 광의적 집필 목적은 두 가지이다. 첫째, 의료와 사회복지의 융합을 통해 사회복지실천현장의 사회복지서비스 폭을 넓히고 정교함을 더하기 위함이다. 둘째, 2020년부터 국가자격이 된 '의료사회복지사'를 꿈꾸는 학생들을 위한 기초 교재로서의 역할을 하기 위함이다.

이 책은 세 부문의 13장으로 구성되어 있다. 제1부 의료사회복지의 기초는 1장에서 3장까지로, 1장은 보건의료와 사회복지의 관련성을 기술하였으며, 이 장은 학습자의 집중 정도에 따라 가벼운 수준에서 점검하거나 보다 심층적인 논의의 수준으로 확장해도 좋을 것이다. 2장의 의료사회복지의 개관에서는 의료사회복지의 개념과 역사를 간략하게 기술하였고, 생태체계적 관점을 의료사회복지실천의 맥락에서 해석하고 생리 · 심리 · 사회적 모델과 지역사회 보건의료 관점을 추가하였다. 3장의 의료사회복지의 실천현장, 직무와 역할 및 과정에서는 의료사회복지 실천현장을 네 영역으로 분류하였고, 의료사회복지사의 직무와 역할 및 과정을 사회복지실천의 맥락에서 제안하였다.

제2부 의료사회복지의 대상과 접근법은 4장에서 6장까지로, 4장에서는 의료사회복지의 미시적 대상을 환자, 가족, 집단으로 구분하여 특성에 따라 기술하였다. 5장에서는 의료사회복지의 거시적 또는 정책 대상으로 의료보장과 관련된 내용들을 포함하였다. 6장에서는 이 책의 독특한 접근인 롱카(Wronka, 2017)의 생태체계적 접근 모델에 대한 의료사회복지 실천현장의 활용 방안을 제안하였으며, 위기개입모델을 보다 자세하게 구체적 사례를 추가하여 기술하였다.

제3부 의료사회복지의 실천방법은 7장에서 13장까지로, 7장에서는 의료사회복지실천과 관련된 인권 그리고 윤리적 실천 방안을 설명하였다. 8장은 개인 및 가족 의사소통과 관련된 기초 지식과 이론을 제안하였다. 가족 면담에서는 사티어

의 의사소통 가족치료와 보웬의 다세대 가족치료를 간략하게 설명하고 있는데 학습자의 관심에 따라 보완하거나 활용 방안 정도만 인식해도 좋을 것이다. 9장에서는 의료사회복지사가 자주 활용하는 집단실천 및 사례관리의 내용을 다루었다. 10장에서는 의료사회복지서비스의 질, 팀협력, 자원봉사자 관리와 의료비 지원, 퇴원계획 그리고 실습과 수련 교육을 행정과 실무 편으로 묶어 설명하였다. 11장은 주로 종합병원에서 개입하는 만성질환인 만성신부전, 암, 뇌졸중, 당뇨병 그리고 장기이식과 의료사회복지의 관련성을 기술하였다. 12장은 의료사회복지서비스가 점차 증가할 것으로 예상되는 산업재해와 요양병원에서의 의료사회복지실천을 다루었다. 13장은 저자가 생각하는 의료사회복지의 현재와 미래를 간략히 정리하였으며, 이는 학습자의 관심과 역량에 따라 보완하거나 논의하면 좋을 것이다.

이 책에서는 현대 의학의 발달로 질병의 치료 및 건강증진이 획기적 수준으로 변화하면서 발생한 의료서비스의 불평등 격차를 사회복지서비스를 통해 보완할 수 있음을 주장하려고 하였다. 하지만 내용의 대부분이 의료사회복지가 병원을 중심으로 출발한 애초의 역사적 맥락에서 크게 벗어나지 않았다는 아쉬움도 있다. 향후 독자의 비판과 저자의 숙고를 통해 보완해야 할 과제로 남겨두려고 한다.

이 책은 많은 분의 도움으로 완성되었다. 출판을 위한 다양한 시도가 여러 번 무산되었음에도 묵묵히 지원해 주신 공동체의 김진경 부장님, 꼼꼼하게 원고를 검토해 주신 편집부 김민지 팀장님과 선생님들, 그리고 출판을 기꺼이 수락해 주신 김동훈 대표님께 진심으로 감사드린다. 끝으로 책을 완성할 수 있도록 용기와 격려를 아끼지 않은 아내와 정우, 현탁에게 고마움을 전한다.

2023년 5월

경남대 고운관에서 엄태완

차 례

PART 01

의료사회복지의 기초

CHAPTER 1. 보건의료와 사회복지
CHAPTER 2. 의료사회복지의 개관
CHAPTER 3. 의료사회복지의 실천현장, 직무와 역할 및 과정

CHAPTER 01

보건의료와 사회복지

개 요

제1장은 의료사회복지의 배경 지식을 서술하고 있다. 보건과 의료를 뚜렷하게 구분하여 정의하기란 쉽지 않다. 일반적으로 두 단어를 합한 보건의료는 공공 및 민간 병원, 지역사회 보건기관 등을 포함하는 실천현장에서 질병의 치료와 예방 및 재활, 그리고 건강을 유지하고 증진하는 제도와 서비스를 말한다. 이 책의 '의료사회복지'에서 '의료'란 '보건의료'를 의미한다.

의료사회복지는 병원을 기반으로 출발하였기 때문에 질병을 치료하는 의료기관에서의 활동에 초점을 둘 수밖에 없다. 이 책에서도 병원 실천현장을 중심으로 하는 실천 대상과 방법에 많은 지면을 할애하였다. 하지만 의료사회복지는 국민의 보편적인 의료 이용을 보장하고 건강을 보호 · 증진하는 활동을 포함한다. 따라서 의료사회복지는 질병의 치료와 예방뿐만 아니라 건강과 공중보건의 개념을 함께 다루어야 한다. 이를 위해 기본권 맥락에서 의료를 이해하고 건강할 권리를 보장하는 법률, 정책, 제도를 마련하는 데 초점을 둘 필요가 있다.

학습목표

1. 질병과 건강의 개념을 파악하면서 의료 및 공중보건과 사회복지가 연결되는 이유를 설명할 수 있다.
2. 상품으로서의 의료 vs. 기본권으로서의 의료를 비교 · 분석할 수 있다.
3. 건강불평등과 건강형평성의 개념을 이해하면서 보건의료의 공공성 확대 필요성을 설명할 수 있다.

1 의료 및 공중보건과 사회복지

1) 의료와 사회복지

건강은 인간의 삶의 질뿐만 아니라 공동체의 역동성을 유지하거나 강화하는 중요한 요인이다. 질병은 건강의 반대 개념이기는 하지만 복합적이고 연속적인 측면에서 살펴볼 필요가 있다. 의료, 질병 및 건강의 개념을 확인하면서 의료와 사회복지의 만남 의의를 발견하고자 한다.

(1) 의료

의료(medical care)[1]는 질병이나 부상으로 손상된 신체를 진단하고 치료하는 행위를 말한다(이규식, 2018 : 28). 이를 통해 병이 난 조직을 치료하거나 제거하고, 손상된 신체를 복원하여 개인의 안녕감을 회복하거나 삶의 질을 높이는 기능을 한다. 의료는 병원이라는 장소에서 의사 등의 전문가가 개인의 질병을 치료하는 개별화된 접근법을 의미한다.

의료는 사회구성원의 건강하지 않은 삶에 개입하는 방법이다. 사회구성원의 입장에서 보면 질병에 걸리지 않거나 평상시에 건강을 유지할 수 있는 개인적·사회적 대처를 더 선호한다. 이를 뒷받침하는 의료 맥락의 개념을 예방의료에서 찾을 수 있다. 예방의료(preventive health care)란 개인의 질병을 부분적으로 예방하는 것이 목적이고, 1차, 2차, 3차의 수준으로 나눌 수 있다(Torrens & Breslow, 2002).

1차 예방(primary prevention)이란 질병이 발생하지 않도록 조치하는 것을 말한다. 이것은 건강한 생활양식을 만들고 위험으로부터 건강을 보호하는 보건교육, 위생수준의 향상, 면역과 같은 보호 방법의 적용, 작업상 위해의 제거, 발암 물질로부터의 보호 등을 포함한다.

---

1 의료사회복지에서 의료는 'medical care'가 아니라 'health care'를 사용하며, 제2장에서 자세하게 정리하였다.

2차 예방(secondary prevention)이란 질병을 제대로 인식하기 이전 혹은 질병 발생의 초기 단계에서 더 심각해지지 않도록 조치하여 합병증이나 후유증을 예방하는 것을 말한다. 예를 들면, 관상동맥(coronary artery) 질환의 경우 고위험군에 있는 개인을 발견하는 데 초점을 두어 심장질환의 가족력이 있거나 심한 흡연자이거나 운동이 부족하거나 혈중지질성분이 비정상인 사람을 찾아내어 보호하는 것을 2차 예방이라고 부른다. 즉, 건강상의 문제를 미리 찾아내어 치료가 효과적으로 이루어질 수 있을 정도의 조기 발견에 초점을 두는 것을 말한다.

3차 예방(tertiary prevention)은 확진된 질병의 악영향을 예방하거나 최소화하는 것을 말한다. 예컨대 관상동맥 질환의 경우 심장재활, 운동, 적정 체중과 식이요법, 스트레스 관리 등과 같이 질병 악화의 위험을 미리 감소시키는 것을 의미한다.

예방의료는 질병의 회복뿐만 아니라 건강증진, 질병 예방, 사후관리 등을 포함한다. 이는 의료사회복지의 역할과 기능을 질병을 지닌 개인의 적응 능력을 높이고, 개인의 욕구에 환경이 보다 잘 반응할 수 있도록 영향을 미치는 것으로 본다는(Germain, 1984) 설명과 연결된다. 예방의료는 인간의 삶의 질을 향상하기 위해 사회복지에서 추구하는 법, 제도, 서비스와 같은 사회적 시스템을 건강 및 질병의 예방과 회복에 적용하고 있다. 이 책에서 의료는 예방의료를 포함한 의미를 다룬다.

(2) 질병

질병은 생의학적인 측면에서 'disease'로, 사회적인 용어로 'sickness' 및 경험적인 측면의 'illness'로 구분되기도 한다(강흥구, 2014 : 30-31). 그러나 언어적, 사회적, 문화적 그리고 일상적 행위자로서 개인은 이를 엄격하게 분류하지는 않는다.[2] 현대의 질병은 병리학의 전통적 분류체계에 따르고 있으며, 궁극적으로는 '질병 및 관련 건강 문제의 국제 통계 분류(ICD : The International Statistical Classification of Diseases and Related Health Problems, 국제질병분류)'에 속하는 진단명으로 완성된다.

2 이 책에서도 엄격하게 구분하여 사용하지는 않고, 주로 질병과 질환이라는 용어로 문맥에 따라 기술한다.

국제질병분류는 WHO(세계보건기구)에서 질병과 증상 등을 분류해놓은 규정이다. 첫 번째 판(ICD-1)은 사람의 사인에 대한 목록으로 국제통계기구에서 1893년에 채택되었으며, WHO는 1948년 6차 개정판(ICD-6)부터 관여하여 질병 감염 원인을 처음으로 포함해서 발표하였다. 이후 수차례 개정판을 발표하였고 2018년 6월 18일 ICD-11을 공표했으며, 2022년 1월 1일부터 효력을 지니고 있다. 한국은 ICD-10을 기준으로 하는 한국표준질병 · 사인분류(KCD)를 사용하고 있으며 ICD-11을 기준으로 하는 질병분류는 2027년 도입을 목표로 하고 있다(통계청, 2022a).

일반적으로 의료는 국제질병분류에 속하는 진단명으로 질병을 진단한 후 증상을 제거하여 정상 기능을 회복하는 것을 의미한다. 하지만 진단된 모든 질병을 치료할 수는 없으며 상당한 기간 혹은 평생 관리를 필요로 하는 질병도 많다(Antonovsky, 1979). 예컨대 고혈압, 당뇨병, 만성신부전 환자들은 질병을 진단받더라도 단기간에 회복할 수 없으며 오랜 기간 관리를 받아야 한다. 말기암 환자의 경우에는 치료보다는 통증의 조절과 삶의 질에 초점을 두는 완화의료(palliative care)로 접근한다. 또 질병으로 진단이 되지 않더라도 육체적 고통과 기능장애 때문에 일상생활이나 사회생활에서 어려움을 겪는 사람들도 많이 있다. 따라서 병리학적으로 분류된 질병을 치료하는 것도 필요하지만 예방의료의 관점에서 건강한 삶을 유지하는 데 개인적 · 사회적 노력을 하는 것도 중요하다.

(3) 질병과 건강의 연속성

질병은 관찰 가능하고 객관적인 기준을 통해 진단되며 병리적 제거 대상으로 간주된다. 질병은 건강의 반대 개념이며, 환자와 비환자를 구분하는 이분법적 분류 근거가 된다. 질병/ 건강의 이분법적 모델은 병원, 건강보험이나 의료보장 체계에도 잘 부합한다. 이를 통해 환자로 병원에 입원하거나 보험을 청구할 수 있다.

인간의 삶의 질이라는 측면에서 본다면 질병과 건강을 이분법적으로 구분하기보다는 연속선상에서 보는 것이 더 유용하다. 이를 위해 질병을 생리적 병리뿐만 아니라 개인의 주관적 신념과 사회적 구조를 포함하는 3단계 수준으로 이해할 필요가 있다(Susser, 1974 : 541). 첫 번째는 생물학적 수준으로, 신체기관 또는 생리적 현상에 결함이 생기면 질병이고, 그렇지 않으면 건강한 것으로 보는 것이다. 두 번째는 기능적 수준으로, 개인이 기능장애를 주관적으로 인식하면 질병이고, 그렇지 않으면 건강한 것으로 간주하는 것이다. 세 번째는 사회적 수준으로, 개인 자신이 수행해야 한다고 생각하는 사회적 역할이나 기능을 하지 못하면 질병의 상태로 보는 것이고, 반대로 적절하게 수행하면 건강한 것으로 간주하는 것이다.

이와 같이 3단계 수준으로 이해한다면 질병과 건강의 병리적 이분법 모델보다는 개인의 기능적 혹은 사회적 능력을 폭넓게 고려할 수 있다. 즉, 병리학적으로 질병이 없다고 하여 건강하다고 단정하지 않는다는 것이다. 생리적, 기능적, 사회적 수준의 개념으로 질병과 건강을 바라본다면 질병을 치료하고 건강을 회복하거나 유지하기 위해 생의학적 · 심리적 · 사회적 · 경제적 · 문화적 차원의 원인과 해결책을 동시에 찾아야 한다.

WHO가 포괄적으로 정의한 건강의 개념에서도 이를 확인할 수 있는데, "건강이란 단순히 질병이 없다든지 허약하지 아니함을 뜻하는 것이 아니고, 신체적, 정신적, 그리고 사회적으로 사람이 완전히 행복하게 살 수 있는 상태를 의미한다"라고 규정하여 건강을 단지 질병이 없는 상태보다 더 확장하여 표명하였다(Antonovsky, 1979). 이는 건강의 전인적 측면, 즉 건강하다는 것은 개인이 신체적 · 심리적 · 사회적인 모든 측면에서 안녕 상태에 있으면서 주위 환경과 조화롭게 살아갈 수 있는 상태를 말한다.

|그림 1-1|에서 보는 바와 같이 건강을 결정하는 요인은 개인의 유전적 요인부터 사회적 · 물리적 환경과 의료서비스 등이 복합적으로 작용함을 알 수 있다. 인간이 건강한 삶을 유지하기 위한 조건은 질병을 치료하는 의료뿐만 아니라 개인의 유전적 요인이나 행동 반응과 그를 둘러싼 물리적 · 사회적 환경까지 포함한다. 건강한 삶을 지속하도록 하는 의료는 질병이나 부상의 치료를 포함하여 개인적 · 사회적 · 물리적 환경도 동시에 고려해야 한다.

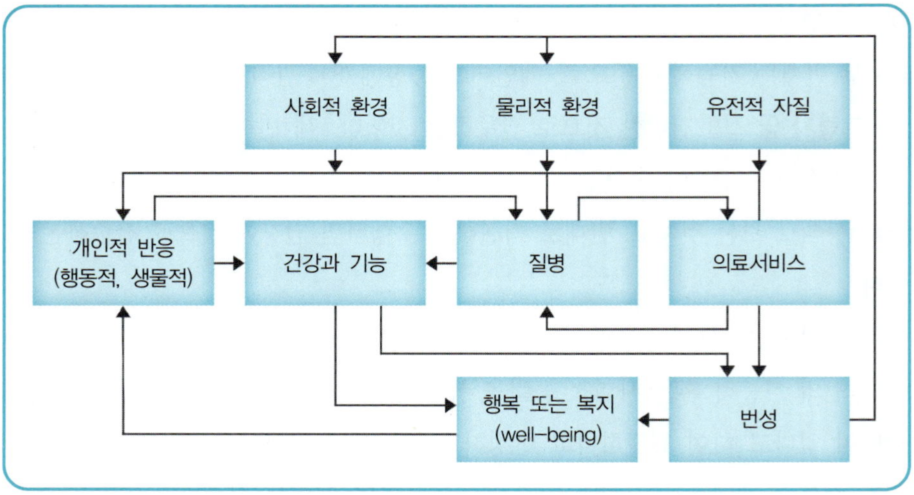

|그림 1-1| **건강결정 요인**

출처 : Evans & Stoddart(1990), 이규식(2018), p. 29 재인용.

(4) 의료와 사회복지의 만남

의료와 사회복지 둘 다 궁극적 목적은 인간의 행복이나 삶의 질을 향상하는 데 있다. 이러한 관점에서 본다면 사회복지는 출발부터 의료와 밀접하게 관련되어 있다. 여기서는 역사적 담론보다는 질병을 치료하는 의료 체계에 사회복지가 이차 실천현장(secondary setting)으로 참여한 시점을 확인하고자 한다. 즉, 의료서비스를 제공하는 의료기관의 전문가팀에서 활동한 시기를 말하는 것이다.

질병을 치료하는 의료와 사회복지의 만남은 20세기 초부터 본격적으로 시작되었다. 의료와 사회복지의 첫 만남은 의료의 사회적 측면에 관심을 가진 영국과 미국의 병원에 사회복지사가 채용되면서부터라고 할 수 있다. 최초의 의료사회복지사[3]는 1895년 영국의 로얄시료병원(Royal Free Hospital)에 채용된 메리 스튜어트(Mary Stewart)이었으며 병원 시스템의 일부로서 역할을 수행하였다. 미국의 경우 아이다 캐논(Ida Cannon)이 1906년 매사추세츠(Massachusetts) 종합병원에 의료

3 초기 명칭은 'hospital almoner'로 영국의 수도원 등에서 자선을 베푸는 사람을 일컫는 표현이었으며, 이는 오늘날 의료사회복지사의 전신이라고 할 수 있다.

사회복지사로 채용된 후 40년간 사회복지서비스를 제공한 개척자로 알려져 있다(김규수, 2001 : 35-43).

1928년 미국병원사회복지사협회(American Association of Medical Social Workers)의 조사에 의하면, 병원을 기반으로 한 의료사회복지사의 주요 역할은 환자의 건강 문제를 이해하는 데 필요한 정보를 습득하는 것, 환자의 건강 상태를 환자, 가족 그리고 지역사회기관이 이해하기 쉽도록 전달하는 것, 환자 및 가족들을 지원할 수 있는 자원을 개발하는 것으로 구분할 수 있다(Gehlert & Browne, 2012). 이 당시 병원을 기반으로 하는 사회복지는 개별 환자의 건강과 관련된 사회적 요인들을 발견하여 환자의 치료를 지원하는 것이었다.

이러한 영향으로 인해 오늘날 우리나라에서 의료사회복지라고 하면 병원에 소속되어 일하는 전문가의 업무로 한정된 측면이 있다. 그러나 의료사회복지는 서구뿐만 아니라 우리나라에서도 병원 밖으로 점차 확대되는 추세라고 할 수 있다. 즉, 의료사회복지는 병원이라는 장소뿐만 아니라 지역사회를 기반으로 하는 공간까지 확대되고 있으며, 개별화된 질병 중심의 치료부터 예방과 공중보건의 영역까지 폭을 넓히고 있다.

2) 공중보건과 사회복지

공중보건은 의료와 다르게 공동체 구성원 전체의 건강에 관심을 둔다. 한국은 2000년에 「공공보건의료에 관한 법률」을 제정하여 공중보건서비스를 제공하고 있지만 공공보건의료기관의 의료서비스에 한정하는 경향이 강하다. 사회복지에서의 공중보건의 역사는 인보관 운동에서 찾을 수 있으며, 사회복지사가 활동할 수 있는 공중보건 실천현장을 확대하기 위해 노력할 필요가 있다.

(1) 공중보건의 개념

공중보건(public health)이란 의료나 예방의료에 비하여 훨씬 광범위하며 개입의 대상은 지역사회나 국가 전체이고, 사회적 질병을 치료하는 틀을 제공하여 구성원들의 건강과 생명을 보호하고 증진하는 생태계를 확립하는 것을 말한다. 의료는 가족이나 지역사회라는 환경에서 개별 환자에 초점을 두지만 공중보건은 개인의 생활에서 발견되는 질병을 기초로 하여 전체 사회구성원의 건강에 관심을 둔다(Fineberg, 2011 : 149-151).

근대의 공중보건은 산업화의 해악에 대한 대응으로 시작되었다. 농촌에서 쫓겨난 가난한 농민들은 도시로 집단 이주하면서 열악한 공간에서 비위생적 환경 속에 살고 있었다. 그들은 오염된 물과 비좁은 거주 공간 속에서 콜레라와 다른 감염병으로 고통을 받고 있었다. 질병은 빈곤과 관련이 있다고 판단하여 위생상태를 획기적으로 개혁할 필요가 있다고 보았다(Rosen, 1993). 이는 개인의 생활에서 발견되는 질병에 대해 전체 인구의 건강에 초점을 두는 공중보건의 접근법이라 할 수 있다.

미국의 질병통제예방센터(CDC : Center for Disease Control and Prevention)에서 말하는 공중보건이란 '사람들이 건강하게 살 수 있는 조건들을 보장하기 위하여 사회가 집단적으로 행하는 활동'이라고 규정한다. 또한 공중보건의 책무를 '질병의 유행 및 전파의 예방, 환경적 유해인자로부터의 보호, 손상예방, 건강행태 개선 및 강화, 재난대응 및 재난 회복을 위한 지역사회 지원, 서비스의 질과 접근성에 대한 보장'이라고 제시하고 있다. 공중보건 전문 인력이란 국가나 지방자치단체의 보건담당 부서에서 일하며 국가, 지역 및 전체인구집단의 건강수준 파악, 건강정책 개발 및 건강정책 평가, 공중보건사업 등을 담당하는 전문가를 말한다(CDC, 2022).

미국에서는 공중보건을 위하여 정부가 해야 할 핵심 기능으로 사정, 정책개발, 보장의 세 가지를 제시하였다(Institute of Medicine, 1988). 첫째, 공중보건기관은 지역사회주민의 건강상태, 질병의 추이 및 원인을 분석하여 지역사회주민의 욕구를 사정(assessment)해야 한다. 둘째, 공중보건기관은 과학적인 근거를 토대로 공중보건과 관련된 정책개발(policy development)을 해야 한다. 셋째, 공중보건기관은 지역사회의 자원들을 동원하여 지역주민들이 건강증진을 위한 서비스를 제공받을 수 있도록 보장(assurance)해야 한다.

〈표 1-1〉 **미국 공중보건 10대 필수 서비스**

항 목	내 용
1	지역사회주민들의 건강상태 확인
2	지역사회의 건강문제 조사 및 진단
3	보건에 관련된 교육과 정보를 제공하여 주민들의 능력을 향상시킴
4	보건문제를 찾아내고 해결하기 위하여 지역사회 참여와 동원
5	개인이나 지역사회의 노력을 지원할 계획과 정책 수립
6	지역주민의 건강을 보호하고 안전을 보장하기 위하여 법과 규제를 강화
7	지역주민들에게 필요한 보건서비스를 연계시키거나 제공
8	보건 인력의 양성
9	개인이나 집단을 대상으로 보건서비스의 질과 접근성 및 효과성 평가
10	보건문제에 대한 창의적이고 혁신적인 연구

출처 : Johns Hopkins Bloomberg School of Public Health(2008).

한국에서 공중보건은 2000년 제정된 「공공보건의료에 관한 법률」에 근거한다. 이 법은 2012년 개정을 통해 설립주체가 공공 또는 민간 구분 없이 공공보건의료 활동이 가능하도록 수정되었다. 이 법 제2조 제1항에 의하면, 공공보건의료란 '국가, 지방자치단체 및 보건의료기관이 지역 · 계층 · 분야에 관계없이 국민의 보편적인 의료 이용을 보장하고 건강을 보호 · 증진하는 모든 활동'을 말한다.

이 법에 의하면 공공보건의료기관의 의무는 다음과 같다(공공보건의료에 관한 법률 제7조). 첫째, 의료급여환자 등 취약계층에 대한 보건의료, 둘째, 아동과 모성, 장애인, 정신질환, 응급의료 등 수익성이 낮아 공급이 부족한 보건의료, 셋째, 재난 및 감염병 등 신속한 대응이 필요한 공중보건의료, 넷째, 질병 예방과 건강증진에 관련된 보건의료, 다섯째, 교육 · 훈련 및 인력지원을 통한 지역적 균형을 확보하기 위한 보건의료, 여섯째, 그 밖에 보건의료기본법 제15조에 따른 보건의료발전계획에 따라 보건복지부장관이 정하는 보건의료를 말한다.

법률에 따른 공공보건의료기관을 살펴보면, 지방의료원, 국립대학병원, 보훈병원, 근로복지공단병원, 국립결핵병원, 국립정신병원, 시도립노인병원, 시군구립

노인병원 등이 있다. 이들 의료기관들은 법 규정에 따른 의무들을 우선적으로 수행한다. 하지만 앞서 살펴본 미국의 공중보건의 기능이라든지 필수 서비스와는 다소 다르다.

한국의 경우 공중보건이란 지역주민의 건강증진이나 질병 예방보다는 공공의료기관이 생산하는 의료에 한정하고 있다. 예컨대 공중보건의료의 한 형태로 법률에 공공보건의료기관으로 규정된 지방의료원이 제공하는 의료서비스에 한정하는 것이다. 이를 통해서 볼 때 한국의 법적 공공보건의료는 국제적으로 통용되는 공중보건과는 다르다는 사실을 알 수 있다.

(2) 공중보건과 사회복지의 만남

사회복지의 역사적 맥락에서 본다면 근대 공중보건은 지역사회복지의 토대가 된 인보관(settlement houses)의 활동에서 찾을 수 있다. 인보관의 거주민들은 그들이 살고 있는 지역사회 보건을 향상하기 위해 다양한 활동을 하였다. 그들은 지역의 쓰레기 제거, 깨끗한 물, 하수도 관리 등을 위해 노력하였다(Gehlert & Browne, 2012). 인보관 거주민들은 위생 및 기타 보건증진 행동을 지역사회주민에게 가르쳤으며, 공중보건 영역과 관련된 활동을 했다고 볼 수 있다.

공중보건 영역의 사회복지실천은 질병 예방, 환경적 위험으로부터 보호, 건강증진을 강조하며 개인과 집단보다는 전체주민(populations)을 대상으로 한다. 공중보건 영역의 사회복지사는 웰니스(wellness), 비만 예방, 신체활동, 금연 등의 다양한 분야에서 사례관리자, 건강교육자, 프로그램 기획 및 평가자, 행정가, 프로그램 관리 및 비영리 기관의 운영진 등의 역할을 수행하고 있다(Jurkowski & Keefe, 2013).

공중보건 영역의 사회복지사는 지역사회 사정(assessment)과 같은 직접 실천기술뿐만 아니라 소외 및 배제 계층에 대한 관심, 사회정의의 실현과 같은 사회복지의 가치를 실천 과정에 적용할 필요가 있다. 그러나 한국의 경우에는 의료기관 중심의 공중보건서비스를 제공하기 때문에 지역주민 전체를 포함하는 건강증진 및 질병 예방을 위한 사회복지실천을 수행하기에는 어려움이 있다.

우리나라의 법적인 공공보건의료기관인 국립대학병원, 근로복지공단병원 및 지방의료원에서 업무를 수행한다고 모두 공중보건서비스를 제공한다고 볼 수는 없다. 우리나라에서 공공보건의료는 모든 국민이 소외와 배제를 당하지 않고 보편적 의료서비스를 제공받도록 하는 것에 초점이 맞추어져 있다. 공중보건의 중요한 기능인 지역주민 전체를 위한 건강증진과 질병 예방을 위한 구체적 서비스는 부족하다. 또한 이를 실현하는 공중보건기관도 활성화되어 있다고 보기 어렵다.

우리나라의 경우 공중보건 영역의 사회복지는 이론적 혹은 현실적으로 구체화되어 있다고 할 수는 없다. 법적인 공공보건의료기관에 채용되어 사회복지서비스를 제공하는 것을 모두 공중보건서비스라고 보기는 어렵다. 향후 공중보건과 사회복지의 관계를 정립하고 법적, 제도적으로 사회복지사들이 활동할 수 있는 공중보건 실천현장을 확대해 나갈 필요가 있다.

2 의료에 대한 두 가지 접근

1) 상품으로서의 의료

의료가 상품으로 간주된다는 의미는 이용자 혹은 소비자가 자신의 구매 능력에 따라 시장에서 의료를 구매한다는 뜻이다. 상품으로서의 의료는 소비자의 소득, 효용, 그리고 가격에 따라 수요가 결정되고, 시장에서 공급을 통해 이용량(거래량)이 결정된다는 의미이다.

의료를 상품으로 간주하면 수요 접근을 중심으로 하는 시장 시스템으로 귀결된다. 왜냐하면 공급 측면에서 보면 의료가 상품으로 규정되든지, 기본권 보장의 수단으로 규정되든지 간에 생산방법에 차이가 없기 때문이다. 즉, 의료서비스는 생산 차원에서 보면 노동(의사, 간호사 등의 인력)과 자본(병원이나 의료기기와 같은 자본재)을 구매하는데 정부가 하든 민간이 하든 생산방식에는 차이가 없다(이규식, 2018 : 113).

의료를 시장에 맡기게 되면 구매력이 없는 사람들의 의료서비스 이용은 어렵게 된다. 이와 같은 이유로 유럽 국가들은 오래전부터 의료를 교회의 교구나 지방 정부 등에서 공급하여 암묵적으로 사회적인 재화로 인식하였다. 우리나라에서도 고려시대에는 혜민국(惠民局), 조선시대에는 제생원(濟生院), 혜민서(惠民署)와 같은 조직을 통해 무료로 서민들에게 의료서비스를 제공했다(김규수, 2001 : 49). 이는 의료를 일반적인 재화와 같이 취급할 수 없다는 역사적 사실을 확인하는 것이다.

근대 이후 의료기술의 발달로 의료공급자가 제공할 수 있는 의료서비스가 확대되면서 개인 간 격차가 커졌다. 이 시기에 미국과 유럽은 각기 다른 방식으로 의료서비스를 바라보았다. 미국의 경우, 1935년 제정된 사회보장법에 의료를 제외하였는데 그 이유가 사회보장제도에 의해 제공되는 의료서비스를 '필요에 따른' 접근으로 간주하는 사회주의적 시스템으로 해석하였기 때문이다.

유럽에서는 의료 분야가 단지 경제적 요인으로만 이해될 수 없는 복잡한 특성을 지닌다는 전제에서 출발하였다. 1942년 베버리지 보고서에서 의료는 지불능력에 관계없이 예방에서 재활에 이르기까지 광범위한 서비스가 제공되어야 하는 분야인 사회적 재화로 공식화되었다. 이후 영국에서는 의료를 개인적 수요 차원이 아니라 공공재로 간주하여 의료서비스의 집단주의 접근을 시도하였다(Klein, 2013). 특히 1948년 세계인권선언 제25항에 의료를 인간의 기본 권리의 하나로 간주하면서 국제사회에서도 사회적 재화로 공식화하였다(Barr, 2007).

2) 기본권으로서의 의료

의료는 경제적 모델보다는 사회갈등 또는 집단복지 모델을 근거로 사회구성원의 기본권으로 간주해야 한다. 세계인권선언에서 의료를 기본권으로 선언하였으며, 대부분의 서구 국가에서는 이를 실현하기 위해 노력하고 있다. 또한 질병의 치료에만 한정하지 않고 건강할 권리를 보장하는 방향으로 나아갈 필요가 있다.

(1) 의의와 모델

의료는 다른 소비재와 달리 구매력을 상실할 경우 생사를 달리할 뿐만 아니라 개인의 행복을 치명적으로 저해할 수 있다. 의료기술이 크게 발달하지 않았을 시기에는 사회 발전을 위해 노동자들이 병이 나면 생활안정을 위한 수당을 지급하는 데 중점을 두었다. 대표적으로 1883년 비스마르크가 노동자들을 위한 질병보험을 도입하여 상병수당을 지급한 것에서 찾을 수 있다(Greβ, Gildmeister & Wasem, 2004).

의료가 인간의 기본권리로 사회적 인정을 받은 것은 사회보장제도에서 의료를 기본적인 인권으로 선언한 데서 찾을 수 있다(Ron, Abel-Smith & Tamburi, 1990). 의료를 기본권으로 천명한 세계인권선언을 서유럽의 산업화된 국가들이 받아들여 정부가 국민들의 의료를 보장하는 방법으로 구체화되었다. WHO는 2010년 보편적 건강보장(UHC : Universal Health Coverage)을 공식화하였다(WHO, 2010). 이를 통해 산업화된 국가뿐만 아니라 개도국이나 저개발국가도 의료의 기본권 관점에서 전 국민 의료보장의 달성을 위해 노력하고 있다.

의료의 기본권 관련 이론으로는 경제적, 사회갈등, 집단복지 모델 등이 있다(Fox, 1990). 경제적 모델(economizing model)은 의료도 경제의 한 영역으로 취급하고, 의료기관은 상품으로서의 의료서비스를 생산하고 소비자에 의해 소비되는 상품으로 본다. 경제의 한 영역인 의료정책은 규제를 통해 제공되는 인센티브나 불이익을 통해 효과적인 상황을 만들어 낼 수 있다는 것이다. 그러나 의료서비스는 다른 상품과 달리 소비자에게 아무런 영향을 미치지 못하기도 하고, 건강을 회복하기도 하지만 더 아프게도 하거나 사망에 이르게 할 수도 있다. 경제적 모델에 근거한 의료정책은 경제적 합리성에 근거를 두더라도 다른 복잡한 요인들도 고려해야 한다.

사회갈등모델(social conflict model)은 부유한 사람과 가난한 사람 간의 투쟁으로 모두에게 동일한 수준의 의료서비스를 제공하는 것을 말한다. 이때 의료서비스는 경제적 모형과 달리 필수재로 간주된다. 사회갈등모델에서 의료란 부유층 혹은 지배층과 빈곤층 또는 피지배층 간의 갈등을 방지하기 위해 제공할 필요가 있는 서비스라고 본다.

집단복지모델(collective welfare model)에서 의료란 다른 상품과 달리 국가나 사회가 구성원 모두의 안녕감(well-being)을 증진하기 위해 제공해야 하는 특별한 재화로 간주된다. 따라서 의료는 매우 제한된 범위에서 경제분석의 대상이 된다.

사회갈등모델이나 집단복지모델은 의료를 권리로 간주하고 있는 유럽의 국가에서 의료를 보는 시각과 일치한다. 의료서비스는 일반적인 상품과는 분명히 다른 특성이 있다. 경제적 관점에서 보면 의료시장은 수요의 비정규성, 정보의 비대칭성(윤리문제), 불확실성(질병 발생, 진단, 치료), 그리고 비영리 조직이 지배하는 공급구조로 인하여 의료서비스가 경쟁 원리로 작동하기가 어렵다(Arrow, 1963).

의료서비스는 그 배분을 시장에 맡길 경우, 도덕적이고 공리적인 문제가 발생하고 사회가 필요로 하는 양의 서비스 공급이 불가능할 수 있기 때문에 정부에 의해 공급하는 공공재로 보아야 한다(Battistella, 1997). 미국을 제외한 대부분의 서구 국가들은 의료를 기본권으로 간주하여 제2차 세계대전 이후 전 국민 의료보장을 선언하고 실현시키기 위해 노력하고 있다.

(2) 건강권의 개념과 확보

① 건강권의 개념

건강은 인권의 기초이다. 건강은 행복을 위한 기본조건이며 국민생활의 수준과 삶의 질을 확인할 수 있는 사회복지 지표이다(이은우 · 전성표 · 이재기, 2000 : 22). 건강권(right to health)이란 보건의료에 한정되는 것이 아니라 건강한 삶을 살아가야 할 사람들에게 필요한 광범위한 사회경제적 조건까지 포함한다(Gostin, 2001 : 29-30). 건강권은 사회구성원 모두가 최고 수준의 건강을 누릴 권리를 인정하는 것이다. 건강권은 국민이 가지는 기본권이며 건강할 권리, 건강 돌봄을 받을 권리, 건강 돌봄 과정에서의 권리로 구분할 수 있다(문창진, 1997 : 175-176).

첫째, 건강할 권리는 건강한 상태를 추구하기 위하여 국가 또는 사회로부터 총체적이고 포괄적인 보호를 균등하게 받을 수 있는 생존권적 기본권을 말한다. 건강할 권리는 건강관리에 있어 사회적 책임을 극대화하고 건강 문제를 사회구조적 원인에서 찾는다.

둘째, 건강 돌봄을 받을 권리는 신분이나 재산에 관계없이 균등하게 보건의료 자원에 접근할 수 있는 절대적 권리를 말한다. 우리나라는 이를 위해 의료보장 제도를 마련하고 있으며, 구체적으로 사회보험인 국민건강보험과 공공부조인 의료급여를 통해 전 국민의 건강 돌봄을 받을 권리를 보장하려고 노력하고 있다.

셋째, 건강 돌봄 과정에서의 권리는 개인이 보건의료 전달체계 내에서 의료자원을 균등하게 향유할 기본적인 권리를 말한다. 이는 국가가 보장하는 의료서비스를 누구나 규정과 절차에 따라 보장받음과 동시에 의료서비스를 받는 과정에서 인권침해를 당하지 않아야 함을 의미한다. 여기서 인권침해란 의식이 명료하지 않은 환자에게 언어적 · 신체적 폭력을 행사한다든지, 마땅히 받아야 할 적절한 치료를 시행하지 않는 경우 등을 말한다.

② 건강권의 확보

건강권은 평등한 의료 접근성, 급여와 부담 배분의 형평성, 의료서비스 질 확보, 권리성 인식과 참여의 네 가지의 원칙을 통해 확보할 수 있다(배화숙, 2004 : 38-50).

첫째, 평등한 의료 접근성은 개인의 소득, 지역, 연령, 성별과 관계없이 국가가 의료서비스를 제공해야 하는 의무를 말한다.

둘째, 급여와 부담 배분의 형평성은 급여 배분과 부담 배분의 형평성으로 구분할 수 있다. 급여 배분의 형평성이란 동일 욕구를 가진 사람들에게는 비용 부담을 근거로 의료서비스를 차별적으로 제공하지 않고 질병의 종류나 상태에 따라 적절한 서비스를 제공하는 것을 말한다. 부담 배분의 형평성이란 기본적으로 개인 간 다른 지불능력에 따른 다른 부담의 원칙을 의미한다.

셋째, 의료서비스의 질 확보는 동일한 의료서비스 욕구를 가진 사회구성원 누구나 동일한 수준의 의료서비스를 받도록 보장하는 것과 관련된다. 의료서비스의 질은 의료 인력과 의료 시설 및 장비의 형평성 있는 분포를 통해 가능하다.

넷째, 권리성 인식과 참여는 사회구성원 모두가 건강을 유지하는 것과 이를 위한 서비스가 권리라는 인식을 통해 의료서비스와 관련된 의사결정과정에 참여하는 것을 말한다. 의료는 수요자인 환자 혹은 국민들이 의료정책을 결정하기보다 공급자인 의사들에 의한 전문적 지배(professional dominance)가 형성되기 쉽다. 보건의료가 기본권이라는 인식을 통해 서비스 이용자인 환자와 국민들의 의료보장정책의 의사결정 참여를 확대할 필요가 있다.

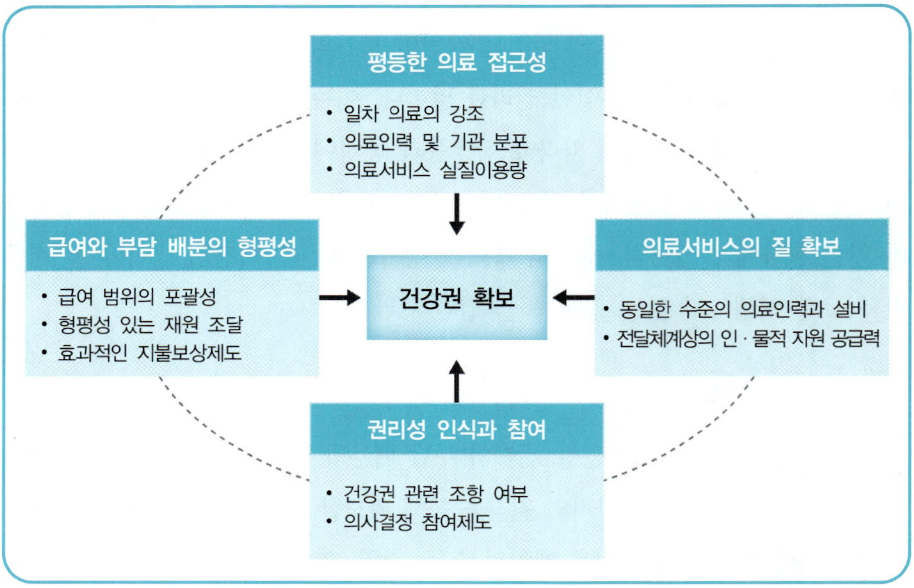

|그림 1-2| **건강권 확보의 원칙과 지표**

출처 : 배화숙(2004), p. 50.

3 보건의료의 사회적 책임

1) 건강불평등과 건강형평성

질병과 건강을 다루는 보건의료는 시대적, 지역적으로 다르게 적용되어 왔다. 오늘날에도 국가에 따라 각기 다른 특성을 지니고 있으며, 그에 따라 국민들의 삶의 질도 크게 영향을 받고 있다. 한 국가에 소속되어 있더라도 지역이나 소득 등에 따라 건강 수준은 차이가 있다. 개인 간 또는 집단 간 건강의 불공정한 차

이를 건강불평등이라고 하며, 반대로 충분한 건강을 얻을 수 있는 공정한 기회를 제공하는 것을 건강형평성이라고 한다.

(1) 건강불평등의 개념

건강불평등(health inequality)이란 개인 간 또는 집단 간에 건강의 차이가 있는 상태를 말하지만 단순한 건강 차이 혹은 지역 간이나 집단 간 다름이 아니라 피할 수 있는 불필요하고 불공정하고 부당한 건강 수준의 차이를 말한다(Corburn, 2005; 유승현, 2017). 한국의 경우 건강 수준은 과거에 비해 전반적으로 향상되었으나 건강 격차는 양극화와 고착화가 진행되고 있다.

세계보건기구의 정의에 따르면 건강형평성(health equity)이란 인구집단 간에 불공평한, 그리고 피하거나 고칠 수 있는 건강 격차가 존재하지 않는 상태를 의미한다(조성일, 2015). 건강불평등은 사회, 경제, 정치적인 구조와 자원 분배가 불평등함에서 비롯되는 개인, 집단, 지역 차원의 건강 격차라 할 수 있다. 그러므로 건강형평성은 자원의 공평한 분배와 일상생활 여건의 개선을 통해 사회적 건강결정요인을 개선하는 사회정의(social justice)의 추구와 연결된다(Commission on Social Determinants of Health, 2008).

건강불평등은 인구집단 사이에 나타나는 건강 수준의 차이를 뜻하며, 이러한 차이가 없는 상태를 건강형평성의 최고 수준이라고 볼 수 있다. 보건의료 정책의 목표는 건강형평성을 높이는 것이지만 실제적으로는 측정이 객관적이고 명확한 건강불평등의 지표, 즉 여러 집단 사이의 건강 수준의 차이를 개선하는 것에 둔다(조성일, 2015). 즉, 건강불평등을 해소하는 것이 건강형평성을 달성하는 것이라고 볼 수 있다.

(2) 건강불평등 지표

건강불평등 지표는 개인별 특성에 따른 인구집단 간 노출되는 환경의 차이, 의료의 접근, 이용 또는 질에서의 차이, 건강 상태에서의 차이, 건강 결과에서의 차이를 확인할 수 있는 구체적이고 측정 가능한 기준이다. 국가나 시대에 따라 건강불평등 지표가 다르지만 〈표 1-2〉는 미국의 건강불평등 지표에서 한국의 상황에 적용 가능한 내용들을 간추린 것이다.

우리나라의 건강불평등 지표의 비교는 대부분 성별, 소득, 지역을 기준으로 한다. 건강불평등 지표들을 통해 성별, 소득, 지역에 따른 건강불평등 실태를 확인할 수 있을 것이며, 이를 바탕으로 건강형평성을 위한 정책과 서비스들이 제공될 필요가 있다.

〈표 1-2〉 건강불평등 주요 지표

지표 영역	지 표	비교 기준
암	유방암 검진율	소득, 지역
	유방암 조기 진단율	소득, 지역
	사망률	성별, 소득, 지역
심혈관질환	치질 검사율	성별, 소득, 지역
	심장마비 원내사망	성별, 소득, 지역
	입원율	성별, 소득, 지역
만성신장질환	투석 전 12개월 내 신장 관리	성별, 소득, 지역
	투석 등록률	성별, 소득, 지역
	이식 등록률	성별, 소득, 지역
당뇨병	권고 서비스 시행률	성별, 소득, 지역
	입원율	성별, 소득, 지역
	말기신장질환 발병률	성별, 소득, 지역
근/ 골격계 질환	골다공증검사	성별, 소득, 지역
	관절염 교육	성별, 소득, 지역
	관절환자 상담	성별, 소득, 지역
생활습관 수정	금연, 운동, 신체활동, 식습관 상담	성별, 소득, 지역
	성인비만율	성별, 소득, 지역
호스피스 · 완화의료	정서적 지원을 받은 호스피스 환자 비율	성별, 소득, 지역
	요양원거주자의 욕창 비율	성별, 소득, 지역

환자의 안전	병원성 감염	성별, 소득, 지역
	의료 사고	성별, 소득, 지역
	예방 가능한 조기 사망률	성별, 소득, 지역
적시성	원하는 즉시 진료를 받지 못하는 환자 비율	성별, 소득, 지역
	응급실 대기시간	성별, 소득, 지역
	심장마비환자 재관류술 시행 시간	성별, 소득, 지역
진료 조정	정보 연계	성별, 소득, 지역
	병원 재입원율	성별, 소득, 지역
	예방 가능한 응급실 입원	성별, 소득, 지역
	약물 정보 안내	성별, 소득, 지역
효율성	부적절한 약물사용	성별, 소득, 지역
	예방 가능한 성인 입원율	성별, 소득, 지역
	장천공된 충수염	성별, 소득, 지역
의료시스템 기반 시설	의료 인력 분포	성별, 소득, 지역
	보건의료 소외 지역 인구 비율	성별, 소득, 지역

출처 : 이소영(2014), pp. 31-33 재구성.

(3) 건강형평성을 통한 삶의 질 향상

건강형평성은 충분한 건강을 얻을 수 있는 공정한 기회를 제공받는 것이고, 어느 누구도 건강을 증진하고 유지하는 데 불이익을 받지 않는 것이다. 건강형평성의 목표는 사회경제적 집단 간 기대수명의 격차를 줄이는 것, 건강에 영향을 미치는 사회경제적 상태인 소득이나 교육 그리고 노동시장 접근성이 실질적으로 개선될 것, 빈곤한 사람의 비율을 낮출 것, 건강과 관련된 욕구를 지닌 사람들이 사회적으로 배제되지 않고 적절한 치료를 받는 것을 말한다(유승현, 2017).

건강형평성을 위한 지역사회 역할은 다양한 이해관계자들과 함께 지역주민의 건강한 행동 유지 및 건강형평성 인식 확산, 건강하고 안전한 지역사회계획, 건강에 해로운 환경 요인의 모니터링, 건강정보 서비스, 건강증진 프로그램, 통합의료서비스 제공, 지역사회 요구 분석, 건강을 위한 로드맵 제시, 건강영향평가 등이다.

우리나라의 제5차 국민건강증진종합계획(HP2030)에도 건강형평성 목표를 달성하기 위한 내용들이 포함되어 있다. 국외와 마찬가지로 우리나라도 건강형평성을 달성하는 일은 사회와 정부에 책임이 있음을 강조한다. HP2030의 비전은 "모든 사람이 평생 건강을 누리는 사회"로 정하고 적용 대상을 '국민'으로 제한하지 않고 전 생애주기에 걸쳐 건강권을 보장하는 환경을 만들겠다는 의미를 포함하고 있다(김한해, 2021). HP2030의 6개 기본 원칙 중 두 번째로 '보편적인 건강수준 향상과 건강형평성 제고를 함께 추진한다'가 명시되어 있다.

건강형평성은 사회적 건강결정요인, 그리고 사회정의와 공정한 기회의 측면에서 논의되어야 한다. 그런 차원에서 건강불평등의 문제는 개인의 건강행동 개선, 만성질환 예방, 치료 및 관리에 초점을 두기보다는 사회구조적 차원에서 이해할 필요가 있다. 정부, 지방정부, 지역사회는 건강형평성 평가의 비교 기준인 성별, 소득, 지역 간 격차를 모니터링하여 건강형평성을 위한 사업을 개발하고 참여할 필요가 있다.

우리나라의 경우 대도시와 수도권에 의료기관, 의료인 등 자원이 집중되어 지역 간 의료 공급·이용 불균형 문제가 지속되고 있다. 구체적으로 보면 2019년 기준으로 천 명당 활동 의사가 서울은 3.1명인 데 비해 경북은 1.4명이고, 11개 시·도는 평균(2.0명) 미만이다. 또한 응급, 심뇌혈관질환, 고위험 분만 등 생명과 직결되는 필수의료 분야의 지역 내 자체 충족이 어려운 상황인데, 2021년 기준으로 응급의료기관이 없는 시군구가 32개이고 이 중에서 12개 지역에는 응급의료시설도 없다(보건복지부, 2021a). 이러한 의료 자원의 불균형에 따라 지역 간 기대수명, 입원 사망비율, 응급 사망비율, 뇌혈관질환 사망비율의 지역 간 차이가 커지고 있다.

건강형평성은 사회정의와 공정한 기회를 강조하기 때문에 사회복지의 가치와 일맥상통한다고 볼 수 있다. 사회복지는 정의로운 사회를 실현하여 개개인의 행복과 안녕을 증진하는 데 목적을 둔다. 건강불평등은 정의로운 사회에서 추구하고자 하는 기회의 평등을 제한하는 것이다. 또한 질병과 고통은 인간 삶의 본원적 가치인 생명과 행복을 직접적으로 제약한다. 따라서 건강불평등을 확인하고 사회복지정책이나 서비스를 통해 건강형평성을 달성하는 노력은 사회복지실천의 목적을 수행하는 중요한 하나의 과정이라고 할 수 있다.

2) 보건의료의 공공성 확대

건강불평등을 개선하여 건강형평성을 달성하기 위해서는 보건의료의 공공성을 확대해 나갈 필요가 있다. 이를 위해 공공 재정으로 의료를 공급하는 공공의료가 전 국민의 기본권을 보장하는 차원에서 논의될 필요가 있다. 또한 민간 개인병원들이 담당하기를 꺼리거나 이윤이 나지 않는다고 포기하는 의료서비스는 공공병원을 확대하여 제공해야 한다.

(1) 공공의료

공공의료(public health care)란 공공 재정으로 공급하는 의료를 말한다. 의료를 국민의 기본권이라는 이념에 근거하여 사회보험을 도입하여 제공하게 된다면 의료는 공공재가 되어 공공의료로 일컬어진다. 우리나라는 「공공보건의료에 관한 법률」에서 공공보건의료를 '국가, 지방자치단체 및 보건의료기관이 지역 · 계층 · 분야에 관계없이 국민의 보편적인 의료 이용을 보장하고 건강을 보호 · 증진하는 모든 활동'으로 규정하고 있다(공공보건의료에 관한 법률 제2조 제1항). 우리나라에서 국민의 보편적 의료 이용을 보장해 주는 의료란 건강보험에 의한 의료 이외에는 없기 때문에 공적 재정인 건강보험에 의한 의료가 공공의료임을 확인할 수 있다(이규식, 2018 : 139).

건강보험에 근거한 의료가 공공의료가 되면 운영의 책임은 정부에 있다. 그러나 우리나라에서는 정부가 건강보험을 바탕으로 공공병원을 전부 건립하여 운영하지 않고 대부분을 민간 의료기관에 맡기고 있다. 정부는 민간 의료기관에 공공의료 생산을 맡기고 건강보험으로 가격(보험수가)을 매겨 보상하고 있다. 이러한 의미에서 본다면 우리나라의 의료는 사회보험을 통한 공공재로서 공공의료의 형태를 띤다고 볼 수 있다(이규식, 2018 : 140).

그러나 여기서 말하는 공공의료는 국제적으로 통용되는 개념인 '공적 재정, 즉 정부 재정으로 공급하는 의료'와는 다르다. 우리나라에서 환자가 의료서비스를 받게 되면 본인부담금과 비급여 항목이 존재한다. 이와 관련하여 의료의 공공성을 강화하기 위해 본인부담률을 낮추고 비급여의 전면 급여화를 위해 노력하고 있다. 우리나라는 국제적으로 통용되는 공공의료의 체계를 따르지는 못하고 있고 전 국민의 보편적 의료를 국가 제도로 보장한다고 보기도 어렵다. 따라서 의료의 공공성 확대는 전 국민의 기본권을 보장하는 차원에서 논의될 필요가 있다.

(2) 공공병원

국가가 제도로 의료를 보장하는 유럽에서는 병원을 공공병원이나 민간병원으로 구분하지 않는다. 즉, 민간 영리병원이라도 보험환자를 진료하는 모든 병원은 공공병원과 같이 취급하여 수가의 통제, 의료계획의 적용과 규제 정책을 실시한다(Busse, Grinten & Svensson, 2002). 마찬가지로 이들 국가에서는 건강보험에 의한 의료가 공공의료이기 때문에 공공의료를 별도로 정의하지도 않는다.

우리나라의 경우 2012년 「공공보건의료에 관한 법률」을 개정하기 전까지는 '공공병원 = 공공의료'라는 단순한 논리로 접근하였다. 이 법에 근거하면 모든 의료기관은 건강보험 요양기관으로 지정되었기 때문에 민간병원이나 공공병원의 구분 없이 공공의료를 수행하는 기관이 된다. 그러나 우리나라의 민간 개인병원은 영리를 추구하여도 법적으로 아무런 문제가 없다. 따라서 공익을 추구할 가능성이 매우 낮다.

여기서 공공병원의 설립 이유를 발견할 수 있다. 공공병원은 영리를 추구하는 민간 개인병원과 달리 공공이익을 달성하기 위한 방향으로 운영할 수 있다. 영리를 추구하는 민간병원은 수요가 충분하지 않아 이윤이 발생하지 않을 것으로 생각되는 의료서비스는 중단한다. 민간병원들은 병원 간 경쟁이 치열하고 의료를 상품으로 판단하는 경향이 강하기 때문에 이윤 추구를 최고의 목적으로 둔다.

그러나 공공병원은 민간 개인병원들이 담당하기를 꺼리거나 이윤이 나지 않는다고 포기하는 서비스를 제공할 수 있다. 예컨대 국민의 보편적인 의료 이용을 제한하는 지역이나 시기에 따른 공급 부족에 대응할 수 있다. 또한 중소도시나 농어촌 지역의 응급의료나 산부인과의 경우 공급이 원활하지 않아 나타나는 의료공백을 초래하지 않도록 할 수 있다. 코로나19와 같은 일시적으로 유행하는 바이러스에 의한 감염병 환자의 진료에서도 유용한 의료기관의 역할을 수행할 수 있다.

사회구성원들은 공공병원이 이윤에 매몰되지 않기 때문에 돈이 되는 서비스에만 집착하지 않고 질이 높은 서비스를 제공할 것이라고 기대한다. 그러나 우리나라의 공공병원은 민간병원과 달리 의료급여 환자를 더 많이 진료한다는 점 이외에는 큰 차이가 없다는 조사결과도 있다(이규식 외, 2013). 공공병원은 민간병원에서 이윤에 초점을 맞추어 포기하여 의료공백이 발생하는 현상을 메꾸는 역할을 수행한다면 보편적 의료보장 달성에 크게 기여할 수 있다.

한국은 1945년 해방 이후 공공병원은 별로 늘지 않았지만 민간병원은 기하급수적으로 늘었다. 그 결과 한국은 OECD 국가 중 최하위로 공공병원이 전체 병원의 10%도 안 되는 거의 유일한 나라가 되었다(최규진 · 하세가와 사오리, 2022 : 146). 오늘날 공공병원의 확대에 대하여 대부분의 국민은 중요하게 생각하고 동의한다. 따라서 정부는 공공병원 확충에 대한 사회적 요구를 수용할 방안을 마련할 필요가 있다.

〈표 1-3〉 정부 및 지방정부 부처별 공공병원(2020년 기준)

설립 형태	부처별 공공병원
국립(32개소)	보건복지부(국립정신병원 5, 국립재활원 1, 국립소록도병원 1), 질병관리청(국립결핵병원 2), 국방부(국군수도병원 등 21), 경찰청(국립경찰병원 1), 법무부(국립법무병원 1)
특수법인(94개소)	보건복지부(국립중앙의료원 1, 국립암센터 1, 적십자병원 6, 국민건강보험공단 일산병원 1, 경인의료재활센터병원 1), 교육부(국립대학병원 17, 국립대학치과병원 6, 국립대학한방병원 1), 고용노동부(근로복지공단 산재병원 13), 국가보훈처(보훈병원 7), 과학기술정보통신부(원자력병원 2), 국토교통부(국립교통재활병원 1), 지방자치단체(지방의료원 35, 지방의료원 분원 2)
시 · 도 · 군립(104개소)	지방자치단체(도립재활병원 3, 시도/ 군립병원 101)

출처 : 보건복지부(2021a), p. 9.

CHAPTER 02

의료사회복지의 개관

개 요

제2장은 의료사회복지의 정의, 역사 그리고 관점과 모델을 기술하고 있다. 병원을 중심으로 하는 사회복지실천을 협의적 의료사회복지로, 모든 사회구성원의 질병 치료와 건강 증진을 위한 사회복지실천을 광의적 의료사회복지로 규정하였다. 의료사회복지의 정의는 협의 및 광의의 개념을 모두 포함하였다. 의료사회복지의 역사는 영국에서의 기원 그리고 미국에서의 확대와 다양성을 중심으로 서술한 후 한국의 발달 과정을 다루었다.

의료사회복지는 사회복지의 한 분야이므로 사회복지실천의 관점인 생태체계적 맥락을 중심으로 접근할 필요가 있다. 구체적으로 의료모델과 생리 · 심리 · 사회적 모델을 비교한 후 의료사회복지의 접근 방향성을 제안하였다. 의료사회복지는 질병을 치료하는 의료기관을 넘어 지역사회 전체의 보건의료를 이해하고 관여해야 하는 분야이다. 이를 강조하기 위해 지역사회 보건의료 관점을 추가하였다.

학습목표

1. 의료사회복지의 협의 및 광의 개념을 포함한 정의를 설명할 수 있다.
2. 영국과 미국의 의료사회복지 역사를 이해하여 한국의 의료사회복지 발달 과정을 설명할 수 있다.
3. 의료사회복지에서의 생태체계적 관점을 이해하여 생리 · 심리 · 사회적 모델과 지역사회 보건의료 관점을 설명할 수 있다.

1 의료사회복지의 개념

1) 협의적 정의

의료와 사회복지의 만남은 건강과 질병에 대한 심리적 · 사회적 요인의 중요성을 확인하면서부터라고 할 수 있다. 유럽과 미국에서 시작된 의료사회복지는 초기에 병원에서 주로 활동하여 병원사회복지(Hospital Social Work)로 명명되었다. 이후 의료모델에 기초한 의료사회복지(Medical Social Work)의 단계를 지나 현재는 질병과 건강의 문제를 전인적 차원에서 포괄적으로 다루는 의료사회복지(Social Work in Health Care)[1]의 시대로 일컬어진다.

여기서는 의료모델에 근거한 병원 중심의 활동을 협의적 의료사회복지로 규정하고자 한다. 이와 관련된 몇몇 정의를 살펴보면 다음과 같다. 업햄(Upham, 1960)은 의료사회복지를 '병원에서 제공하는 의료적 치료를 조정하거나 보강하여 질병의 원인 혹은 치료를 저해하는 심리적 · 사회적인 인간 내면의 문제들을 해결하거나 퇴원한 이후에 가정이나 지역사회에 복귀하여 적절한 사회적 기능을 발휘하도록 돕는 사회복지의 한 분야'라고 하였다(유수현, 1999 : 43 재인용).

또 다르게 프리들랜더(Friedlander, 1968)는 '의료사회복지란 가능한 의료서비스를 가장 효과적으로 활용하기 위해 병원이나 기타의 의료기관에서 사회복지실천의 방법을 적용하여 환자의 질병과 치료에 영향을 주는 심리적 · 사회적 문제를 다루는 사회복지의 전문화된 하나의 분야'라고 하였다(김규수, 2001 : 26 재인용).

이러한 맥락에서 김복순(1968)은 '의료사회복지란 사회복지의 한 분야로서 의료시설 내에서 전문 기술을 가진 사회복지사가 사회복지의 입장에서 의료의 목적을 달성하는 데 협력하는 것으로서, 질병의 원인이 될 수 있고 치료의 효과를 더디게 할 수도 있는 환자의 정서적 · 경제적 · 사회적인 문제를 해결 또는 조정할 수 있도록 하고 환자가 퇴원 후에도 정상적인 사회기능을 하도록 환자뿐만

1 이 책에서 의료사회복지란 'Social Work in Health Care'를 의미한다.

아니라 환자의 가족까지도 돕는 활동'이라고 규정하였다.

김규수(2001)는 의료사회복지를 미시적 · 거시적 개념으로 구분하였는데 미시적 개념의 의료사회복지란 '의료기관에서 치료팀의 일원으로서 사회복지의 전문적인 방법을 활용하여 심리적 · 사회적 · 경제적 문제가 질병 치료와 그 회복에 악순환을 주지 않도록 문제를 해결해 주거나 조정하여 환자 및 가족을 돕는 전문적인 활동'이라고 규정하였다.

한인영과 최현미(2000)도 직접 실천에 초점을 두고 '의료사회복지란 질병에 대한 다각적인 접근방법을 바탕으로 질병을 가진 개인과 환경과의 상호관계에 초점을 두고 의료팀의 일원으로 환자 및 가족의 사회기능 향상을 위해 전문적 실천방법을 활용하여 질병의 예방, 치료 및 재활에 이르기까지 다양한 활동을 수행하는 사회복지의 한 전문분야'라고 정의하였다.

이와 같은 협의의 정의를 요약하면 의료기관이라는 장소에서 치료팀의 일원으로 활동한다는 전제이고, 사회복지실천의 전문적 방법을 활용하여 환자가 질병으로부터 회복할 수 있도록 돕는 사회복지의 한 분야로 규정하고 있음을 알 수 있다. 이는 기본적으로 의료모델에 근거한다. 의료모델에서는 질병의 존재 여부를 판단하여 질병에 대한 진단을 내리며 이를 치료하고 제거하는 데에 초점을 둔다. 이러한 관점을 따른다면 건강과 질병을 다루는 영역에서는 생물학적 원인에 의한 병리적 문제에 집중하는 전문가 이외의 다른 전문가들을 부차적이고 보조적인 역할 수행에 그치도록 만든다.

2) 의료사회복지의 정의

의료사회복지는 협의의 활동으로도 질병과 심리 · 사회적 요인의 상호 관련성을 이해하여 환자의 치료와 삶의 질을 향상하는 데 크게 기여하였다. 협의적 개념에 따르면 의료사회복지는 의료기관 내에서 의사를 포함한 다양한 전문가들과 함께 환자의 질병을 치료하기 위해 심리적 · 사회적 · 경제적 · 문화적 차원에서 사회복지실천의 방법을 적용하는 것에 한정된다.

의료사회복지는 의료기관이라는 한정된 공간에서 질병의 치료에만 초점을 두는 것이 아니라 지역사회 차원에서 구성원들의 질병을 예방하거나 건강을 증진하는 정책과 제도를 만들고 서비스를 제공하는 활동까지 포함할 필요가 있다. 이를 위해 의료사회복지는 의료모델에서 탈피하여 생태체계적 관점의 생리 · 심리 · 사회 모델과 지역사회 중심의 보건의료 관점으로까지 확장된 개념으로 나아가고 있다. 이와 관련된 몇몇 정의를 살펴보면 다음과 같다.

김규수(2001)는 의료기관에서 실시하는 치료적 사회복지실천의 범위를 넘어 포괄적으로 질병의 예방과 건강증진 및 향상을 지향하는 정책적 의료사회복지 개념을 제시하였다. 또한 유수현(1999)도 거시적 의료사회복지라는 개념을 통해 질병 예방, 건강증진 및 지역사회의 의료복지 달성을 목표로 질병에만 초점을 두지 않고 사회적 안녕까지 포함한 범위까지 확대할 필요성을 언급하였다. 강흥구(2014)도 거시적 차원의 의료사회복지라는 개념을 통해 '질병의 치유와 회복뿐만 아니라 예방과 재활을 포함한 건강에 대한 포괄적 접근과 활동으로 가정하고, 병원과 의료시설 내의 개입뿐만 아니라 지역사회 단위에서 활동하는 것을 포함하며, 필요한 경우 제도와 정책적 차원의 접근이 이루어지는 활동'으로 규정하였다.

의료사회복지의 협의적 정의와 정책적 혹은 거시적 정의를 종합하면 다음과 같이 정리할 수 있다.

첫째, 의료사회복지의 목표는 질병의 예방과 치료 및 회복을 포함하여 건강증진과 지역사회 구성원의 의료복지를 달성함에 있다. 의료복지는 건강권을 중심으로 하는 개인의 삶의 질이라고 할 수 있다.

둘째, 의료사회복지의 실천현장은 병원을 비롯한 의료시설, 질병이나 건강 문제를 다루는 지역사회의 관련 기관이나 시설까지 포함한다.

셋째, 의료사회복지의 서비스 내용은 질병과 연관 있는 심리적 · 사회적 · 경제적 문제의 해결, 질병으로부터의 사회적 기능 회복과 적응, 질병의 예방이나 건강증진과 관련된 지역사회 자원 개발과 활용, 보건의료 정책이나 제도 결정에 대한 영향력 행사, 범국가적 의료환경 개선을 포함한다.

넷째, 의료사회복지의 실천 방법은 개인, 집단, 지역사회를 대상으로 하는 임상, 조사, 행정, 정책 등의 모든 사회복지실천 방법이라고 할 수 있다.

이상의 논의를 종합하여 이 책에서 의료사회복지란 '사회복지의 관점과 실천 방법을 적용하여 병원을 포함하는 의료기관 및 지역사회 보건의료기관의 전문직으로서 질병이나 건강과 관련된 심리적 · 사회적 · 경제적 · 문화적 요인을 사정하고 개입하여 환자와 가족의 치료 및 회복을 돕거나, 사회구성원 모두의 질병을 예방하고 건강을 보호 · 증진하는 실천적 · 정책적 활동을 수행하는 사회복지의 한 분야'로 정의하고자 한다.

2 의료사회복지의 역사

1) 영국에서의 발달

의료사회복지는 초기 영국과 미국을 중심으로 발달하였다. 14세기 초 영국의 일부 교회에서는 병원 형태의 수도원과 구빈원을 설립하여 가난한 사람, 노동이 불가능한 사람, 시각장애인, 노인, 질병을 지닌 사람 등을 수용하고 보호하였다. 이를 통해 볼 때 근대 이전까지 가난한 환자의 치료와 경제적 원조가 비조직적으로 이루어지고 있었음을 알 수 있다. 이는 의료사회복지의 기원적인 활동이라고 할 수 있다.

의료사회복지의 본격적인 출발과 확대는 질병과 건강에 대한 심리적 · 사회적 요인의 중요성을 발견하면서부터이다. 영국의 경우, 19세기 후반 산업혁명으로 거대한 공장과 공장지대가 생기면서 인구가 폭발적으로 증가하는 과정에서 빈곤한 사람들이 사는 슬럼 지역이 점점 늘어났다. 당시 슬럼 지역의 빈민들을 돕던 자선조직협회의 중요한 활동 중의 하나는 질병으로 빈곤한 사람 혹은 경제력이 없어 치료를 받지 못하던 사람들을 지원하는 의료사회복지이었다(김규수, 2001 : 36).

의료사회복지사의 시초는 1895년 영국의 런던자선조직협회와 협력하여 왕실시료병원(Royal Free Hospital)에 병원봉사원(hospital almoner)을 고용한 것에서 찾을 수 있다. 병원봉사원들은 환자들의 병원비 지불능력을 조사하고 자선 대상 여부를 사정하는 등 사회조사를 실시하였으며 빈곤한 환자를 사회복지기관이나 무료진료소에 의뢰하는 일을 하였다(Friedlander & Apte, 1974, 한인영 · 최현미, 2000 : 14 재인용).

원래 앨머너(Almoner)란 14세기 초 성문에서 빈곤한 사람들에게 도움을 주는 자를 지칭하며, 그들은 성 출입을 희망하는 사람들을 허가하거나 거절하는 중요한 권한을 가지고 있었다. 19세기 당시 앨머너는 영국의 자선사업가 또는 봉사원을 의미하였으며, 의료사회복지사의 시초라고 볼 수 있다.

앨머너는 주로 여성들로 구성되어 있었기 때문에 부녀봉사원(Lady almoner)으로 불리었으며, 병원과 자선조직협회의 긴밀한 협력을 통해 가난한 환자들에게 경제적인 원조를 중심으로 하는 의료서비스를 수행하였다. 즉, 병원에서는 가난한 환자들에게 병원비를 면제해 주었고, 자선조직협회에서는 환자의 가족에 대한 경제적 지원을 하였다.

영국의 의료사회복지 기원은 빈민들이 겪는 질병과 비참한 삶으로부터 벗어날 수 있도록 지원한 자선조직협회의 역할에서 찾을 수 있다. 여기에는 의료사회복지사의 시초라고 할 수 있는 부녀봉사원들의 헌신과 노력이 있었다. 부녀봉사원들은 가난한 사람들의 치료비와 가족들을 위한 경제적 지원뿐만 아니라 병원 사회복지팀을 만들거나, 의사와 의료사회복지사 간 상호이해를 확대하고, 환자를 위한 위생 교육을 하는 등의 활동을 하였다. 또한 지역사회 환경 개선을 통한 질병의 예방, 지역사회에 거주하는 환자의 가정방문, 환자를 위한 지역사회 내 휴양 공간 마련 등에도 적극성을 보였다. 이른바 오늘날 말하는 미시적이고 거시적인 의료사회복지실천을 동시에 수행하였음을 알 수 있다.

2) 미국에서의 발달

미국 의료사회복지의 발달을 도입기, 전문화기, 다양화기로 구분하여 살펴볼 것이다. 도입기는 인보관이나 자선조직협회에서 환자들을 위한 서비스가 제공되고 병원에 사회복지사가 채용되어 활동하기 시작한 시기를 말한다. 전문화기는 대학의 교육 과정이 생기고 전문가협회 등이 설립되는 시기를 의미한다. 다양화기는 보건의료기관의 새로운 영역에서 활동하고, 관리의료 또는 포괄수가제 등과 같은 정책이나 제도를 수용하거나, 지역사회의 공중보건시스템에서 활동하는 등의 변화에 대응하는 시기라고 할 수 있다. 의료사회복지는 다른 사회복지실천과 마찬가지로 시대적 상황에 따라 구성원들의 욕구를 충족하기 위해 끊임없이 변화하고 있다.

(1) 도입기

미국에서는 19세기 중반 이후부터 급증한 이민자들 중 위생상태가 심각하고 영아사망률이 높아 심각한 의료 문제를 지닌 사람들이 많았다. 인보관이나 자선조직협회에서는 입원 환자들을 위한 서비스나 가정방문을 통해 빈곤한 사람이나 여성과 아동의 질병과 건강 상태를 개선하려고 하였다. 이 과정에서 20세기 초 존스홉킨스 병원과 볼티모어 자선조직협회(Baltimore's Charity Organization Society)가 협력하여 사회복지와 의료를 통합적 관점으로 접근하기 시작하였다(권자영 · 김린아 · 김학령 · 박소연 · 최권호, 2022 : 143).

매사추세츠 종합병원의 의사인 캐봇(Richard C. Cabot)은 환자의 질병과 관련된 가족이나 사회환경의 중요성을 치료 과정에서 확인하였다. 이후 병원에서 사회복지의 필요성을 깨달은 캐봇은 1905년 매사추세츠 종합병원의 외래진료부에 사회복지사인 펠튼(Garnet I. Pelton)을 채용하여 의료사회복지사로서 역할을 하도록 하였다. 그러나 펠튼은 질병으로 6개월 만에 퇴직하였고, 후임으로 고용된 캐논(Ida M. Cannon)은 환자의 질병과 사회적 · 심리적 연관성을 보고하면서 의료사회복지의 개척자 역할을 수행하였다. 미국의 의료사회복지는 초기에는 병원사회복지(Hospital Social Work)라고 불리면서 점차 발달하였다(강흥구, 2014 : 56-57).

캐논은 병원에서의 사회복지를 '의사가 병든 장기 하나만 보지 않고 그것이 몸 전체에 미치는 영향을 보는 것과 마찬가지로 병원사회복지사는 질병을 지닌 사람으로만 보지 않고 가족과 지역사회의 구성원으로 본다. 의사가 환자의 신체적 질병을 치료한다면 사회복지사는 질병의 치료에 영향을 미치는 환자의 심리적 상태나 사회환경을 조사하여 장애가 되는 요소를 제거하는 것이다. 그리고 환자 스스로 회복력을 향상하도록 만드는 데 그 목적이 있다'고 하였다(Gehlert & Browne, 2012).

1919년에는 미국에 있는 200여 개의 병원에서 사회복지사를 채용하였으며, 1930년에는 1,000개 이상의 병원에서 의료사회복지서비스를 실시하였다. 대규모 병원에서는 40~50여 명의 사회복지사를 채용하여 사회복지서비스를 제공하였다(한인영 · 최현미 · 장수미, 2006 : 41). 이는 캐봇과 같은 선구적인 의사들이 질병의 원인과 치료가 전적으로 생물학적인 차원에서 그치는 것이 아니라 사회적 요인에 영향을 받는다는 사실을 확인하여 병원에서의 사회복지를 도입한 결과라고 할 수 있다. 초기에 병원에 채용되어 활동한 사회복지사의 헌신과 노력도 의료사회복지 발달의 초석이 되었다.

(2) 전문화기

전문화기는 대학 교육과 전문가 조직의 형성과 활동을 근거로 구분하였다. 미국의 의료사회복지는 1912년 최초로 전문 교육과정이 만들어졌지만 1918년 미국병원사회복지사협회(American Association of Hospital Social Workers)가 생기기 전까지는 지지부진하였다. 초기 미국병원사회복지사협회는 교육 담당관을 두고 병원사회복지사의 훈련을 강화하고 조정하였으며, 대학의 사회복지학과와 현장 사회복지사들 간의 소통 증대의 목적을 달성하기 위해 노력하였다(김연수 · 김경희 · 김진숙 · 최명민, 2022 : 56).

미국병원사회복지사협회는 1928년에 60개 병원 사회복지과에서 1,000건의 사례를 수집하여 의료서비스와 관련된 사회복지사의 역할을 세 가지로 정리하였다(Gehlert & Browne, 2012). 첫째, 환자의 전반적인 건강 문제를 이해하는 데 필요한 정보를 습득하는 것, 둘째, 환자의 건강 상태를 환자 자신, 가족 그리고 지역사회복지기관이 충분히 이해할 수 있도록 전달하는 것, 셋째, 환자와 가족들을 원조할 수 있는 자원을 개발하고 동원하는 것으로 구분하였다.

대부분 의료사회복지 교육은 대학원 과정으로 간주되었다. 1929년 캐논이 조사한 병원에 근무하는 사회복지사를 조사한 결과 의료사회복지사의 6가지 주요 활동은 ① 사례관리, ② 데이터 관리, ③ 보건 교육, ④ 추적 관리, ⑤ 의료비 조정, ⑥ 의료기관, 요양원, 그리고 기타 보건기관 등으로의 연계로 요약되었다 (Gehlert & Browne, 2012).

미국 병원사회복지사협회는 1934년에 미국 의료사회복지사협회(American Association of Medical Social Workers)로 명칭을 변경하여 활동하다가 1955년에 6개의 다른 사회복지사협회와 함께 전미사회복지사협회(NASW : National Association of Social Workers)로 통합되었다. 이후 의료사회복지사들은 1965년 보건의료사회복지전문가협회(Society for Social Work Administrators in Health Care)를 설립하였고 1990년대에 미국병원협회의 산하기관인 보건의료리더십협회(Society for Leadership in Health Care)로 명칭을 변경한 전국적 의료사회복지사협회에 참여하고 있다.

또한 의료사회복지사들은 업무와 관심에 따라 미국 재가보건의료사회복지사네트워크(American Network of Home Health Care Social Workers), 종양사회복지사협회(Association of Oncology Social Work), 신장사회복지사협회(Council of Nephrology Social Workers), 이식사회복지사협회(Society for Transplant Social Workers) 등을 통해 활동하고 있다.

(3) 다양화기

미국의 의료사회복지는 초기의 양적 확대 이후 다양한 시대적 상황에 영향을 받았다. 1905년부터 1930년까지 미국의 의료사회복지사들은 거의 병원에서만 채용되어 일을 했기 때문에 그 당시 병원 내 사회복지과와 의료사회복지사가 수직적으로 팽창하였다. 이후 질병의 심리·사회적 영향에 관심을 가진 심리학자나 다른 사회과학자들이 병원에 근무하기 시작하면서 새로운 경쟁에 직면하였다. 그 이전까지 병원에서 질병과 치료에 관련된 심리적·사회적 요인의 접근에 대한 사회복지사들의 주장은 다른 영역의 도전을 받지 않았다.

병원 중심의 의료사회복지는 1935년에 제정된 사회보장법(Social Security Act), 1950년대 공중보건운동이나 1960년대 시민권운동의 영향으로 병원을 넘어 확대되기 시작하였다. 1960년대 도입된 노인을 위한 의료보장 프로그램인 메디케어

(Medicare)와 저소득층을 위한 의료보장제도인 메디케이드(Medicaid)로 인해 질병과 관련된 사회복지서비스의 필요성이 증가하였다. 1971년 메디케어 보고서에 따르면 6,935개의 병원에서 1만 1,576명의 사회복지사가 일하였으며, 4,829개의 장기요양시설에서 2,759명이 채용되어 업무를 하였다(Gehlert & Browne, 2012).

의료사회복지사들은 주정부나 지역정부의 보건부서들이나 예방의학 및 응급의학과 같은 새로운 의료영역에서도 활동을 시작하였다. 의료사회복지사들은 새로운 환경에 적응하기 위해 인지행동치료, 가족체계이론, 위기개입, 집단사회복지실천과 같은 방법들을 적용하였다.

1970년대 이후 의료사회복지의 거시적 환경 변화는 의료비 상승에 따른 대응으로 나타난 관리의료(managed care)와 포괄수가제(DRG : Diagnosis Related Group)이었다(권자영 외, 2022; Gehlert & Browne, 2012). 관리의료란 진료 기록이나 비용 등에 따라 전체 치료비용을 미리 정해두고, 건강보험에 가입한 사람과 의료 기관 및 의사의 관계를 체계적으로 설정하여 총비용 이내에서 총체적으로 건강 관리를 하는 의료 제도라고 할 수 있다.

1970년대부터 본격적으로 시작된 관리의료는 의료사회복지사들로 하여금 관리의료의 대행자가 되도록 만들었다. 관리의료는 건강보험 가입자가 건강하여 치료비용이 발생하지 않으면 그만큼 보험회사에 이득이 발생하는 시스템이다. 그에 따라 사회복지사들은 보험회사가 정한 지침 이내에서 서비스를 제공해야 하고 그 범위를 벗어나면 이용자는 보험 혜택을 받지 못하고 사회복지사는 서비스 이용료를 받지 못하게 되어 있다.

포괄수가제는 동일한 범주에 속하는 질병들에 대해 모두 같은 입원 기간과 진료비를 책정하여 관리하는 제도이다. 포괄수가제가 시행됨에 따라 환자들은 병이 더 심각해졌을 때 입원하고 더 일찍 퇴원했다. 병원은 범주화된 질병에 따라 환자의 상태와 상관없이 똑같은 치료비를 받았기 때문에 입원 기간을 가능한 한 줄이려고 하였다.

이렇게 되니 의료사회복지사들은 환자와 보내는 시간이 줄어들게 되고, 서비스의 많은 시간을 중증환자에 대해 가족이나 장기요양시설 등에서 회복할 수 있도록 준비하는 데 소모하였다. 즉, 의료사회복지사들은 퇴원계획에 보다 많은 시간을 보낼 수밖에 없었다. 의료사회복지사들은 과업중심치료 등 단기 개입에 보다 많은 관심을 가지고 개입하였다.

1990년대 이후 의료서비스의 경쟁이 심화되어 미국 병원들은 생존 위기에서 학제초월팀(trans-disciplinary team)을 만드는 등 조직 구조조정을 단행하고 있다. 이에 따라 사회복지부서의 탈중심화(de-centralization)와 권한이양(devolution)이 나타나고 있다. 예컨대 병원 내 사회복지부서의 관리감독을 사회복지사가 아니라 의사 혹은 간호사 등의 다른 인접 전문분야의 전문가들이 수행하기도 한다. 보건의료서비스에 대한 비용효과성 압박으로 사회복지부서의 수익성도 꼼꼼하게 따지고 있다(권자영 외, 2022 : 150-151).

건강이나 질병을 관리하는 시스템에서 의료사회복지사들은 새로운 도전에 직면하고 있다. 그러나 건강을 증진하고 질병을 관리하기 위해서는 환자의 기능과 삶의 질이 최적의 상태를 유지할 수 있도록 다양한 서비스들 간의 돌봄 기능을 통합하고 조율하는 전문가들이 필요하다. 그들 중에서 중추적인 역할을 수행할 수 있는 전문가가 바로 사회복지사라고 할 수 있다(Claiborne & Vandenburgh, 2001 : 220). 따라서 많은 어려움에도 불구하고 의료사회복지는 보건의료 시스템의 필수 영역으로 인정받고 있다.

미국의 의료사회복지는 지역사회에서 생활하는 구성원들의 질병을 예방하거나 암과 같이 한때 불치병으로 간주되었던 질병을 지닌 환자들의 기능과 삶의 질을 최적의 상태로 유지하도록 하는 것까지 확대되었다. 의료사회복지사는 의료팀의 일원으로 활동하기도 하지만 폭넓은 돌봄 기능을 유지하는 보건시스템이나 지역사회 전문가팀에서 역할을 한다. 향후에는 의료사회복지사들이 지역주민의 건강증진과 옹호 활동에 더 많은 역할을 할 것으로 예상된다.

3) 한국에서의 발달

한국의 의료사회복지 발달은 도입기, 확대기, 전문화기로 구분하였다. 한국에서도 서구와 마찬가지로 병원에서 의료사회복지가 시작되었으며, 대략 70여 년의 시간이 지났지만 의료사회복지서비스가 제도로서 제대로 정착되었다고 보기는 어렵다. 다르게 보면 앞으로 다양한 보건의료현장에서 의료사회복지가 활성화될 가능성이 열려있다고 할 수 있다.

(1) 도입기

한국에서도 고려시대나 조선시대에 가난한 환자들에게 의료서비스를 제공하는 등 의료사회복지의 형태가 존재하였다. 하지만 현대적 의미의 의료사회복지의 기원은 1883년 세브란스 병원의 여전도회 회원으로 구성된 자원봉사자들이 서구의 부녀봉사원 역할을 수행한 것에서 찾을 수 있다(김규수, 2001 : 49).

그 후 일제 강점기에는 의료사회복지와 관련된 기록을 찾을 수 없으며 1958년 한노병원에 개별사회사업팀(social case work team)이 설치되어 사회복지사 조기동을 고용하였다. 이는 의료사업을 적극적으로 하던 외원단체인 캐나다 유니테리언 한국봉사회에서 활동하던 사회복지학을 전공한 노르웨이인 레케보(D. G. Rekkebo)의 노력 덕분이었다(한인영 외, 2006 : 47). 한노병원에 고용된 조기동은 한국 최초의 의료사회복지사라고 할 수 있으며, 레케보는 한국의 의료사회복지사들을 교육하고 슈퍼비전을 제공하였다. 이 시기에 의료사회복지사들은 주로 가난한 환자들을 위한 경제적 지원에 활동의 초점을 두었다.

1960년대부터는 주로 대학병원을 중심으로 서구의 의료사회복지의 관점과 방법들을 학습하여 전문적 실천을 하였다. 초창기 의료사회복지사가 고용된 병원을 살펴보면 1962년 가톨릭의대부속 성모병원, 1964년 세브란스병원, 1966년 대구의 동산의료원, 1968년 전주예수병원, 고려병원, 중앙대부속병원, 1971년 한강성심병원 등이었다(김규수, 2001 : 50). 이때는 법적 · 제도적 측면이 아니라 각 병원의 특수성에 따라 의료사회복지사 채용이 이루어졌으며 의료사회복지가 사회복지의 전문 영역으로 완전히 체계화되지는 않았다.

(2) 확대기

의료사회복지의 제도적 진입은 1973년 대통령령에 의해 개정된 의료법 시행령(대통령령 제6863호)에 종합병원 내 사회복지사를 둘 수 있는 근거를 마련한 것에서 찾을 수 있다. 의료사회복지를 법적으로 인정받음에 따라 1973년 대한의료사회복지사협회의 전신인 대한의료사회사업가협회가 창립되었고, 1974년 이화여대 의료원 부속병원, 서울기독병원, 고려대의대 부속병원, 1975년 성분도병원, 1976년 서울 백제병원, 1977년 대구 파티마병원, 국립보훈병원 등에서 병원 내의 하나의 부서로 의료사회복지서비스를 실시하였다(한인영 외, 2006 : 49).

1977년에는 의료보험제도의 확대 실시로 정신의학적 사회사업 부문의 치료활동에 대한 보험수가를 청구할 수 있는 근거가 마련되었다. 이 시기에는 미국의 메디케어 도입 이후 병원에 사회복지사를 많이 채용하던 현상과 비슷하게 한국에서 의료사회복지사를 고용하는 병원들이 증가하였다. 대한병원협회에서 병원평가의 일환으로 1983년부터 도입된 표준화심사제도 중에 의료사회복지서비스 부문이 포함되어 전문화와 사회적 인정의 계기가 되었다. 또한 대한의료사회사업가협회를 중심으로 워크숍을 정례적으로 개최하는 등의 의료사회복지사의 전문성 향상을 위한 다양한 활동이 전개되었다.

(3) 전문화기

1989년 전 국민 의료보험 실시로 의료비 부담이 줄어들면서 의료 이용량이 크게 증가하고 의료 이용 형태도 변화되었다. 또한 병원 서비스의 경쟁이 치열해지면서 의료서비스 품질 향상을 위한 노력들이 한층 강화되었다.

1990년 이후 변화된 의료환경에 대응하기 위해 의료사회복지계는 두 가지의 방향으로 대응하였다(권자영 외, 2022 : 157-158). 첫째는 비수익 부서로 알려진 병원 내 사회복지팀의 위상 확보를 위해 의료사회복지실천 행위에 대한 수가제도 도입을 위해 노력하였다. 예를 들면, 1992년 혈액암 환자에 대한 골수이식, 2000년 생체 장기이식에 대한 인력 요건에 사회복지사를 규정하고 있으나 사회복지사의 상담 수가는 책정되지 못하였다. 이후 의료사회복지사의 행위수가를 인정받기 위해 직무표준화 연구나 서비스 질 평가를 위한 연구 등을 지속하고 있다.

둘째는 전통적인 환자의 심리사회적 문제해결을 위한 활동 중심에서 벗어나 병원 서비스에 폭넓게 참여하려는 시도들이 등장하였다. 대표적으로 병원 행정 직무가 대폭 확대되고 있으며 환자들의 경제적 문제해결과 지역사회자원 연결과 같은 직무도 과거에 비해 업무비중이 크게 확대되어 1, 2순위를 차지하고 있다. 또 다르게 병원 경영 차원에서 자원봉사자 관리 업무가 포함되었으며, 후원금 모금 등의 펀드레이징(fund-raising) 프로그램 기획 등도 중요한 의료사회복지사의 업무로 여겨지게 되었다(대한의료사회복지사협회, 2013). 이는 의료사회복지의 수가 인정 노력과 마찬가지로 사회복지실천의 방법으로 병원 경영에 기여함으로써 전문성을 견고히 하려는 시도라고 할 수 있다.

현재 병원에 근무하는 사회복지사는 임상 각 과의 환자 상담뿐만 아니라 장기이식팀, 호스피스팀에서 활동하고 있으며, 대상 환자도 응급의학과의 자살기도 환자, 절단환자, 화상환자, 당뇨환자, 신부전환자, 심장질환자, 심장이식환자, 백혈병환자, 소아암환자 등으로 확대하고 있다. 또한 다양한 형태의 재활병원이나 산재병원 등에서도 의료사회복지사들이 적극적으로 활동하고 있다. 사회복지사들은 서비스 대상에게 심리사회적 상담과 교육 프로그램을 실시하거나 지역사회 자원을 연결하고 조정하는 역할을 수행하고 있다.

의료사회복지는 사회복지실천의 전통적 특성을 반영하여 지역사회와 협력을 강화하고 있다. 의료사회복지와 지역사회와의 관계는 크게 두 가지 맥락에서 확대와 변화를 지속하고 있다. 하나는 병원에 기반을 둔 지역사회 내 협력을 통한 의료사회복지실천이고 또 다른 하나는 지역사회 내 보건의료 영역에서의 사회복지실천이라고 할 수 있다(최권호 외, 2021; 한상윤 외, 2021).

첫 번째는 병원에 채용된 사회복지사가 상담과 같은 미시적 접근을 넘어 환자와 가족을 위한 지역사회의 자원들을 발굴하고 연결시키는 것과 관련이 있다. 예를 들면, 2006년 도입된 긴급복지지원제도를 통해 병원 내 경제적으로 어려운 상황에 있는 환자와 가족을 돕는다든지, 사회복지공동모금회를 비롯한 민간 비영리단체를 통해 환자를 지원하는 것 등이다. 이는 병원의 경영이나 홍보 차원에 기여할 수 있기 때문에 내부적으로도 호응을 얻고 있다. 또한 의료사회복지사의 부가적 업무이기는 하지만 보건의료와 연관된 지역사회 내 다양한 사회복지기관으로부터의 자문이나 의뢰에도 적극 대응하고 있다.

두 번째는 지역사회 내 보건의료기관에서 관리자로 일하거나 지역사회 내의 기관이나 시설에서 보건서비스를 수행하는 경우이다. 이러한 활동을 의료사회복지로 보기 위해서는 법적이고 제도적인 장치가 마련되어야 하므로 앞으로 논의가 필요하다. 미국의 경우에는 의료사회복지의 영역을 보건기관의 관리자로 활동하는 사회복지사를 포함하고 있지만(Gehlert & Browne, 2012) 한국의 경우에는 지역사회 내 보건기관에서 사회복지사가 활동할 수 있는 여건이 제대로 마련되어 있지 않다. 예컨대 정신건강사회복지의 경우 지역사회 내 정신건강복지센터, 정신재활센터에서 사회복지사가 중추적 역할을 수행하고 있다. 이와 달리 지역사회의 공중보건 영역에서 사회복지사가 활동할 수 있는 공간은 부족한 실정이다. 향후 의료사회복지 분야에서 도전할 필요가 있다고 본다.

3 의료사회복지의 관점과 모델

1) 생태체계적 관점

의료사회복지는 사회복지의 한 분야이므로 생태체계적 관점을 바탕으로 실천할 필요가 있다. 생태체계적 관점은 질병과 건강에 대한 의료모델의 한계를 보완하고 의료사회복지실천의 통합적 접근의 방향성과 정당성을 확보하도록 한다.

(1) 생태체계적 관점과 의료사회복지

의료모델에 의하면 구체적 증상이나 확인할 수 있는 병리, 즉 질병이 없다면 그 개인은 안녕 상태에 있다고 본다. 질병의 유무에 근거한 의료모델은 다음과 같은 세 가지를 놓치게 된다(Antonovsky, 1979). 첫째, 질병, 체액이나 구조의 변경에만 초점을 두기 때문에 아픈 사람의 관계 상실, 전능감 상실, 그리고 통제감 상실 등과 같은 주관적 해석을 무시하도록 만든다. 그리고 질병으로 진단되면 환자의 역할에 충실하도록 억압한다. 둘째, 하나의 질병에 단일한 원인이 있다고 보기 때문에 복잡한 원인 가설을 설명하는 개념에 저항이 심하다. 셋째, 질병과 건강이라는 이분법적 대립구조를 기본 토대로 하기 때문에 건강–질병 연속성이라는 개념을 볼 수 없도록 만든다.

의료사회복지는 의료모델의 한계를 받아들인 의사가 심리적 · 사회적 원인이나 개입의 필요성을 인정하면서 시작되었다. 즉, 개인의 병리에만 초점을 두면 인간의 안녕에 영향을 미치는 여러 가지 심리적 · 경제적 · 사회적 · 문화적 요인들을 간과할 수 있음을 확인한 것이다. 전통적으로 사회복지는 인간의 내적 병리 문제를 그 자체로 보지 않고 외부 환경적 요인과의 상호 관련성을 파악하려고 하였으며, 해결책도 내 · 외부에서 동시에 찾으려고 하였다.

사회복지사들은 클라이언트의 문제행동이 단지 개인적 요인에 의해서 발생하는 것이 아니라 환경적 요인도 중요하다고 본다. 이를 뒷받침하기 위해 사회복지는 생태체계적 관점으로 인간을 이해하려고 한다. 일반체계이론과 생태학적 이론이 통합되어 구성된 생태체계적 관점은 사회복지실천에서 인간과 그를 둘러싸고 있는 환경의 상호작용을 이해하는 유용한 도구이다.

생태체계적 관점의 기본전제는 전 생애를 통하여 개인과 그를 둘러싼 환경 간에 상호작용을 한다고 본다. 이러한 작용은 인접한 가족, 집단, 조직 등에서뿐만 아니라 사회적이고 문화적인 맥락까지 확대되어 일어난다(Bronfenbrenner, 1979). 이는 인간과 환경 모두에 이중적 초점을 두는 것이며, 사회복지 실천과정에서 개인 자체에만 개입할 경우에 나타나는 많은 제한점을 극복할 수 있다. 사회복지사가 이러한 관점을 가진다면 클라이언트의 욕구와 환경 사이에 보다 나은 연결을 통해 그들의 적응을 도울 수 있다.

의료사회복지에서 생태체계적 관점은 초기부터 적용되었다. 의료사회복지의 태동에 영향을 미친 의사 캐봇은 신체적 질병의 이면에 사회적 · 정신적 문제가 있으며 온전히 신체적인 이유에 기인한 질병도 흔하지 않다고 했다(Cabot, 1915, Gehlert & Browne, 2012 재인용). 당뇨병과 같은 만성질환을 치료하기 위해서는 식이요법 등이 중요하지만 이를 실천할 수 있는 심리적 · 경제적 · 사회적인 조건을 갖추지 못한 사람에게는 적용할 수가 없다.

병리적인 의료모델 속의 개인은 비인간화되며 의사–환자의 수직적인 권위적 관계에서 수동적 환자 역할에 머무르고 예방보다는 사후개입의 대상으로만 존재한다. 그러나 인간은 자신을 둘러싸고 있는 체계들의 역동적 상호작용 속에서 건강을 유지하고 질병을 치료할 수 있다.

생태체계적 관점에서는 인간을 환경의 모든 요소와 교환하고 적응하며 발달하는 존재로 본다. 따라서 이 관점은 인간의 내 · 외적 요인 모두에 관심을 가지며, 인간이 단지 수동적으로 환경의 영향을 받는 존재가 아니라 환경과 역동적으로 상호작용하는 존재로 간주한다. 생태체계적 관점에서 개인은 '환경 속의 인간(person-in-environment)'이라는 틀에서 이해된다.

의료사회복지에 적용하면 질병으로부터의 회복은 개인 내부의 병적 요인을 제거하는 것도 필요하지만 치료를 위한 경제적 · 사회적인 환경이 제대로 갖추어져 있어야 한다는 의미이다. 예컨대 치료할 수 있는 질병이지만 치료비용이 없다면 질병으로부터 회복할 수 없으며, 신체적 질병을 잘 치료했지만 열악한 노동 환경 때문에 반복해서 똑같은 질병에 노출되는 경우라 할 수 있다.

(2) 적응, 스트레스 및 대처와 의료사회복지

생태체계적 관점에서는 개인과 환경을 별개로 이해하는 것이 아니라 상호교류하는 순환론적 관점을 유지한다. 개인이 단순히 환경에 대처하거나 환경이 개인에 영향을 미친다는 가정이 아니라, 개인과 환경이 동시에 상호 영향을 미친다는 사실에 주목한다.

생태체계적 관점에서 중요하게 생각하는 적응, 스트레스, 대처의 개념을 의료사회복지에 적용해 볼 수 있다. 적응(adaptation)은 인간과 환경이 하나의 단위 내에서 상호영향을 미치면서 최적합의 상태를 유지하려고 하는 과정이다. 인간의 관점에서 본다면, 적응은 환경을 자신의 상황에 맞게 능동적으로 변화시키거나 주어진 환경에 스스로 맞추는 것을 포함한다. 생태체계적 관점에서는 인간과 환경의 끊임없는 적응 과정을 병리적으로 보는 것이 아니라 개인의 욕구와 환경 자원의 불일치로 본다(엄태완, 2020a : 254).

환자가 된 개인이 보이는 반응은 신체적 질병, 심리적 욕구, 경제적 압박, 사회문화적 편견 등과 관련 있는 적응 과정이라고 볼 수 있다. 환자는 변화된 신체 및 환경적인 차원의 적응 노력이 필요하지만 그 개인의 욕구를 충족시킬 수 있는 의료서비스나 경제적 지원과 같은 외부 자원의 적절한 제공도 동시에 중요하다.

스트레스(stress)는 개인이 일상생활에서 환경과 상호작용하는 과정에서 발생하는 특성화된 욕구불만으로서 개인의 평형을 위협하는 요소이다. 즉, 스트레스는 개인의 욕구와 대처가 환경의 지원과 요구를 충족시킬 수 없는 불균형이 발생할 때 나타난다(Gitterman, Knight & Germain, 2021). 스트레스는 불안, 분노, 우울, 무기력감, 무망감 등의 감정 및 생리적 상태로 나타나거나 대인관계나 사회적 관계에서 위축감이나 자신감의 상실 등을 가져온다. 모든 스트레스가 문제가 되는 것은 아니지만 만성적이거나 심각한 질병을 지닌 개인은 적응적 불균형을 가져와서 문제 상황에 직면하게 된다.

대처(coping)는 개인이 환경과의 상호작용에서 나타나는 스트레스를 완화하기 위해 활용하는 행동들이다(김기태, 2006). 개인이 성공적으로 대처하기 위해서는 내적 자원과 외적 자원이 동시에 필요하다. 개인의 내적 자원은 자아존중감, 자아정체감 및 사회적 문제해결능력 등을 말한다. 외적 자원은 가족, 친지, 근린자원 및 사회적 지지와 관계망 등을 포함한다. 질병을 지닌 개인은 내적·외적 자원을 동원하여 스트레스에 대처할 수 있는 힘을 일시적 혹은 만성적으로 상실할 수도 있다. 의료사회복지는 질병을 지닌 개인의 스트레스를 완화할 수 있는 내적 자원을 회복하거나 외적 자원을 활용할 수 있도록 돕는 역할을 한다.

(3) 환경체계와 의료사회복지

인간은 가족과 같은 직접적으로 영향을 주고받는 환경부터 간접적이고 거시적인 사회환경 및 자연환경과 상호교류한다. 이와 같은 환경체계를 분류하는 방법은 미시체계와 거시체계로 구분하거나(Kirst-Ashman, 1993), 미시체계, 중간체계, 외체계, 거시체계로 분류할 수 있지만(Bronfenbrenner, 1979), 미시체계, 중간체계, 거시체계의 세 가지 수준(Zastrow, 1999)으로 구분하여 의료사회복지와 관련된 환경체계를 설명하면 다음과 같다.

① 미시체계

미시체계(micro system)는 개인이 소속되고 가장 인접한 수준의 환경이다. 이는 가족이나 이웃과 같이 일상에서 매일 접촉하는 환경 내에서 경험하는 상황이다. 일반적으로 사람들은 개인적 상황과 발달시기에 따라 가족, 학교, 이웃, 친구, 친지, 사회 모임 등 다양한 미시체계를 경험하게 된다.

질병을 지닌 개인은 개인의 성장과 발달에 중요한 영향을 미치는 미시체계인 가족, 학교, 친구, 직장과의 접촉 빈도나 상호교류의 수준이 저하된다. 특히 오랜 기간 병원에 입원하거나 암과 같이 신체적이고 사회적 활동의 제한을 가져오는 경우에는 더욱 그러하다. 의료사회복지는 질병이나 입원으로 인해 미시체계와 상호교류를 통해 성장과 발달에 어려움을 겪는 사람들을 돕는 활동을 한다.

② 중간체계

중간체계(meso system)는 미시체계에 영향을 미치는 환경이며, 미시체계의 성격과 기능을 결정한다. 중간체계는 개인에게 직접 관여하지는 않지만 그 개인이 속한 미시수준의 환경에 영향을 미치는 체계를 말한다. 중간체계는 개인이 속한 직장이나 학교에 영향을 미치는 운영 구조, 규칙 혹은 개인이 활용할 수 있는 지역사회의 다양한 자원체계들의 특성을 말한다.

입원 환자의 경우, 병원의 구조와 규정 혹은 직장의 입원 환자에 대한 지침 등을 말하며 환자의 치료에 직접적으로 영향을 미치지는 않지만 병원이나 직장처럼 미시체계에 영향을 주어 환자의 회복과 관련 있는 체계를 말한다. 예컨대 환자가 소속된 직장에서 치료를 위한 충분한 경제적 지원과 휴직 제도와 같은 중간체계가 있다면 회복을 보다 수월하게 할 수 있다. 의료사회복지는 환자가 포함된 가족, 학교, 직장, 병원 등의 규정 및 운영 원리를 확인하여 환자와 가족의 욕구에 따라 지원하고, 지역사회의 보건의료 자원체계를 환자와 가족에게 연결할 필요가 있다.

③ 거시체계

거시체계(macro system)는 미시체계와 중간체계를 포함한 광범위한 사회구조적인 맥락을 의미한다. 일반적으로 거시체계는 개인의 삶에 직접적으로 관여하지 않는 것처럼 보이는 문화, 정치, 사회, 법, 종교, 교육정책과 같은 것을 말한다. 그러나 거시체계는 시간적 차이만 있을 뿐 개인의 삶에 강력한 영향력을 행사할 수 있다. 개인의 일상에서 일어나는 선거, 입법, 각종 협약, 유행 등에 의해서 거시체계가 형성되고 수정되는데, 이는 개인의 삶에 궁극적으로 영향력을 행사한다(엄태완, 2020a : 255).

질병을 지닌 환자의 경우, 거시체계는 의료보장제도나 각종 의료 관련 법률이나 경제적 지원 정책 등을 말한다. 의료사회복지는 보건의료와 관련된 법률, 정책, 제도 그리고 문화적 상황을 확인하여 변화와 옹호를 위한 여론을 형성하거나 개선을 위한 행동에 참여할 필요가 있다.

의료의 직접 대상이 되는 개인은 의료 전문가 혹은 의료환경에 수동적으로 반응하거나 억압받을 수도 있다. 의료사회복지는 개인의 신체적 질병 치료뿐만 아니라 사회적 기능이나 역할을 회복하여 환경과 역동적으로 상호작용할 수 있는 삶의 주체로 거듭날 수 있도록 돕는 역할을 한다. 이러한 맥락의 토대를 생태체계적 관점을 통해 확인할 수 있다.

2) 생리 · 심리 · 사회적 모델

생리 · 심리 · 사회적 모델(biopsychosocial model)에서는 질병과 건강에 미치는 영향을 생물학적 · 심리적 · 사회적 요인을 종합적으로 고려하여 설명한다. 이 모델은 1977년 엥겔(Engel)이 주장하였는데, 신체질환은 생물학적 · 심리적 · 사회적 요인의 영향을 받으며 이러한 세 영역의 요인들은 상호작용한다는 가정을 뒷받침한다. 생리 · 심리 · 사회적 모델은 특정한 이론적 입장을 바탕에 두지 않는 탈이론적 모델이라 할 수 있다.

생리 · 심리 · 사회적 모델은 체계이론(system theory)을 바탕으로 하고 있다(McDaniel, 1995). 체계이론은 기본적으로 전체론(holism)에 근거한다. 즉, 전체는 그것을 구성하는 부분의 합 그 이상이라는 것이다. 물이 단순히 수소와 산소의 합 이상의 속성을 지니듯이 인간의 경우에도 유전인자, 타고난 기질, 어린 시절의 경험, 후천적 학습 등의 합 그 이상이라는 것이다.

전체론과 대비하여 현상을 이해하려는 입장이 환원주의(reductionism)인데, 이는 모든 현상을 보다 미시적 원인에 의해 설명하려는 것이다. 즉, 미시적 구성요소들의 이해를 통해 전체 현상을 파악하려는 논리이다. 환원주의적 입장에서는 어떤 현상에 대해 생물학적 · 생화학적 · 원자물리적 수준 등의 가장 미시적 설명을 통해 발생 원인을 찾으려 한다(엄태완, 2018 : 56).

체계이론에 따르면 질병을 유발하는 요인과 경로는 다양하다는 입장이다. 즉, 질병은 생물학적 · 심리적 · 사회적 측면의 다양한 원인에 의해서 나타날 수 있으며, 그 인과적 경로도 다양할 수 있다는 것이다. 구체적으로 체계이론의 동등종결성의 원리로 살펴볼 수 있다. 동등종결성(principle of equifinality)은 동일한 목표에 도달하는 길은 매우 다양하다는 의미이다.

동등종결성의 원리를 적용하면 개인에게 나타나는 질병은 여러 요인이 복합적으로 작용하여 유발될 수도 있고 강력한 한두 가지 원인에 의한 결과일 수도 있다는 것이다. 예를 들면, 교통사고가 자동차의 기계적 결함, 운전자의 음주나 부주의, 열악한 도로상황, 혼란스러운 교통관리체계가 모두 관여하여 발생할 수도 있고 이들 중 한 가지 요인에 의해서 발생할 수 있는 경우와 유사하다(권석만, 2013).

또 다르게 체계이론에 의하면 동일한 원인이더라도 다양한 결과를 가져올 수 있다고 보는데, 이를 다중동결성의 원리(principle of multifinality)라고 한다. 예를 들면, 어린 시절에 성적 학대를 받은 사람이 성장하여 경계성 성격장애, 성기능장애, 우울증 등과 같은 다양한 장애를 사람에 따라 다르게 나타낸다는 것이다. 이는 인간의 복잡성과 삶의 과정에서 접하는 많은 요인들이 상호작용하여 다양한 결과들을 만들어 낸다는 것이다(엄태완, 2018 : 57).

체계이론에서는 환원주의와 밀접한 관련이 있는 직선적 인과론과 대비되는 상호적 인과론을 지지한다. 예를 들면, 스트레스성 신경성 질환을 지닌 사람은 가족으로부터 영향을 받을 수도 있지만 가족들도 마찬가지로 그 환자에게 영향을 받을 수 있다는 것이다. 생리 · 심리 · 사회적 모델에서는 질병을 단일 요인이 아니라 생물학적 · 심리적 · 사회적 요인들의 복합적 상호작용으로 발생한다고 본다. 마찬가지로 환자의 치료는 생물학적 개입의 핵심인 약물치료와 수술뿐만 아니라 심리적 안정, 가족과 사회의 지지, 경제적 그리고 문화적 지원까지를 포함해야 함을 의미한다.

생리 · 심리 · 사회적 모델은 생리적 질병에 초점을 맞추는 의료모델(medical model)과 대비되기도 한다. 의료모델에 의하면 개인의 질병은 병리적 원인을 발견하여 제거하는 것에 초점을 둔다. 의료모델에서는 질병을 진단하고 치료하는데 집중되어 있지만 생리 · 심리 · 사회적 모델에서는 질병으로부터 회복하고 건강을 유지하거나 예방하기 위해 생의학적 개입, 심리적 지지 그리고 필요한 자원과 여건을 사회적으로 마련하는 것까지 포함한다. 따라서 의료사회복지는 탈이론적 모델이라고 할 수 있는 생리 · 심리 · 사회적 모델을 근거로 질병의 치료와 예방, 그리고 건강의 유지와 증진을 위한 접근 방안들을 마련한다.

3) 지역사회 보건의료 관점

지역사회 보건의료 관점이란 의료사회복지의 실천현장뿐만 아니라 질병을 치료하고 예방하며 건강을 증진하고 보호하는 방법까지 포함한다. 즉, 의료사회복지의 실천현장은 지역사회의 다양한 보건기관까지 확대되고, 질병의 치료와 건강의 증진은 개인적 수준뿐만 아니라 지역사회 수준까지 포함한다는 의미이다. 이를 위해서는 생태체계적 관점과 생리 · 심리 · 사회적 모델을 바탕으로 할 필요가 있다.

지역사회는 개인의 건강과 질병의 치료에 영향을 미친다. 예를 들면, 사회적 환경으로서 이웃의 교육수준, 근로, 소득수준, 빈곤, 범죄, 응집력 등은 개인의 건강에 영향을 미친다. 또한 물리적 환경인 위생, 주거, 음식, 수질, 환경오염과 같은 병원체의 노출과 관련된 요인들도 개인의 건강과 질병에 영향을 미친다.

의료사회복지는 건강의 사회적 결정요인, 즉 보건의료에 대한 접근성, 교육 및 주거 그리고 사회경제적 수준을 실천과정에서 의미 있게 다루어야 한다. 의료사회복지는 질병이나 건강과 연관된 지역사회 네트워크에 관여하거나 사회적 질병과 연관된 문제들에 관심을 가질 필요가 있다. 예컨대 환자에게 병원 생활과 의료적 문제를 도와줄 지지적인 가족이나 친지가 있다면 그렇지 않은 사람에 비해 예후가 훨씬 좋을 것이다. 또한 심장 수술 후 회복기에 있는 여성에게 자녀를 돌봐줄 이웃이나 지지체계를 확보한다면 회복 속도가 훨씬 빠를 것이다(Gehlert & Browne, 2012). 학대나 폭력, 자해나 폭식과 같은 질병이나 문제들은 생물학적 요인보다는 심리 · 사회적 원인이 더 큰 사회적 질병이라 할 수 있다.

최근 입원 단기화와 외래치료 중심의 경향이 높아지고 있고 지역사회 건강관리 프로그램도 증가하고 있다. 이에 따라 의료사회복지는 지역사회 내의 보건의료서비스 전달체계에서 환자 및 가족에 직접 관여하는 전문가팀에서 역할을 하기도 하지만 프로그램의 기획 및 실행을 주도하는 관리자의 역할도 한다. 보건의료현장에서 사회복지사는 클라이언트가 문제를 해결하고 삶의 스트레스에 대처할 수 있도록 돕고, 그들에게 자원과 서비스를 연계시켜 주고, 효과적인 서비스 체계를 발굴하거나 의료정책을 개발하는 일을 수행한다(Gambrill, 2012).

종합병원의 장기이식센터에서 일하는 의료사회복지사를 예로 들어보자. 일차적으로 의료사회복지사는 이식과 관련된 모든 사람의 심리사회적 문제들을 평가하면서 치료팀의 구성원으로 역할을 수행한다. 또한 사례관리서비스를 제공하는 데 지역사회 자원 의뢰, 경제적 문제 상담, 수술 후 간병을 위한 가족 및 간병인 준비와 교육 등을 말한다. 그리고 의료사회복지사는 장기이식센터에서 수행하는 조사연구, 지역사회 아웃리치(outreach), 지역사회 교육, 보건정책이나 제도 및 서비스와 관련된 조사연구 등의 업무를 한다.

의료사회복지사는 개별 환자를 위해 지역사회 자원을 활용하는 것에만 초점을 두지 말고 지역사회가 주민들의 건강을 증진하고 질병을 예방할 수 있도록 공공정책을 수립하고 서비스를 제공하는 데 기여할 필요가 있다. 예컨대 어떤 지역에 양질의 보건의료서비스, 운동할 수 있는 공간에 대한 접근성 강화, 범죄와 독성 및 전염병에 대한 노출이 최소화되도록 만든다면 지역 내 구성원들의 건강을 증진하고 질병을 예방할 수 있다.

한국의 경우 대부분 의료사회복지사는 질병을 치료하기 위해 입원한 환자들에게 미시적 수준의 서비스를 제공한다. 그러나 의료사회복지는 보건의료 문제가 있는 클라이언트가 병원에 입원을 하든지 지역사회에 거주하든지 간에 미시적 또는 거시적 수준의 개입을 동시에 수행할 것을 강조한다. 물론 지역사회 변화와 같은 거시적 수준의 개입은 어떤 경우에 비용도 많이 들고 효과도 즉시적이지 않아 의료사회복지사를 곤란하게 만들 수도 있다. 하지만 의료사회복지사는 어떤 실천현장에서 일하더라도 클라이언트를 위한 직접 실천뿐만 아니라 지역사회 또는 사회 구조적 변화를 통해 질병의 치료와 예방 그리고 건강의 보호와 증진이라는 목적을 달성하기 위해 노력할 필요가 있다.

CHAPTER 03

의료사회복지의 실천현장, 직무와 역할 및 과정

개 요

제3장은 의료사회복지의 실천현장, 직무와 역할 그리고 과정을 기술하고 있다. 현재 우리나라의 의료사회복지사는 대부분 병원에 근무하고 있지만 건강증진과 생애말보호까지 확대하여 실천현장을 분류하였다. 의료사회복지의 직무는 의료사회복지사가 책임을 지고 담당해야 하는 업무를 말한다. 따라서 의료사회복지사의 직무는 국가별 또는 시대별로 다르다. 우리나라의 경우 과거에는 임상적 직무가 강조되었으나 현재에는 경제적 문제해결이나 지역사회 자원 연결이 보다 중요한 것으로 간주되고 있다. 의료사회복지사의 역할은 전통적으로 사회복지사에게 기본적으로 요구되는 주요 역할을 중심으로 설명하였다.

의료사회복지사는 의뢰 또는 발굴을 통해 대상자를 확인한 후에 일련의 과정으로 서비스를 제공한다. 여기서는 사회복지실천의 과정인 접수, 자료수집 및 사정, 계획, 실행, 종결의 단계로 기술하였다. 모든 의뢰된 서비스가 정해진 실천의 단계를 거치는 것은 아니지만 구조화된 과정에 따라 진행되어야 업무의 효과와 효율을 높일 수 있다.

학습목표

1. 의료사회복지 실천현장을 크게 네 영역으로 구분하여 설명할 수 있다.
2. 의료사회복지사의 직무와 역할을 설명할 수 있다.
3. 의료사회복지실천의 과정을 단계별로 설명할 수 있다.

1 의료사회복지의 실천현장

1) 1차건강보호 현장

의료사회복지는 병원에서의 사회복지실천으로 출발하였지만 점차 질병 예방과 건강증진 그리고 장기적 건강관리나 생애말돌봄 서비스로까지 확대되고 있다. 이는 인간의 전 생애 동안 보건의료서비스를 통해 건강을 유지하고 편안함을 보장해야 한다는 시대적 사명을 반영한 결과이다. 따라서 여기서는 건강과 질병의 연속적 보호를 바탕으로 의료사회복지 실천현장을 질병 예방과 건강증진에 초점을 둔 1차건강보호 현장, 질병의 치료와 회복에 초점을 둔 병원 현장, 급성 질병 치료 후 관리에 초점을 둔 장기보호 현장, 그리고 임종에 관여하는 생애말돌봄 현장으로 구분하고자 한다.

1차건강보호는 개인의 건강을 증진하고 질병을 예방하는 건강과 질병에 대한 연속적 보호의 첫 번째 관문이다. 1차건강보호 서비스가 제대로 수행되기 위해서는 생 · 의학과 사회과학 모두에 근거하여 인간의 신체 · 정신 · 정서 · 사회적 기능이 상호작용한다는 사실을 인정해야 한다(Cowles, 2000 : 96-97).

미국의 경우에는 관리의료(managed care)의 발전으로 1차건강보호를 제공하는 무료 진료소, 병원, 보건소, 학교, 기업, 지역사회 보건의료서비스 기관 등에서 사회복지사들이 활동하고 있다. 이러한 기관에서 1차건강보호를 담당하는 사회복지사들은 이어지는 의료서비스의 문지기(gatekeeper) 역할을 수행하며 환자와 가족이 건강보호체계에 참여하도록 지원하고 지역사회 자원을 연계하여 건강을 증진하거나 예방 혹은 조기 개입으로 건강한 삶을 유지할 수 있도록 돕는다(강흥구, 2014 : 215).

한국의 경우에는 사회복지사가 1차건강보호 현장에서 일할 수 있는 기회가 많지 않다. 한국의 중요한 1차건강보호 현장이라고 할 수 있는 보건소에서 사회복지사의 참여는 거의 없는 실정이다. 향후 보건소나 공중보건서비스를 제공하는 1차건강보호 현장에 사회복지사들이 참여하여 신체적 · 정신적 건강증진이나 질병의 사회적 · 심리적 · 문화적 상호작용 요인을 파악하여 효율적이고 효과적인 예방이나 조기 개입을 실시하는 데 전문적 역할을 수행할 필요가 있다.

2) 병원 현장

병원은 의료사회복지의 초기부터 지금까지 중요한 실천현장이다. 여기서 병원은 만성적이고 장기적 보호를 위주로 하는 요양병원이 아니라 급성질환을 다루는 의료기관을 말한다. 미국과 마찬가지로 한국에서도 초기에 주로 종합병원에 사회복지사들이 진출하였다. 미국에서는 한 종합병원에 수십 명의 사회복지사들이 활동하기도 한다.

한국의 경우 병원에서 일하는 사회복지사는 한 병원당 보통 2~4명 정도 규모로 팀을 구성하여 역할을 수행하고 있다. 또한 한 병원에 1명만 의료사회복지사가 채용되어 있는 사례도 많다. 의료사회복지사가 일하고 있는 병원은 주로 100개 이상의 병상을 갖춘 종합병원, 종합병원 중에서 20개 이상의 진료과목과 그에 전속하는 전문의 1명 이상을 배치해야 하는 상급종합병원, 그리고 특정 질환에 대한 의료행위를 전문적으로 하는 전문병원 등이다.

병원의 의료사회복지사는 의사에 의해 주도되는 의료팀의 일원이 되어 환자와 가족의 심리적 · 사회적 문제와 질병의 관련성을 이해하며 치료 과정에 참여한다. 병원의 환자는 주로 단기간 입원하기 때문에 위기개입을 중심으로 접근한다. 퇴원계획에도 참여하여 입원비 문제나 퇴원 후 주거나 건강관리를 유지하기 위한 지역사회 자원을 발굴하고 연계한다. 사회복지학과 학생을 위한 실습이나 의료사회복지사 양성을 위한 수련은 대부분 종합병원이나 상급종합병원에서 이루어지고 있다.

3) 장기보호 현장

장기보호는 급성 질병의 치료 이후 가정이나 요양 기관에서 대상자의 욕구를 충족시키는 다양한 서비스들을 포함한다. 대표적인 장기보호 현장에는 재가보호, 요양원, 요양병원 등이 있다.

재가보호는 서비스 이용자의 독립적인 생활을 유지하기 위해 필요한 간호, 재활치료, 사회복지서비스, 가사 등을 포함한다. 따라서 의료서비스뿐만 아니라 다양한 형태의 대인서비스를 필요로 한다. 2008년 노인장기요양보험제도가 본격 시행되어 재가보호가 활성화되고 있다. 노인장기요양보험제도를 실시함에 따라 일정한 자격을 갖춘 대상자에게 방문요양, 방문간호, 방문목욕 등의 서비스를 제공하고 있다. 사회복지사는 국민건강보험공단에 소속되어 간호사, 물리치료사 등과 함께 요양등급 선정을 위한 조사원으로 활동하고 있으며, 국민건강보험공단에서 공개채용하고 있다.

요양원과 요양병원과 같은 시설 보호는 지역사회돌봄(community care)의 이념적 추구로 장려하지는 않는다. 그러나 요양원과 요양병원은 고령인구의 증가 등으로 늘어나고 있다. 특히 요양병원은 중증의 노인성 질환 환자의 증가로 단기간에 크게 확대되었다. 요양원이나 요양병원에서도 노인장기요양보험제도에 의한 장기요양서비스가 제공되기도 한다.

사회복지사는 요양원과 요양병원에서 사회복지서비스를 제공하고 요양보호사와 함께 요양서비스를 실시하거나 요양보호사를 관리 · 감독하는 역할을 수행한다(권자영 외, 2022 : 173). 향후 장기보호 현장은 사회적 돌봄의 강화와 고령인구의 증가가 맞물려 크게 확대될 것이며, 사회복지사의 전문성을 발휘할 수 있는 실천현장이라고 할 수 있다.

4) 생애말돌봄 현장

생애말돌봄(End of Life Care)은 임종 과정에 있는 환자를 위한 서비스라고 할 수 있다. 대표적인 서비스는 호스피스(hospice)이다. 호스피스의 사전적 의미는 죽음을 앞둔 환자에게 편안한 임종을 맞도록 안락과 위안을 베푸는 활동을 말한다. 호스피스는 환자가 지닌 통증과 다른 증상들을 조절하여 임종을 편안하고 안락한 상태에서 보낼 수 있도록 하는 돌봄이다.

호스피스는 가족의 보호를 대신하는 것이 아니라 가족의 보호를 지지하고 보충하는 서비스이다. 호스피스는 환자로 하여금 죽음을 삶의 자연스러운 과정으로 받아들이게 하여 정신적 · 육체적 고통이 완화되도록 도움을 주어 평온하게 생의 마지막을 보낼 수 있도록 하는 활동이다. 보통 호스피스는 전문팀(의사, 간호사, 사회복지사, 성직자, 영양사, 자원봉사자 등)을 구성하여 환자뿐만 아니라 가족을 함께 대상으로 한다. 호스피스의 유형으로는 독립형 호스피스(가정적 분위기에서 독립 건물을 가지고 호스피스 제공), 병원호스피스(병원 내의 시설을 활용하여 호스피스 제공), 가정호스피스로 구분할 수 있다(강흥구, 2014 : 231-232).

사회복지사는 주로 독립형 호스피스나 병원호스피스 형태에서 주로 활동한다. 사회복지사는 환자와 가족의 상담, 지역사회 자원 연계와 조정, 그리고 자원봉사자 관리 등의 역할을 수행한다. 한국에서는 호스피스팀에서 사회복지사들의 활동이 적극적이지는 않지만 향후 중요한 의료사회복지 실천현장이라고 할 수 있다.

2. 의료사회복지사의 직무와 역할

1) 의료사회복지사의 직무

의료사회복지는 다양한 분야의 전문가와 팀협력을 하는 경우가 많기 때문에 직무를 명확히 확인할 필요가 있다. 일반적으로 직무란 책임을 지고 담당하는 업무를 말하기 때문에 의료사회복지사의 직무는 전문직으로서 책임을 가지고 수행해야 하는 업무를 의미한다. 의료사회복지사의 직무는 병원의 규모나 형태, 서비스 대상자, 문제유형 등에 따라 임상, 행정, 교육 및 연구 차원으로 구분하고 있다(강흥구, 2014; 김기환 외, 1997; 김규수, 2001; 남석인 · 최권호, 2014; 최권호 · 김준표, 2017). 지금까지의 의료사회복지사의 직무와 관련된 연구들을 종합하여 정리하면 〈표 3-1〉과 같다.

〈표 3-1〉 의료사회복지사의 직무 분류

분 류		구체적 내용
임상 차원	심리 · 사회 · 정신적 문제해결	환자와 가족의 문제에 대한 조사 및 사정
		개별 상담
		집단 상담
		정보제공 및 교육
	경제적 문제해결	경제 상황 조사 및 평가
		진료비 지원
		의료급여 대상자 관리
	지역사회 자원 연결	지역사회자원 취합 및 관리
		지역사회자원 개발 및 연결
		지역사회자원 동원 및 기금 모금
		자원봉사자 발굴 및 활용
	사회복귀 및 재활문제 해결	퇴원계획 조사 및 상담
		재활계획 상담
		사회적응도 평가
		직업 및 취업 상담
	팀협력	회진 참여
		팀 회의 참여
행정 차원		업무 일지 기록
		보고서 제출
		병원 경영 및 행정 회의 참여
		사회복지팀 운영
교육 및 연구 차원		실습생 교육
		수련생 교육
		전문성 향상을 위한 훈련 및 학술 활동
		의료사회복지 및 관련 업무 조사 및 연구

전통적으로 의료사회복지사의 직무는 임상 차원을 중요하게 고려하였으며 그 중에서도 환자나 가족의 심리 · 사회 · 정신적 문제해결에 초점을 두고 업무 비중도 높았다. 그러나 최근에는 경제적 문제해결이나 지역사회 자원 연결 업무의 중요성이 강조되고 있다. 이와 같은 변화 내용을 〈표 3-2〉를 통해 확인할 수 있다.

〈표 3-2〉 의료사회복지사 직무의 우선순위 변화

순위	유수현(1978)	김규수(1985)	김기환 외(1997)	강흥구(2008)	남석인 · 최권호(2014)
1	심리 · 사회 · 정신적 문제해결	심리 · 사회 · 정신적 문제해결	심리 · 사회 · 정신적 문제해결	경제적 문제해결	경제적 문제해결
2	경제적 문제해결	교육 및 연구	행정 업무	지역사회 자원 연결	지역사회 자원 연결
3	사회복귀 및 재활문제 해결	행정 업무	사회복귀 및 재활문제 해결	심리 · 사회 · 정신적 문제해결	행정 업무
4	지역사회 자원 연결	사회복귀 및 재활문제 해결	팀협력	행정 업무	심리 · 사회 · 정신적 문제해결
5	행정 업무	지역사회 자원 연결	지역사회 자원 연결	사회복귀 및 재활문제 해결	팀협력
6	교육 및 연구	경제적 문제해결	경제적 문제해결	교육 및 연구	사회복귀 및 재활문제 해결
7	기타 업무	기타 업무	교육 및 연구	기타 업무	교육 및 연구

출처 : 최권호 · 김준표(2017), p. 139.

지금까지 의료사회복지사의 직무는 병원 내 사회복지사의 업무를 다루어 왔으며 1차건강보호 현장, 장기보호 현장, 생애말돌봄 현장의 사회복지사 직무까지 포함하지는 못하고 있다. 향후 의료사회복지사의 직무와 관련하여 다양한 실천 현장의 직무까지 포함하는 조사와 연구들이 활발히 진행될 필요가 있다.

2) 의료사회복지사의 역할

의료사회복지사의 역할이란 의료사회복지사가 중요하다고 여기는 전문적인 기능과 관련하여 기대되는 행동을 말하는 것으로, 의료사회복지사가 실천현장에서 실제 수행하고 있는 일이다.

의료사회복지와 같은 이차 현장의 사회복지사 역할은 사회복지서비스가 주 업무인 일차 현장과는 차이가 있다. 일차 현장에서 일하는 사회복지사들은 사례관리, 상담 및 원조, 보호서비스 제공, 프로그램 제공, 자원 개발과 관리, 권익 증진 및 환경 변화, 지역사회 조직화, 사업 기획 및 평가, 기관 행정, 인적 자원 관리 순으로 역할의 중요성을 평가하였다(김교성 외, 2016).

의료사회복지사의 역할은 치료자, 원조자, 조정자로 제시하거나(강흥구, 2014), 사례관리자, 상담가/ 치료자, 옹호자, 지도자, 연구자와 평가자로 세분화하기도(권자영 외, 2022) 한다. 우리나라는 사회복지사의 역할이 점차 증대되고 있으며, 사회복지실천현장에 따라 사회복지사의 역할도 변화하고 있다. 전통적으로 사회복지사에게 기본적으로 요구되는 주요 역할을 중심으로(Zastrow, 2010) 의료사회복지사의 역할을 재구성하면 다음과 같다.

〈표 3-3〉 **의료사회복지사의 역할 및 예시**

역 할	내 용	예 시
상담자/ 치료자 (counselor/ therapist)	환자 및 가족의 심리사회적 문제를 치료 · 해결하는 역할	말기암 진단 후 불안해하는 환자와 가족에 대한 상담
조력자 (enabler)	개인, 가족, 집단, 지역사회의 문제를 확인하고 해결하도록 도우며, 대처능력을 개발하는 역할	신체적 질병으로 실직한 환자를 위한 심리적 대처능력 개발 및 직업 관련 해결전략 개입
중재자 (mediator)	중립적 위치에서 관련 당사자 간의 의사소통을 돕는 역할	장기 입원 환자 가족 간 갈등이 있을 때 의사소통 중재
중개자 (broker)	인간의 욕구와 이를 충족시킬 인적 · 물적 · 심리적 · 사회적 자원을 연결하는 역할	수술비가 부족하여 치료받지 못하는 환자에 대해 긴급의료비지원사업 연결

조정자 (coordinator)	다양한 자원과 서비스들을 적절히 배분 · 배치하는 역할	경제적 어려움이 있는 만성질환자 퇴원 시 재정, 법률, 건강, 교육, 건강, 상담 관련 기관 간 협력 및 조정
관리자 (manager)	사회복지 기관과 부서에서의 행정적 책임과 관련된 역할	저소득층 입원비 해결을 위한 프로그램 기획 및 모금 활동
교육자 (educator)	정보를 제공하거나 여러 가지 기술을 가르치는 역할	당뇨병 환자 집단 교육 프로그램 참여
분석/ 평가자 (analyst/ evaluator)	프로그램의 기능과 효과성을 평가하는 역할	사별 집단 프로그램 후 효과성 평가
촉진자 (facilitator)	개인이나 집단, 사회의 긍정적인 변화를 촉진시키는 역할	소아암환자 가족 자조집단의 조직과 활동 촉진
혁신자 (initiator)	개선되어야 할 문제나 이슈에 대한 관심을 불러일으키는 역할	보건과 복지 통합서비스를 위한 실천 방안 제안
협상가 (negotiator)	개인이나 집단의 입장에서 특정한 합의에 도달할 수 있도록 노력하는 역할	환자가 긴급의료비 지원을 받을 수 있도록 담당기관과 협상
옹호자 (advocator)	사회정의를 지키기 위해 개인, 집단, 지역사회의 입장을 지지 · 변호하는 역할	장기 입원 환자의 인권 침해 개선 요구
사례관리자 (case manager)	사례관리의 전 과정에서 환자와 가족의 욕구해결을 위한 다양한 역할	만성적이고 장기적 보호 욕구가 있는 환자의 입원 → 퇴원 → 사회복귀에 이르는 전 과정의 계획 수립과 서비스 제공

출처 : 박지영 외(2020), pp. 126-127 재구성.

앞에서 살펴본 바와 같이 2000년대 이전까지는 의료사회복지사의 직무 중 심리 · 사회 · 정신적 치료의 중요도를 가장 높이 평가하였지만 현재에는 경제적 문제해결이나 지역사회 자원 연결이 우선순위에서 높았다. 이를 통해 본다면 의료사회복지사의 역할에서도 상담자나 치료자 역할보다도 지역사회의 다양한 자원을 활용하는 사례관리자의 역할이 강조된다고 할 수 있다. 사례관리는 통합적 실천방법이기 때문에 상담과 같은 직접적 개입과 지역사회 자원을 중개, 연결하는 간접적 개입을 동시에 포함한다.

의료사회복지사는 현대의 다른 사회복지사와 마찬가지로 직접 개입보다는 간접적 역할의 비중을 점차 확대하고 있다. 그러나 의료사회복지사는 근무하는 조직이나 기관에 따라 상담가나 교육자, 그리고 정보제공자의 역할이 더욱 비중 있게 다루어진다. 예컨대 의료사회복지사가 장기이식팀에 소속되어 활동한다면 이식을 앞둔 환자의 불안감에 대한 상담이나 가족 내에 존재하는 스트레스나 갈등에 대한 상담을 우선적으로 할 수 있다.

3 의료사회복지실천의 과정

1) 접수단계

의료사회복지사의 업무는 환자나 가족의 욕구에 따라 한 번의 만남으로 마무리되기도 하지만 일정한 단계를 거치며 발전하는데, 이를 의료사회복지실천의 과정이라고 한다. 보통 사회복지실천의 과정은 학자에 따라 3단계 혹은 4~6단계 등으로 세분화하기도 하지만 단계별 내용은 유사하다.

여기서는 의료사회복지실천의 과정을 접수, 자료수집 및 사정, 계획, 실행, 그리고 종결 단계로 구분하였다. 이는 일반적인 사회복지실천의 과정을 중심으로 정리한 것이다. 의료사회복지사가 모든 클라이언트와의 업무를 단계별 실천의 과정에 따라 수행하는 것은 아니지만 전 과정을 이해하면서 개별 특수성에 따라 장·단기 개입을 실시해야 한다.

의료사회복지실천의 첫 번째 단계인 접수는 의료사회복지사가 도움을 필요로 하는 환자와 가족을 최초로 접촉하는 단계이다. 의료사회복지사는 클라이언트의 욕구와 문제를 신속하게 파악해서 서비스 가능 여부를 판단해야 한다.

(1) 접수 경로

① 병원 내 진료부서의 의뢰

병원에 근무하는 의료사회복지사는 타 진료과로부터 사회복지서비스를 의뢰받는다. 이는 치료 과정에서 환자의 심리사회적 문제나 치료에 방해가 되는 경제적 문제 혹은 퇴원 계획 등과 관련이 있다. 〈표 3-4〉는 의료사회복지사가 타 진료과로부터 받는 주요 의뢰 내용이다.

〈표 3-4〉 **병원 내 타 진료부서의 의뢰**

<table>
<tr><th>진료부서</th><th>주요 질병</th><th>의료사회복지실천의 초점</th><th>주요 의뢰 내용</th></tr>
<tr><td>내 과</td><td>당뇨, 고혈압, 심장병, 만성신부전 등 만성질환 및 성인병</td><td>• 부적절한 식이, 생활습관, 치료의 균형
• 대인관계, 직장유지 등 사회적 욕구
• 치료과정의 의료비용, 치료동기 유지</td><td rowspan="8">• 입원 및 퇴원 계획
– 입원 시 치료절차 및 의료비 등 입원 준비 계획
– 퇴원 후 외래 등 치료 유지 지원
– 퇴원 후 일상 적응 준비
– 필요시 퇴원 후 시설입소 등 기관 연계
• 심리사회적 사정 및 상담
• 경제적 지원
• 가족상담
• 위기개입
• 환자/ 가족 교육
– 증상 및 치료방법 등에 대한 정보제공 및 교육
– 활용 가능한 자원이나 정보 제공
• 집단상담이나 집단프로그램</td></tr>
<tr><td>산부인과</td><td>• 불임 · 난임, 인공수정
• 조기출산, 미숙아 지원
• 성폭력/ 성학대, 성매매 등</td><td>• 치료 과정의 스트레스
• 법적 보호 및 대처
• 클라이언트 가족의 협조와 지지 등</td></tr>
<tr><td>정형외과</td><td>• 교통사고 및 각종 사고로 인한 정형외과적 수술
• 정형외과 질환으로 인해 장애를 갖게 된 경우</td><td rowspan="4">• 치료 이후 후유증, 장애 여부, 흉터 등에 대한 수용과 적응
• 장기/ 피부 이식의 경우 신청 및 집행절차 이해와 스트레스 해소
• 클라이언트의 치료, 재활동기와 가족의 지지 유지
• 수술, 재활 등 장기간 치료에 따른 심리적, 경제적 부담</td></tr>
<tr><td>재활의학과</td><td>성형수술, 화상</td></tr>
<tr><td>일반외과</td><td>장기이식 등 각종 수술</td></tr>
<tr><td>신경외과</td><td>치매, 뇌졸중 등 뇌혈관 질환</td></tr>
<tr><td>암센터</td><td>소아암, 말기암 등</td><td>• 질병 수용 및 치료동기 유지
• 장기간 치료, 재활 의료비 및 심리적 어려움 대처
• 죽음 준비 및 유가족의 죽음 수용 및 애도</td></tr>
<tr><td>응급의학과</td><td>교통사고, 자살 등 응급적인 질병이나 사고</td><td>• 클라이언트와 가족의 즉각적인 협조 및 위기대처
• 장애, 사망 등에 대한 수용 및 애도
• 일상생활 복귀 및 적응</td></tr>
</table>

출처 : 김연수 외(2017), p. 213.

② 당사자 의뢰

클라이언트 스스로가 도움이 필요하다고 판단해서 직접 의료사회복지서비스를 신청하는 것을 말한다. 대부분 클라이언트가 사회복지사나 사회복지팀을 직접 방문하여 서비스나 지원을 신청하는 경우가 많다. 따라서 의뢰하는 클라이언트는 협조적이고 자발적인 특성이 있다. 하지만 클라이언트가 병원이나 해당 기관의 서비스를 이용할 자격이 되지 않거나 클라이언트의 욕구를 충족시킬 서비스가 없는 경우도 발생한다. 이때는 다른 적절한 기관으로 의뢰를 시도해야 한다.

③ 지역사회 내 공식 · 비공식적 의뢰

지역사회 내 비공식적 의뢰는 클라이언트와 관련된 친구, 이웃, 교사, 목사 등 클라이언트를 잘 아는 주변 지인이 도움을 요청해서 접촉이 이루어지는 형태이다. 공식적 의뢰는 지역의 행정복지센터나 공공기관에서 클라이언트의 문제해결을 의뢰하는 경우이다.

④ 아웃리치를 통한 발굴

의료사회복지사가 직접 도움을 필요로 하는 클라이언트를 찾아 나서 사례를 발굴하는 '아웃리치(out reach)'를 할 필요도 있다. 의료사회복지사는 병원이나 지역사회 구성원들에게 필요한 서비스를 신청할 수 있도록 제반 절차를 적극 안내해야 한다.

(2) 주요 과업

의료사회복지실천의 접수 경로는 다양하며, 몇 가지 방식이 혼합될 수도 있다. 어떤 경로로 접수하더라도 클라이언트의 개인 정보를 보호하고 서비스 동의를 확보하는 것이 중요하다. 접수단계의 주요 과업은 다음과 같다.

① 신속한 욕구 확인

클라이언트의 욕구를 확인하고 해결에 필요한 서비스를 제공할 수 있는지를 결정하는 것은 접수단계에서 중요하다. 서비스 의뢰와 관련하여 객관적 자료를 통한 확인 이외에도 클라이언트가 주관적으로 호소하는 측면을 파악할 필요가 있다. 욕구나 문제를 확인하는 과정에서 객관적 사실과 클라이언트의 주관적 호소가 일치하지 않거나 상충될 수도 있다. 이때 의료사회복지사는 전문적 관점에 따른 입장을 제시하고 클라이언트의 의견을 존중하며 욕구나 문제 영역에 대한 합의를 도출해야 한다.

의료사회복지실천에서 클라이언트의 욕구는 주로 질병과 장애의 영역에서 발생한다. 하지만 클라이언트의 욕구는 특정 영역에 한정되지 않고 삶의 전반에 걸쳐 나타날 수 있다. 예컨대 신체적 질병으로부터 회복하고 싶은 욕구가 있지만 의료비의 문제가 발생한다면 경제적 자원의 부족과 연결되기 때문이다. 또 다르게 질병의 치료 과정에서 치료진이나 가족과의 갈등에 대한 해결 욕구가 발생할 수도 있다.

의료사회복지실천에서는 환자나 가족의 욕구나 문제가 위기 상황에서 발생할 가능성이 크다. 따라서 의료사회복지사는 단지 질병에만 초점을 두기보다는 클라이언트를 둘러싼 환경과의 상호작용을 탐색하면서 클라이언트와 가족의 욕구를 확인할 필요가 있다.

② 클라이언트와 관계 형성

병원에 입원하고 있는 환자의 경우에는 심리적으로 불안하고 경제적 어려움 등으로 스트레스 상황에 있을 가능성이 크다. 또한 자유가 제한되고 낯선 환경에서 신체적 고통도 동반되기 때문에 클라이언트의 서비스 참여 의사를 확인하고 동의를 확보하는 것이 쉽지 않다.

어떤 경우에 환자와 가족들은 의료사회복지사가 제공하는 경제적 지원에만 관심을 가지고 다른 서비스를 위한 신뢰관계나 협력적 관계를 형성하는 데 주저할 수도 있다. 접수단계에서는 클라이언트와의 신뢰관계를 형성하여 서비스 참여 동기를 강화하는 것이 중요한 과업 중 하나이다.

의료사회복지사는 원조과정 내내 클라이언트와 신뢰관계를 유지할 수 있도록 명확한 한계도 설정해야 한다. 사회복지사가 할 수 없는 내용을 초기에 명확히 설명하고, 클라이언트가 수행해야 하는 책임도 분명하게 제시할 필요가 있다. 그리고 경제적 지원에만 관심이 있는 클라이언트에게도 서비스의 범위와 내용을 초기부터 제시해야 한다. 의료사회복지사는 클라이언트와 신뢰관계를 형성하여 이후 과정에 클라이언트가 적극적으로 참여할 수 있도록 해야 한다.

③ 서비스 적격 여부 결정

의료사회복지사 혹은 사회복지팀은 의뢰된 클라이언트의 문제나 욕구에 대한 서비스를 제공할 수 있다고 판단되면 사례로 등록하고 본격적인 서비스를 제공한다. 의료사회복지사는 접수에서 확인한 정보를 정리하여 초기면접지(intake sheet)를 작성한다. 초기면접지는 보통 기관에 따라 약간씩 다르지만 대부분 클라이언트 기본 정보, 클라이언트 욕구와 문제, 서비스의 제공과 관련된 담당자의 간략한 의견 등을 포함한다.

2) 자료수집 및 사정 단계

자료수집은 클라이언트의 욕구나 문제를 해결하기 위한 필수 과정이다. 자료수집은 접수단계의 초기면접에서 얻은 정보만으로 클라이언트의 문제나 욕구를 체계적으로 분석 · 해석하여 서비스 내용을 결정하는 사정을 제대로 할 수 없기 때문에 이루어진다. 자료수집과 사정은 동시에 이루어지며 자료는 풍부할수록 좋다.

사정(assessment)은 자료수집에서 얻어진 클라이언트의 욕구와 문제에 관한 정보 조각들을 비평적으로 재구성하는 작업이다(Brown, 1992 : 150). 사정단계는 ① 수집 · 정리된 자료들을 체계적으로 분석 · 해석하고, ② 클라이언트의 문제를 개인–환경의 전체적 맥락 안에서 강점과 함께 파악한 후, ③ 클라이언트의 삶에서 변화가 일어나야 할 부분을 클라이언트와 함께 결정하고, ④ 적절한 서비스 및 개입 유형과 수준 등을 선택하는 과정이다. 원조과정 전체의 방향성을 결정한다는 점에서 사정은 실천과정의 중추라고 볼 수 있다(박지영 외, 2020 : 270).

(1) 자료수집의 출처

① 환자와 가족

의료사회복지사의 일차적 자료 출처는 환자 혹은 가족들이 말하는 내용이다. 환자가 표현하는 내용이 모두 객관적이라고 할 수는 없지만 자신이 처한 상황에 대한 느낌, 대처, 방어 등을 포함하고 있기 때문에 중요하다. 의료사회복지 실천 현장에서는 환자가 의식이 명료하지 않아 직접 의사소통을 할 수 없는 경우도 발생한다. 이때는 가족이나 기록 등에 근거하여 최대한 풍부한 정보를 수집해야 한다.

② 기록

의료사회복지실천의 자료수집 과정에서 병원 진료과의 의뢰서나 검사서류 등을 통해 타 전문가들의 진단이나 평가들을 확인할 수 있다. 또한 클라이언트가 작성한 양식서, 지역사회기관 의뢰 시 공문, 이전에 치료나 서비스를 받은 기록물까지 모두 자료수집을 위한 출처가 된다.

③ 타 전문가

병원 내 의료사회복지사는 타 진료부서와 협력적 활동을 많이 하기 때문에 진료부서의 의료진이나 행정부서의 요원들로부터 클라이언트와 관련된 정보를 수집할 수 있다. 클라이언트와 관련 있는 지역사회 내 담당기관의 전문가로부터도 정보를 확인할 수 있다. 이를 통해 클라이언트의 주관적 진술, 사회복지사의 판단이나 직관, 다른 기록물 간의 상이한 내용이 있을 때 점검하고 통합할 수 있다.

(2) 의료사회복지실천의 사정

사회복지사가 사정에 임하는 것은 다음과 같은 질문의 해답을 찾아가는 과정인데(엄명용 외, 2016 : 346), 이는 의료사회복지사에게도 똑같이 적용된다.

첫째, 클라이언트는 어떤 사람인가?

둘째, 클라이언트는 자기 문제를 무엇이라고 생각하는가?

셋째, 질병 또는 건강 문제가 얼마나 지속되어 왔는가?

넷째, 클라이언트는 그간 문제해결을 위해 어떤 노력을 해 왔으며, 그것이 효과가 있었는가?

다섯째, 어떤 사람들이 관련되어 있으며, 어떤 집단이나 사람들이 영향을 받는가?

여섯째, 클라이언트에게 영향을 줄 수 있는 주요한 타인들은 누구인가?

일곱째, 클라이언트는 문제를 해결하고자 동기화되어 있는가?

여덟째, 클라이언트의 강점과 취약점은 무엇인가?

이상의 질문에 답을 찾는 과정인 사정에서는 문제, 개인, 가족, 사회환경적 맥락 등을 종합적으로 확인하여 이들 간 상호작용을 분석할 필요가 있다. 사정은 클라이언트의 욕구나 문제 상황을 총체적으로 다루어야 하기 때문에 '다차원적(multidimensional) 사정'이라고도 한다(Hepworth et al., 2016 : 198). 의료사회복지실천과 관련된 사정을 문제, 개인, 가족, 사회환경 차원으로 구분하면 〈표 3-5〉와 같다.

〈표 3-5〉 **의료사회복지실천 사정의 차원**

차 원	설 명	내 용
문제 차원	환자가 지닌 어려움의 본질을 구체적으로 파악. 풍부한 자료수집을 바탕으로 이루어짐	• 신체적 질병(치명성, 예후, 치료기간 등) • 의료비(치료로 인한 경제적 부담) • 사회적응(직장이나 학업 유지 등) • 가족 갈등 • 심리적 불안이나 우울 • 법, 제도 등의 사회·문화적 문제
개인 차원	환자가 바라는 것(want)과 욕구(need)가 무엇인지를 파악하고, 아울러 대처능력, 강점과 취약점, 문제해결에 대한 동기 수준 등 평가	• 환자의 기본 정보(연령, 경제력 등) • 개인력 • 질병이나 상황에 대한 이해 및 수용력 • 치료 동기 및 치료 협력 • 문제해결이나 스트레스 대처 방식 • 치료나 문제해결을 위한 강점과 취약점

가족 차원	가족은 환자와 심리·정서적으로 긴밀하게 연결되어 있는 미시적 환경체계로서 환자 문제의 근원이거나 문제해결의 근원일 수도 있음	• 환자의 질병이나 상황에 대한 이해 및 수용도 • 환자의 치료나 문제해결을 위한 심리적 지지 및 경제적 지원 수준 • 환자의 치료나 문제해결을 위한 가족의 강점과 취약점 • 가족체계, 가족규범, 가족역할, 권력균형, 의사소통 방식의 파악
사회환경 차원	환자의 문제와 관련된 환경 내 체계들이 얼마나 적절한지 혹은 부족한지, 강점과 취약점은 무엇인지 등을 판단	• 환자의 치료나 재활에 영향을 미치는 비공식적이고 공식적인 자원이나 영향력 • 환자의 치료나 사회복귀를 위한 지역사회 자원 • 환자의 치료나 회복에 필요한 관련 환경의 강점과 취약점

의료사회복지사는 다차원적 사정을 위해 이론을 학습하고 경험을 축적해 나가야 한다. 사정을 포괄적으로 수행하였는지를 확인하기 위해서는 질문 목록을 만들고 검증하는 것도 중요하다(Hepworth et al., 2016 : 199). 사회복지실천에서 적용되는 사정을 위한 구체적 질문들을 의료사회복지 실천현장에 적용하면 다음과 같다.

〈표 3-6〉 의료사회복지사 사정 질문 목록

	영 역	구체적 질문
1	기본 파악	환자나 가족이 생각하는 문제는 무엇인가?
2		질병 혹은 건강과 관련된 가장 긴급한 문제는 무엇인가?
3		현 상황과 관련된 법적 문제는 무엇인가?
4	문제 명확화	문제가 발생하면 구체적으로 어떤 현상들이 생기는가?
5		문제와 관련된 사람이나 체계는 무엇인가?
6		관련된 사람이나 체계가 어떻게 상호작용하여 문제를 촉진하는가?
7		문제와 관련된 환자나 가족의 요구나 욕구는 무엇인가?
8		문제는 발달단계와 어떤 연관이 있는가?
9		문제는 어느 정도 심각한가?
10		환자나 가족이 생각하는 문제의 원인은 무엇인가?
11		문제는 특정한 장소 혹은 시간과 관련이 있는가?
12		문제로 인해 어떤 결과들이 발생하였는가?
13	강점/ 자원 탐색	환자와 가족은 지금까지 문제해결을 위해 어떻게 대처했는가?
14		환자와 가족이 문제해결을 위해 필요한 대응 기술은 무엇인가?
15		환자와 가족의 강점은 무엇인가?
16		사회구조적 요인과 문제와의 관련성은 무엇인가?
17		현재 활용가능한 사회적 지지체계 및 새로 형성되어야 하는 지지체계는 무엇인가?
18		환자와 가족에게 필요한 외부 자원들은 무엇인가?

출처 : 박지영 외(2020), pp. 275-276 재구성.

3) 계획단계

의료사회복지사가 사정단계에서 클라이언트의 문제와 욕구를 확인한 후 계획단계에서는 이를 근거로 하여 향후 변화 전략을 구체화한다. 계획단계에서는 목표수립과 실행계획의 과업이 중요하다.

(1) 목표수립

목표란 개입과정을 통해 표적체계와 표적문제가 해결된 상태, 즉 달성되었으면 하는 바람직한 결과나 기대를 클라이언트의 언어로 표현하는 것이다(Brown,

1992 : 165). 의료사회복지사는 명확하고 간략한 목표를 도출해야 한다. 사정과 마찬가지로 목표도 클라이언트와 함께하는 작업이다. 좋은 목표를 설정하기 위한 몇 가지 지침은 다음과 같다.

① 구체화

의료사회복지사는 추상적이고 모호한 개념이 아니라 구체적인 용어로 목표를 수립해야 한다. 클라이언트가 원하는 상황에 초점을 두고 변화 가능한 목표를 함께 찾아나가야 한다. 예컨대 화상 환자의 경우, '자존감 향상'이라는 추상적 목표 대신에 자존감이 향상되었을 때 나타나는 결과에 초점을 두고 '친구들에게 먼저 인사' 혹은 '모임 참석 확대' 등으로 구체화할 수 있다.

의료사회복지사는 목표를 세분화하여 구체성을 높일 수 있다. 예를 들면, 수술을 앞둔 불안한 청소년 환자에게 '불안 줄이기'라는 목표보다는 '1시간 동안 좋아하는 음악 듣기', '2시간 동안 재미있는 유튜브 시청', '회복 후 하고 싶은 목록과 계획수립' 등으로 세분화할 수 있다.

② 측정 가능성

목표는 측정 가능한 형태로 제시되어야 하는데 단기간 변화가 가능한지, 아니면 장기적 변화를 통해 달성할 수 있는지로 구분된다. 의료사회복지사는 평가를 통해 목표 달성 여부를 최종적으로 확인해야 하기 때문에 목표의 측정 가능성은 중요하다. 예컨대 긴급의료비 200만 원 지원과 같이 단순한 경우도 있지만 심리 · 정서적인 경우에는 어떤 평가의 방법을 활용하는지에 따라 목표의 달성 정도가 달라진다.

③ 성취 가능성

의료사회복지사는 클라이언트와 함께 성취 가능성이 높은 목표를 수립해야 한다. 사회복지사가 지나치게 목표를 높거나 낮게 수립하는 것도 바람직하지 않고, 무조건 클라이언트의 기대치를 목표로 수립해도 성취 가능성이 낮아진다. 또한 클라이언트가 지나치게 낮은 수준의 목표를 제안할 때 의료사회복지사가 그대로 수용하면 클라이언트에게 큰 도움이 되지 않을 수도 있다. 의료사회복지사는 소속된 기관이나 관련 제도 그리고 클라이언트의 협력 정도를 잘 확인하여 실현 가능한 목표를 세울 필요가 있다.

(2) 실행계획

의료사회복지사는 목표수립 후 실행단계에서 그대로 적용할 수 있는 실행계획을 수립해야 한다. 실행계획은 구체적으로 '누가', '무엇을', '어느 정도', '어떤 상황에서', '언제까지' 할 것인지에 대한 답이 제시될 수 있도록 기술하는 것이 필요하다(엄명용 외, 2016 : 375). 실행계획은 새로운 정보를 통해 재사정하여 바뀔 수 있지만 정확한 사정에 근거한 목표수립과 실행계획은 의료사회복지실천의 과정에서 매우 중요하다. 의료사회복지사는 소속된 기관의 특성이나 클라이언트의 요구나 욕구에 따른 구체적 실행계획을 수립할 필요가 있다.

4) 실행단계

의료사회복지실천의 과정에서 실행단계란 사정과 계획 단계 이후의 연속적 과정의 하나이다. 실행은 계획에 근거하여 진행되지만 클라이언트의 변화를 우선적으로 접근할지, 아니면 클라이언트의 환경적 맥락을 우선시할지 정할 수 있다.

클라이언트 개인에 대한 접근에서는 자신에 대한 인식이나 주변 상황을 깊이 이해하도록 하는 통찰 중심인지, 아니면 대인관계나 사회적 대처능력을 향상시키기 위한 행동 변화의 기법을 선택할 것인지를 정할 수 있다. 일반적으로 클라이언트 개인의 변화와 관련한 접근을 직접 개입이라고 하며, 클라이언트의 환경적 맥락에 대한 접근을 간접 개입이라고 말한다. 대개의 경우 직접 개입과 간접 개입이 병행된다(박지영 외, 2020 : 293).

(1) 직접 개입

직접 개입이란 개인, 가족 그리고 소집단 단위로 사회복지사가 클라이언트와 직접 마주하며 상호작용을 통해 함께 정한 목표를 해결해 나가는 것을 말한다. 직접 개입은 가족이나 소집단 단위로 활동을 한다고 하더라도 궁극적으로 개인의 변화를 목적으로 한다. 의료사회복지실천의 과정에서는 직접 개입과 간접 개입이 거의 동시에 진행된다.

그러나 클라이언트의 욕구가 자신의 내적 원인에서 비롯되는 경우, 자신의 욕구를 정확하게 알아차리지 못하여 혼란 속에 있는 경우, 위기로 인하여 일시적 균형을 잃고 있는 경우, 대인관계의 어려움을 해결하고 싶은 욕구를 가진 경우, 외부 자원을 활용할 수 있는 능력이 손상되어 있는 경우(엄명용 외, 2016 : 381)에는 직접 개입을 통해 변화 목적을 달성할 가능성이 크다.

직접 개입은 개인의 정서, 인지, 행동의 변화를 주로 다룬다. 정서 변화는 클라이언트의 내·외부로부터의 스트레스나 갈등으로 인한 정서적 혼란을 감소시키거나 안정되도록 하는 것이다. 클라이언트의 인지 변화는 문제나 욕구를 유발하는 인지 패턴을 이해하여 대처능력을 향상시키는 것이다. 행동 변화는 클라이언트가 다른 사람이나 외부 환경에 부적절하게 대응하여 나타나는 문제들을 적응적 방향으로 변화시키는 것이다. 따라서 직접 개입은 클라이언트의 심리적 혼란을 안정화시키고 자신에게 닥친 사건이나 상황을 폭넓게 볼 수 있도록 하여 사회적 기능이나 대처능력을 향상시키는 것을 목적으로 한다(박지영 외, 2020 : 294).

직접 개입의 방법은 클라이언트의 상황과 목적에 따라 다양하며, 한 번에 한 가지의 개입기술만 활용되는 것이 아니라 복합적으로 적용된다. 예컨대, 재활병원에서 장기간 재활치료를 받고 있는 중년과의 첫 만남에서 수용, 격려, 환기, 재보증, 비언어적 지지 등의 개입기술들이 동시에 활용될 수 있다는 것이다. 직접적 개입의 구체적 방법들은 다양하지만 의료사회복지사들은 수용, 격려, 환기, 재보증, 일반화, 조언이나 충고, 명료화, 직면, 해석, 행동수정 등을 적용할 수 있다.

(2) 간접 개입

간접 개입은 클라이언트 개인의 변화를 주로 다루는 직접 개입과 달리 클라이언트와 관련된 환경적 차원을 중심으로 접근한다. 즉, 간접 개입은 사회복지사가 클라이언트를 원조하기 위해 클라이언트 외에도 관련된 개인, 집단, 가족, 조직 또는 지역사회 등 클라이언트의 환경에 개입하는 것이다.

간접 개입의 경우에는 효과적인 개입을 위해서 시간이 다소 많이 필요하거나 개입의 효과가 두드러진 결과로 나타나지 않을 수도 있다. 또한 간접 개입은 직접 개입보다 다소 전문성이 떨어진다는 오래된 속설이 있기도 하다. 하지만 사회복지실천에서 클라이언트의 욕구를 충족하기 위해서는 사회복지 기관이나 영역의 특성에 따라 차이가 있기는 해도 직접 그리고 간접 개입이 동시에 이루어졌을 때 가장 효과적이라고 할 수 있다(박지영 외, 2020 : 304).

간접 개입은 물리적 환경 변화나 사회구조의 변화와 같은 방법부터 클라이언트에게 서비스를 연결, 점검, 개발하는 것까지 다양하다. 직접 개입과 마찬가지로 하나 이상의 간접 개입의 방법들이 한 명의 클라이언트에게 동시에 적용되기도 한다. 의료사회복지사는 간접 개입의 방법 중에서 지지체계 개발 및 활용, 자원 연결, 프로그램 개발, 서비스 중개, 서비스 조정, 클라이언트 옹호, 환경수정 등을 활용할 수 있다.

의료사회복지실천에서 지지체계 개발 및 활용의 예를 보면, 자조모임 조직이나 자원봉사자 관리에서 발견할 수 있다. 자조집단이란 공통적인 문제나 어려움을 가진 사람들이 공동 욕구 해결을 위한 상호원조를 제공할 목적을 가지고 자발적으로 구성한 집단을 말한다. 클라이언트들은 자조모임을 통하여 물질적 원조뿐만 아니라 정보를 제공받고 정서적 지지를 받는다(Zastrow, 2009).

의료사회복지사는 서로 유사한 문제를 지닌 사람들이 상호 도움을 주고받을 수 있도록 돕는다. 자조모임은 사회복지사의 개입 없이 자발적으로 형성되며 대체로 소집단의 형태를 띤다. 의료사회복지사는 소아암환자 가족의 자조모임이나 사별집단, 당뇨병환자 자조모임 등의 지지체계를 조직하고 운영하도록 원조할 수 있다. 또한 병원 자원봉사자의 체계적 관리는 의료사회복지사의 과업 중 하나로 알려져 있다. 의료사회복지사는 자원봉사자들을 모집, 훈련, 배치, 협력관계의 유지 등을 통하여 서비스 이용자와 연결시켜 주는 역할을 한다.

의료사회복지사는 프로그램을 개발하는 것도 중요한 역할 중 하나이다. 환자나 가족들은 특수한 위기와 적응을 요구받기 때문에 기존의 자원이나 프로그램으로 욕구를 충족시키지 못하는 경우도 자주 발생한다. 의료사회복지사는 소속된 병원이나 기관 내에서 프로그램을 계획할 수도 있고 지역사회 차원에서 실천할 수도 있다. 새로운 프로그램은 의료사회복지사의 조사를 통해서 개발되지만 특정 개인이나 집단의 요구에 의해 개발될 수도 있다. 예컨대 치료비를 지불하기 어려운 환자를 위한 병원 내·외부 기금 마련 프로그램을 기획하고 실행하는 것을 말한다.

5) 종결단계

종결단계는 의료사회복지실천의 과정을 평가하고 마치는 단계이다. 과정 평가의 경우에는 종결단계뿐만 아니라 전 과정에서 이루어진다. 종결에서는 클라이언트의 정서와 해결 또는 미해결된 문제를 확인하면서 마무리할 필요가 있다. 기록은 종결단계가 아니라 실천의 전 과정에서 필요하지만 간략하게 몇몇 방법을 설명하였다.

(1) 평가

① 평가의 의의

의료사회복지실천에서도 다른 사회복지실천과 마찬가지로 평가는 중요하다. 의료사회복지실천의 평가는 프로그램의 목적이 제대로 달성되었는지, 비용은 적절했는지 등을 분석하는 것이며, 서비스의 개선을 위해서도 필요하다.

의료사회복지실천에서 평가의 중요성은 다음과 같다(박지영 외, 2020 : 315 재구성). 첫째, 의료사회복지사 및 소속된 기관은 평가를 통해 클라이언트와 사회에 대한 책임을 다할 의무를 이행했는지 입증할 수 있다. 둘째, 의료사회복지실천의 효과를 증명함으로써 기관 존립과 서비스 필요성을 입증할 수 있다. 셋째, 의료사회복지사의 실천 활동이 클라이언트의 변화를 이끌었는지에 대한 자기평가과정을 통해 의료사회복지사의 실천역량을 향상시킨다.

② 형성평가

평가는 형성평가와 총괄평가로 구분할 수 있다. 형성평가는 사회복지실천이 진행되는 과정에서 이루어지는 평가로 과정평가라고도 한다. 따라서 형성평가는 개입의 목표를 달성하기 위해 프로그램 운영과정상의 장단점을 파악하여 프로그램 향상을 위한 개선방안을 마련하는 데 도움을 주기 위한 평가이다.

형성평가의 예로 소아암 가족 교육 프로그램에서 중도 탈락자가 예전에 비해 크게 증가한 경우를 살펴보자. 과정평가를 통해 이것이 집단 프로그램 이후 사적 모임에서 독단적인 가족이 다른 참여자들을 크게 실망시켜 나타난 결과임이 드러났다면 이러한 과정평가를 통해 참가자를 조정하거나 독단적인 참여자에 대해 개인상담을 제공하는 방법을 선택할 수 있다.

③ 총괄평가

총괄평가는 모든 활동이 종료된 후 또는 프로그램이 종료된 후에 프로그램의 영향 또는 성과를 평가하는 것이다. 총괄평가를 통해 프로그램의 중단, 축소, 현상 유지, 확장에 필요한 정보를 얻는다(채구묵, 2015 : 364). 개입의 결과를 총체적으로 판단하기 위한 평가의 기준은 목표 달성 수준, 기대하는 변화의 정도, 변화 또는 성과를 나타내는 점수, 클라이언트의 만족도, 특정 행동 또는 태도의 변화 등이다(채구묵, 2015 : 372).

총괄평가는 프로그램이 의도한 목적을 달성했는지를 평가하는 효과성 평가와 프로그램 비용 대비 효과를 판단하는 효율성 평가가 있다(박지영 외, 2020 : 317-318). 효과성 평가는 프로그램의 목표 달성 정도를 평가하는 것으로, 즉 프로그램이 본래 계획했던 목표를 어느 정도 달성했는지, 또 달성했다면 그것이 프로그램의 영향 때문인지에 관한 것을 분석한다. 효과성 평가는 산출평가와 성과평가로 분류되는데, 산출평가는 주로 프로그램 실시에 따른 양적인 성취 결과의 평가를 의미하며, 성과평가는 질적인 면까지 고려한 평가를 의미한다. 사회복지실천에서의 효과성 평가로는 성과평가가 선호되고 있다.

효율성 평가는 목표 달성에 드는 비용의 적정성을 평가하는 것으로 비용의 효율적 집행을 파악하는 것이다. 효율성 평가로는 비용효과 분석과 비용편익 분석이 있다. 비용효과 분석은 프로그램에 드는 비용과 그 효과만을 고려하는 것이고, 비용편익 분석은 프로그램에 드는 비용과 효과를 고려할 뿐만 아니라 프로그램 결과로 얻어지는, 즉 서비스를 받은 사람들의 경제적 편익과 사회적 편익까지도 고려하는 것이다.

예를 들면, 병원에 입원 중인 소아암환자의 퇴원 후 사회적응을 위한 A와 B의 두 가지 프로그램 중 B 프로그램이 비용이 높더라도 학교 중퇴율을 낮추고 친구관계를 유지하고 회복하는 데 기여하는 것으로 확인되었다. B 프로그램에 참여한 가족들은 소아암환자의 빠른 학교 적응으로 보다 적극적으로 경제활동에 참여할 수 있다. 단지 프로그램에 드는 비용만으로 그 가치를 측정할 수 없는 더 큰 사회경제적 가치를 창출하는 사회적 편익을 가져다주는 것이 된다.

(2) 종결

종결은 계획된 종결과 계획되지 않은 종결로 구분된다. 계획된 종결은 시간제한적 서비스가 마무리되거나 클라이언트의 욕구나 목표가 달성되어 종결된 것으로 바람직한 종결이다. 반대로 계획되지 않은 종결은 클라이언트나 사회복지사 혹은 기관의 사정에 따른 종결이다. 계획되지 않은 종결이 되더라도 의료사회복지사는 클라이언트의 감정이나 반응에 적절하게 대처하고 미해결된 문제나 욕구를 위해 다른 서비스나 기관에 의뢰할 필요가 있다.

계획된 종결이든지 계획되지 않은 종결이든지 간에 클라이언트와 사회복지사 모두 정서적인 반응을 경험하게 된다. 의료사회복지사는 종결에 따른 불안, 의존, 분노의 반응을 적절하게 대응할 수 있어야 한다. 또한 클라이언트가 성취한 변화를 유지하도록 돕기 위해서는 종결 이후 사후관리를 활용하기도 한다. 사후관리는 종결이 이루어진 후 일정 기간이 지나서도 변화가 유지되도록 하기 위한 방법이다. 사후관리는 전화, 가정방문, 인터넷 등을 활용할 수 있으며, 기관의 업무 범위에 포함되지 않으면 의료사회복지사의 추가적 노력으로 진행된다.

(3) 기록

기록은 종결단계뿐만 아니라 의료사회복지실천의 전 과정에서 이루어진다. 기록의 목적은 사회복지실천의 근거 제공, 서비스의 연속성 제공, 사회복지사의 전문성 강화, 슈퍼비전 제공 기회, 전문가 간 의사소통 도구, 연구 및 평가의 자료가 된다(김기태 · 김수환 · 김영호 · 박지영, 2007; 김혜란 · 공계순 · 박현선, 2013; 최혜지 외, 2013).

의료사회복지실천의 기록에는 단계별로 그리고 목적에 따라 여러 가지 유형이 있다. 또한 서비스 기관에 따라 특성과 서비스 전달 방식이 다르기 때문에 기록의 유형도 다양하다. 의료사회복지서비스 기관에서는 접수를 위한 독특한 양식의 기록지를 갖추고 있으며 클라이언트의 신원이나 핵심 요청사항을 기록한다. 또한 사정과정의 기록 양식도 기관이나 전문가 집단이 체계적인 형태로 제시하고 있다. 예를 들면, 병원에 따라 초기면접지나 사정 기록지, 목표 계획 양식이 다를 수 있다. 일반적인 기록 유형은 요약기록, 과정기록, 문제중심기록으로 구분된다.

① 요약기록

요약기록은 정보 수집을 통해 얻어진 자료를 선택하여 핵심 내용을 중심으로 기록하는 것이다. 요약기록은 주로 초기면접이나 타 기관으로의 의뢰, 사례 종결에 사용되지만 정기적으로 중요한 정보를 요약하기 위해 주 또는 월 단위로 이루어지기도 한다(최혜지 외, 2013 : 408). 요약기록의 내용은 개입의 단계나 서비스 방법에 따라 다양할 수 있지만 객관적 근거를 바탕으로 포함되어야 할 내용들을 구조적이고 체계적으로 제시해야 한다.

〈표 3-7〉 요약기록의 예시

2022년 12월 20일 만성신부전 환자인 ○○○ 씨가 신장이식을 위해 입원하였다. 22세인 대학생 딸이 기증자이고 조직적합성 검사 등의 평가 결과 이식이 가능한 것으로 확인되었다. ○○○ 씨는 겉으로는 딸에 대한 미안한 마음을 표현하고 이식 거부 의사를 보이지만 내심으로는 딸의 마음이 변하거나 수술이 잘못되는 것에 대해 두려워하고 있다. 기증자인 딸은 한쪽 신장만으로 평생을 살아야 한다는 두려움도 있지만 오랜 고민 끝에 내린 자기결정이라고 하였다. 사회복지사는 ○○○ 씨를 만나 양가감정은 정상적인 것이고 성인인 딸의 자기결정임을 알리고 수술을 위한 심리적 지지를 했다. 이식수술 전 환자와 기증자인 자녀 간의 직접 만남은 두 사람의 의견을 듣고 장기이식팀에서 결정하기로 했다. 2022년 12월 26일 월요일 의료사회복지사 : ○○○

② 과정기록

과정기록은 사회복지사와 클라이언트의 상호작용을 있는 그대로 기록하는 매우 구체적이고 자세한 형태이다. 의료사회복지사는 과정기록에서 주로 클라이언트와의 면담과정에 있었던 내용을 대화체로 옮겨 적을 뿐만 아니라 비언어적 활동까지 상세하게 기록한다. 과정기록은 작성하는 데 시간과 노력이 많이 들어 의료사회복지 실천현장에서 업무 시 많이 활용되지는 않는다. 하지만 실습생 및 수련생은 과정기록으로 슈퍼비전을 받는 등 전문가로서 성장 과정의 하나로 활용하고 있다.

〈표 3-8〉 과정기록의 예시

사회복지사 :	치료를 받지 않으시려는 이유가 있으신지요.
클라이언트 :	……
사회복지사 :	진단을 받은 것은 이번이 처음이신지요.
클라이언트 :	네. 너무 당황스럽고 어찌해야 할지를 모르겠어요(안절부절못하고 불안하고 긴장된 모습이 뚜렷함).
사회복지사 :	암이라는 진단에 많이 놀랐을 것 같아요. 그래도 치료를 적극적으로 받으셔야 합니다.
클라이언트 :	제 주위 친구나 친지를 봐도 암으로 치료받는다고 고생만 하고 결과는 다 그렇더라고요.
사회복지사 :	가까운 분이 암으로 사망하신 경우가 있습니까?
클라이언트 :	우리 아버님께서 폐암으로 치료 중에 고생만 하시다가 돌아가셨어요.
사회복지사 :	상심이 크셨겠습니다.

③ 문제중심기록

문제중심기록은 문제의 규정과 사정 그리고 문제해결을 위한 계획으로 구성된다. 문제중심기록의 기본은 SOAP 유형이라고 할 수 있다. SOAP 유형의 경우, S(Subjective data)는 문제에 대한 클라이언트 또는 주요 타자의 진술과 같은 주관적인 자료, O(Objective data)는 사회복지사의 관찰과 같은 사실적이고 객관적인 자료, A(Assessment)는 클라이언트에 대한 사정, P(Plan)는 개입계획을 의미한다. SOAP의 네 가지 요소를 매번 다 기록할 필요는 없으며 추가되거나 수정될 내용이 있는 요소들만 기록하면 된다.

문제중심기록은 원래 의료 및 정신보건 세팅에서 개발된 기록방법이다. 문제중심기록은 문제 영역을 명확화하여 각 문제에 대해 어떻게 개입할 것인지에 대한 계획을 세우는 것이다. 예를 들면, 당뇨병 환자를 치료하는 의사, 영양사, 사회복지사는 당뇨병이라는 공통의 문제에 대해 약물치료, 식이요법, 정서적 스트레스를 관리하기 위해 다른 방법으로 접근한다. 이때 문제중심기록으로 치료자들 간의 의사소통을 원활히 하고 공동의 목적, 즉 당뇨병 치료라는 목적을 일관성 있게 추진할 수 있다. 최근 실천현장에서는 이 과정에서 개입(Intervention)을 추가하여 SOAPI 방식으로 기록하고 있다(김연수 외, 2017).

〈표 3-9〉 문제중심기록의 예시

구성요소	사 례
S	환자 : "치료비 마련이 어려워요. 퇴원할 수밖에 없을 것 같아요."
O	면담 내내 어두운 표정으로 의료사회복지사와 눈맞춤조차 없음 검사 결과 주치의는 환자의 치료 예후가 매우 좋을 것으로 예측함
A	치료 가능성이 높으나 경제적 어려움 때문에 치료 지속이 어렵고 심리적 좌절감이 큼
P	경제적 지원 연결, 환자에 대한 심리적 지지, 가족면담의 필요성
I	– 외부후원기관 연결 – 격일에 한 번 환자 병실 방문을 통해 상담과 지지 제공 – 가족지지체계 강화를 위한 면접과 개입

출처 : 김연수 외(2017), p. 233.

PART 02

의료사회복지의 대상과 접근법

CHAPTER 04

의료사회복지의 직접 대상

개 요

제4장은 의료사회복지의 직접 대상인 환자, 가족, 집단에 대해 설명하고 있다. 의료사회복지사는 주로 병원이나 장기보호 실천현장에서 환자나 가족을 대상으로 서비스를 제공한다. 의료사회복지사는 그들을 돕기 위한 면담, 자원 연결, 정보 제공 등의 업무를 수행한다. 의료사회복지사는 환자와 가족을 개인 또는 집단으로 만나서 그들과 함께 문제 해결을 시도한다.

의료사회복지사는 지역주민의 건강과 질병 예방을 위해 지역사회 전체를 대상으로 개입해야 하지만 실제로 활동할 수 있는 공간이 부족하다. 따라서 여기서는 의료사회복지사가 실천현장에서 직접 면대면으로 만나는 환자, 가족 그리고 집단에 초점을 맞추고 그 특성들을 이해하고자 한다. 의료사회복지사는 개인뿐만 아니라 집단을 대상으로 하는 집단상담, 집단교육, 집단프로그램 등 다양한 활동을 한다.

학습목표

1. 의료사회복지의 직접 대상인 환자의 신체적, 심리적 그리고 사회경제적 차원을 통합하여 설명할 수 있다.
2. 의료사회복지의 직접 대상인 환자 가족의 질병에 대한 일반적 반응과 환자를 둔 가족체계의 역동을 설명할 수 있다.
3. 의료사회복지의 직접 대상인 집단의 개념, 유형과 역동성을 설명할 수 있다.

1 환 자

1) 신체적 차원

사회복지실천에서 치료적 개입은 개인을 전인적으로 파악하여 신체 · 정신 · 영성(body-mind-spirit)을 통합하여 목표를 설정하고 진행하여야 한다(Adams, et al., 2005). 의료사회복지실천에서도 환자에 대한 개입은 신체적 고통, 활동 능력과 심리적 반응 및 개인적 열망, 그리고 영성 차원까지 동시에 고려해야 한다. 또한 환자가 되면 직업이나 대인관계 등의 사회적 영역과 의료비 및 소득 감소와 같은 경제적 문제도 발생한다. 의료사회복지사가 환자를 이해하기 위해서는 신체, 심리 및 사회경제적 차원을 통합하여 살펴보아야 한다.

우선 환자의 신체 차원에서 나타나는 변화들을 확인할 필요가 있다. 신체는 정신과 밀접하게 서로 영향을 주고받을 뿐만 아니라 개인의 삶의 질에 중요하게 영향을 미치는 요인이다. 사회복지실천에서 클라이언트의 심리사회적 문제를 해결하기 위한 과정에서도 신체적 요인은 중요한 고려 대상이다. 의료사회복지 실천현장에서 사회복지사는 환자의 신체적 문제의 해결에 일차적인 초점을 둔다. 이때 의료사회복지사는 신체적 질병과 심리사회적 요인이 상호영향을 미친다는 관점을 유지할 필요가 있다.

환자는 질병으로 인한 신체적 고통, 사고 등으로 인한 신체 손상과 이미지 변형의 문제로 어려움을 겪는다. 또한 병원에서 실시하는 외과적 수술은 심리적 두려움을 동반한다. 이 과정에서 전신마취는 죽음과 연관될 수 있기 때문에 질병의 심각도와 개인적 특성에 따라 다양한 반응을 보인다.

의료사회복지사는 환자의 신체적 질병이 가져다주는 심리적 변화와 대처 방식을 이해할 필요가 있다. 예컨대 어떤 사람들은 질병과 성기능 변화에 대해 왜곡된 인식으로 부적절한 대응을 보이기도 한다. 어떤 환자는 질병으로부터 회복된 후에도 재발에 대한 염려로 성생활을 거부하거나, 반대로 자신의 건강을 확인하기 위해 더 빈번한 성생활을 고집하기도 한다. 또 다르게 심각한 질병으로 고통받는 환자가 배우자의 사랑을 확인하고 의존심을 충족시키기 위해 과도한 성생활을 고집하기도 한다(조두영, 1993). 의료사회복지사는 신체적 질병과 심리사회적 관계에 대한 폭넓은 이해가 필요하다.

의료사회복지사는 신체적 질병의 치료에서 마음과 영성이 미치는 영향도 알아야 한다. 환자는 편안하고 안정된 분위기 속에서 자신의 신체적 고통과 불편함을 치유하는 데 집중할 수 있다. 이러한 증거는 명상이나 요가와 같은 방법들이 신체적 문제를 해결하거나 완화하는 데서 확인된다(Adams, et al., 2005). 마찬가지로 환자를 둘러싼 외적 조건으로 인한 불안, 예컨대 치료비에 대한 걱정, 관계의 상실, 존엄성의 상실 등은 신체적 질병의 치료와 회복에 도움이 되지 않는다.

생태체계적 관점을 적용하면 신체체계는 정신체계, 영성체계 및 사회체계와 교류하면서 상호의존 상태에 있다. 신체체계의 문제는 정신체계나 사회체계로부터 발생할 수도 있고, 반대로 회복을 위한 요인이 되기도 한다. 의료사회복지사는 환자를 둘러싼 미시체계와 거시체계의 역동적 교류라는 틀 속에서 환자의 질병을 이해하고 개입할 필요가 있다.

2) 심리적 차원

환자는 심리적으로 다양한 반응을 보인다. 일반적으로 우울과 불안 그리고 분노를 표현할 수 있으며, 성격에 따라 다르게 대응할 수도 있다. 만성적이고 심각한 질병으로 진단된 환자들은 그들이 처한 상황에 따라 여러 가지 심리적 대처를 한다. 그리고 환자의 영성도 회복과 예후에 영향을 미친다.

(1) 일반적 반응

질병의 심각성에 따라 다르지만 대부분의 환자는 불안과 우울을 동반하며 심리적 혼란을 보인다. 또한 질병에 따른 불안감에 대처하기 위해 특정한 심리적 방어를 시도하거나 평상시와 다른 행동을 하기도 한다. 일반적으로 심각한 질병으로 진단받은 환자들은 불안, 분노, 퇴행, 우울과 같은 정서적 반응을 보인다.

불안은 환자들이 질병을 하나의 위기 상황으로 받아들이기 때문에 나타나는 것이다. 환자가 느끼는 불안은 다음과 같은 이유에 기인한다(조두영, 1993). 첫째, 자율적으로 움직이던 신체의 기본적인 조화가 깨지는 데서 오는 두려움이며, 둘째, 익숙하지 않은 병원 환경, 의료진, 그리고 다른 환자들 속에서 본인의 운명이 낯선 사람들의 손에 달려 있다고 생각하면서 생기는 두려움이며, 셋째, 사랑하는 사람과 이별하거나 죽음에 대한 두려움이며, 넷째, 질병과 수술로 인한 신체적 매력과 기능의 상실로 사랑하는 사람들로부터 버림받을 것을 염려하는 두려움이며, 다섯째, 신체적 손상에 대한 두려움이며, 여섯째, 현재의 질병을 과거의 잘못에 대한 벌로 생각하여 죄책감·수치심으로 인한 두려움이다.

환자들은 질병에 대한 두려움의 반응으로 분노를 표현하기도 한다. 환자들은 질병이 두렵지 않다고 하지만 이를 분노로 바꾸어서 나타내기도 한다. 또한 환자들은 평상시에 외부의 시련들을 적절히 대처하였지만 질병으로 인해 그동안 억압되어 왔던 여러 가지 본능적이고 정서적 욕구로 인해 미성숙한 생각이나 행동으로 퇴행할 수 있다. 예컨대, 노인 암환자가 어린 아이처럼 떼를 쓰거나 우는 행동을 말한다.

환자들은 장기 입원, 심각한 질병, 그리고 만성적으로 관리해야 하는 질병을 지니게 되면 우울을 겪을 수 있다. 질병으로 인해 신체 일부의 상실, 신체 기관의 기능 손상, 외모나 자존심의 상실 등으로 우울을 보일 수 있다. 실제로 어떤 상실이 발생하지 않았다고 하더라도 상실이 일어날지도 모른다는 걱정에 우울이 발생할 수도 있다.

(2) 성격에 따른 반응

의료사회복지사는 환자의 성격에 따른 반응을 학습할 필요도 있다. 성격이란 개인의 특유한 행동과 사고를 결정하는 심리신체적 체계인 개인 내의 역동적 조직이다(Allport, 1961). 성격은 개인이 사회와 맺는 방식에 영향을 주기 때문에 새로운 위기적 문제와 환경 속에서 부적응적 반응을 보일 수 있다. 성격 유형에 따른 환자의 반응을 살펴보면 다음 표와 같다.

〈표 4-1〉 환자의 성격에 따른 반응

구 분	내 용
구강 성격	구강 성격의 사람들은 끊임없이 의료진을 찾아와서 조언을 구하며, 이에 반응하지 않으면 상대를 원망하는 등 의존심이 강하고 요구가 많다. 이들의 행동은 마치 갓난아이가 먹을 것을 찾고 자기를 보호해 줄 대상인 어머니를 찾는 것과 유사하다. 구강 성격의 소유자는 질병을 통해 그동안 잠재해 있던 타인에게서 관심을 받고자 하는 욕망이 표출되고, 버림받는 것에 대한 두려움이 커지게 된다. 이런 성격유형의 사람들에게는 가능한 한 많은 관심을 보여주고 격려와 지지를 해 주며, 환자가 결정하기 어려워하는 것에 대해 도와주고 설명을 해주는 것이 필요하다.
강박적 성격	강박적 성격의 사람들은 질병으로 인해 자신의 행동통제능력이 상실될 것을 우려해서 자아방어가 심해진다. 따라서 더욱 고집불통이 되고 편견에 치우치며, 지적 제어가 심해져 매사를 의심하며 결단을 내리기 어려워한다. 이러한 성격의 소유자는 치료과정에 대해 간결하고 명확하게 알려주며, 부정적 요인을 너무 자세하게 설명하거나 의구심을 일으키는 행동을 하지 않는 것이 좋다.
히스테리적 성격	히스테리적 성격의 사람들은 질병이 개인적 결함, 매력 상실로 이어져서 주변의 관심을 받지 못할 것을 걱정한다. 환자가 되면 인생의 패배자가 되는 것으로 생각하며, 이런 불안 심리에서 벗어나고자 더욱 남들에게 관심과 존경을 받으려고 노력한다. 어떤 경우에는 심각한 질병에도 불구하고 질병 자체에 무관심하면서 다른 쪽에 관심을 쏟는 경향도 나타난다. 이들에게는 그들의 매력에 관심을 보이며 침착한 태도로 안심시켜야 한다. 현재의 불안에 대한 표현도 적극 격려해야 한다.
피학적 성격	피학적 성격의 사람들은 질병으로 편하게 누워 있기 때문에 죄책감을 가진다. 이들은 자신은 사랑과 관심을 받을 자격이 없으니 희생과 고통을 받아야 한다고 생각한다. 따라서 병원에 입원해서 편하게 되면 더욱 온순해지고, 더 많은 고통을 받으려 하고 자신을 마치 순교자로 여기기도 한다. 이러한 환자들에게는 관심과 위로보다는 이들의 고통과 참을성을 높게 평가해 주면서 병원 내에서 역할을 부여해 주는 것도 좋은 방법이다.
편집적 성격	편집적 성격의 사람들은 의료진이 자신을 실험대상으로 악용할 수 있다고 의심하며 싸움을 걸려고 한다. 그리고 질병의 원인을 모두 의료진이나 다른 사람의 탓으로 돌리려고 한다. 이들은 질병의 고통과 위기를 다른 사람에게 전가시켜서 불안을 회피하려고 한다. 따라서 이런 환자를 대할 때는 우선 예민한 감수성을 존중해 주면서 환자와 적정 거리를 두며 친절히 대하여야 한다. 너무 밀접한 관계가 되면 의심받기 쉬워지기 때문에 이는 피해야 한다. 또한 이들과 논쟁에 휘말리지 말고, 병원에 대한 환자의 불만에 동조하거나 환자의 의견을 판단하는 것이 아니라 비판력을 칭찬해 주는 것이 좋다.
자기애적 성격	자기애적 성격의 사람들은 몹시 거만하고 자신을 신비화하는 경향이 있다. 이들은 특별한 대우를 받기를 원하고 '교수 의사'나 '과장'만 찾으며 의료진과 경쟁하려 한다. 또한 의료진의 약점을 찾아서 신뢰감을 감소시키려고 한다. 이들은 질병에 대한 두려움으로 방어적 과대망상 상태를 나타내기 때문에 이런 환자는 조심스럽게 성의를 보이면서 자신감 있게 대해야 한다.
분열형 성격	분열형 성격의 사람들은 불평도 없고, 고통도 호소하지 않으며, 병실에서 조용히 비사교적으로 지내는 등 매사에 소극적이거나 무관심해 보인다. 하지만 이들은 몹시 예민하며 약한 사람들이고, 과거의 실망과 상실의 고통스러운 경험들에 대해 자기 보호적 방어기제를 사용하는 것이다. 이들에게 있어 질병은 과거 고통스럽던 경험들을 상기시켜서 불안을 높일 수 있다. 따라서 이들에게는 강압적이지 않은 온화하고 따뜻한 태도로 대해야 하며, 심하지 않다면 이들의 위축상태를 어느 정도 허용할 필요도 있다.

출처 : 조두영(1993), pp. 75-76 재구성.

(3) 심리적 대처

암과 같이 심각하거나 당뇨병과 같은 만성적인 질병을 지닌 환자는 개인의 성향에 따른 다양한 심리적 대처를 시도한다. 환자들이 자주 보이는 심리적 대처는 다음과 같다(Weisman, 1978).

① 부정

질병의 상황에 대해 가볍게 생각하거나 대수롭지 않게 여긴다. 부정은 심각한 신체질환에 의해 발생할 수 있는 최초의 방어기제이다. 이는 병적인 것이 아니며, 환자가 부정하는 이유를 파악할 필요가 있다. 그러나 장기화되고 일반적 범위를 벗어난다면 상담 등을 통해 현실적 대응을 도와야 한다.

② 억제

현재의 질병을 잊어버리려고 노력한다. 하지만 질병이 심각할수록 억제가 쉽지 않으며, 강박적 성격의 소유자는 잊으려고 노력하는 만큼 더욱 불안하거나 고통스러울 수 있다.

③ 합리화와 주지화

자신의 질병과 관련된 정보를 가능한 한 많이 수집함으로써 불안에 대처하려는 형태이다. 이런 환자에 대해 의료사회복지사는 그의 질문에 가능한 한 많은 올바른 정보를 제공해 줄 필요가 있다.

④ 전치

자신의 질병을 잊기 위해 다른 일에 집중하는 사람을 말한다. 예컨대, 심각한 질병으로 수술이 필요하지만 자신의 업무를 마무리하려는 경우이다.

⑤ 재정의

자신의 질병을 제대로 이해하고 있지만 보다 긍정적인 차원에 초점을 맞추고 해결하려고 한다. 이는 과도하지 않으면 질병의 치료에 도움이 될 수 있다.

⑥ 협상

자신이 살아야 할 이유를 신이나 종교를 통해 협상을 하는 경우이다. 어느 정도 심리적 안정에 도움이 되기도 한다.

⑦ 운명론

심각한 질병인 경우에 모든 것을 포기하고 운명으로 받아들이는 것을 말한다.

⑧ 직접적 해결

자신의 상황을 판단하고 질병을 치료하기 위해 보다 직접적으로 도전하고 해결하려고 한다. 예를 들면, 가장 유명한 의사를 찾거나, 여러 가지 대체 요법들을 시도하거나 민간 치료 방법들을 무분별하게 시행해 보는 경우이다.

⑨ 과도한 표현

자신의 마음을 안정시키기 위해 다른 사람들에게 자신의 질병을 지속적으로 이야기한다. 이는 환기를 통해 심리적 안정을 유지하는 방편이 될 수도 있으나 지나치게 되면 가족이나 치료진들이 회피하거나 갈등의 원인이 될 수도 있다.

⑩ 긴장 해결

질병으로 인한 불안과 고통을 알코올이나 음식, 약물 등을 통해 정신을 이완시키는 시도를 하는 경우이다. 이는 대부분 새로운 부작용을 동반하게 되지만 임종을 앞둔 환자에게는 약물을 통해 고통을 완화시키기도 한다.

⑪ 탓하기

자신의 질병을 다른 사람이나 사건을 탓하면서 분노나 공격성을 보이는 형태이다. 심할 경우 가족이나 돌보는 사람들이 스트레스를 많이 경험한다.

⑫ 자기 동정

자신의 질병에 대해 천벌을 받았다고 생각하거나 희생자의 역할을 유지하면서 시간을 보내는 경우이다.

⑬ 순종

자신의 질병과 관련하여 권위 있는 인물을 찾아가서 그가 제시하는 방법을 따르며 의존하는 경우를 말한다.

⑭ 철퇴

혼자 조용히 지내며 삶을 마무리하려는 유형이다.

환자의 질병에 대한 심리적 대처는 개인 간 차이가 있다. 환자가 병전에 자신과 같은 질병을 지닌 사람들에 대해 어떻게 생각하였는지, 혹은 환자의 가족들이 가족구성원 중에 누군가 질병으로 고통받고 있을 때 어떻게 보살폈는지 등과 같은 요인에 따라 대처 방식이 다르다. 즉, 예전에 환자와 같은 문제를 지닌 가족구성원이 있었을 때 가족들 모두가 정성을 다하여 도왔으며, 환자 자신도 질병을 지닌 가족구성원을 따뜻한 마음으로 보살피려 하였다면 그렇지 않은 경우보다는 대처를 보다 안정적이고 현실적으로 할 수 있다는 의미이다. 환자와 가족의 삶에 대한 가치관과 질병에 대한 인식에 따라 환자의 심리적 대처는 달라진다.

(4) 영성

환자의 치료는 영성(spirituality)과도 밀접한 관련을 가진다. 영성은 말기환자의 죽음이나 심각한 고통에 대처할 수 있는 심리적 기제 중 하나이다(김숙남 · 최순옥, 2010). 영성이라는 용어는 학자마다 다르게 정의하고 있으며, 개인의 주관적 경험이기 때문에 단일하게 정의하는 것은 어렵다.

영성은 신체 · 정신 · 사회적 차원의 어려움을 극복할 수 있도록 돕는 것으로서 자신을 초월하여 완전성을 추구하며, 내적 가치에 근거하여 삶의 의미와 목적 및 방향을 결정하도록 하는 내재적 능력이라고 포괄적으로 정의할 수 있다(김미경, 2008). 영성은 개인의 에너지이며 이타적 사랑을 추구하는 발달적 개념으로 볼 수 있기 때문에 개인 내부의 주관적인 삶을 움직이는 힘이라고 할 수 있다.

환자는 신체, 심리, 사회적으로 다양하고 새로운 경험을 하게 된다. 의료현장에서는 환자의 신체적 질병에만 초점을 맞출 수 있기 때문에 영성을 간과하기 쉽다. 영성은 삶의 현실을 바라보는 중요한 믿음 체계와 관련되어 있기 때문에 환자가 마주하는 질병의 고통도 삶의 중요한 경험이며 삶의 의미와 연결된다(Swinton, 2009).

영성은 의료사회복지실천에서 환자의 신체 · 심리 · 사회적 측면과 함께 전인적 안녕감을 추구하는 데 중요한 요소이다. 영성은 모든 환자에게 고려되어야 하지만, 특히 암과 같은 심각한 질병이나 만성화로 이어지며 신체적 치료가 점차 어려워지는 경우에 더욱 중요하게 다루어야 한다.

3) 사회경제적 차원

환자가 되면 인간성이 상실되고 단지 치료받아야 하는 대상으로 취급받기 쉽다. 이러한 비인간화의 지속은 환자와 가족의 존엄성 손상을 가져오도록 만든다. 이에 더하여 환자가 되면 사회생활과 직업 및 경제적 측면에서 다양한 문제들에 직면한다.

환자들은 질병 그 자체뿐만 아니라 이로 인해 발생하는 치료비 문제, 가족부양의 책임, 직장으로의 복귀 문제, 대인관계의 단절 등에 대해 고민하게 된다. 또한 질병이 만성화 된다면 부부관계 및 사회적 관계에서 갈등이 표면화되어 더욱 어려움을 겪게 된다. 경제적으로 빈곤한 사람들은 질병, 이로 인한 입원 등으로 갈등이나 스트레스를 대처하기 어렵게 된다. 일반적으로 저소득층의 경우에 사회적 자원 동원이 원활하지 않아서 생활의 스트레스는 증가하며 신체적 또는 심리적 문제의 해결도 쉽지 않다. 따라서 사회경제적 지위(socioeconomic status)는 질병의 치료와 예방의 중요한 요인이다(Lantz, et al,. 1998).

의료사회복지사는 환자의 치료와 재활 과정에서 사회경제적 차원을 중요하게 고려하여야 한다. 환자가 치료비 문제로 고통받고 있다면 의료급여제도나 지역사회의 긴급의료비 지원과 같은 자원들을 활용해야 한다. 또한 환자의 직업 유지와 관련해서는 지역사회의 고용지원센터와 연계할 필요가 있으며, 심각한 장애로 이전의 직업 활동을 할 수 없는 경우에는 장애인고용공단 등의 자원들을 활용하여 도와야 한다. 환자의 질병은 심리 및 영성 차원뿐만 아니라 사회적이고 경제적인 측면과 밀접한 관련이 있다.

2 가 족

1) 질병에 대한 가족의 반응

의료사회복지사가 환자의 가족을 이해하려면 질병에 대한 가족의 반응을 파악할 필요가 있다. 가족의 반응은 일관적이지 않으며 환자의 가족 내에서의 위치, 질병의 정도와 치유 기간, 경제적 부담 등에 따라 다르다. 가족구성원들은 환자가 가족의 경제적 책임을 지고 있는 사람이거나 질병의 치료 이후에도 심각한 장애를 가지고 평생을 살아야 한다면 불안과 혼란을 겪는다. 또한 환자의 연령대에 따라 가족구성원들이 보이는 심리적 반응은 다르다. 이러한 가정하에 일반적으로 가족구성원 중에 환자가 발생하면 다음과 같은 반응을 보이게 된다(서울대학교 의과대학 편, 1988, 김규수, 2001 : 86-88 재인용).

(1) 충격과 부정

가족은 환자의 질병을 확인하면 경한 것이거나 중한 것이거나 간에 충격(shock)으로 한동안 멍한 상태에 있게 된다. 가족은 치료과정이 힘들거나 장애를 가질지도 모르는 뇌졸중, 백혈병, 암, 신체 절단 등으로 진단된다면 그 충격이 더욱 클 수밖에 없다. 이때 가족은 이를 받아들이지 못하고 부정(denial)하게 된다.

예를 들면, 최초 진단을 의심하며 다른 병원을 찾거나, '믿을 수가 없어요', '이럴 수가 없어요'라는 반응을 보이며 그 상황을 믿지 않으려 한다.

(2) 불안과 공포

초기의 충격과 부정의 시간이 지나면 가족은 환자가 치료되지 않거나 영구 장애를 가지게 되는 상황을 생각하며 불안과 공포 감정을 경험한다. 또한 가족은 환자의 사망이나 장애에 대한 심리적 불안과 동시에 치료비 등과 같은 사회경제적 차원의 문제에 대해서도 걱정한다. 환자의 질병이 심각할수록 이러한 불안과 공포는 가중된다.

(3) 죄책감과 책임감

불안과 공포의 시기가 지나면 가족은 환자의 질병 원인을 찾으려고 한다. 가족은 환자의 질병이 자신의 잘못으로 생겼다고 자책하거나, 지금까지 잘 대해주지 못한 것에 대한 책임감이나 죄책감을 느낀다. 특히 가족의 생계를 책임지고 있는 구성원이 산업재해로 인해 질병이 발생한 경우 가족의 죄책감은 커진다. 아동 양육과정에서 사고로 발생한 질병은 부모의 책임감이나 죄책감을 크게 하며, 부모가 아닌 친척 등의 제3자가 양육하다가 발생한 사고나 질병은 죄책감이나 가족 갈등을 증대시킬 수 있다.

(4) 분노

환자의 질병이 구체화되고 받아들이지 않을 수 없는 상황이 되면 가족은 '왜 하필 내 가족이', '우리 가족이 무엇을 잘못했다고' 등의 분노 감정을 표출하게 된다. 이 시기에 가족은 의료진의 사소한 실수나 잘못에 대해 민감하게 반응하거나 부적절한 요구를 하기도 한다.

(5) 우울

격정의 시기가 지나고 나면 가족은 슬픔과 우울에 빠지게 된다. 어떤 가족의 경우에는 다음의 수용단계로 나아가지 못하고 우울과 슬픔 속에서 가족생활을 유지하기도 한다.

(6) 수용

가족구성원들이 환자의 질병을 현실적으로 수용하고 최선의 대책을 강구하는 단계이다. 이러한 대응 방안을 모색하는 단계에서는 가족체계의 응집력, 경제력, 활용 가능한 자원 등에 따라 대처 방법이 다양할 수 있다. 그러나 모든 가족이 환자의 질병과 상황을 수용하고 대처하는 것은 아니다.

이와 같은 가족의 반응은 가족생활주기, 환자의 가족 내 역할, 질병의 특성 등에 따라 다르다. 의료사회복지사는 당뇨병이나 만성신부전과 같은 만성질환자 및 산업재해 등으로 영구 장애가 발생한 환자의 경우에는 가족을 포함한 실천을 할 필요가 있다. 또한 가족문제의 희생양으로 정신신체질환으로 진단된 환자가 있다면 보다 적극적인 가족 협력에 초점을 두어야 하고, 필요하다면 가족 상담이나 치료를 시도해야 한다.

2) 체계로서의 가족

체계론적 관점에서 보면 가족은 개인의 삶에 가장 직접적으로 영향을 미치는 체계라고 할 수 있다. 의료사회복지사가 환자를 포괄적으로 이해하려면 가족의 구조뿐만 아니라 상호 역동적 교류를 확인해야 한다. 가족은 개인 문제해결의 보충적 차원에서 다루어지기도 하지만 전체로서의 가족(family as a whole)에 초점을 둘 필요가 있다. 사회복지사가 가족체계의 구성원으로 환자를 이해한다면 질병의 치료와 예방을 위한 더 많은 정보와 자원을 발굴할 수 있다.

체계로서의 가족은 모든 구성원이 서로 영향을 주고받으면서 더 큰 상위체계와도 상호작용하는 체계를 말한다. 가족체계는 구성원 각자의 역할을 구체화시키며 힘의 구조, 의사소통방식, 문제에 대한 타협과 해결방식 등을 규정하는 고유한 규칙들에 의해 움직인다. 하나의 체계로서 가족의 구조나 기능을 이해하고자 할 때는 가족구조, 가족항상성, 삼각관계, 가족규칙과 가족신화, 경계와 하위체계 등과 같은 기본 개념들을 살펴보아야 한다(김유숙, 2002).

(1) 가족구조

체계로서 가족은 일정한 형태의 구조를 가진다. 가족구조란 가족구성원들이 상호작용하는 방식을 조직화하는 기능적인 측면을 말한다. 상호작용의 기능적 측면은 외형적인 것이 아니라 주로 은폐되어 있거나 의식하지 못하는 경우가 대부분이다. 가족구조는 구성원들의 사고방식과 정서적 차원, 가족구성원들 간에 이루어지는 교류의 내용과 관계 등에 의해 결정된다.

(2) 가족항상성

항상성은 원래 살아 있는 생물체가 균형 또는 안정을 유지하려는 노력을 의미하는 생물학적 용어이다. 모든 체계는 일정한 상태나 바람직한 균형을 유지하고자 하는 경향을 지닌다. 하나의 체계로서 가족 또한 그 구조나 운영에 있어 균형을 지켜 나가려는 메커니즘을 구축하게 된다. 마치 에어컨의 자동온도조절장치가 방안의 온도를 일정하게 조절하듯이 가족체계는 구성원들이 이미 익숙한 방식의 한정된 범위 내에서 상호작용하도록 내용과 수준을 규제하며, 이러한 평형이 위협받을 때마다 이를 복구하는 방식으로 구조를 발달시킨다.

(3) 삼각관계

가족구성원이 정서적 관계를 맺을 때 두 사람만으로 구성된 2인 체계는 불안이나 긴장이 유발되어 안정을 유지하기 어려운 경우가 자주 발생한다. 2인 체계는 긴장을 줄이려는 의도에서 제3의 인물이나 새로운 문제를 끌어들여 삼각관계를 형성한다. 이대 심리적 · 정서적으로 건강한 구성원은 아무런 문제가 없으나 그렇지 못한 경우에 삼각관계의 구조 속에 포함될 수 있다.

특히 잘못된 가족 삼각관계의 전형적 유형은 부모와 자녀가 만들어 내는 것이다. 예를 들면, 남편과 사이가 좋지 않은 어머니가 장남에게 아버지의 역할을 기대하거나, 혹은 부모와 갈등이 있는 조부모가 손자와 밀착된 연합을 형성하는 것 등이다. 이는 체계 내의 갈등 및 해체를 초래할 수도 있는 부정적 관계 형성이라 할 수 있다.

삼각관계 그 자체를 항상 병리적인 것으로 단정할 수는 없다. 삼각관계는 때로는 효과적 대안으로 가족 내에서 작용할 수도 있다. 예컨대 부부관계가 좋지 않은 남편과 부인이 종교 기관을 삼각관계에 포함시키는 경우이다. 그들은 종교 행사에 참석할 때는 사이좋은 부부로 보이는 행동들을 할 수 있는데, 이는 화해나 문제해결의 실마리로 작용할 수도 있다.

(4) 가족규칙과 가족신화

가족항상성의 유지는 가족구성원 모두가 정해진 규칙이나 묵시적으로 이루어진 동의 등을 얼마나 잘 고수하는가에 달려 있다. 가족 내에는 수많은 규칙이 존재할 수 있는데, 경직된 가족일수록 협의 및 변화의 가능성을 개방적으로 수용하지 못하여 매우 제한적인 규칙에 의해 운영된다. 그리고 가장 강력한 가족규칙은 표면화되기보다는 내재적이고 은연중에 정해진 불문율의 특성을 갖는 경우가 많다.

가족규칙은 행동적 및 인지적 측면이 연결되어 작동된다. 즉, 가족구성원들이 표출하는 행동들은 가족구성원들끼리 공유되는 인지적 측면들로부터 나오며, 이러한 행동과 인지는 서로 얽혀있다는 것이다. 가족구성원이 아무런 의심 없이 공유하는 믿음과 기대 등의 인지적 양상을 가족신화(family myth)라 부른다(김유숙, 2002).

가족신화는 가족의 항상성을 유지하는 데 기여하기도 하지만 가족관계를 파괴할 정도로 위협적인 긴장을 유발하기도 한다. 가족신화에 근거한 역기능적 행동과 인지 과정들은 상호 강화되어 더욱 바람직하지 않은 상황으로 몰고 간다. 가장 파괴적 형태의 가족신화는 가족 내 특정의 한 구성원을 나머지 전체와는 다르게 분리하여 희생양으로 만드는 경우이다. 어떤 가족은 진정한 정서적 교류를 하지 않은 채 서로 친하다고 믿고 주장하는 거짓 친밀성이 중요한 가족신화로 관찰되기도 한다.

(5) 경계와 하위체계

경계와 하위체계는 가족이 서로 얼마나 관여되어 있는지 여부를 알아보는 개념이다. 체계로서의 가족은 개인체계, 부부체계, 부모-자녀체계, 형제자매체계 등과 같은 다양한 하위체계들을 형성한다. 하위체계들은 가족규칙에 따라 경계를 유지하면서 상호작용을 하게 된다. 체계가 다른 체계와 관여하는 상호작용의 방식 및 수준에 따라 애매한 경계, 경직된 경계 그리고 명료한 경계로 구분할 수 있다.

애매한 경계를 주로 유지하는 가족은 가족체계 내의 규칙이 일관적이지 못하고 애매하기 때문에 모든 가족문제에 관해 서로가 지나치게 얽혀 필요 이상의 긴장이나 갈등을 유발하는 형태를 보인다. 이러한 가족을 밀착된 가족이라고 한다. 이와 반대로 경계가 경직되어 구성원들이 뿔뿔이 흩어져버리는 가족을 격리된 가족이라고 한다. 명료한 경계를 유지하는 가족의 경우 보통 건강한 가족으로 불리며 각 하위체계의 독립성이 존중되는 동시에 다른 하위체계들과의 교류에도 개방적이고 유연한 성향을 보인다.

가족은 내부의 하위체계들 간의 경계뿐만 아니라 다양한 외부적 · 환경적 체계들과도 교류하면서 경계를 유지한다. 가족 이외의 외부인이 가족 안으로 들어오도록 허용되고, 가족구성원들이 가족 밖에서 정서적 관계를 맺는 것이 권장되며, 정보들이 외부와 교환되는 정도를 '유연성'이라는 말로 표현할 수 있다. 이러한 유연성의 정도에 따라 폐쇄적 또는 개방적 가족체계로 나눌 수 있다(Hepworth & Larsen, 1993 : 293-294). 폐쇄적 가족체계를 유지하게 되면 가족 내부로 새로운 자원이나 에너지가 유입되지 않기 때문에 혼란과 갈등이 증폭된다. 가족뿐만 아니라 모든 체계는 폐쇄적 체계가 아니라 개방적 체계로 기능해야 소속된 대상들이 안정과 발전을 지속할 수 있다.

3) 가족체계와 의료사회복지

의료사회복지사가 가족 문제를 하나의 원인에서 출발한 결과에 초점을 둔다면 주로 "왜"라는 질문을 중심으로 결과보다는 원인의 탐색에 치중하게 된다. 이러한 직선적 인과 추론은 자연과학적 사고로부터 연유하며 복잡하고 다원적인 인간의 행동을 이해하고 설명하는 데는 한계가 있다.

반면 의료사회복지사가 체계이론의 준거틀을 가지고 가족을 바라본다면 가족 내에 발생한 문제나 욕구를 순환적 인과관계로 이해하는 것이 된다. 순환적 인과론이란 원인에 의해 결과가 일어나고 이 결과가 다시 원인이 되어 또 다른 결과를 불러오거나 앞서의 결과를 유지 혹은 강화시킨다고 보는 이론이다.

의료사회복지사가 순환적 인과관계 관점을 유지한다면 환자 가족 내에 발생하는 문제를 특정 한 개인의 문제가 아니라 가족 또는 보다 넓은 맥락 속에서 이해할 수 있도록 한다. 의료사회복지사의 가족 개입은 문제 그 자체 혹은 문제의 원인에 초점을 두기보다는 가족 속에서 일어나는 관계의 연결고리를 우선시할 필요가 있다.

의료사회복지사가 체계로서 가족을 바라본다면 환자 가족 내 존재하는 문제행동을 일종의 구조 신호로 해석할 필요도 있다. 왜냐하면 체계는 균형을 유지하려는 항상성 혹은 자기조정능력을 지니는데 이것만으로는 균형을 이룰 수 없다고 판단될 때 외부의 도움을 요청하기 때문이다. 이때 문제행동의 표출은 이러한 요청을 위한 하나의 방편일 수도 있다(김유숙, 2002).

의료사회복지사는 환자 가족이 어려움을 호소할 경우 그 자체의 의미를 파악하면서 가족체계의 맥락에서도 이해할 필요가 있다. 환자 가족이 보이는 심리적 문제는 경제적 문제나 사회적 고립과 같은 외부 상황과 관련이 있을 수 있다. 또한 의료사회복지사는 환자의 질병을 치료하는 데 있어 가족들의 다양한 반응과 복잡성을 체계이론으로 확인할 필요가 있다. 예컨대 가족 간 장기이식을 하는 경우 가족체계의 특성을 이해한다면 이식 과정에 도움이 될 수 있다.

의료사회복지사는 장기적인 치료가 필요한 만성질환자의 경우 체계적 관점에서 가족을 이해할 필요가 있다. 가족 중 누군가가 만성질환으로 병원에 장기 입원하거나 재가보호를 받는다면 치료비나 보호부담 등으로 가족구성원들이 혼란이나 갈등 속에 빠질 가능성이 높기 때문이다. 이때 의료사회복지사는 환자와 마찬가지로 가족도 개입의 대상으로 인식할 필요가 있다.

3 집 단

1) 집단의 개념

의료사회복지실천에서는 개인과 가족뿐만 아니라 집단도 중요한 실천의 대상이 된다. 개인은 사회와 분리되어 존재할 수 없으므로 다른 사람과 상호교류 속에서 살아갈 수밖에 없다. 모든 개인은 특수한 집단인 가족에서 출발하여 가정 밖의 이웃과 우정 집단을 형성하면서 성장하게 된다. 인간은 집단생활을 통하여 성숙하며 중요한 사람으로부터 인정과 사랑을 경험하면서 안정감을 가지고 생활양식을 형성하게 된다.

집단(group)이라는 용어는 다양한 인간의 집합체에 사용되기 때문에 하나의 개념으로 정의하기는 어렵다. 존슨과 존슨(Johnson & Johnson)은 집단을 '둘 이상의 사람들이 소속감을 가지고 상호작용하며 공동의 목적 성취를 위해 노력하는 조직'이라고 하였으며, 브라운(Brown)은 집단을 '어떤 목적을 성취하기 위해 조직된 소규모 개인들의 상호작용 모임'이라고 하였다(엄태완, 2018 : 258 재인용).

또한 김종옥과 권중돈(1993)은 집단이란 '서로가 동일한 집단에 소속하고 있다는 집단의식이 있고, 공동의 목적이나 관심사가 있으며 이러한 목적을 성취함에 있어서 상호의존적이며, 의사소통, 인지 그리고 반응을 통하여 상호작용하며, 단일한 행동을 할 수 있는 능력이 있는 2인 이상의 사회적 집합체'라고 정의하였다.

이와 같은 정의들을 종합하면 집단이란 '최소 2인 이상으로 구성되어야 하며, 이들 구성원들 사이에 소속감이 형성되어 있고, 집단의 목적이 분명하게 드러나는 상호작용하는 집합체'라고 할 수 있다. 의료사회복지사들은 실천현장에서 집단을 대상으로 하는 활동을 빈번하게 수행한다.

2) 집단의 유형 및 역동성

집단은 크게 일차집단과 이차집단, 그리고 자연집단과 형성집단으로 구분된다. 의료사회복지사는 가족과 같은 일차집단 또는 자연집단과 활동하기도 하지만 교육이나 치료 집단과 같은 이차집단 혹은 형성집단을 구성하여 전문적 개입을 수행한다. 특히 형성집단에서는 집단의 역동성을 이해하는 것이 중요하다.

(1) 집단의 유형

① 일차집단과 이차집단

집단은 크기, 목적, 구성방법 등에 의해 다양하게 분류할 수 있다. 가장 전통적인 구분은 일차집단(primary group)과 이차집단(secondary group)으로의 분류이다. 일차집단은 친근감과 소속감을 자연발생적으로 가져다주는 가족, 친구, 이웃과 같은 집단을 말한다. 일차집단은 자기노출이 높고 상호 간의 동질성과 공동체감으로 하나로 묶여 있다. 일차집단은 매우 복잡하고 미묘하면서도 역동적인 상호의존적 관계망으로 연결되어 있는 것이 특징이다.

반면에 이차집단은 공식적이고 계약적이다. 또한 집단구성원 간의 상호작용은 공동의 목표달성과 관련된 분야에 국한된 수단적이며 집단의 규범에 의해 규제된다. 의료사회복지사는 환자의 가족과 같은 일차집단, 그리고 공식적으로 조직된 치료나 상담 집단과 같은 이차집단과도 밀접한 관련을 가지고 활동을 한다.

② 자연집단과 형성집단

집단의 또 다른 분류 방법은 자연집단(natural group)과 형성집단(formed group)으로 구분하는 것이다. 자연집단은 상호 호감이 있는 사람들끼리, 혹은 공통적인 관심과 배경을 기초로 자연스럽게 형성된 가족, 동료, 친구 등을 말한다. 자연집단은 일차집단으로서의 특징을 지닌다.

형성집단은 외부의 개입이나 영향에 의해 조직되며 특별한 목적을 가지고 만들어진다. 의료사회복지실천과 관련 있는 형성집단의 예로는 치료집단, 상담집단, 교육집단, 성장집단, 과업집단, 자조집단 등이 있다(유수현 외, 2014 : 182). 의료사회복지사는 집단구성원들의 욕구와 수준에 맞는 적절한 형성집단을 구조화하여 실천할 필요가 있다.

의료사회복지사는 형성집단에서 대부분 집단지도자의 역할을 수행하지만 상황에 따라서 보조적 역할을 할 수도 있다. 예컨대 아직 준비가 되지 않은 치료집단에서는 외부 전문가가 주치료자의 역할을 수행하고 의료사회복지사가 보조치료자로 기능할 수도 있다. 이때에도 의료사회복지사는 집단의 전 과정을 이해하고 클라이언트의 개별 목적과 욕구를 성취할 수 있도록 기획하고 평가하는 역할을 한다.

〈표 4-2〉 형성집단의 유형과 집단지도자의 역할

구 분	특 성	집단지도자의 역할
치료집단 (Therapeutic Groups)	집단구성원들이 개별적인 치료계약을 맺고, 자신의 문제나 어려움을 해결하기 위해 치료적 집단에 참여하는 것을 말함	정신역동이론, 인지·행동이론 등을 바탕으로 지지적, 지시적, 계획적, 목표지향적인 변화 촉진자, 전문가, 조력자, 중재자 등의 역할을 함
상담집단 (Counselling Groups)	상담집단은 치료집단에 비해 의식적인 문제를 다루며 '지금 그리고 여기에서'를 강조하며 대인관계를 향상하고 문제해결전략을 중심으로 다룸. 상담집단은 개인이 가진 강점의 내부적 원천을 발견하여 성장할 수 있도록 돕는 것임	집단의 활동을 구조화하고 생산적인 활동을 계속할 수 있는 분위기를 조성함. 집단구성원들의 상호작용을 촉진하고 집단 과정을 통해 획득한 통찰을 실제적 삶 속에 연결하도록 안내함
교육집단 (Educational Groups)	집단에 참여한 사람들에게 치료적 측면보다는 지식과 기술을 제공하는 것에 초점을 둠	관련 부분에 많은 지식과 기술을 습득하고 있어야 함. 참여자의 학습효과를 높이기 위해 교육자, 촉진자의 역할을 하며 그들 사이의 상호작용도 촉진해야 함
성장집단 (Growth Groups)	집단의 경험을 통해 자신을 보다 성장, 성숙시키기를 원하는 사람들로 구성된 집단을 의미함. 대표적으로 참만남집단 등이 있으며 심각한 정서·행동적 장애를 가진 사람들에게 적용할 수 없는 집단임	집단구성원들이 안전한 분위기 속에서 자신을 성찰하여 성장할 수 있도록 해야 함. 집단과업 전문가보다는 집단유지 전문가 역할이 요구됨
과업집단 (Task Groups)	구체적인 과업의 목적을 달성하기 위한 집단을 일컬음. 주로 의식적인 수준의 행동을 강조하며 어떤 결과 또는 산물의 성공적 달성에 초점을 둠	정보 및 의견 제공자, 방향제시자, 조정자, 주창자, 평가자 역할 등이 강조됨
자조집단 (Self-help Groups)	집단구성원들 스스로 돕는 집단을 말함	전문가보다는 특정한 문제를 이미 겪었거나 극복한 사람 또는 집단구성원들이 차례로 돌아가면서 집단을 이끌어 감

출처 : 유수현 외(2014), pp. 182-184 재구성.

(2) 집단의 역동성

집단의 역동성(group dynamics)은 집단 내에서 어떻게 힘이 작용하는가 또는 어떠한 조건하에서 이와 같은 힘이 어떻게 변하는가에 관한 내용이다. 집단의 역동성은 집단 내에서 볼 수 있는 집단구성원들이 서로에게 가지고 있는 막대한 힘이다. 그것은 수용이나 배척의 힘, 즉 집단구성원을 집단으로 끌어들이거나 집단 밖으로 소외시키는 힘이며, 집단구성원으로 하여금 꼭 필요한 존재임을 느끼게 할 수도 있고, 무시하고 아무렇게나 취급되어도 되는 무가치한 존재로 만들 수도 있다.

집단의 역동성은 내적 역동성과 외적 역동성으로 구분할 수 있다(최순남, 2005). 집단구성원의 내적 역동성에 기여하는 인자는 집단 분위기, 집단 내의 의사소통, 집단에의 참여 정도, 집단기준, 집단구성원 간의 통제, 우리 감정 또는 동일시, 집단구성원의 행동역할, 인간관계기술, 집단의 동질성과 이질성, 집단의 크기 등이다. 집단의 내적 역동성은 체계의 한 부분이 변하면 다른 부분도 변화하고 궁극적으로 전체 체계가 변화한다는 체계이론과 관련 지어 말할 수 있다. 예를 들면, 집단의 사소한 어떤 분위기가 한 구성원에게 영향을 미치고, 이는 다시 다른 구성원, 그리고 집단 전체를 변화시키는 것이다.

집단의 외적 역동성은 더 큰 지역사회의 가치관과 기대, 기관의 목적, 집단들 간의 경쟁, 그리고 집단의 외부 지위 등으로부터 영향을 받는다. 집단이 지역사회 내에서 어느 정도 자유스럽게 활동할 수 있으며 어떤 역할을 수행할 수 있는가의 여부는 그 집단을 둘러싸고 있는 지역사회가 그 집단의 기능과 역할을 어떻게 규정하고 있는가와 밀접한 관계가 있다.

의료사회복지사는 병원 내에서 집단 프로그램을 실행하더라도 내적 역동성과 외적 역동성 둘 다를 고려할 필요가 있다. 또한 내적 역동성과 외적 역동성은 상호 연관되어 있기 때문에 집단구성원의 집단 내 불만이나 침묵이 외부 환경적 요인에 의한 것일 수도 있음을 알아차려야 한다. 의료사회복지사는 지식과 경험을 바탕으로 집단 역동성을 이해하여 집단 전체의 목적과 개별 구성원들의 목적을 동시에 달성할 수 있도록 세심한 관심을 기울일 필요가 있다.

3) 집단과 의료사회복지

의료사회복지사는 환자, 가족 또는 자원봉사자 등으로 구성된 집단을 대상으로 다양한 활동을 한다. 의료사회복지사는 집단을 활용하여 클라이언트의 욕구와 문제를 해결한다. 의료사회복지사는 질병의 예방이나 재활 및 사회복귀를 위해 환자 및 가족을 대상으로 교육적 집단을 구성하여 운영할 수 있다. 의료사회복지사는 당뇨 환자 및 가족, 뇌졸중 환자 및 가족 등을 위한 교육집단을 실시할 수 있다. 의료사회복지사는 교육집단을 운영하는 과정에서 타 전문직과 협력하여 진행한다.

의료사회복지사는 성장집단과 같은 구성원 간 활발하게 상호작용하는 집단을 구성할 수도 있다. 이 집단은 집단구성원이나 집단의 문제를 해결하기 위해 구성원 간에 상호원조 체계를 구축하는 것에 초점을 둔다. 집단의 목표는 리더와 구성원 간의 상호관계 속에서 이루어지는 상호작용을 통해 설정된다. 이러한 목표를 달성하기 위해 의료사회복지사는 질병별 및 가족을 대상으로 캠프나 레크리에이션 등을 활용할 수 있다.

의료사회복지사는 집단치료의 방법을 활용할 수도 있다. 집단치료는 집단구성원들이 개별적인 치료계약을 맺고, 자신의 문제나 어려움을 해결하기 위해 치료적 집단에 참여하는 것을 말한다. 이는 우울증, 알코올중독 치료를 위한 집단, 성폭력 피해자를 위한 집단 등이 해당된다. 의료사회복지사는 치료 집단의 주치료자가 되거나 보조치료자로서 역할을 할 수 있다.

의료사회복지사는 자조집단(self-help group)에 직접 참여하지는 않지만 집단의 형성 및 원활한 유지를 위해서 원조한다. 의료사회복지 실천현장의 대표적인 자조집단으로는 당뇨환자 모임, 이식인 모임, 백혈병환자 보호자 모임, 화상환자 모임, 척수손상환자 모임 등이 있다.

CHAPTER 05

의료사회복지의 정책 대상

개 요

제5장은 의료사회복지의 직접 대상인 환자와 가족뿐만 아니라 모든 사회구성원의 질병 치료 및 예방과 건강증진을 제도적 또는 구조적으로 보호하는 거시 정책을 기술하고 있다.

인간은 태초부터 건강과 질병으로부터 자유롭지 않았다. 현대 의학의 발달 이전까지 의료는 인간의 질병을 획기적으로 다룰 수 있는 도구가 되지 못했다. 현대 의학은 인간의 생명을 연장하고 신체적 기능을 놀라운 수준으로 회복하는 데까지 발전했다. 그러나 질병이 있는 모든 사람은 똑같은 수준의 의료서비스를 받지 못할 가능성이 높다. 왜냐하면 치료비를 감당할 수 없는 사람들이 발생하기 때문이다. 이러한 문제를 해결하기 위해 우리나라를 비롯한 많은 국가는 사회보장제도의 하나인 의료보장제도를 도입하여 대처하고 있다.

학습목표

1. 사회보장의 개념 및 체계와 제도를 설명할 수 있다.
2. 의료보장으로서의 건강보험을 이해하면서 개념과 진료비의 유형 및 지불방법을 설명할 수 있다.
3. 한국 건강보험의 적용대상, 급여, 보험료를 이해할 수 있다.
4. 한국의 노인장기요양보험의 의의 및 적용대상과 장기요양급여를 설명할 수 있다.
5. 공공부조의 개념과 기능을 이해하면서 국민기초생활보장제도의 의의 및 의료급여를 설명할 수 있다.

1 사회보장

1) 사회보장의 개념

국민은 건강과 관련된 권리를 누리는 데 필요한 의료서비스를 국가로부터 제공받아야 하는데 이를 의료보장이라고 한다. 의료보장은 사회보장의 유형 중 하나이기 때문에 우선 사회보장을 개괄적으로 이해할 필요가 있다. 사회보장은 인간을 사회적 위험으로부터 보호하기 위한 장치라고 할 수 있다. 인간은 살아가면서 노령, 장애, 질병, 실업, 산업재해 등의 사회적 위험에 노출되며 이때 긴급한 도움이 필요하다. 국가가 체계적인 규정을 바탕으로 개인의 사회적 위험에 대처할 수 있도록 지원하는 것을 사회보장이라고 한다.

우리나라는 사회보장기본법(1995)으로 사회보장제도에 관한 기본적인 사항을 규정하고 있다. 사회보장기본법에 따르면 사회보장(Social Security)이란 출산, 양육, 실업, 노령, 장애, 질병, 빈곤 및 사망 등의 사회적 위험으로부터 모든 국민을 보호하고 국민 삶의 질을 향상시키는 데 필요한 소득·서비스를 보장하는 사회보험, 공공부조, 사회서비스를 말한다(사회보장기본법 제3조).

사회보장기본법에서는 사회보장의 구체적 제도인 사회보험, 공공부조, 사회서비스를 정의하고 있다. 사회보험이란 국민에게 발생하는 사회적 위험을 보험의 방식으로 대처함으로써 국민의 건강과 소득을 보장하는 제도를 말한다(사회보장기본법 제3조). 의료사회복지와 밀접한 관련이 있는 사회보험은 건강보험과 노인장기요양보험이라고 할 수 있다.

공공부조란 국가와 지방자치단체의 책임하에 생활 유지 능력이 없거나 생활이 어려운 국민의 최저생활을 보장하고 자립을 지원하는 제도를 말한다(사회보장기본법 제3조). 의료사회복지와 관련 있는 공공부조는 의료급여라고 할 수 있다.

사회서비스란 국가·지방자치단체 및 민간 부문의 도움이 필요한 모든 국민에게 복지, 보건의료, 교육, 고용, 주거, 문화, 환경 등의 분야에서 인간다운 생활을 보장하고 상담, 재활, 돌봄, 정보의 제공, 관련 시설의 이용, 역량 개발, 사회참여

지원 등을 통하여 국민의 삶의 질이 향상되도록 지원하는 제도를 말한다(사회보장기본법 제3조). 의료사회복지와 직접적으로 관련 있는 사회서비스는 보건의료서비스라고 할 수 있다.

사회보장을 이론적으로 체계화한 사람은 영국의 베버리지(Beveridge, 1879~1963)이다. 베버리지는 사회보장을 질병, 실업, 재해로 인해 소득이 줄어들었을 때, 정년퇴직으로 소득이 중단되었을 때, 주된 소득자가 사망하여 생계를 책임질 사람이 없어졌을 때, 출생, 사망, 결혼 때문에 추가적인 비용이 지출될 때를 대비한 소득보장정책이라고 하였다(Beveridge, 1942 : 9).

사회보장이라는 용어는 미국에서 가장 먼저 사용하였으며, 1935년 사회보장법을 제정하여 모든 사회구성원의 복지 증진이라는 목적을 제시하였다. 한국의 사회보장기본법, 미국의 사회보장법 그리고 여러 사회보장학자의 정의를 종합하여 다음과 같이 사회보장을 정의할 수 있다(이성기 · 원석조, 2019 : 26). 사회보장은 법정 프로그램이며 현물서비스도 있지만 주는 소득보장이다. 또한 사회보장의 대상은 고령, 장애, 사망, 질병, 출산, 실업, 재해 등과 같은 사회적 위험과 그로 인한 소득의 중단이나 감소이다.

2) 사회보장의 체계와 제도

사회보장은 유형별 또는 사고별 분류 체계가 있지만 여기서는 OECD가 사고별로 분류한 9개의 영역을 중심으로 살펴본다. 그리고 사회보장제도에 대해 알아본다.

(1) 사회보장 체계

OECD는 사회보장 급여를 9개의 영역, 즉 노령, 유족, 근로무능력, 보건, 가족, 적극적 노동시장사업, 실업, 주거, 기타로 분류하였다(고경환 외, 2012). 사회보장 급여는 크게 현금급여와 현물급여로 구분된다. 현금급여는 소득의 상실을 현금으로 보전하는 것을 말한다. 현물급여는 입원, 의료서비스, 재활서비스와 같은 현물의 서비스를 말한다.

〈표 5-1〉 사회보장 급여의 분류

영 역	개 념	급여 유형	급여 항목
노령급여	노인이 경험할 수 있는 사회적 위험에 대응하여 제공하는 것	현금급여	연금, 조기퇴직금, 부양가족연금 등
		현물급여	돌봄서비스, 가사보조서비스 등
유족급여	사회보험 가입자가 사망한 경우에 유족에게 제공하는 것	현금급여	유족연금, 부양가족 부가금 등
		현물급여	장제비 등
근로무능력 급여	선천적 장애 혹은 노동자가 노동 중에 발생한 재해와 질병 등으로 노동시장에 참여할 수 없거나 또는 제한적으로 참여할 수밖에 없는 경우에 제공하는 것	현금급여	장애연금, 산재연금, 상병수당, 질병급여 등
보건급여	공공보건서비스와 환자를 위한 의료서비스를 제공하는 것	현물급여	의료서비스, 공공보건서비스, 입원환자요양서비스, 보조의료서비스, 의약품 지급 등
가족급여	가족을 지원하는 급여를 제공하는 것	현금급여	가족수당, 출산전 · 후 휴가 및 육아휴직 수당 등
		현물급여	보육/ 재가보조서비스 등
적극적 노동시장사업 급여	근로소득을 목적으로 일자리를 찾는 사람들에게 직업능력 및 취업 가능성을 높이기 위해 추진하는 사업들	현물급여	공공고용서비스 및 행정, 직업훈련, 일자리 순환 및 나누기, 고용장려금, 고용지원 및 재활, 일자리사업 및 창업지원 등
실업급여	실업자에게 지급되는 모든 현금급여를 의미함	현금급여	실업급여/ 해고수당, 노동시장 환경으로 인한 조기퇴직 등
주거급여	주로 임대주택을 제공하는 현물급여를 말하지만 현금급여도 포함됨	현금급여	주거비 보조금 등
		현물급여	임대주택 등
기타 급여	기타 사회적 위험으로부터 보호하기 위해 급여를 제공하는 것	현금급여	공공부조 소득보조 등
		현물급여	공공부조 현물급여 등

출처 : 고경환 외(2012), p. 41 재구성.

(2) 사회보장제도

사회보장제도는 크게 사회보험, 공공부조, 수당으로 구분할 수 있다. 사회보험은 사회보장의 가장 대표적인 제도이다. 연금보험, 건강보험, 산재보험, 실업보험을 4대 사회보험이라고 하며, 최근 제5의 사회보험이라고 불리는 장기요양보험이 등장했다. 의료사회복지사는 의료사회복지실천을 위해 5대 사회보험 모두를 이해할 필요가 있지만 보다 직접적으로 관련이 있는 건강보험과 장기요양보험에 대한 충분한 지식을 가지고 있어야 한다.

공공부조는 경제적으로 생활이 어려운 사람들을 국가가 도와주는 제도라고 할 수 있다(노병일, 2016 : 251). 의료사회복지사는 대표적인 공공부조인 국민기초생활보장제도를 폭넓게 이해할 필요가 있다. 국민기초생활보장제도는 1961년 제정된 생활보호법을 완전히 새롭게 대체한 것으로 1999년 9월 제정된 국민기초생활보장법에 근거한다. 국민기초생활보장제도에서 급여는 생계급여, 주거급여, 의료급여 등으로 구분할 수 있는데 의료사회복지사는 의료급여와 관련된 내용들을 보다 깊이 이해할 필요가 있다.

사회보장제도 중 수당은 기여를 하지 않고 자산조사를 받지 않아도, 일정 범주에 속하면 수급권이 생긴다. 사회보장의 급여 중에서 시민권에 근거하여 수급권을 인정하는 보편적 현금급여를 수당(demogrant)이라고 하는데, 대표적인 것은 아동급여와 기본소득(basic income) 등이 있다(이성기 · 원석조, 2019 : 349). 수당은 의료사회복지실천과 직접 관련은 없지만 치료비 등 경제적 차원에 영향이 있으므로 광의적으로 연관이 있다고 볼 수 있다.

사회서비스는 1935년 미국에서 처음 사회보장법을 제정할 당시에는 빠져 있었지만 1990년대를 지나 사회보장의 범위가 확대되면서 포함되었다. 우리나라에서도 사회보장의 기본법인 사회보장기본법에 사회서비스가 사회보장의 영역으로 규정되어 있다. 의료사회복지사가 폭넓게 이해해야 할 사회서비스로는 산모 · 신생아 건강관리 지원사업, 가사 · 간병방문지원사업, 지역사회서비스, 그리고 보건의료서비스 등이다.

그중 보다 직접적인 보건의료서비스란 국민의 건강을 보호 · 증진하기 위하여 질병의 치료, 간호, 예방, 관리 및 재활을 위한 의료서비스와 건강유지와 증진을 위한 보건서비스를 포괄하는 의미이다. 보건의료서비스는 크게 세 가지로 구분된다(이성기 · 원석조, 2019 : 390-391).

첫째, 의약진료 및 치료서비스는 의료기관 내 진료와 치료 그리고 약국의 조제와 복약지도 서비스를 의미한다. 이 영역에서는 의료사회복지사가 직접 관여할 수는 없으며 환자가 충분하고 적절한 서비스를 받을 수 있도록 간접적으로 지원할 수 있다.

둘째, 신체건강지원서비스는 생활체육 프로그램, 건강강좌 등 여러 건강 및 보건 관련 기관 및 전문가들이 제공하는 다양한 종류의 신체건강 서비스를 말한다. 이 영역에서는 의료사회복지사도 직간접 서비스를 제공할 수 있다.

셋째, 정신건강지원서비스는 상담·심리치료, 자살예방교육, 중독관리 등 정신건강을 위한 전문서비스를 말한다. 정신건강서비스는 정신건강복지센터나 정신의료기관에서 자격을 갖춘 정신건강사회복지사들이 직접 서비스를 제공하고 있다.

2 건강보험

1) 의료보장으로서의 건강보험

의료보장은 의료와 관련된 사회보장이다. 구체적으로 설명하면 의료보장은 국민이 건강과 관련된 권리를 누리는 데 필요한 의료서비스를 국가가 제공하는 것을 말한다. 우리나라의 의료보장은 생활 유지 능력이 있는 국민의 경우에 국민건강보험법에 기초한 건강보험제도로 접근하며, 생활 유지에 어려움이 있는 국민은 의료급여법에 근거한 의료급여제도를 통해 달성하고자 한다.

의료보장제도는 크게 사회보험 방식(NHI : National Health Insurance), 국민보건서비스 방식(NHS : National Health Service), 민간보험 방식(consumer sovereignty model)으로 구분할 수 있다. 민간보험 방식은 미국의 독특한 의료보장제도로서 사회정책적 차원의 제도는 아니다. 우리나라의 경우에는 사회보험 방식을 채택하여 의료비의 일부를 자기책임 부담으로 정하고 있다. 이와 같은 사회보험 방식은 독일, 일본, 프랑스 등이 채택하고 있다.

국민보건서비스 방식은 '의료국가책임주의'에 근거한다. 모든 국민은 조세를 재원으로 무상으로 의료서비스를 제공받는다. 이는 국가가 직접 의료를 관장하는 방식으로 영국, 스웨덴, 이탈리아, 호주, 캐나다 등이 대표적 국가이다.

사회보험 방식은 정부에 대한 국민의 의존심을 최소화하며 의료비가 상승되는 요인을 통제하는 장점이 있으나 저소득층 등과 같이 의료서비스 접근에 장벽을 가지는 집단도 발생하게 된다. 또한 가족구성원 중 만성적으로 재정 부담이 되는 환자가 있을 때는 가족 경제의 파탄을 가져올 수 있다.

국민보건서비스 방식은 조세를 통해 의료비를 지불하기 때문에 소득재분배의 효과가 있으며 전 국민의 의료비 부담의 문제를 제거한다. 그러나 이 방식은 상대적으로 의료비용의 증가와 질적 저하를 가져오며 장기적으로 의료비 재원 조달의 어려움이 있을 수 있다는 주장도 있다. 〈표 5-2〉는 사회보험 방식과 국민보건서비스 방식을 비교한 내용이다.

〈표 5-2〉 **사회보험과 국민보건서비스 방식의 비교**

구 분	사회보험(우리나라)	국민보건서비스
적용대상	임금소득자, 공무원, 자영업 등으로 구분하여 관리(의료급여 대상자는 별도)	모든 국민에게 일괄 적용
재원 조달	주로 기여금(보험료)	정부의 일반 조세
진료비 산정 방법	행위별수가제 또는 총액계약제 등	병원에 소속된 의사는 봉급 방식, 개업 의사는 진료한 사람의 수에 따라 지급
관리 기구	보험자	정부기관
관리운영 방식	• 보험자 중심의 자율 운영 • 직접적인 관리운영비 필요	• 정부기관이 직접 관리 • 직접적인 관리운영비가 줄어듦
채택국가	한국, 독일, 프랑스, 일본, 네덜란드 등	영국, 스웨덴, 이탈리아, 캐나다, 호주 등
장 점	신속한 서비스와 첨단 의료기술 발전에 긍정적 영향 미칠 수 있음	조세를 통해 재원을 조달하므로 소득재분배 효과가 강함
단 점	개인에 따라 치료비 부담 가중	치료 및 입원 대기 시간이 길어질 수 있음

출처 : 노병일(2016), p. 157 재구성.

2) 건강보험의 개관

건강보험은 사회보험 중 가장 오랜 역사를 가지고 있다. 여기에서는 건강보험의 개념, 진료비의 유형과 지불방법을 설명하고자 한다. 이를 통해 건강보험의 운영과 관련된 기초 지식을 습득할 수 있다.

(1) 건강보험의 개념

건강보험(national health insurance)은 사회구성원에게 의료 영역의 급여나 서비스를 제공하는 사회보험 프로그램이라고 할 수 있다. 사회보험 방식에 의한 건강보험은 보험료를 지불한 사람들에게 급여나 서비스를 제공한다. 우리나라는 정부가 의료 인력과 시설을 직접 제공하는 보편적 제도인 국민보건서비스(national health service) 방식이 아니라 사회보험 방식의 건강보험으로 의료보장을 실현하려고 한다.

건강보험은 의료비 지출로 인해 재정적 위험에 직면한 사람에게 의료비의 전액 또는 일부를 지급하는 사회보험 방식이다. 우리나라의 건강보험 급여는 대부분 현물급여로서 외래진료, 입원진료, 약제, 출산, 환자후송, 가정보호 등의 의료서비스 비용을 제3자인 보험자가 지불하는 방식이다. 그러나 건강보험에 가입한 사람도 모든 질병 치료비를 해결할 수 없으므로 민간보험에 가입하고 있다. 예컨대 실손의료보험과 같이 의료비 본인부담금을 상품으로 만든 민간보험을 말한다.

원래 건강보험은 질병 치료 동안 중단되는 소득을 건강보험관리기관이 직장을 대신해서 지급하는 소득보장제도로서 기능을 하였다. 우리나라의 건강보험은 대부분 진료서비스인 현물급여라고 할 수 있다. 그러나 영국의 경우에는 국민들에게 무상의 의료서비스뿐만 아니라 현금급여 프로그램도 동시에 운영하고 있다(이성기 · 원석조, 2019 : 226).

(2) 진료비의 유형과 지불방법

① 진료비의 유형

건강보험은 다른 사회보험과 달리 서비스 비용의 일부를 이용자가 지불해야 한다. 예컨대 병원에 입원하여 치료비가 발생하였다면 전액 보장하는 것이 아니라 일부를 환자가 부담해야 한다. 이렇게 진료비의 일부를 서비스 이용자가 부담하는 것을 진료비 본인부담제(cost-sharing)라고 한다.

건강보험이 본인부담제를 두는 이유는 과도한 의료 이용을 방지하고, 서비스 이용자와 비이용자 간의 형평성을 도모하며, 서비스 이용자 부담 부분을 건강보험 재원으로 다시 활용하는 데 있다.

건강보험에서 본인부담제를 두는 것은 사회보험의 기본 정신에 부합하지 않지만 우리나라를 포함한 전 세계적으로 의료비가 급증하자 재정 안정을 위해 도입 또는 확대하고 있다. 진료비 본인부담제는 세 가지 형태가 있다(이성기 · 원석조, 2019 : 229).

첫째, 정률제(coinsurance)는 의료 이용자가 서비스 비용의 일정 비율을 부담하도록 하는 방식이다. 이는 피보험자가 불필요한 의료 이용을 하지 않도록 하는 데 목적이 있다. 하지만 반드시 필요한 입원이나 치료도 본인부담금에 대한 부담으로 제대로 치료를 받지 못할 수 있다. 또한 본인부담률이 과도하게 높다면 영리를 목적으로 하는 민간보험을 가입하도록 만들 수 있다. 이러한 사회적 현상이 발생하면 민간보험을 가입할 수 없는 저소득층의 의료서비스 이용이 제한될 수밖에 없다.

둘째, 정액제(copayment)는 피보험자가 의료서비스를 이용할 때마다 일정액을 부담시키는 방식이다. 건강보험은 일정액 이상의 진료비를 부담한다. 이는 가벼운 질환으로 의료서비스를 빈번하게 받는 것을 억제하는 효과가 있다.

셋째, 공제제(deductible)는 진료비의 일정액까지는 본인에게 전액 부담시키고, 일정액을 초과하는 금액은 건강보험이 부담한다. 건강보험의 대부분을 차지하는 소액 진료비를 전부 자부담시킴으로써 심사와 지불을 위한 행정비용을 절감하여 재원을 안정적으로 관리할 수 있다.

우리나라의 건강보험도 진료비 본인부담제를 두고 있으며 의료서비스 내용에 따라 본인부담의 형태가 다르다. 우리나라의 본인부담률은 매우 높은 편이다. 입원의 경우 제도적으로는 진료비의 20%만 본인이 부담하도록 되어 있지만 특진비, 특실료, 고가의 의료장비 이용료 등의 보험 외 급여의 비중이 높아서 실제로는 진료비의 40~50% 정도를 본인이 부담하는 경우가 많다. 따라서 많은 국민들이 진료비 본인부담금을 받을 수 있는 민간건강보험을 부가적으로 가입하고 있다. 이는 건강보험이 사회적 위험으로부터 사회구성원을 보호하는 사회보험의 역할을 제대로 수행하고 있지 않다는 의미이다.

② 진료비 지불방법

건강보험의 관리운영기구가 의료기관이 환자에게 제공한 의료서비스의 대가를 지불하는 방식에 따라 환자 치료의 질적 수준이 달라질 수 있다. 건강보험이 의료기관에 환자의 진료비를 지불하는 방식은 크게 행위별수가제, 포괄수가제, 총액계약제로 구분할 수 있다(이준영 · 김제선 · 박양숙, 2015 : 236-238).

■ 행위별수가제

행위별수가제(free for services)는 의료기관이 환자에게 제공한 모든 의료서비스에 대한 진료비를 지불하는 방식이다. 즉, 병원에서 의료 인력이 환자에게 제공한 서비스를 하나하나 비용으로 계산하여 의료기관에 지불하는 방법이다. 행위별수가제는 환자가 충분하고 필요한 의료서비스를 비용에 제약받지 않고 받을 수 있는 장점이 있다.

하지만 의료기관의 입장에서 보면 진료행위 하나하나가 수익과 직결되기 때문에 과잉진료를 할 가능성이 높다. 환자의 입장에서는 의료서비스의 필요성과 적절성을 충분히 따질 수 없기 때문에 진료비 부당청구의 가능성도 높다.

실제로 행위별수가제를 실시하고 있는 우리나라와 미국의 경우 과잉진료와 부당청구가 구조적으로 발생하고 있다. 행위별수가제는 환자에게 질적으로 높은 의료서비스를 받을 기회를 제공함과 동시에 과잉진료와 부당청구로 인해 건강보험 재정을 취약하도록 만들 수도 있다.

■ 포괄수가제

포괄수가제(DRG : Diagnosis Related Groups)는 행위별수가제 내에서 지불단위를 포괄화한 진료비지불방식이다. 예를 들면, 제왕절개술, 충수절제술 등 수술행위별로 진료비를 개별 환자와 의료기관에 관련 없이 정액화한 것이다. 우리나라는 2002년 시범사업을 거쳐 2012년 7개 질병군 포괄수가제를 모든 의료기관으로 확대하였다.

포괄수가제에 포한된 7개 질병군은 비교적 간단하고 포괄수가제를 해도 문제가 발생하지 않을 만한 질병(예를 들면, 안과 수정체 수술, 이비인후과 편도 · 아데노이드 수술, 일반외과 충수절제술, 항문과 항문 주위 수술, 산부인과 제왕절개술 등)이 포함되었다(국민건강보험공단 홈페이지, 2022).

포괄수가제의 가장 큰 약점은 의료서비스의 질적 하락이다. 왜냐하면 일반외과의 충수절제술에 대한 진료비가 정해져 있으므로 3일을 입원하든지, 5일을 입원하든지 똑같은 진료비를 받기 때문이다. 병원의 입장에서 보면 3일이 아니라 5일 입원하면 수익이 낮아질 수밖에 없다.

포괄수가제를 앞서 실시한 미국의 경우 크게 의료서비스의 질적 하락이 없는 것으로 알려져 있다. 왜냐하면 병원 간 경쟁으로 인하여 필요한 치료를 적절하게 하지 않게 되면 경쟁에서 밀려나기 때문이다. 또한 의사로 구성된 진료비심사기구에서 필요한 치료를 충분히 하였는지 엄격하게 모니터링하고 있기 때문이다.

포괄수가제는 환자와 의사 모두 의료서비스의 질적 수준과 수익성 문제로 불만을 가질 수 있다. 최근에는 환자가 입원기간 동안 발생한 입원료, 처치 등 진료에 필요한 기본적인 서비스는 포괄수가로 묶고, 의사의 수술, 시술 등은 행위별수가로 보상하는 혼합모형 지불제도인 신포괄수가제를 확대하고 있다(건강보험심사평가원 홈페이지, 2022).

■ 총액계약제

총액계약제(global budgeting)는 보험자와 의료기관이 협상하여 진료비를 일괄지급하는 방식이다. 진료비 총액은 인건비, 약품비, 재료비, 음식, 청소 등의 유지비를 포함하는데 보통 전년도 진료 실적과 인건비 상승분을 감안하여 연 단위로 결정한다. 총액계약제는 대부분 공공병원이거나 민간병원이라도 비영리인 유럽의 진료비 지불 방식이다.

의사들은 소속된 병원의 자체 기준에 따라 보수를 지급받고, 개원의들은 등록 환자와 진료 건수를 고려해 보수를 받는다. 사용자가 없는 개원의들은 의사협회나 자신이 속한 의사집단에게서 보수를 받는다. 총액계약제의 가장 큰 장점은 과잉진료가 없다는 점이다.

총액계약제가 되면 의료기관이나 의사는 사전에 지급받은 진료비 한도 내에서 환자들을 치료해야 하기 때문에 불필요한 진료나 입원을 강요할 필요가 없다. 다른 관점에서 보면 환자에 대한 의료서비스의 질적 수준을 떨어뜨리는 결과를 가져올 수 있다. 예컨대 의료비용의 절감을 위해 환자에게 충분한 치료를 하지 않는다거나, 치료비용이 많이 들 것 같은 환자들을 받지 않는 경우 등이다.

우리나라와 같이 의료전달체계가 제대로 확립되어 있지 않은 국가에서 시행한다면 수익성이 낮다고 판단된 환자들의 치료가 제대로 이루어지지 않을 가능성이 많다. 또한 의료기관은 총액계약제에 포함되지 않는 의료서비스의 비중을 확대하려고 할 것이기 때문에 저소득층이나 중산층 모두 의료서비스 이용의 문턱이 높아질 수 있다.

3) 한국의 국민건강보험

우리나라의 건강보험은 누구나 차별받지 않고 보편적인 의료서비스에 접근할 수 있는 의료보장제도임을 강조한다. 한국의 건강보험은 여러 가지 보완되어야 할 문제들이 있지만 다른 나라에 비해 괜찮은 제도로 알려져 있다. 우리나라 건강보험의 적용대상, 급여 및 보험료를 살펴보고, 국민건강보험법의 규정에 따라 보험급여가 제한되는 몇몇 사례를 확인하고자 한다.

(1) 적용대상

우리나라는 헌법 제36조 제3항에 '모든 국민은 보건에 관하여 국가의 보호를 받는다'고 명시하고 있다. 국민 누구나 건강할 권리와 질병에 걸렸을 때 차별 없이 치료받을 수 있는 권리가 있다. 이를 위해 우리나라는 국민건강보험제도와 의료급여제도를 통해 전 국민에게 의료보장을 제공하고 있다.

우리나라 의료보장제도가 건강보험제도와 의료급여제도로 구분된 이유는 공공부조 형태의 의료급여제도를 먼저 시행하였기 때문이다(전광석, 2018). 의료급여제도는 1977년 1월 도입되었고, 건강보험제도는 이보다 6개월 늦은 1977년 7월 도입되었다. 이것이 지금까지 이어져 건강보험은 보험료 부담능력이 있는 계층, 의료급여는 부담능력이 없는 계층을 대상으로 하는 의료보장제도로 운영되고 있다.

국민건강보험은 1977년 500인 이상의 근로자를 상시 고용하고 있는 대기업의 근로자를 적용대상으로 시작하였다. 이후 1979년 300인 이상, 1981년 100인 이상, 1982년 16인 이상, 1988년 5인 이상 사업장에 당연 적용을 확대하였다. 1988년에는 농어촌 지역주민을 위한 건강보험, 그리고 1989년 도시민을 위한 건강보험이 실시됨으로써 전 국민 건강보험이 달성되었다(김영범, 2002).

현재 건강보험 적용대상은 직장가입자와 지역가입자로 구분된다. 직장가입자는 사업장의 근로자 및 사용자와 공무원 및 교직원, 그리고 그 피부양자로 구성된다. 건강보험 대상자 중 피부양자는 직장가입자에 의하여 주로 생계를 유지하는 자로서 소득이 없는 자를 의미한다. 피부양자는 직장가입자의 배우자(사실혼 포함), 직계존속(배우자의 직계존속 포함), 직계비속(배우자의 직계비속 포함) 및 그 배우자, 형제자매를 포함한다.

2017년 건강보험법이 개정되어 가입자의 직계존속 중 소득이 일정액 이상인 사람은 피부양자에서 제외된다. 개정된 법에 따라 2022년 7월부터 소득요건은 연간 2천만 원 이하, 재산 요건은 3억 6천만 원 이하, 또는 재산과표 3억 6천만 원에서 5억 4천만 원 사이인 경우 연소득 1천만 원 이하여야 피부양자 조건이 된다(국민건강보험공단 홈페이지, 2022). 만약 기준을 초과하여 피부양자 조건을 충족시키지 못하면 지역가입자로 새롭게 건강보험에 가입해야 한다.

(2) 급여

우리나라 건강보험급여는 크게 현물급여와 현금급여로 구분할 수 있지만 대부분 현물급여이다. 현물급여에는 요양급여, 건강진단이 있고, 현금급여에는 요양비, 임신·출산진료비, 본인부담액상한제가 있다.

요양급여는 피보험자 또는 피부양자의 질병 또는 부상으로 요양기관에 입원, 진단, 치료, 수술 등으로 발생하는 비용을 보험자가 부담하는 것이다. 요양급여의 기간 제한은 없다. 즉, 1년 내내 의료기관에서 입원이나 치료를 받을 수 있다는 의미이다. 건강진단은 피보험자에 대한 질병 조기발견과 그에 따른 요양급여를 제공하기 위한 현물급여이다.

요양비는 피보험자나 피부양자가 긴급 혹은 기타 부득이한 사정으로 요양기관 외의 기관에서 요양을 받았을 경우 요양급여에 해당하는 금액을 현금으로 지급하는 것이다. 임신·출산 진료비는 임신과 출산에 관련된 의료비 부담을 경감하기 위해 진료비 등 본인부담금 결제에 사용할 수 있는 현금급여이다. 본인부담액상한제는 과도한 의료비로 인한 피보험자의 부담을 덜어주기 위해 1년간 본인부담금이 개인별 상한금액을 초과하는 경우 그 초과 금액을 지급하는 제도이다. 예컨대 〈표 5-3〉의 2021년 기준으로 소득 8분위에 해당하는 피보험자의 2021년 한 해 동안 의료비가 452만 원이었다면 본인부담상한액인 352만 원을 초과하는 100만 원을 건강보험공단으로부터 돌려받는 것을 말한다.

〈표 5-3〉 소득분위별 본인부담상한액 및 월별 기준보험료(2021년)

소득분위별 본인부담상한액		본인부담상한액 월별 기준보험료	
소득분위	본인부담상한액	직장가입자	지역가입자
소득 1분위	81만 원(125만 원)	5만 1,100원 이하	1만 1,220원 이하
소득 2~3분위	101만 원 (157만 원)	5만 1,100원 초과 ~ 7만 원 이하	1만 1,220원 초과 ~ 2만 2,170원 이하
소득 4~5분위	152만 원 (212만 원)	7만 원 초과 ~ 9만 4,480원 이하	2만 2,170원 초과 ~ 6만 1,490원 이하
소득 6~7분위	282만 원	9만 4,480원 초과 ~ 13만 6,490원 이하	6만 1,490원 초과 ~ 12만 2,360원 이하
소득 8분위	352만 원	13만 6,490원 초과 ~ 17만 2,480원 이하	12만 2,360원 초과 ~ 16만 9,610원 이하
소득 9분위	433만 원	17만 2,480원 초과 ~ 23만 5,970원 이하	16만 9,610원 초과 ~ 24만 6,970원 이하
소득 10분위	584만 원	23만 5,970원 초과	24만 6,970원 초과
기간 : 1년(2021년 1월 1일~12월 31일)			

( )은 요양병원 120일 초과 입원한 경우의 본인부담상한액

출처 : 국민건강보험공단 홈페이지(2022).

(3) 보험료

건강보험 보험료는 직장가입자와 지역가입자가 다르게 적용된다. 피보험자들은 보험료를 얼마를 내든지 간에 똑같은 의료서비스를 제공받기 때문에 민감하게 반응한다. 직장가입자는 소득비례 보험료를 부담하고 있으며, 보험료율은 보수월액의 7.09%(2023년 기준)이다. 보수월액이란 당해 연도에 지급받은 보수총액을 근무월수로 나눈 금액을 말한다. 보험료는 가입자뿐만 아니라 사용자도 분담하여 낸다. 분담비율은 가입자와 사용자가 5 : 5, 공무원은 가입자와 정부(사용자)가 5 : 5, 사립학교 교원은 가입자, 사용자(학교법인), 정부가 5 : 3 : 2이다(국민건강보험공단 홈페이지, 2022).

이와 달리 지역가입자는 상당히 복잡한 방식으로 보험료를 산정한다. 지역가입자는 소득, 재산, 자동차, 생활수준 및 경제활동참가율을 참작하여 정해진 부

과요소별 점수를 합산한 보험료 부과점수에 점수당 금액을 곱하여 보험료를 산정한 후 경감률 등을 적용하여 세대 단위로 부과한다. 지역가입자의 경우 소득과 재산을 모두 합산하기 때문에 직장가입자와의 형평성 문제가 제기되어 소득만으로 보험료를 부과하려고 시도하기도 했다. 그러나 대부분 자영업자인 지역가입자의 소득 파악이 저조하여 소득과 재산 모두를 대상으로 보험료를 부과하고 있다.

(4) 보험급여의 제한

국민건강보험법의 규정에 따라 보험급여를 받을 수 없는 경우가 있다. 의료사회복지사는 이러한 내용들을 사전에 숙지하고 의료사회복지실천을 수행할 필요가 있다. 다음은 우리나라 건강보험 급여 제한과 관련되어 자주 언급되는 네 가지를 살펴보고자 한다(정범길, 2017 : 109-115).

① 고의나 중대한 과실 등 범죄행위에 의한 보험급여의 제한

고의사고의 유형은 음독이나 투신 등의 자살기도 행위에 의한 사고, 자해행위에 의한 사고, 쌍방폭행에 의한 사고 등이다. 이 경우에는 보험 적용 대상이 되지 않는다. 다만, 정신질환자가 자살·자해행위를 하였을 때는 행위에 대한 인식능력이 없는 것으로 간주하여 보험급여를 제한할 수 없다.

중대한 과실로 인한 범죄행위의 유형에는 무면허, 음주운전 등으로 인한 위반사고, 강도, 절도, 방화, 실화로 인한 사고 등이 있다. 중대한 과실이란 약간의 주의만 한다면 손쉽게 위법, 유해한 결과를 예견할 수 있는 상황임에도 이를 무시하여 거의 고의에 가깝도록 현저하게 주의를 결한 상태를 말한다. 이 경우에 보험적용 여부는 국민건강보험공단에서 판단하기 때문에 병원에서 보험적용이 안 된다고 하더라도 국민건강보험공단에 신고하여 정확한 결과를 확인받을 필요가 있다.

② 이중보상 금지에 따른 보험급여의 제한

국민건강보험법상 보험급여 대상이라고 하더라도 국가나 지방자치단체로부터 보험급여에 상당하는 급여를 받는 경우에는 그 부분을 제외하고 보험급여를 제공한다.

③ 보험료 체납자에 대한 보험급여의 제한

건강보험료를 체납한 경우에는 체납한 보험료를 완납할 때까지 가입자 및 피부양자에 대하여 보험급여를 하지 않을 수 있다. 보험료가 체납된 경우라고 하더라도 국민건강보험공단으로부터 분할납부 승인을 받고 승인된 보험료를 1회 이상 납부한 경우에는 보험급여를 받을 수 있다.

④ 업무상 재해에 의한 보험급여의 제한

업무상 재해가 발생하여 요청된 요양보상은 사용자 또는 근로복지공단에서 치료비용을 부담한다. 업무상 재해가 발생하면 산재신청을 하여야 하고 산재승인 전이라면 건강보험을 우선 적용하고 산재승인이 나면 근로복지공단으로부터 진료비용을 받는다. 만약 근로자가 산재승인 신청을 거부 또는 기피하는 경우에는 근로자 본인에게 건강보험에서 부담한 요양급여비용을 환수하게 된다. 마찬가지로 사용자의 산재승인 신청 방해 또는 은폐의 경우에도 사용자에게 요양급여비용을 환수하게 된다.

3 노인장기요양보험

1) 적용대상

노인장기요양보험제도는 의료보장제도가 아니지만 사회보험의 방식으로 장기요양이 필요한 대상으로 급여를 제공하는 사회보장제도이다. 의료사회복지사는 우리나라의 노인장기요양보험제도를 개괄적으로 이해하고 의료사회복지실천을 할 필요가 있다. 2001년부터 보건복지부를 중심으로 다양한 논의가 이루어진 결과 2007년 노인장기요양보험법이 제정되어 2008년부터 노인장기요양보험제도가 시행되었다.

노인장기요양보험제도는 스스로 일상생활이 곤란한 65세 이상 노인과 치매, 뇌혈관성 질환, 파킨슨병 등 노인성 질환을 가진 65세 미만인 자가 장기요양 수급자로 인정받은 경우에 보험으로 요양 관련 서비스를 받을 수 있는 제도이다(노인장기요양보험법 제2조). 노인성 질환은 한국표준질병 · 사인분류에 의한 24개 질병이고 확인 방법은 의사소견서 또는 진단서에 의한다(노인장기요양보험법 시행령 제2조).

〈표 5-4〉 노인성 질환의 종류

질병명	질병 코드
A. 알츠하이머병에서의 치매	F00
B. 혈관성 치매	F01
C. 달리 분류된 기타 질환에서의 치매	F02
D. 상세불명의 치매	F03
E. 알츠하이머병	G30
F. 지주막하출혈	I60
G. 뇌내출혈	I61
H. 기타 비외상성 두개내출혈	I62
I. 뇌경색증	I63
J. 출혈 또는 경색증으로 명시되지 않은 뇌졸중	I64
K. 대뇌경색증을 유발하지 않은 뇌전동맥의 폐쇄 및 협착	I65
L. 뇌경색증을 유발하지 않은 대뇌동맥의 폐쇄 및 협착	I66
M. 기타 뇌혈관 질환	I67
N. 달리 분류된 질환에서의 뇌혈관 장애	I68
O. 뇌혈관 질환의 후유증	I69
P. 파킨슨병	G20
Q. 이차성 파킨슨증	G21
R. 달리 분류된 질환에서의 파킨슨증	G22
S. 기저핵의 기타 퇴행성 질환	G23
T. 중풍후유증	U23.4
U. 진전	R25.1
V. 척수성 근위축 및 관련 증후군	G12
W. 달리 분류된 질환에서의 일차적으로 중추신경계통에 영향을 주는 계통성 위축	G13
X. 다발경화증	G35

출처 : 노인장기요양보험법 시행령 제2조 제1호.

수급자의 인정 여부는 등급판정위원회에서 판정한다. 등급판정위원회는 시군구별로 설치하고 장기요양인정 및 등급판정을 한다. 장기요양등급은 장기요양등급 신청인의 신청을 받아 건강보험공단 소속 직원이 신청인의 거주지를 직접 방문하여 신청인을 장기요양인정 조사표로 조사한 결과를 토대로 산정한다(노인장기요양보험법 제15조). 조사내용은 신청인의 신체기능, 인지기능, 행동변화, 간호처치, 재활 등 인정조사 부분과 희망급여, 생활환경, 질병 및 증상 등 급여계획을 수립하는 데 필요한 12개 영역 90개를 조사한다.

의료인, 사회복지사, 법률전문가, 공무원 등 전문가로 구성된 등급판정위원회는 국민건강보험공단 소속 장기요양직원이 방문하여 조사한 결과와 의사소견서를 토대로 6개월 이상 일상생활을 혼자서 수행하기 어려운 경우에 장기요양급여를 받을 대상자로 판정하고 장기요양등급을 부여한다. 등급은 노인의 기능상태, 활동상태 등 장기요양이 필요한 정도에 따라 1~5등급 및 인지지원등급으로 판정한다(노인장기요양보험법 시행령 제7조).

〈표 5-5〉 장기요양등급 수준

등 급	기능 상태	장기요양인정 점수
1등급	일상생활에서 전적으로 도움이 필요한 상태	95점 이상
2등급	일상생활에서 상당 부분 도움이 필요한 상태	75점 이상 95점 미만
3등급	일상생활에서 부분적으로 도움이 필요한 상태	60점 이상 75점 미만
4등급	일상생활에서 일정 부분 도움이 필요한 상태	51점 이상 60점 미만
5등급	치매(노인장기요양보험법 시행령 제2조의 노인성 질병에 해당하는 치매)환자	45점 이상 51점 미만
인지지원등급	치매(노인장기요양보험법 시행령 제2조의 노인성 질병에 해당하는 치매)환자	45점 미만

출처 : 노인장기요양보험법 시행령 제7조.

2) 장기요양급여

장기요양급여는 크게 재가급여, 시설급여, 특별현금급여로 구성되어 있다(노인장기요양보험법 제23조). 재가급여는 방문요양, 방문목욕, 방문간호, 주 · 야간보호,

단기보호로 구분할 수 있다. 방문요양은 장기요양요원이 가정을 방문해서 목욕, 배설, 화장실 이용, 옷 갈아입기, 머리 감기, 취사, 생필품 구매, 청소, 주변정돈 등의 일상 지원 서비스를 제공하는 것을 말한다. 방문목욕은 목욕장비를 갖추어 노인을 방문하여 목욕서비스를 제공하는 것이다. 방문간호는 의사의 지시를 받은 간호사가 노인을 방문하여 간호서비스를 제공하는 것을 말한다. 주·야간보호는 하루 중 일정 시간 동안 주·야간보호시설을 이용하여 기본적 요양서비스를 제공하는 것이다. 단기보호는 단기보호시설에 입소시켜 요양서비스를 제공하는 것을 말한다.

시설급여는 요양에 필요한 시설과 설비 및 전문인력을 갖추고 있는 노인요양시설에 장기간 입소시켜 전문요양서비스를 제공하는 것을 말한다.

특별현금급여는 가족요양비, 특례요양비, 요양병원간병비로 구분할 수 있다. 가족요양비는 도서벽지 지역 등 요양시설이 없어 불가피하게 가족 등으로부터 요양을 받는 경우에 지원되는 현금급여를 말한다(노인장기요양보험법 제24조). 가족요양비는 대상 수급자에게 등급에 관계없이 매월 15만 원(2022년 기준)을 지급하고 있다. 특례요양비는 요양인정자가 양로원이나 장애인복지시설 등 요양서비스 제공기관으로 지정되지 않은 시설 이용 시 요양서비스비용의 일부를 지급하는 것이다(노인장기요양보험법 제25조). 요양병원간병비는 요양인정자가 노인복지법상 노인전문병원 또는 의료법상 요양병원 입원 시 간병비(간병인 이용비)의 일부를 지급하는 것을 말한다(노인장기요양보험법 제26조).

3) 재 정

노인장기요양보험의 재정은 국민들이 납부하는 장기요양보험료와 국가부담(정부 지원), 그리고 장기요양급여 이용자가 내는 본인일부부담으로 조달된다. 장기요양보험료는 건강보험료에 노인장기요양보험료율을 곱하여 산정된다(노인장기요양보험법 시행령 제4조). 예를 들면, 2022년 노인장기요양보험료율이 12.27%이므로, 건강보험료가 10만 원 책정되었다면 1만2천2백7십 원이 노인장기요양보험료로 책정된다. 우리나라는 노인장기요양보험료를 건강보험료와 통합하여 고지하고 징수하기 때문에 앞선 사례는 12,270원이 건강보험료 내에 통합 고지된다.

국가는 보험료 예상수입액의 20%(국고) 및 의료수급권자의 장기요양급여비용(국가와 지방자치단체가 각각 부담)을 부담한다(노인장기요양보험법 제58조). 본인일부부담은 시설급여서비스 비용의 20%, 재가급여서비스 비용의 15%이다. 소득과 재산이 일정 금액 이하인 저소득층은 본인일부부담금을 1/2로 경감받는다(즉, 시설급여서비스 비용의 10%, 재가급여서비스 비용의 7.5%만 부담하면 된다). 그리고 국민기초생활수급노인은 본인일부부담금이 없기 때문에 무료이다.

4 공공부조

1) 공공부조의 개념과 기능

공공부조는 일상생활이 어려운 사람들에게 국가가 어떠한 반대급부 없이 최저생활을 보장하고 자립을 지원하는 제도이다. 공공부조는 국가의 재정으로 저소득층을 보호하는 공적인 부조로서 대상자에게는 원칙적으로 비물질적 서비스인 사회서비스가 제공된다.

공공부조는 네 가지 원칙, 즉 생존권 보장, 평등 보장, 최저생활 보장, 보충성 원칙으로 작동한다(이준영 외, 2015 : 104-105).

첫째, 공공부조는 헌법상의 생존권 보장 이념을 구체화하기 위한 제도이다.

둘째, 공공부조는 성별, 인종, 종교, 사회적 지위의 여하를 불문하고 평등하게 보장하여야 한다. 따라서 공공부조제도에 따라 급여를 받을 조건은 '생계수단의 부족'이라는 한 가지 사실에 한정되며, 그 보장 내용은 평등함이 요구된다.

셋째, 최저생활 보장의 원칙이란 공공부조를 받는 대상에게 최저한의 인간다운 삶의 질을 보장해야 한다는 의미이다.

넷째, 보충성의 원칙이란 공공부조를 통해 행해지는 빈곤에 대한 국가의 지원은 개인이 빈곤을 해소하기 위해 다른 모든 수단을 활용하여 노력한 뒤에도 빈곤이 해결되지 않을 때 이루어져야 한다는 것이다.

공공부조제도의 장단점을 살펴보면 다음과 같다(홍석한, 2020). 장점으로는 조세를 중심으로 재원을 조달하여 가장 소득이 낮은 계층에게 집중적으로 지원하기 때문에 수직적 소득재분배 효과가 높다. 그리고 선택된 저소득층에만 재원투입이 제한적으로 이루어지므로 투입비용에 비해 빈곤해소 효과가 높게 나타난다.

단점으로는 수급권의 자격을 결정하기 위해 자산조사를 실시함으로 인해 수급권자에게 수치심을 불러일으키고 행정비용이 많이 드는 것이다. 일부에서는 수급권자의 도덕적 해이(moral hazard)에 따른 의존성을 심화시킬 수 있다고 보기도 한다. 또한 수급자격이 엄격하게 될수록 소수의 사람만이 수급권자가 되기 때문에 대다수 사회구성원들이 제도의 확충이나 방법에 관심을 기울이지 않을 수도 있다.

2) 국민기초생활보장제도

우리나라의 대표적인 공공부조제도는 국민기초생활보장법에 근거한 국민기초생활보장제도이다. 1961년 「생활보호법」에 근거한 생활보장제도가 1999년 제정된 국민기초생활보장법에 근거한 국민기초생활보장제도로 바뀌어 2000년부터 시행되고 있다. 이후 수차례 문제점을 보완하여 제도를 개편하였으며, 2014년 2월 서울특별시 송파구에서 세 모녀가 자살한 이른바 '송파 세 모녀 자살' 사건 이후 대폭 개편하여 그해 12월 30일 제 · 개정하였다. 법률의 개정으로 2015년 7월부터 새로운 국민기초생활보장제도가 시행되었다. 그 내용을 요약하면 다음과 같다(이성기 · 원석조, 2019 : 339-344).

첫째, 급여 신청은 수급권자에 의한 신청주의를 원칙으로 하되, 사회복지담당 공무원 등에 의한 직권주의를 포함한다. 둘째, 급여 결정 및 통지는 급여실시 여부와 급여내용 그리고 급여 종류별로 각각 결정하게 된다. 또한 이러한 결정에 대한 이의신청도 할 수 있다. 셋째, 급여실시는 가구 단위를 원칙으로 하되, 개인 단위도 가능하다. 넷째, 수급자 관리는 변동사항에 대한 확인조사를 말한다. 이에 따라 급여 중지와 급여 변경 등을 반영한다.

급여의 종류는 생계급여, 주거급여, 교육급여, 해산급여, 장제급여, 자활급여, 의료급여 등 일곱 가지이다(국민기초생활보장법 제7조).

- 생계급여는 수급권자에게 기본적인 생활필수품 구입에 필요한 금품을 지급하는 현금급여이다. 생계급여액은 생계급여 지급기준(중위소득의 30% 이하)에서 가구의 소득인정액을 뺀 금액으로 산정한다. 예를 들면, 2022년 4인 가구 기준으로 중위소득은 512만 1,080원이므로 30%를 곱하면 생계급여 지급 기준은 153만 6,324원이다. 즉, 2022년 4인 가구 기준으로 한 달에 153만 6,324원 이하의 소득인 가구 중 가구의 소득인정액을 뺀 나머지를 현금으로 받게 되는 것이다.
- 주거급여는 주거에 필요한 비용을 지원하는 것으로 주택이 없거나 자기 집을 가지고 있더라도 최소한의 주거생활 유지를 위한 임차료나 수선 · 유지비로 지급된다.
- 교육급여는 수급자 가구에서 교육을 받는 초 · 중 · 고등학생에게 적절한 교육기회의 유지를 통해 자립능력을 키우고 빈곤의 세대 이전을 예방하기 위해 제공된다.
- 해산급여는 출생영아 1인당 정액(2022년 기준 70만 원), 장제급여는 사망자 1인당 정액(2022년 기준 80만 원)이다.
- 자활급여는 18세 이상 64세 이하의 근로능력이 있는 수급자를 선별하여 적합한 자활사업을 제공하고 생계급여와 근로활동을 연계함으로써 근로의욕 저하 및 빈곤의 함정에 빠지지 않도록 하는 것이다.

의료급여는 의료사회복지와 보다 직접적으로 관련이 있으므로 다음에서 자세하게 살펴볼 것이다.

3) 의료급여

의료급여는 생활 유지 능력이 없거나 생활이 어려운 사람들을 대상으로 국가가 의료비의 전부 또는 일부를 지원하는 공공부조이다(국민기초생활보장법 제12조의3). 의료급여는 의료 사각지대에 있는 사람들에게 건강증진을 통해 삶의 질을 향상하는 것을 목적으로 한다.

2019년 기준으로 의료급여 수급자는 약 149만 명이며, 재정은 약 9조 원이다. 재원조달은 국고 6조 8,769억 원, 지방비 2조 2,269억 원으로 전액 조세로 충당하고 있다. 의료급여와 건강보험의 대상 및 재원 규모를 비교하면 다음 표와 같다.

〈표 5-6〉 **의료급여와 건강보험의 대상 및 재원 규모**

구 분	의료급여	건강보험
대상자	1,488,846명(2019년 12월 말 기준)	51,391,447명(2019년 12월 말 기준)
재 원	9조 1,038억 원(2019년 기준)	69조 1,732억 원(2019년 기준)
재원조달	조세(국고+지방비) – 국고 : 6조 8,769억 원 – 지방비 : 2조 2,269억 원	보험료(일부 국고) – 보험료 : 59조 1,327억 원 – 국고지원 : 5조 9,721억 원 – 담배부담금 : 1조 8,082억 원 – 기타 : 2조 2,733억 원

출처 : 통계청 홈페이지(2022).

의료급여 대상자는 1종과 2종으로 구분되며, 1종 수급권자는 외래 소액 본인부담금을 제외한 입원비가 전액 무료이고, 2종 수급권자는 소액의 외래 본인부담금과 입원 시 10%의 본인부담금이 있다.

1종 수급권자는 국민기초생활보장법 수급자, 행려환자, 타법 적용자이다. 국민기초생활보장법 수급자는 근로무능력 가구, 희귀난치성질환 중증질환(암환자, 중증화상환자만 해당) 등록자, 시설수급자이다. 타법 적용자는 이재민, 의상자 및 의사자, 입양아동(18세 미만), 국가유공자, 중요무형문화재보유자, 북한이탈주민,

5·18 민주화운동 관련자, 노숙인을 포함한다. 2종 수급권자는 국민기초생활보장대상자 중 1종 수급 대상이 아닌 가구이다.

2020년 기준으로 의료급여의 본인부담률은 2.4%이고 건강보험의 본인부담률은 24.7%이다(통계청 홈페이지, 2022). 〈표 5-7〉은 의료급여와 건강보험의 본인부담률의 차이를 비교하고 있다. 이는 포괄적 기준을 제시하는 것이고 의료급여법 시행령 등에 의해 본인부담금이 무료이거나 세부적으로 다르게 적용된다.

〈표 5-7〉 **의료급여와 건강보험의 본인부담률 비교**

구 분	의료급여	건강보험
입 원	1종 : 무료	20%
	2종 : 10%	
외 래	1종 – 의원급 : 1,000원 – 병원급 : 1,500원 – 종합병원 : 2,000원	– 의원급 : 30% – 병원급 : 35%, 40% – 종합병원 : 45%, 50% – 상급종합병원 : 60%
	2종 – 의원급 : 1,000원 – 병원급 : 15% – 종합병원 : 15%	

출처 : 국민건강보험공단 홈페이지(2022).

의료사회복지사는 의료급여 대상자들이 건강보험 대상자들에 비해 의료서비스 접근의 장벽이 있음을 알아야 한다. 또한 의료비의 소액이라도 본인 부담이 어려운 의료급여 대상자들에 대한 재정적 지원도 필요하다. 의료사회복지사는 의료비 지불이 어려운 사각지대에 있는 건강보험 적용자의 의료급여 수급과 관련된 정보를 제공하고 원조해야 한다. 의료사회복지사는 의료보장제도의 변화에 민감하게 반응하며 현장 경험을 통해 바람직한 의료보장제도의 개선 방안을 제시할 필요가 있다.

CHAPTER 06

의료사회복지의 주요 접근법 : 생태체계적 및 위기개입 모델

개 요

제6장은 의료사회복지의 주요 접근으로 생태체계적 및 위기개입 모델에 대해 설명하고 있다. 의료사회복지의 이론 및 모델과 관련하여 일반적으로 사회생태학적 모델, 건강신념 모델, 변화단계 모델, 위기개입 모델 그리고 정신역동이론, 행동주의이론, 인지행동이론 등을 다루고 있다. 여기서는 의료사회복지의 거시적 방향을 제시하는 생태체계적 모델과 보건의료현장의 특수성을 반영하는 위기개입 모델을 집중적으로 기술하고 있다. 의료사회복지사가 된다면 사회복지실천의 모든 이론과 모델을 적절하게 보건의료현장에 적용할 수 있어야 한다.

생태체계적 모델은 롱카(Wronka)가 인권과 사회정의의 가치를 중심으로 제안한 메타-거시 수준, 거시 수준, 중간 수준, 미시 수준, 메타-미시 수준의 다섯 가지 단계별 개입을 설명하였다. 의료사회복지사는 사례관리와 같은 장기 개입도 수행하지만 단기 개입을 자주 활용한다. 이때 실천의 근거는 위기이론이나 위기개입 모델의 관점이나 기법 그리고 단계들로부터 찾는다. 의료사회복지사는 생태체계적 다섯 가지 수준의 접근을 이해하면서 개별 클라이언트의 위기 상황을 지식과 경험을 바탕으로 개입할 필요가 있다.

학습목표

1. 생태체계적 접근의 다섯 가지 수준을 설명하고 의료사회복지의 적용 가능성을 이해한다.
2. 위기 및 위기개입을 설명하고 의료사회복지의 적용 과정을 이해한다.

1 생태체계적 모델

1) 생태체계적 접근의 의의

미국 사회복지사협회에 의하면 사회복지사들은 세계인권선언과 경제적 · 사회적 · 문화적 권리에 대한 조약들을 실천현장에 적용하기 위해 노력하고, 사회복지의 모든 영역에서 인권에 근거한 실천을 해야 한다(NASW, 2000). 또한 한국사회복지사협회에서 제정한 윤리강령에서도 사회복지전문직과 인권의 관계를 명확하게 언급하고 있다. 국제사회복지사연맹의 윤리강령에서는 포괄적으로 기본적 인권이라고 표현하고 있는 반면, 한국사회복지사협회의 윤리강령은 사회복지사가 지향하여야 할 인권의 개념을 자유권과 생존권이라는 인권의 하위개념으로 제시하고 있다(고명석 외, 2021 : 242).

오늘날 사회복지직과 같은 휴먼서비스 전문직의 핵심 가치는 인권과 사회정의를 토대로 하고 있다(Wronka, 2017). 사회복지직은 이용자의 인권을 옹호하는 전문직임과 동시에 인권을 보장하는 사회구조로 개선하여 정의로운 사회를 만드는 전문직이라 할 수 있다. 의료사회복지에서는 개인의 병리적 문제를 해결하는 것이 우선이라고 볼 수도 있지만 보다 거시적 측면에서 보면 의료서비스 이용자의 인권을 보장하고 이를 뒷받침할 수 있는 정의로운 제도와 정책을 수립해야 개인의 질병을 치료하고 예방하는 근원적 접근이 된다.

인권과 사회정의의 가치를 반영한 생태체계적 접근의 다섯 가지 수준을 통해 의료사회복지실천의 통합적 접근 방안을 검토하고자 한다. 이를 위해 롱카(Wronka)가 보건전문직을 위해 인권과 사회정의의 가치를 중심으로 생태체계적 관점에서 메타-거시 수준, 거시 수준, 중간 수준, 미시 수준, 메타-미시 수준으로 구분한 개입 방안들을 살펴볼 것이다(Wronka, 2017 : 127-139).

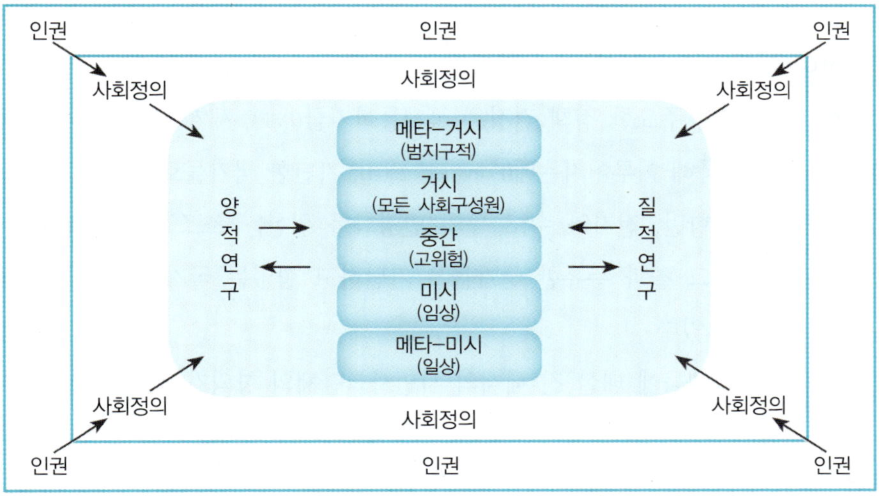

|그림 6–1| **생태체계적 모델의 다섯 가지 수준의 접근**

출처 : Wronka(2017), p. 138.

2) 생태체계적 모델의 다섯 가지 수준

생태체계적 모델의 다섯 가지 수준은 메타–거시, 거시, 중간, 미시, 메타–미시 수준이다. 이론상으로 분류하지만 실제로는 다양한 수준들이 동시에 작동되고, 개입도 마찬가지로 이루어진다.

(1) 메타–거시 수준의 개입

메타–거시 수준(meta-macro level)은 국가 단위를 넘어선 범지구적 차원의 개입을 말한다. 이 수준은 개념적 정교화의 과정에 있다. 메타–거시 수준에서는 전 세계가 연결되어 있음을 강조하며 인간과 비인간의 존재를 포함하는 범지구적 연대의 권리를 바탕으로 개입한다.

거시적 개입은 대부분 국가 차원에서 이루어지지만 메타–거시 개입은 국가 수준을 넘어선다. 점차로 증가하는 전 세계의 상호의존성을 고려할 때 국가는 하나의 허구라는 주장도 있다(Davis, 1984). 만약 매년 약 1조 3천억 달러의 전 세계 국가의 군비를 가난하고 굶주리며 의료서비스를 받지 못하는 사람들을 위해 사용한다면 세계인의 삶의 질이 달라질 것이다(Wronka, 2017 : 130).

또한 전 세계의 주요한 정책 결정은 국제통화기금(IMF), 세계은행(WB), 세계무역기구(WTO)를 통해 이루어지는데(Danaher, 2004), 가난한 국가들로 하여금 의료의 민영화와 도로, 항만, 전기와 수도 등의 민영화를 위한 구조조정을 채택하도록 강요하고 있다. 그 결과 부유한 국가들은 가난하고 힘없는 국가들로부터 더 많은 이익을 얻고 있다.

이들 세 개 단체들에 대한 전 세계의 시민사회단체의 항의가 지속되었으며 어느 정도의 효과도 있었다. 하지만 2008년 세계적인 불경기로 인해 활동이 위축되었으며, 2011년 월스트리트 점령 운동(Occupy Wall Street)과 같이 그들 지역의 문제 해결에 집중되기도 했다. 월스트리트 점령 운동은 미국 정부의 재정 적자를 메우기 위해 사회보장제도와 노인 의료보험을 축소하려는 계획을 무력화시키는 것에서 출발했다.

메타-거시 수준의 개입은 생태체계적 맥락에서 모든 사물과 대상의 상호 연결성을 인정하는 데서 시작한다. 즉, 지역은 국가와 연결되어 있고, 국가는 대륙과 연결되어 있으며, 대륙은 세계와 연결되어 있고, 세계는 우주와 연결되어 있다는 관점을 지지하는 것이다. 메타-거시 수준은 하나의 국가를 중심으로 생각하는 것이 아니라 전 세계인의 연대를 바탕으로 평화로운 세상을 만드는 관점이다. 예컨대 한 지역주민의 의료보장은 전 세계인의 연대를 통해 달성될 수 있다는 입장인 것이다.

(2) 거시 수준의 개입

거시 수준(macro level)의 개입은 1차 개입 전략이라고 불리며 전체 모집단에 대한 접근법이라고 할 수 있다. 보통 국가 단위로 개입을 하며 집단 전체의 삶의 질에 영향을 미치도록 돕는 전략이다. 예컨대 거시 수준 개입은 중간 수준이나 미시 수준의 개입에서와 같이 신체적 질병에 대해 병리학적 관점으로 치료하고 회복하는 데에만 초점을 두지 않고 전 국민의 의료보장을 확대하거나 의료사각지대가 발생하지 않는 제도를 만드는 것이라고 할 수 있다.

거시 수준 개입은 사회구성원들이 문제 상황으로 내몰리지 않도록 전반적 삶의 질과 수준을 향상시키는 전략을 활용한다. 이는 한정된 재화와 자원을 공평하게 필요한 사람들에게 분배하는 경제적 정의를 실현하는 것과 연결된다. 사회구성원의 민주적 의사결정과 시민권적 자유를 보장받는 것도 거시 수준의 개입과 일맥상통한다.

또한 가난한 사람보다 부자에게 비례적으로 사회보험료를 더 많이 내도록 하거나 사회보험료를 낼 수 없는 사람들에게도 필요할 때 보건의료서비스와 같은 사회서비스를 제공하는 것도 같은 맥락이다. 예컨대 영유아의 건강을 위해 무료 예방접종 서비스를 제공하거나 청소년의 알코올이나 약물 사용에 대해 국가 차원의 예방 교육을 실시하는 것 등이다.

(3) 중간 수준의 개입

중간 수준(mezzo level)의 개입은 2차 개입이라고 불리며 주로 위험에 처한 집단을 다룬다. 예컨대 가정폭력과 부모의 직장 고용 환경과 상관이 있을 때 직장 문제가 가정폭력으로 이어지지 않도록 하는 전략들을 세우는 것이다. 그중에는 노동조합의 힘을 빌리거나 가입하여 직장의 문제를 해결하는 데 활용할 수 있다. 이는 세계인권선언 제23조의 "일하는 사람의 이익을 보호하기 위하여 노동조합을 만들고 참여할 권리를 갖는다"로부터 개입의 원천을 확인한다.

또 다르게 더 선별적으로 우울, 약물 남용이나 비행의 위험에 노출될 수 있는 학대 가정의 아동을 대상으로 개입할 수 있다. 예를 들면, 의료사회복지사가 학대로 의심되는 아동이 병원에 입원한다면 국가적 · 사회적인 모든 자원을 동원할 필요성을 인식해야 한다. 이때에는 "아동이 학대, 고문, 전쟁 등으로 상처를 입은 경우 국가는 아동의 몸과 마음이 건강을 회복하고 원래의 생활로 돌아갈 수 있도록 모든 노력을 다해야 한다(아동권리협약 제39조)"의 조항을 상기하며 고위험 아동을 위해 개입할 필요가 있다.

거시 혹은 중간 수준의 개입은 의료사회복지사로 하여금 뚜렷한 성과를 단기간에 제시할 수 없는 부가적 업무로 인식하도록 만든다. 미시 수준의 개입은 필요하지만 거시와 중간 수준에서 개입한다면 더 효과적이거나 덜 위험한 수준에서 문제를 해결할 수 있다. 예를 들면, 강 하류에서 불타거나 가라앉는 배에서 죽음의 위기에 처한 사람들을 구하는 구조를 미시 개입이라고 한다면 더 많은 생존자를 구하기 위해 강 상류로 가서 배의 불을 끄거나 배에서 뛰어내려 수영하는 방법을 가르치는 전략을 거시 혹은 중간 수준의 개입이라 할 수 있다. 메타-거시 수준의 개입은 근원적으로 배에 불이 나지 않도록 만드는 일이라 할 수 있다 (Wronka, 2017 : 127-131).

따라서 의료사회복지사는 생태체계적 관점에서 직접 실천을 수행하지만 거시적이고 제도적인 의료보장의 맥락을 이해하면서 업무를 수행해야 한다. 그래야만 실천의 효과도 높일 수 있고 장기적으로 문제 해결의 근원으로 다가갈 수 있다.

(4) 미시 수준의 개입

미시 수준(micro level)의 개입은 1차적 개입으로 불리며, 직접 실천을 의미한다. 의료사회복지와 관련해서 본다면 환자와 가족을 위한 상담이나 경제적 지원 등을 포함한다. 일반적으로 이 수준은 다른 모든 수준에서의 실패 후 증상을 다룬다. 그러나 미시 수준의 개입이 반드시 임상적일 필요는 없다. 예를 들면, 실업으로 인한 노숙자를 위한 쉼터를 개소하거나 취업을 위한 교육이나 상담 서비스를 하는 것도 미시 수준의 개입이다. 이 경우 실직 위기에 처한 노동자들을 돕기 위해 노동조합을 구성하는 것은 중간 수준의 개입이고, 국가에 대한 고용 보장의 로비나 압력을 행사하는 것은 거시적인 사회행동이라 할 수 있다.

또 다르게 인권과 사회정의의 가치를 기반으로 하는 미시 수준의 개입은 직접적으로 윤리강령을 준수하고 폭넓게는 세계인권선언과 대한민국헌법에 근거하면서 국가인권위원회법, 장애인차별금지 및 권리구제 등에 관한 법률 등을 참고할 수 있다. 사회정의의 차원에서 클라이언트가 시민권적 자유를 보장받고 있는지, 클라이언트와 관련된 문제 상황들이 공정한 절차적 정의를 통하여 의사결정이 이루어지는지를 파악할 필요가 있다.

또한 지배 집단의 경험과 문화가 대표적인 것으로 일반화되어 사회적 약자를 억압하거나 혐오의 대상으로 간주하고 있는지를 확인하고 대응할 필요가 있다. 예컨대 환자의 신체적 장애 혹은 특별한 질병을 이유로 그들의 권리를 무시하거나 외면하는 사회적 조건들을 환자와 함께 찾아내고 변화를 요구하는 것을 말한다.

(5) 메타-미시 수준의 개입

메타-미시 수준(meta micro level)은 일상생활의 영역을 의미한다. 예컨대 신체적 혹은 정신적 질병으로 진단받은 사람들에게 임상적 개입이 필요하지만 일상생활 자체가 엄청난 치유력을 제공할 수 있다는 것이다. 메타-미시 수준의 개입이란 모든 인간의 문제가 단지 임상 전문가의 개입만으로 해결 가능하지 않다는 의미이다.

이 수준에서는 가족, 친구, 지역주민, 사회구성원 그리고 수천 킬로미터 떨어진 낯선 사람들과의 일상적 상호작용에서도 치유의 힘을 제공받을 수 있다. 예를 들면, 더운 여름날 현관에서 할머니와의 대화, 흔들의자에 앉아 창밖을 바라보는 것은 사회복지사, 심리사, 정신과의사, 정신과간호사, 의사의 다학제적 개입보다 어떤 경우에 더 큰 치료적 이득을 얻을 수 있다(Wronka, 2017 : 132).

의료사회복지사가 환자나 가족에게 따뜻한 미소를 짓는 것은 그들에게 큰 영향을 미칠 수 있다. 의료사회복지사와 같은 전문직들은 전문가의 역할을 뛰어넘어 다른 사람들과 인간으로서의 관계를 맺어야 할 책무가 있다. 예를 들면, 지금까지 친절하고 따뜻한 말을 거의 듣지 못했던 노숙인 혹은 학대받은 아동에게 친절하고 상냥하게 인간적으로 대하는 것 그 자체가 치유 효과를 가져온다.

휴먼서비스 전문직들은 일상적인 만남의 치유보다는 임상 개입의 효과에 대한 연구에 더 많이 의존한다. 그러나 메타-미시 수준의 개입은 따뜻한 미소, 공감하는 말 한마디의 치료적 영향을 과소평가하지 않는다. 모든 사람이 마땅히 받아야 할 인간존엄성을 다른 사람에게 표현하지 않는 전문가는 인권침해의 형태중 하나를 저지르는 것이다. 예컨대 의료사회복지사가 건강보험 환자와 의료수급 환자에게 다른 친절을 보인다든지, 성별에 따라 다르게 대우한다든지, 피부색이 다른 이주민을 우대하거나 차별한다든지, 사회적 지위에 따라 다르게 반응한다면 이는 폭넓은 인권침해 중의 하나에 해당한다.

휴먼서비스 전문가는 일상생활의 치유 효과를 쉽게 측정할 수 없다고 해서 가치 없는 것으로 여겨서는 안 된다. 보건의료 영역이라고 하더라도 전문가가 치료와 도움을 독점할 수는 없다. 의료서비스의 효과나 만족도를 측정할 수 있다고 해서 유일한 진리는 아니다(Wronka, 2017 : 133). 공동체 속에서 함께 문제를 발견하여 해결하려고 노력하며 지지적 관계를 형성하는 과정 속에 답이 있을 수 있다. 메타-미시 수준의 개입은 일상생활에서 인권 관점을 유지하고 정의로운 사회를 만들어 가는 공동체 속의 개인들의 힘을 중요하게 생각한다. 의료사회복지사도 그 과정에 동참하는 것이다.

〈표 6-1〉 생태체계적 모델의 다섯 가지 수준의 정의 및 예시

수 준	정 의	예 시
메타-거시 수준 (meta-macro level)	국가 및 국가의 경제적 원리에 의해 당연시되는 가정을 초월한 범지구적 접근	비폭력적으로 인류에 대한 존엄을 중시하고 사회정의를 바탕으로 한 초국가적인 노력
거시 수준 (macro level)	개인 혹은 사회 문제를 해결하기 위해 전체 인구를 대상으로 하는 일차적 접근	법률의 개정으로 수용 시설의 해방, 의미 있고 유익한 고용에 대한 권리를 위해 일하는 것
중간 수준 (mezzo level)	개인 혹은 사회 문제를 해결하기 위해 주로 위험에 처한 인구를 다루는 접근	우울증, 약물 남용 또는 HIV에 노출될 수 있는 위험이 있는 사람에 대한 개입
미시 수준 (micro level)	증상이 완전히 발현된 집단을 주로 다루는 접근	우울증 환자, 약물중독자, 에이즈 환자에 대한 상담, 노숙자 쉼터의 설치
메타-미시 수준 (meta-micro level)	가족, 친구, 일상의 치유력을 인정하며 전문성을 초월한 접근	대화나 산책의 치료적 영향 인정, 노숙자나 곤경에 처한 사람에게 인사하고 미소를 지음

출처 : Wronka(2017), p. 136.

3) 의료사회복지의 적용

롱카(Wronka, 2017)의 보건전문직을 위한 생태체계적 다섯 가지 수준의 접근은 보건의료서비스 이용자의 인권과 사회정의를 중요하게 고려하는 개입 방법이다. 일반적으로 사회복지사는 개인이나 집단을 대상으로 직접 실천하는 미시적 수준의 접근을 하기 때문에 다른 수준의 접근에 대해서는 부가적인 업무로 인식한다. 메타-거시나 메타-미시를 포함하여 거시 수준과 중간 수준의 실천까지 동시적 맥락에서 이해하면서 미시적 실천을 수행하기는 쉽지 않다. 거기에다가 사회복지사가 실천 과정에서 인권과 사회정의의 개념을 가치, 방법, 기술로 접목하기란 더욱 어렵다. 그럼에도 불구하고 인권과 사회정의의 맥락에서 다섯 가지 수준의 접근 방안들을 다음과 같이 제시하고자 한다.

첫째, 미시 수준이다. 의료사회복지사는 환자나 가족의 상황에 따라 다르지만 그들의 문제나 욕구가 인권보장과 연결될 수 있는지를 확인할 필요가 있다. 의료사회복지사는 인권 교육, 법률적 구제, 경제적 지원 등을 통해 환자나 가족의 인간다운 삶에 제약을 가하는 부분에 대해 개입할 수 있다.

둘째, 중간 수준이다. 중간 수준의 개입부터는 의료사회복지사의 부가적 업무로 간주될 수 있지만 실행할 필요가 있다. 예컨대 의료사회복지사는 의료사각지대에 있는 대상자들을 발굴하여 인권침해로 규정될 수 있는 상황을 조사하여 해결 방안들을 제안할 수 있다. 이는 소속 기관 또는 지역사회 차원이든지 간에 보건의료서비스 이용에 어려움이 있는 개인이나 집단에 대한 인권 중심 실천이라 할 수 있다.

셋째, 거시 수준이다. 의료사회복지사는 모든 사회구성원의 의료보장을 향상하기 위해 정책이나 서비스를 제안하거나 사회운동에 동참할 수 있다. 또 다르게 사회구성원의 인권을 보장하고 정의로운 사회를 만들어 개인의 건강을 증진하고 질병을 예방하도록 하는 일에 참여할 수 있다. 거시 수준의 개입은 보통 국가 단위로 이루어지기 때문에 시간이 오래 걸리고 비용이 많이 들며 변화가 느린 특성이 있다. 하지만 사회 구조와 문화를 변화시키기 때문에 어떤 수준의 개입보다도 효과적이다. 의료사회복지사는 전 국민에게 질 높은 의료보장을 달성하기를 원하는 사람들과 연대하여 법률을 제정하고 개정하도록 정부와 국회를 압박하는 활동을 할 필요가 있다.

넷째, 메타-거시 수준이다. 이 수준의 개입은 의료사회복지사에게 더욱 어려운 일이다. 개별 국가 단위를 뛰어넘는 전 세계인의 건강권을 보장하기 위한 활동에 동참하는 것이다. 예컨대 건강을 위협받거나 질병에 대한 치료를 제대로 받지 못하는 전 세계인을 위한 국제적 동맹이나 활동에 참여하는 것이다. 전 지구적 차원에서 질병으로 고통받는 사람들이 발생하는 원인을 조사하고 추적하는 일에도 함께 할 필요가 있다.

다섯째, 메타-미시 수준이다. 이 수준의 개입은 의료사회복지사의 개입이 아니라 상식적 수준의 일상이라고 여기는 일들이다. 이는 전문가주의적 접근이 아니라 일상생활에서 환자들을 인간답게 대우하는 것이다. 예를 들면, 입원 병원에서 일하는 의료사회복지사가 환자들에게 아침 인사로 미소를 보이고 따뜻한 말을 하는 것이다. 의료사회복지사가 일상생활에서 소외되거나 질병으로 고통받는 사람에게 친근하게 다가가고 인간적 관계를 맺고 도움을 주는 것이라 할 수 있다. 이는 소수의 전문가에 의해서만 이루어지는 것은 아니다.

생태체계적 다섯 가지 수준의 접근은 완전히 뚜렷하게 구분되지는 않는다. 또한 인권과 사회정의를 위한 실천을 각각의 수준마다 포함하는 것도 쉽지 않다. 다섯 가지 수준의 접근을 통해 의료사회복지 실천현장의 모든 문제를 해결하는 것도 아니다. 다양한 실천현장에서 의료사회복지사는 자신의 가치와 경험, 그리고 지식을 근거로 문제 상황에 따라 적절한 실천 방법이나 모델을 적용할 수 있다. 생태체계적 다섯 가지 수준의 접근은 의료사회복지사가 상황에 맞는 각각의 대응을 하더라도 실천의 전반적 과정을 통찰하도록 하는 지침이나 방향이 될 수 있다.

의료사회복지사는 어느 수준에서 개입을 선택하든 간에 환자나 가족의 인권이나 사회정의를 위해 활동하였는지를 되돌아볼 필요가 있다. 또한 자신의 실천이 클라이언트의 이익을 위해 최선을 다했다는 자기 예언적 확신에 가득 찬 억압적 실천이 아니었는지도 살펴보아야 한다. 의료사회복지사는 자신이 어떠한 상황에 있든지 간에 사회정의와 인권을 위한 투쟁으로 모든 사람이 행복에 가까워질 수 있음을 받아들일 필요가 있다.

의료사회복지사는 인권과 사회정의를 위한 투쟁을 통해 삶의 기쁨을 누리고 공유할 수 있다. 이는 스토아(Stoa) 철학자 아우렐리우스(Aurelius, 121~180)가 명상에서 표현한 내용을 상기하면 좋겠다(Wronka, 2017 : 135). "모든 행동이 오직 공동의 선을 향하도록 하라. 건전하고 안전한 삶을 위해… 정의로운 일을 하고 진실된 말을 하는 데 온 마음을 쏟아라. 그리고 그 사이에 틈이 생기지 않을 때까지 선행을 쌓음으로써 삶의 기쁨을 얻어라."

〈표 6-2〉 보건의료현장의 생태체계적 다섯 가지 수준의 접근 예시

수 준	알코올중독	정신질환	에이즈	비 만
메타-거시 수준 (meta-macro level)	알코올 판매의 수익성과 폐해에 대한 글로벌 공개 포럼	정신질환자의 인권을 보장하지 않고 혐오하는 전 세계적 문화에 대항하는 운동에 동참	빈곤한 국가와 의료 및 의약품을 공유하여 과학 발전을 할 수 있도록 세계적 인식 변화 도모	전 세계적으로 영양가 높고, 문화적으로 적절하고, 합리적인 가격의 식품에 접근 가능성 보장
거시 수준 (macro level)	고등학교의 모든 학생들에게 의무적인 알코올중독 교육	아동 · 청소년들의 정서적 긴장의 해소를 위한 실천 가능한 방법을 제시	국회에 약물복용을 전제로 비차별을 위한 권리에 대한 청원 활동	지방이 많은 음식을 섭취하도록 장려하는 아동의 TV 시청에 대한 광고를 반대하는 청원 활동
중간 수준 (mezzo level)	위기 가정의 아동들을 방치하지 않고 지지 모임의 제공	무단 결석한 학생들도 도움이 필요하다는 인식을 학교에 제공	직장의 중간관리자에게 교육을 제공하여 적절한 고용으로 연결	운동을 시도하는 과체중 아동들을 격려
미시 수준 (micro level)	개인 또는 집단 치료에서 음주 거절훈련의 시행	개인 또는 집단 수준에서 사회적응을 위한 적절한 대처 전략	약물 복용의 보장을 위해 환자를 치료 계획 단계에 포함	다이어트를 관리하고 스트레스를 대처하는 대안적인 방안 모색
메타-미시 수준 (meta-micro level)	추운 날씨에 길거리에 자고 있는 알코올중독자를 도와주는 것	정신질환자에 대한 이해심을 가지고 형제자매를 지원하는 것	에이즈에 걸린 사람에게 응급상황에 도움을 줄 수 있는 사람이 있다는 것을 알려줌	비만인 사람에게 친절하고 공감적 지지를 함

출처 : Wronka(2017), p. 137.

2. 위기개입 모델

1) 위기의 정의 및 특징

의료사회복지사의 직접 실천은 대부분 위기 속의 환자와 가족을 만나면서 시작된다. 어떤 개인은 사소한 문제도 큰 위기로 인식하여 스트레스를 겪기 때문에 외부의 도움이 필요할 수 있다. 위기 상황의 환자나 가족을 이해하여 그들의 욕구나 문제를 해결하기 위해서는 위기이론을 살펴볼 필요가 있다.

(1) 위기의 정의

개인적 위기는 부정적 생활사건 가운데 어느 한 사건이나 연속된 상황을 말한다. 예를 들면, 위기 상황은 개인의 생활에서 일상적으로 경험하지 않는 암과 같은 심각한 질병, 교통사고나 산업재해로 인한 신체의 손상, 의료보장제도의 적용을 벗어난 희귀난치성 질환으로 인한 과도한 치료비, 학대와 폭력 그리고 성폭력 등과 같은 삶을 위협하는 사건들을 말한다.

모든 사람은 삶을 살아가는 동안에 위기를 경험할 수 있다. 위기는 자기 스스로 또는 중요한 타자와의 관계 상실이나, 상실의 위협, 급진적인 변화를 의미하는 것이다(Caplan, 1964 : 40). 그러나 스트레스나 외상(trauma)의 응급상황 그 자체가 위기를 구성하는 것이 아니라 욕구 충족과 안정 또는 개인의 실존을 위협하는 것이라고 지각하였을 때 위기가 되는 것이다(Brammer, 1985 : 94).

위기는 단순히 특별한 하나 또는 그 이상의 복합적인 상황에 의해 규정되기보다는 효과적으로 대처해 나갈 수 있는 개인의 능력과 사건에 대한 지각에 의해 다르게 발생하게 된다. 즉, 동일한 상황에서도 각 개인이 느끼는 위기의 정도는 다르다는 것이다. 예컨대 〈표 6-3〉과 같이 병원에 입원하는 환자는 다양한 스트레스 상황에 직면하게 되지만 개인에 따라 지각하는 위기의 정도가 다를 수 있다는 의미이다.

〈표 6-3〉 입원 환자의 스트레스원(Stressor)

1. 가족, 연인, 친구 애완동물 등 친밀한 관계로부터의 분리
2. 중환자실, 응급실 등 불쾌감과 불안을 주는 병원 환경; 비인간화되고 편리하지 않은 의료환경
3. 의존/ 독립, 능동적/ 수동적, 그리고 정체감과 자존감, 능력, 자율성을 위협하는 상황
4. 가족, 직장, 그리고 사회적 관계망에서의 역할과 지위의 상실
5. 앞으로의 계획과 가치를 둔 활동에 대한 위협
6. 재정적, 주택, 아동양육, 그리고 다른 실질적인 필요를 위한 자원의 고갈
7. 고통스럽고 괴로운 증상, 그리고 까다로운 진단 및 치료과정
8. 신체 일부분을 상실하거나 기능을 상실함으로, 혹은 외모의 변화가 초래한 자아상과 다른 사람과의 관계에 대한 위협
9. 불안, 우울, 죄책감, 분노, 수치심, 절망 등과 같은 회복을 방해할 수도 있는 불쾌한 감정
10. 생존을 위협하는 심각한 질환은 죽음에 대한 불안을 가져오고, 만성질환이나 장애는 불확실한 미래에 의한 불안을 일으킴
11. 앞에 나열한 것과 이전에 존재해 왔던 스트레스와의 상호작용

출처 : 한인영 외(2006), p. 76.

위기 발생의 여부는 개인의 한계치(threshold)와 관련이 있다(Dattilio & Freeman, 1994 : 19). 이는 개인이 대처할 수 있는 한계능력을 0에서 100까지의 범위로 추정하여 예를 들 수 있다. 어떤 개인이 일상생활의 스트레스가 50이고, 그의 한계능력이 70이라면 다른 위기를 조절할 수 있는 20의 여분이 있다. 그러나 20을 뛰어넘는 위기가 연이어 발생한다면 당황스럽고 혼란스러운 상태에 직면하게 될 것이다. 개인의 한계능력이 낮다면 위기는 보다 자주 나타나게 되고 심각성도 높아질 수 있다.

(2) 위기의 특징

위기에 따른 개인의 반응은 다양하다. 위기는 개인의 일상적인 문제해결의 방법으로는 해결할 수 없는 특수한 상황이며, 다음과 같은 특징이 있다(Slaiku, 1990 : 15-17).

첫째, 위기는 일시적이지만 그렇지 않은 경우도 있다. 위기는 대부분의 개인에게 즉각적이며 순간적이다. 그러나 어떤 사람들에게 위기는 수년간 혼란을 일으켜서 만성화되거나 하나의 생활양식이 될 수도 있고, 심하면 외상 후 스트레스 장애(posttraumatic stress disorder)로 이어질 수 있다.

또 다른 사람들은 사소한 자극을 위험한 상황으로 인지하는 특성을 가질 수 있다. 그들은 대수롭지 않은 생활사건에서도 심리적 상처를 입거나 위기 상황으로 보기도 한다. 따라서 이러한 개인들은 일상의 사소한 자극도 위기로 인식하여 마음속에서 '소규모 전투'를 언제나 치르게 된다. 예를 들면, 대부분의 환자가 약간의 어려움이 있지만 충분히 치료가 가능한 질병이라고 생각하더라도 어떤 사람은 이를 감당하기 힘든 위기로 인식하고 갈등하는 경우를 말한다.

둘째, 위기는 개인적 혼란(upset)을 동반한다. 혼란은 위기에 대한 가장 공통적인 반응인 불안과 우울을 포함하는 광범위한 개념이다. 가장 심각한 반응은 해리(dissociation)나 단기 반응성 정신병(brief reactive psychoses)이 나타날 수 있다. 해리란 자기 자신, 시간, 주위 환경에 대한 주관적 경험의 연속성이 손상되는 현상을 말한다. 예컨대 기억상실이나 비현실감을 보이거나 정신 기능을 통제할 수 없는 무능력 상태가 되는 것이다(엄태완, 2018 : 188).

위기로 혼란된 상태가 되면 인지적 융통성이 저하되어 문제해결에 어려움이 발생한다. 위기 상황에서 일상적 대응은 현재 문제를 해결할 수 없어 개인을 당황스럽게 만들기 때문에 회피나 부정(denial)으로 대처하기도 한다. 예를 들면, 암과 같은 질병을 받아들이지 못하여 치료를 받지 않으려 하고 일상생활을 그대로 유지하려는 경우 등이다.

셋째, 위기의 결과는 부정과 긍정을 모두 포함한다. 건강, 재산 혹은 사랑하는 사람의 상실은 신체적 · 심리적 · 경제적 · 사회적 · 문화적으로 부정적 결과를 초래한다. 하지만 인생의 새로운 전환점이 된다거나 대인관계의 새로운 기술과 행동을 획득하는 기회가 되기도 한다. 예컨대 질병을 치료하고 회복하는 과정에서 신체적 또는 경제적으로는 고통을 겪지만 가족 간의 갈등이 감소하고 서로를 존중하는 분위기로 변화되는 것을 말한다. 또 다르게 사랑하는 사람을 상실한 후 인생관이 바뀌어서 삶의 의미를 새롭게 통찰하기도 한다.

〈표 6-4〉 위기이론의 기본가정 및 보건의료현장 적용

문 항	기본가정	보건의료현장 예시
1	개인은 일상생활에서 내적·외적 스트레스가 심하고 평형상태가 파괴되는 기간이 있다.	갑자기 발생한 급성 신장염으로 안절부절못하는 경우
2	스트레스를 주는 충격적 사건은 개인의 항상성적 균형을 파괴하고 높은 긴장과 불안이 있는 취약 상태로 만든다. 이때 문제를 해결하기 위해 일상적인 대처를 시도해서 성공하지 못하면 긴급대처방법을 사용한다. 그렇게 하여도 문제를 해결하거나 회피하지도 못하고 재정비할 수도 없다면 긴장은 절정에 달한다.	급성 신장염으로 진단받은 환자가 유명한 의사를 찾아다니면서 치료를 시도함. 그러나 투석치료나 신장이식 이외의 다른 방법이 없다는 사실을 확인하면 극단적으로 긴장하고 불안해하는 경우
3	위기는 병리적 경험이 아니라 현재의 문제를 해결하는 현실적 노력이 반영되지만 인생 초기의 미해결된 갈등과 연결될 수도 있다. 따라서 위기는 현재의 문제를 해결하면서 과거의 갈등을 재조정하는 기회를 제공할 수 있다.	수술 후 가족들의 케어를 받지 못한 환자가 지나치게 불안해하고 공격적 태도를 보이는데 이것이 어린 시절의 분리불안과 연결되는 경우
4	위기의 시작과 해결의 전체 기간은 사건의 심각성, 개인의 특정한 반응, 해결 과업의 본질과 복잡성 그리고 상황적 지지 등에 따라 다르다. 그러나 일반적으로 심한 불균형 상태는 4주에서 6주까지 지속된다.	산업재해로 3도 화상을 입은 환자가 병원에 입원한 지 1개월 이후부터 서서히 불안과 공격성이 감소하고 현실적 대안을 찾으려는 경우
5	위기를 해결하는 동안 개인은 도움을 순순히 받아들인다. 습관적인 방어기제가 약화되거나 외부의 영향과 변화를 개방적으로 수용하는 경우가 많다. 따라서 최소한의 노력으로 최대한의 효과를 거둘 수 있다.	지금까지 타인의 어떠한 도움도 거부하던 노인이 병원 입원 후 대소변을 가릴 수 없게 되자 가족이나 사회적 도움을 요청하는 경우
6	위기 이후에 회복된 평형상태는 위기 이전의 평형상태보다 더 좋을 수도 있고, 같거나 나쁠 수도 있다.	알코올중독에 의한 간경화로 자녀의 간을 이식받은 환자가 삶의 의미를 새롭게 깨달은 경우

출처 : 김기태(2006), pp. 38-39 재구성.

2) 위기개입의 특징 및 대상

보건의료현장에서는 위기개입 모델을 활용할 수 있는 사례가 많다. 질병과 부상은 개인이나 가족으로 하여금 선택의 폭을 좁게 만든다. 환자나 가족은 문제해결의 실마리를 찾을 수 없게 되면 혼란과 갈등으로 위기를 겪는다. 이때 의료사회복지사는 위기개입의 원리와 단계들을 적용할 필요가 있다.

(1) 위기개입의 정의

위기개입(crisis intervention)이란 위기로 인한 불균형 상태를 회복하기 위하여 일정한 원조수단을 개인과 가족 및 집단 그리고 지역사회 등에 적용하는 과정이다(James & Gilliland, 2001 : 9).

위기개입은 개인, 가족 및 집단의 생물 · 심리 · 사회적 기능에 영향을 미치는 광범위한 불균형 상태에 초점을 둔다. 위기개입은 대상이 개인 혹은 집단이든지 간에 무의식의 정신역동적 갈등의 해결에 역점을 두지 않는다. 위기개입은 장기치료를 축소한 것이 아니라 위기 상황에 대해 채택된 독특한 접근방식이다.

보건의료현장에서 위기개입의 범위는 급성의 응급상태부터 만성질환을 지닌 환자와 가족에 이르기까지 다양하다. 위기개입은 위기 이전까지 적절한 기능을 수행해 온 개인이나 가족에게 적합하지만 만성적인 문제나 욕구를 지닌 클라이언트에게도 적용 가능하다. 그리고 위기개입에서 전문가는 수동적 혹은 중립적인 자세가 아니라 적극적 역할을 수행하도록 요구받는다.

(2) 위기개입의 원리

위기개입은 장기치료를 축소한 것이 아니라 위기상황을 고려하여 특별히 채택된 독특한 접근방식이다. 전문가의 역할은 수동적 또는 중립적이라기보다는 적극적이다. 위기개입의 원리는 다음과 같이 여덟 가지로 분류할 수 있다(Strickler & Bonnefil, 1974, 김기태, 2006 : 44-48 재인용).

■ 신속한 개입

위기에 처한 사람은 심한 혼란과 고통 상태에 있으며, 위기 그 자체가 실제적인 위험이 될 수도 있다. 위기는 기회와 위험의 두 가지 측면이 있으며, 시간제한적인 본질을 내포하고 있으므로 즉각적인 개입이 중요하다. 개인의 위기에서 균형과 성장을 도모하기 위해서는 신속한 개입이 필수적이다.

■ 적극적 행동

위기개입은 감정이나 쟁점에 관하여 깊게 천천히 탐구하는 것이 아니다. 위기개입은 어쩔 줄 모르는 클라이언트를 적극적으로 돕고 격려하며 면접을 이끌어가야 한다.

■ 제한된 목표

위기개입의 목표는 평형 상태를 회복하는 것이고, 과거와 동일하거나 더 나은 기능의 수준을 획득하게 하는 데 있으며, 최소한의 목표는 파멸을 예방하는 데 있다.

■ 희망과 기대

위기에 처하여 절망감을 지닌 사람들에게 마술적 희망을 갖게 하는 것은 바람직하지 않지만 클라이언트에게 희망을 갖게 하는 것은 중요하다. 전문가의 긍정적 기대는 클라이언트에게 희망을 주고, 자존심을 개선하며, 자기상을 변화시키는 데 도움이 된다.

■ 지지

위기에 처한 클라이언트에게는 사회관계망을 넓히고 다양한 사회적 자원을 신속하게 직접 활용할 수 있도록 제공해야 한다. 언제든지 연결할 수 있는 사회복지기관이나 병원 및 다른 응급센터의 전화번호를 알려줄 필요가 있다.

■ 초점적 문제해결

위기개입은 가능한 한 신속하게 위기를 촉발시킨 '문제'를 해결해야 한다. 위기개입에서는 평형 상태를 되찾기 위하여 '문제'는 어떤 형태로든 해결되어야 한다고 본다. 표적 문제를 찾고 그것을 해결하는 데 초점을 유지한다.

■ 자기상 보호

위기에 처한 사람들은 대부분 자신을 실패자로 보기 때문에 개입 과정에서 클라이언트의 자기상에 대해 고려해야 한다. 위기개입에서는 클라이언트의 자기상을 보호하고 증진시켜서 방어를 줄이고 에너지를 동원할 필요가 있다.

■ 자립

위기에 처한 클라이언트를 계속 의존 상태에 두거나 퇴행하도록 하지 않아야 한다. 사소한 것이라도 클라이언트가 위기 상황 속에서도 스스로 할 수 있는 것을 찾아서 하도록 격려해야 한다. 클라이언트가 스스로 할 수 있는 일은 전문가가 대신해 주어서는 안 된다.

(3) 보건의료현장의 주요 대상

① 소아암 환자와 가족

소아암은 성인에 비해 발생 빈도는 낮으나 소아질환 사망의 가장 흔한 원인이므로 환자와 가족의 불안은 높다. 최근 소아암의 생존율이 크게 향상되었지만 치료 과정의 고통과 치료비 부담 등으로 가족체계는 혼란을 겪는다. 소아암으로 치료를 받고 있는 아동들은 친구 관계, 학교 및 가족과의 관계, 암에 대한 적응, 상실감 등의 심리적 불안, 외모, 신체적 고통에 대처하는 과정에서 심리사회적 위기를 겪게 된다(김연수 외, 2017 : 261).

소아암 환자의 부모는 자녀의 회복이 불확실하다는 불안, 치료와 수술 과정에서의 자녀 고통, 죽음이나 상실에 대한 자녀의 질문, 일상생활을 유지하지 못하는 것, 치료비 부담, 자녀의 미래 및 현 학업의 문제, 부모로서의 죄책감과 무능력 등으로 경제적 · 사회적 · 심리적 위기를 겪는다.

② 신장이식 환자와 가족

장기기증자가 다른 사람에게 기증할 수 있는 장기는 신장, 간장, 췌장, 췌도, 소장, 심장, 폐장, 조혈모세포 및 각막 등 9종류이다. 장기기증의 종류는 뇌사기증, 사후기증, 생체기증으로 구분할 수 있다. 모든 장기이식의 기증자와 대상자는 위기 상황이라 할 수 있지만 특히 환자의 가족이 생체기증을 많이 하는 신장이식의 경우에는 더욱 그러하다.

신장이식이 필요한 환자 가족은 누군가가 신장이식 기증자가 되어야 한다는 갈등 상황에 직면할 수 있다. 누군가가 기증자로 확정되더라도 장기를 제공하지 못하는 가족구성원은 안도감과 죄책감의 양가감정을 느낄 수 있다. 또한 이전까지 숨겨진 가족 갈등은 위기 사건으로 인해서 표면화되어 나타날 수 있다.

가족구성원 중에 누군가 기증자가 되면 다음과 같은 위기적 반응을 보인다(조두영, 1993). 첫째, 자신의 생동하는 기관을 포기해야 한다는 것, 둘째, 대수술을 앞두고 죽을지도 모른다는 위험 부담에 따른 불안, 셋째, 자신의 남은 한쪽 신장이 병들지 모른다는 상상에 따른 두려움, 넷째, 대상자에 대한 무의식적인 원한이다. 기증자는 수술 전 주변 사람들로부터 관심과 격려를 받다가 수술 후 치료진과 가족의 관심이 환자의 생존 문제로 옮겨갈 때 '속았다', '버림받았다'라는 분노를 느낄 수 있다. 어떤 경우에 기증자는 분노를 표현할 수 없어 우울해지며, 요구를 많이 함으로써 주변 사람들의 인내를 시험하기도 한다.

신장이식 대상자는 기증자가 결정되기 전까지 이식 적합성과 가족의 거절 가능성 등으로 불안하고 절박한 마음을 유지한다. 기증자가 결정되면 대상자는 희망과 기쁨을 가지는 동시에 장기 투석에 대한 고통으로부터 해방될 수 있다는 안도감을 느끼기도 한다. 그러나 이식 수술 후에 신장환자들은 혹시 장기거부 증상이 나타나지 않을까 두려움을 가지게 된다. 만약 재투석치료를 받아야 한다면 자살시도를 할 수도 있다(조두영, 1993). 따라서 신장이식을 포함한 장기이식의 경우에 대상자와 기증자 그리고 가족에 대한 위기개입이 필요한 상황이 발생할 가능성이 크다.

③ 신체손상 환자와 가족

의료사회복지사는 산업재해나 교통사고 그리고 기타 사고 등에 의해 화상이나 신체 절단으로 고통받는 환자나 가족을 자주 만난다. 인간은 성장하면서 자신의 신체를 지각하는 신체상을 확립한다. 이러한 신체상은 성격 형성에 영향을 미치고 대인관계나 사회생활에 다양한 형태로 작용한다(송명자, 1995 : 316). 사고나 질병으로 인해 화상이나 신체 절단을 겪은 사람들은 신체손상에 따른 충격으로 기존의 신체상에 혼란을 겪을 수 있다.

절단환자는 운동능력을 제대로 발휘할 수 없기 때문에 신체를 움직여서 긴장을 해소하는 욕구를 충족할 수 없어 스트레스가 높아질 수 있다. 이는 가족이나 동료들과도 긴장을 높이는 원인으로 작용하여 대인관계에서 어려움을 겪도록 만든다. 또한 절단환자는 자신이 이전에 수행하던 경제활동을 하지 못할 수 있기 때문에 혼란과 위기는 가중된다. 화상환자는 심각성의 정도에 따라 자신과 가족이 경험하는 충격이 다르다. 화상의 정도가 심하면 환자와 가족은 사회적 위축으로 일상생활을 제대로 하지 못하는 상황이 발생하기도 한다.

의료사회복지사는 위기를 경험하는 화상 혹은 절단 환자의 가족에게 다음과 같은 과제를 수행해야 한다(한인영 · 최현미, 2000 : 135-139). 첫째, 외상 소식을 가족에게 알리고, 둘째, 환자나 가족이 관심을 보이는 질문에 대해 답하며, 셋째, 환자와 대면하는 가족을 준비시키고, 넷째, 가족과 치료팀 사이의 접촉을 도와주는 역할을 한다. 이러한 과정에서 의료사회복지사는 위기개입의 이론과 단계를 적용할 필요가 있다.

④ 폭력 피해자와 가족

의료사회복지사는 가정폭력이나 성폭력으로 신체적 · 심리적 · 사회적 고통을 경험하는 클라이언트를 만날 수 있다. 폭력의 피해자는 신체적 · 정신적인 문제를 겪게 되고, 이는 심리적 외상(trauma) 사건에 노출되었다고 볼 수 있다. 외상의 노출은 실제적이거나 위협적인 죽음 또는 심한 상해를 수반했던 사건, 혹은 자신이나 다른 사람의 신체적 안녕을 위협하는 사건을 경험하거나 목격한 경우 등으로 강렬한 공포와 전율, 그리고 무기력을 느낀다(Herman, 1997).

외상 사건은 전쟁의 경험, 붕괴된 건물에 갇힘, 신체적으로 치명적인 교통사고, 신체 절단, 고문, 사랑하는 사람의 죽음 목격, 생사를 넘나드는 기아 등이라고 할 수 있다. 가정폭력이나 성폭력의 피해자는 앞서 언급한 외상 사건과 동일하거나 그 이상의 고통을 겪는다. 따라서 의료사회복지사는 폭력 피해자와 가족을 만나게 되면 일차적으로 위기개입의 방법으로 접근할 필요가 있다.

3) 위기개입의 과정 및 적용

위기개입은 이론가에 따라 다양한 과정을 제시하지만 여기서는 제임스와 길릴랜드(James & Gilliland, 2001)의 6단계 모델을 살펴보기로 한다. 6단계 모델은 크게 두 가지, 즉 경청과 활동 단계로 구분된다. 경청 단계는 1단계 문제 정의, 2단계 클라이언트의 안전 확보, 3단계 지지이고, 활동 단계는 4단계 대안 탐색, 5단계 계획, 6단계 참여시키기로 구분된다(James & Gilliland, 2001 : 31-35). 다음의 사례를 통해 위기개입의 과정을 제임스와 길릴랜드의 6단계 모델로 접근하려고 한다.

〈표 6-5〉 **위기개입 사례**

의료사회복지사는 자발적으로 찾아온 영희 씨를 위기개입 모델로 접근하기로 하였다. 영희 씨는 2주 뒤 의료사회복지사가 근무하는 대학병원의 간이식 수술 공여자이다. 영희 씨는 대학교 3학년에 재학 중인 여학생이며, 2남 2녀 중 셋째이고 위로 언니와 오빠가 있으며, 아래로 현재 고등학교 2학년인 남동생이 있다. 현재 영희 씨는 부모, 남동생과 함께 거주하고 있으며, 가족은 국민기초생활보장 수급권자이다. 부모 모두 오랜 기간 알코올 문제를 가지고 있었으며, 부는 6개월 전 공사장에서 일하다가 허리를 다쳐 집에서 요양하고 있다. 가족 간 불화로 언니와 오빠는 부모와 연락을 하지 않고 있고, 가끔 영희 씨와 연락을 취하고 있다. 고등학생인 남동생은 자주 학교를 결석하고 규칙을 위반하여 현재 정학 상태에 있다. 수년 전부터 모는 오랜 기간 알코올 섭취로 인한 간경화증으로 고통받아 오고 있으며, 최근 간이식을 하지 않는다면 생명이 위태로울 수 있다는 의료진의 통보로 영희 씨는 혼란을 겪고 있다. 영희 씨는 어릴 때부터 집안의 어려운 일들을 해결해 나가는 역할을 해왔고 지금도 장학금과 아르바이트로 혼자의 힘으로 대학생활을 유지하고 남동생에게 용돈도 주고 있다. 어렵게 연락한 언니와 오빠는 간이식 적합도 검사를 거부하였고, 영희 씨도 간이식을 한다면 대학을 휴학해야 하고 부작용도 겁이 나고 모에 대한 좋지 않은 기억 때문에 처음에는 거절하였다. 하지만 영희 씨가 간이식을 하지 않는다면 모가 삶을 지속할 수 없다는 사실에 적합도 검사를 하였으며, 간이식 수술이 적합하다는 판정을 받았다. 이후부터 영희 씨는 치료비 부담, 부의 케어, 남동생 문제, 본인의 건강이나 학업 문제로 불안과 혼란 속에 있다고 하였다.

〈표 6-6〉 위기개입 6단계

경청(listening)	활동(acting)
경청 : 공감, 진실, 존중, 수용, 비심판 그리고 보호의 원칙을 바탕으로 관심을 기울이고 관찰하고 이해하며 반응하기	활동 : 클라이언트의 욕구와 이용 가능한 환경적 지지 정도에 따라 비지시적, 협력적, 지시적 수준에서 개입하기
1단계 : 문제 정의	4단계 : 대안 탐색
2단계 : 클라이언트의 안전 확보	5단계 : 계획
3단계 : 지지	6단계 : 참여시키기

출처 : James & Gilliland(2001), p. 32.

(1) 경청 과정

① 1단계 : 문제 정의

클라이언트의 입장에서 문제를 검토하고 언어적 · 비언어적인 메시지에 관심을 가지고 적극적으로 경청하는 것이 중요하다. 이 단계는 클라이언트 위기의 본질을 이해하는 단계이다. 구체적 내용은 〈표 6-7〉과 같다.

〈표 6-7〉 1단계 실천 내용

구 분	내 용
적극적 관심	클라이언트의 행동이 부적절하더라도 그들은 현재 자신의 상황에서 최선을 다하는 중이다. 따라서 의료사회복지사는 공감, 수용, 무조건적 긍정적 관심이라는 위기개입 기술을 활용하여 클라이언트로 하여금 보호를 받고 있다고 느끼게 해야 한다.
지속적 접근	위기에 처한 클라이언트는 희망감을 상실하고 냉담한 반응이나 분노를 표출한다. 그러나 의료사회복지사는 클라이언트가 위기 상황에서 분노와 냉담함을 표출하더라도 관계를 유지해야 한다. 특히 자살위기에 있는 클라이언트에게 중요하다.
위기의 본질 탐색	의료사회복지사는 클라이언트의 입장에서 위기의 본질을 이해할 필요가 있다. 즉, 클라이언트가 위기에 어떤 의미를 부여하는지, 위기 전후의 환경적 변화 및 정서, 인지, 행동의 변화를 이해하는 것이다.

〈표 6-8〉 1단계 사례 개입

의료사회복지사는 영희 씨가 불안과 혼란을 느낄 수밖에 없는 상황에 대해 공감하고 가족에 대한 분노와 모에 대한 적개심과 동정심의 양가감정으로 죄책감을 느끼지 않도록 지지하였다. 또한 의료사회복지사는 영희 씨를 돌보거나 지지할 수 있는 친구, 친지 그리고 자원봉사자를 수술 전후로 연결하였다. 영희 씨의 위기를 사정하기 위해 전반적 위기분류사정체계(TAF : Triage Assessment System)를 활용하였다. TAF는 클라이언트의 정서, 행동, 인지와 관련된 현재의 기능을 평가하는 것으로(Myer, 2001 : 29-32), 세 영역에서 클라이언트 상태를 반응양식에 따라 분류하고 현재 기능수준을 수치화하는 것이다. 즉, 1~10점으로 구분하여 1점 : 손상 없음, 2~3점 : 극소의 손상, 4~5점 : 경미한 손상, 6~7점 : 중등도의 손상, 8~9점 : 현저한 손상, 10점 : 심각한 손상으로 분류한다. 세 영역을 합하면 3점에서 30점까지 점수가 산출된다. 영희 씨는 총 20점으로 중등도의 위기 상황으로 파악되었다. 그리고 의료사회복지사와의 상담 결과 영희 씨의 위기의 본질은 내면으로는 가족에 대한 분노와 동정의 양가감정 및 미래의 불안, 그리고 현실적으로는 치료비 부담이었다.

② 2단계 : 클라이언트의 안전 확보

의료사회복지사는 위기개입에서 클라이언트의 안전 확보의 문제를 종결까지 중요하게 고려해야 한다. 클라이언트에게 나타날 수 있는 신체적·심리적 안전에 대한 심각성과 치명성을 사정할 필요가 있다. 구체적인 내용은 〈표 6-9〉와 같다.

〈표 6-9〉 2단계 실천 내용

구 분	내 용
직접적 질문	의료사회복지사는 클라이언트 자신과 타인에 대한 치명성을 판단하기 위해서 직접적인 질문도 해야 한다. 다른 전통적인 개입방법들과 달리 위기개입에서는 자주 폐쇄적인 질문도 사용한다.
치명성 판단	의료사회복지사는 언어적 · 비언어적, 그리고 자기보고식 척도를 활용하여 클라이언트의 치명성 정도를 파악해야 한다.
안전 유지	의료사회복지사는 클라이언트의 안전을 위해 즉각적으로 활용할 수 있는 자원들을 파악하고 있어야 하며, 다른 부적응적 행동이 있더라도 클라이언트 안전을 최우선으로 두어야 한다.

〈표 6-10〉 2단계 사례 개입

의료사회복지사는 영희 씨가 가족을 위한 희생과 자신의 행복 속에서 갈등하면서 너무 힘들어 이젠 모든 것을 끝내고 싶다는 이야기를 들었다. 이후 의료사회복지사는 남동생을 불러 입원 기간 동안 영희 씨와 함께 있을 것을 요청하였다. 의료사회복지사는 영희 씨의 동의를 구하여 친한 대학 친구들에게 연락하여 입원 후 영희 씨와의 만남을 추진하였다. 또한 지역사회에서 자원봉사를 하는 종교 단체와 연락하여 수술 후 영희 씨와 모를 돌볼 수 있도록 하였다. 병동 내 의료진에게도 영희 씨의 상황을 알리고 세심한 관찰을 요청하였다.

③ 3단계 : 지지

의료사회복지사는 클라이언트를 수용하고 긍정적이며 비심판적으로 지지하는 입장을 유지할 필요가 있다. 구체적인 내용은 〈표 6-11〉과 같다.

〈표 6-11〉 3단계 실천 내용

구 분	내 용
한 명의 존엄한 인간	의료사회복지사는 위기에 처한 클라이언트에게 가치 있고 소중한 사람임을 강조할 필요가 있다.
긍정적 변화 격려	의료사회복지사는 클라이언트가 아무리 사소하더라도 이전과 다른 적응적인 행동을 한다면 적극적으로 격려할 필요가 있다.
지지 자원 발굴	의료사회복지사는 위기에 처한 사람들에게 지지 자원을 발굴하고 연결하는 것을 중요하게 생각해야 한다.

〈표 6-12〉 3단계 사례 개입

의료사회복지사는 영희 씨가 수술을 위해 입원하기 전 병원에 내원할 때마다 사회사업실에 방문하도록 하였고, 영희 씨가 말하는 지난날의 어려움에 대해 경청하고 지지하였다. 의료사회복지사는 영희 씨가 효녀라는 상투적인 말보다는 한 명의 인간으로서 어렵고 힘든 결정을 내렸고 현재의 삶을 최선을 다해 잘 살아가는 중이라고 언어적 · 비언어적 지지를 지속하였다.

(2) 활동 단계

① 4단계 : 대안 탐색

의료사회복지사는 위기 속의 클라이언트가 활용할 수 있는 다양한 대안들을 함께 탐색할 필요가 있다. 자세한 내용은 〈표 6-13〉과 같다.

〈표 6-13〉 4단계 실천 내용

구 분	내 용
상황에 따른 지지	예컨대 가족의 갑작스러운 죽음을 경험한 클라이언트는 심리적 안정과 항상성을 유지하기 위해 새로운 자원을 찾기가 어렵다. 이때 의료사회복지사는 그들이 과거부터 알고 있는 사람이나 장소, 그리고 물건을 통해 안정을 취하도록 도울 수 있다.
이전의 사소한 성공적인 대처 활용	위기에 있는 클라이언트는 새로운 대처 방안들을 마련하기 어렵다. 의료사회복지사는 클라이언트에게 사소하더라도 이전의 위기 상황에서 위안을 얻은 방법들을 찾아 활용할 수 있다. 예컨대 의지했던 친구나 친지와의 대화, 운동이나 취미 활동, 자원봉사 등을 말한다.
외부 자원 모색	의료사회복지사는 위기에 처한 클라이언트를 위해 종교 단체, 동네 주민, 계모임 등의 비공식적 자원과 사회복지서비스, 의료보장제도, 긴급의료비지원 등과 같은 공식적 자원을 활용할 방안을 적극적으로 모색해야 한다.
긍정적인 인지행동 강화	심각한 위기 속의 클라이언트는 대부분 부정적이고 비합리적인 사고를 할 가능성이 높고, 자신에게 생긴 일에 지나치게 몰두하여 다른 사람의 제안이나 말을 잘 들을 수 없다. 이때 의료사회복지사는 강압적 변화를 요구하기보다는 구체적이고 직접적인 행동을 제시하여 부정적 사고로 인한 이차적 고통이나 어려움을 겪지 않도록 할 필요가 있다. 예컨대 의료사회복지사가 화상환자가 보이는 세상이 끝났다는 절망감을 마술적 방법으로 변화시킬 수는 없지만 다양한 접근을 통해 다르게 보는 방법도 있다는 것을 제시할 필요가 있다.

〈표 6-14〉 4단계 사례 개입

의료사회복지사는 영희 씨의 언니와 오빠가 죄책감 없이 영희 씨를 만날 수 있도록 중재하였으며, 영희 씨와 모친의 만남을 통해 상호 간 진실된 마음으로 대화하도록 하였다. 수술비와 간병비 등은 지역 사회복지공동모금회 및 주민센터 등을 통해 긴급의료비를 지원받기로 하였다. 영희 씨는 수술 이후에도 계속해서 불안이나 혼란 및 신체적 기능 회복이 완전히 되는지에 대한 두려움, 그리고 자신의 미래에 대한 두려움을 보였다. 의료사회복지사는 영희 씨를 위한 경제적 지원 이외에도 대학상담센터를 통해 복학 후 지원 방안을 알아보았다.

② 5단계 : 계획

의료사회복지사는 클라이언트의 내외부적 자원들을 체계화하고 이를 근거로 현실적인 단기 계획을 세워야 한다. 계획은 클라이언트가 원하고 실제로 적용할 수 있는 것이어야 한다. 자세한 내용은 〈표 6-15〉와 같다.

〈표 6-15〉 5단계 실천 내용

구 분	내 용
단기적인 목표	위기 상황 속에서도 어떤 사람들은 장기적인 목표를 세우려 한다. 그러나 의료사회복지사는 즉각적인 위기를 해결하는 데 초점을 두어야 한다.
구체적인 계획	의료사회복지사는 위기 속의 클라이언트에 대한 개입 계획의 목표를 '무엇을', '언제', '어떻게'라는 차원으로 구체화시킬 필요가 있다.

〈표 6-16〉 5단계 사례 개입

의료사회복지사는 영희 씨에 대한 개입 목표를 두 가지로 하였다. 하나는 영희 씨가 현재 지니는 가족에 대한 분노와 동정의 양가감정 및 미래에 대한 불안을 완화하는 것이다. 이를 위해 의료사회복지사는 가족치료나 장기적 상담보다는 수술 전후 그리고 회복까지의 기간 동안 적극적으로 지지해 줄 수 있는 비공식적 자원을 발굴하여 배치하기로 했다. 의료사회복지사는 가족, 친지, 친구, 자원봉사자들에게 영희 씨에 대한 지지의 방법을 교육하기로 하였다. 다음으로 경제적 지원을 위해 연결된 자원들이 중복되지 않도록 계획을 세워(치료비와 간병비를 분리하고 가족이나 친지가 간병할 수 있는 기간을 최대한 확보) 이를 영희 씨에게 알리고 경제적 지원뿐만 아니라 심리적 지지도 동시에 제공하였다.

③ 6단계 : 참여시키기

의료사회복지사는 위기를 극복하는 과정에 클라이언트를 참여시켜야 한다. 이를 위해서는 현실적인 목표와 분명한 지침이 필요하다. 구체적인 지침은 〈표 6-17〉과 같다.

〈표 6-17〉 6단계 실천 내용

구 분	내 용
계획 재검토	의료사회복지사는 클라이언트가 스스로 전체적인 계획을 자신의 말로 진술하면서 재검토하도록 지지해야 한다. 이를 통해 클라이언트 관점에서 문제를 해석하고 수정하는 것이 가능하다.
책임감 부여	의료사회복지사는 클라이언트가 동의한 내용에 대해 책임을 가지고 지킬 것을 강조해야 한다. 또한 사소한 부분이라도 클라이언트가 할 수 있는 일은 스스로 수행하도록 하여 지나치게 전문가를 의존하지 않도록 할 필요가 있다.

〈표 6-18〉 6단계 사례 개입

의료사회복지사는 영희 씨에게 두 가지 개입 계획을 함께 논의하고 재검토하였다. 장기적으로 영희 씨는 수술 후 회복까지 타인의 도움을 받고 이후에 자신이 다른 모르는 사람을 도와가며 살아가는 훈련의 시간으로 삼기로 하였다. 의료사회복지사는 위기 상황에서 영희 씨를 도운 것이며, 앞으로 다가올 수 있는 인생의 다양한 고난은 스스로 해결하거나 또 다른 누군가 혹은 사회적인 도움으로 극복해 나가야 함을 이야기하였다.

PART 03

의료사회복지의 실천방법

CHAPTER 07

인권 및 윤리적 의료사회복지실천

개 요

제7장은 보건의료현장 사회복지사의 클라이언트에 대한 책임과 의무에 대해 설명하고 있다. 구체적으로 인권 중심의 실천과 윤리적 실천의 의의를 기술하고 있으며, 인권 보장과 윤리적 실천은 연결되어 있음을 강조하고 있다.

환자는 자주 보건의료현장에서 비인간화를 경험한다. 보건의료현장은 긴급성과 전문성이 다른 어떤 영역보다도 강조되기 때문에 억압적이거나 수동적 역할을 환자에게 강요하기도 한다. 특히 장기 치료를 필요로 하는 만성질환자나 반복해서 입원이나 치료를 받아야 하는 환자와 가족에게 병원과 같은 보건의료현장은 그들에게 삶의 일부분이 되기 때문에 인권 보장 또는 침해와 관련된 이슈들이 중요하다. 보건의료현장의 의료사회복지사가 인권 중심의 실천을 한다면 윤리적 실천을 해야 하는 책임과 의무를 다하는 것이 된다. 그리고 의료사회복지실천의 과정에서는 다른 사회복지실천과 마찬가지로 윤리적 딜레마 상황에 마주할 수 있다. 이를 위한 기초 지식을 습득한 이후에 실천현장에서 융통성 있게 적용할 필요가 있다.

학습목표

1. 인권에 대한 세 가지 관점, 즉 자연권, 국가 의무 그리고 구성되는 권리 관점으로 환자의 인권을 설명할 수 있다.
2. 인권 원칙과 문화를 이해하면서 환자와 가족의 인권을 향상하는 방안을 설명할 수 있다.
3. 의료사회복지실천의 윤리적 딜레마를 이해하면서 리머(Reamer)의 윤리적 실천단계를 사례에 적용할 수 있다.

1 인권과 의료사회복지실천

1) 환자의 인권

오늘날 보건의료현장은 점점 비인간화, 즉 환자가 인간다운 대우를 받기가 어려운 상황으로 내몰리고 있다. 환자는 '인간성'을 상실한 존재로 인식되거나 자본 축적의 수단이 되기도 한다. 사회복지는 '인간존엄성'의 가치를 실현하는 것을 중요하게 생각하기 때문에 보건의료현장에서 광범위하게 존재할 수 있는, 혹은 존재하고 있는 인간존엄의 가치를 위배하는 요인들을 확인하고 대처할 필요가 있다.

사회구성원의 질병을 치료하고 건강을 증진하는 것을 기본권으로 인정한다면 보건의료현장에서 인간존엄성의 가치를 실현할 가능성은 높아진다. 보건의료현장에서 인간존엄성을 확보하는 첫 출발은 환자의 인권보장과 연결된다.

(1) 인간으로서의 환자

보건의료현장에서 자주 환자는 인간으로 취급되지 않고 있다. 예컨대 교통사고로 장기간 식물인간으로 살아가는 환자는 인간으로 대우하는 것이 아니라 기계적 체크가 필요한 사물로 다루어지기도 한다. 또한 임종 상태의 환자는 이미 죽은 사람으로 간주하고 그 사람 앞에서 장례 절차를 논하기도 한다.

역사적으로 살펴보아도 인간의 범주에 살아 존재하는 모든 사람이 포함된 것은 아니었다. 예를 들면, 전쟁의 시기에 상대는 자신과 같은 인간이 아니라고 단정하거나, 유럽의 식민주의자들이 아프리카, 아시아, 아메리카 등의 원주민을 완전하게 인간이 되지 못한 존재로 간주하거나, 흑인 노예는 인간의 범주에 포함하지 않았다는 사실에서 찾을 수 있다.

보건의료현장에서 환자가 인간다운 대우를 받기 위해서는 인권을 보장해야 한다. 인권(human rights)은 다차원적이고 다의적 특성을 가진 용어이기 때문에 한마디로 정의하기가 어렵다. 인권에 대한 일반적인 동의, 즉 모든 사람의 인권이 보장되어야 한다는 선언에 반대하지는 않는다. 하지만 실제로 인권을 보장하는 과정과 내용에는 사회적 갈등이 발생할 수도 있다. 예를 들면, 희귀난치성 질환을 지닌 사람들의 인권 보장을 위해 고가의 치료비용을 세금으로 지원해야 하는 경우, 수술실 CCTV 설치와 관련된 의료진과 환자의 인권 충돌, 이주민의 의료보장을 위해 사회적 자산이 사용되는 경우 등이다.

인권 담론은 서구에서 출발하였지만 서구에서조차 초기에는 인간의 범위가 제한적이었음을 알 수 있다. 그 당시 서구에서는 이상적 인간(ideal human)이 존재하며 그 이외의 인간들은 이상적 인간이 되기를 열망하는 것으로 추정하였다. 여기서 이상적 인간이란 백인이자 유럽인이면서 신체장애가 없는 성인 남성, 그리고 평균 이상의 지적 수준을 지닌 고등교육을 받은 사람이었다(Ife, 2010 : 71).

초기의 인권 담론에서는 인간의 범주가 모든 인간이 아니라 특정한 개인에만 적용된다든지, 인간의 값어치에 차이가 있으며 그에 따라 당연히 권리의 차이도 그대로 인정한 것으로 보인다. 오늘날 이상적 인간이라는 가정은 인권 담론에서 존재하지 않지만 보건의료현장에서 환자는 건강한 이상적 인간으로부터 동떨어진 것으로 대우받기도 한다.

의료사회복지사는 초기 인권 담론에서와 같이 환자를 인간의 범주에서 제외하고 있는 것이 아닌지를 살펴볼 필요가 있다. 예컨대 환자는 치료를 위해 모든 권리들이 일시적으로 중단되어도 된다든지, 의료진과 환자의 수직적 관계는 치료를 위해 당연히 필요하다든지 등을 말한다.

(2) 환자의 권리

인권이라는 용어를 그대로 풀어서 말하면 인간의 권리, 즉 인간(human)과 권리(rights)라는 두 단어로 구성됨을 알 수 있다. 인권이라는 용어에서 권리(rights)는 인간이라는 개념보다는 명확하게 설명할 수 있다. 그러나 권리가 무엇이며, 누구에게 어떠한 절차에 의해 보장되는지 등을 일목요연하게 정리하는 것은 쉽지 않다. 보건의료와 관련해서 본다면 '환자에게 어떤 권리가 있는가?', '그 권리들은 법률과 규칙에만 존재하는가?', '환자와 의료진의 권리가 충돌한다면 어떻게 해야 하는가?' 등의 질문이다. 이에 대한 논의는 인권에 대한 세 가지 관점, 즉 자연권, 국가 의무 그리고 구성되는 권리 관점에서 시작할 수 있다(Ife, 2010 : 73-77).

① 자연권 관점

자연권(natural rights) 관점에서 인권은 자연적 상태의 일부로서 인간이 태어날 때부터 가지고 태어나는 것으로 본다(Reichert, 2011 : 2). 즉, 인간이라면 누구나 누려야 하는 보편적이며 천부적 권리이며, 모든 인간은 어떠한 사회적 조건에 상관없이 평등하며 자유와 행복을 추구하는 양도 불가능한 권리라는 것이다. 자연권적 인권 정의는 인권의 내용이 구체적으로 어떠한 것들이라고 제시하지 않는다.

자연권 관점은 가치론적이고 규범적 차원이기 때문에 철학적이며 이론적 담론에 토대를 두고 있다. 자연권 관점을 바탕으로 인권실천가는 인권침해를 받는 사람들에게 권리를 교육하고 실제로 그들에게 권리가 존재한다는 사실을 깨닫도록 한다.

의료사회복지사는 환자에게 치료나 회복 과정에서 '인간'으로서의 권리를 향유하며 의료진이 환자의 권리를 양도받을 수 없다는 사실을 교육하고 알릴 필요가 있다. 또한 의료기관이나 의료진이 권위를 앞세워 환자들을 억압하지 않도록 협의하고 조정하며, 환자에게 부과된 의무나 역할이 인권침해와 연결되는지를 살펴볼 필요가 있다.

② 국가 의무 관점

국가 의무(states obligations) 관점에서 인권은 국가가 국민에게 그들의 인권을 깨닫게 하거나 보호해야 하는 것으로 본다. 일반적으로 이것들은 인권에 대한 법안이나 정책의 형태로 나타난다. 인권은 법률, 법 정책과 사법체제, 다양한 정부 프로그램(교육, 건강, 주택, 사회보장 등을 강화하기 위한)을 통해 달성된다(Ife, 2010 : 74).

국가 의무 관점은 인권과 법률이 동일시되는 경향이 있기 때문에 법률가들이 인권 문제에서 지배적인 역할을 수행한다. 그러나 인간의 삶은 다양한 상황 속에서 전개되기 때문에 법률만으로 인권을 보장하기란 어렵다. 보건의료와 관련해서 본다면 법률에 규정된 내용만으로 환자가 인권을 향유하기는 쉽지 않다.

환자는 시민적 권리뿐만 아니라 의료보장과 관련된 다양하고 충분한 의료서비스들을 사회적 권리로 누릴 수 있어야 한다. 즉, 국가는 국민의 건강권(right to health)을 보장해야 한다. 건강권은 보건의료만을 규정하는 것이 아니라 건강한 삶을 살아야 할 사람들에게 필요한 광범위한 사회경제적 조건까지 포함한다(Gostin, 2001).

〈표 7-1〉은 인권의 3세대 구분을 통해 사회적 권리를 설명하고 있다. 의료보장은 인권의 적극적 권리 영역인 사회적 권리를 국가로부터 보장받는 것을 말한다.

〈표 7-1〉 **인권의 3세대(three generation) 구분**

구 분	의 미	내 용
1세대	시민적 · 정치적 권리(civil and political rights), '소극적 권리'로 지칭함. 이 권리들은 부여, 획득, 실현되는 것이 아니라 보호되고 방어되어야 할 성격의 권리들이며, 개인의 자유를 박탈하는 어떠한 것으로부터도 해방을 보장하도록 고안된 권리임	투표권, 언론의 자유, 집회의 자유, 공정한 재판과 법 앞의 평등, 사생활의 보장, 자기표현의 권리, 종교의 자유, 사회생활에의 자유로운 참여, 존엄하게 대우받을 권리, 공공안전의 권리, 차별(종교적 · 인종적 · 성적 차별 등)받지 않을 권리, 협박 · 희롱 · 고문 · 강요 등을 받지 않을 권리 등을 포함
2세대	경제적 · 사회적 · 문화적 권리(economic, social and cultural rights), '적극적 권리'로 지칭함. 이는 사회정의의 실현, 결핍으로부터의 자유, 사회 · 경제 · 문화생활에의 참여를 보장하는 것을 목표로 함	사회적 급여와 서비스를 받을 권리, 취업할 권리, 적정 임금을 받을 권리, 사회보장에 대한 권리, 교육을 받을 권리, 적절한 의료보호를 받을 권리, 노년기에 존엄 있게 대우받을 권리, 적당한 레크리에이션과 여가에 대한 권리 등을 포함
3세대	집합적 권리(collective rights), 전체 인류를 위한 합법적이며 보편적 욕구인 평화 · 발전에 대한 권리와 파괴로부터 보호된 깨끗한 환경에 대한 권리로 점차 인식되고 있음. 아직까지 구체화되고 있지는 않음	경제개발에 대한 권리, 결집력 있고 조화로운 사회에서 살 권리, 오염되지 않은 공기에서 숨 쉴 권리, 깨끗한 물을 마실 권리, '자연'을 경험할 권리 등과 같은 환경권을 포함

출처 : Ife(2008), pp. 30-33, Reichert(2011), pp. 20-21 재구성.

③ 구성되는 권리 관점

구성되는 권리 관점은 인권을 만들어지는 혹은 구성되는 권리(constructed rights)로 보는 것이다. 인권이란 인간 사회에서 끊임없이 협상하고 정의하고 재정의하면서 구성된다는 관점이다. 이 관점에서 인권은 단지 인간 본성의 일부이거나 헌법이나 법률에 의해서만 달성되는 것이 아니라고 본다. 인권은 인간이 무엇인지, 우리가 다른 사람들을 어떻게 대해야 하는지, 그리고 우리가 어떻게 대우받기를 원하는지를 협상하는 과정에서 나타난다고 본다(Ife, 2010 : 76). 이 관점에서 인권은 보편적이고 안정적이라기보다는 상황적이고 역동적이다. 구성되는 권리 관점은 인권 문화를 개발하는 것을 중요하게 여긴다.

보건의료와 관련해서 본다면 보편적이고 추상적인 인권 개념과 의료 관련 법률에 근거한 인권보장을 넘어서는 문화와 규정들을 보건의료 관련 체계들이 협상을 통해 만들어 갈 수 있다는 의미이다. 예컨대, 의료진-환자의 관계를 전문직 중심의 수직적 또는 일방적 개입으로 보지 않고 상호 평등한 입장에서 의사소통하는 문화를 만들고 필요하다면 제도나 법률로 규정하는 과정을 말한다.

2) 인권 사상과 의료사회복지실천

세계인권선언은 전 세계인들이 인권 영역에서 받아들일 수 있는 행위의 준거틀이다. 따라서 인권 중심의 의료사회복지실천에서도 세계인권선언의 사상이 그대로 적용된다. 의료사회복지사가 인권 중심의 실천을 수행하기 위해서는 인권의 원칙을 이해하고, 인권 문화가 클라이언트와 상호작용하는 원리를 알 필요가 있다.

(1) 세계인권선언과 의료사회복지실천

1948년 채택된 세계인권선언(Universal Declaration of Human Rights)은 전 지구에 살고 있는 각 개인의 다양한 차이가 존재한다는 가정하에서 모든 사람이 공유해야만 하는 공통의 욕구와 자유가 무엇인지를 성찰한 결과물이다. 세계인권선언의 직접적 계기는 나치 독일의 인종말살 정책의 비극으로부터 출발하였지만 그

외에도 1930년대 대공황 기간의 빈곤과 실업의 고통, 유럽인들의 식민주의에 기인한 아시아와 아프리카 지역 사람들에 대한 착취, 제2차 세계대전 동안에 목격한 인간성 상실 등에 대한 세계인의 자각에서 비롯되었다(엄태완, 2020b : 120).

세계인권선언은 서구의 영향을 받았기 때문에 동양에서는 문화적 차이로 인해 그대로 적용할 수 없다는 시각도 있다. 또한 선언에 참여한 개별 국가가 법적인 보장을 하는 것도 아니다. 하지만 많은 나라에서 세계인권선언에 포함된 내용을 그들 나라의 법에 통합시켰으며, 국제관습법에 근거하여 개별 국가를 강제할 수 있는 경우도 있다. 이를 통해 볼 때 세계인권선언은 전 세계인들이 인권 영역에서 받아들일 수 있는 행위의 준거틀로 작용하고 있다.

세계인권선언은 한 개의 전문과 30개 조항으로 구성되어 있다. 핵심 이념은 인간 존엄성(제1조), 차별금지(제2조), 시민적 · 정치적 권리(제3~21조), 경제적 · 사회적 · 문화적 권리(제22~27조), 연대의 권리(제28~30조)라고 할 수 있다(Wronka, 2017 : 23). 인권선언 전문은 선언이 필요한 이유들을 제시하고 있다. 전문의 가장 앞부분에 인권은 모든 인류가 인간의 존엄성을 바탕으로 평등하고 양도할 수 없는 권리라고 기술하고 있다. 어느 누구나 기본적 자유와 인간다운 삶을 살아갈 수 있도록 해야 한다는 것이다.

세계인권선언의 제1조의 내용, 즉 "모든 인간은 태어날 때부터 자유로우며 그 존엄과 권리에 있어 동등하다. 인간은 천부적으로 이성과 양심을 부여받았으며 서로 형제애의 정신으로 행동하여야 한다"에 가장 기본적이고 포괄적인 인권의 의미를 함축하고 있다. 보건의료와 관련해서 본다면 신체적 질병과 그로 인한 심리적이고 행동적인 특별함을 지녔다고 하더라도 있는 그대로 존중받고 모든 사람이 서로 보살핌을 주고받으며 살아야 함을 강조하는 것이다.

세계인권선언 조항의 대부분은 환자의 인권보장과 관련이 있다. 왜냐하면 인간의 권리를 다루고 있고, 환자도 인간이기 때문이다. 그중에서 제22조부터 제27조까지의 경제적 · 사회적 · 문화적 권리는 보다 직접적 연관이 있다. 제22조는 이 권리들의 기본 지침을 설명하는 것으로, 모든 사람은 사회구성원으로서 사회보장을 받을 권리를 가지며, 따라서 자신의 존엄과 자유, 개인적인 발전에 '반드시 필요한' 경제적 · 사회적 · 문화적 권리를 실현할 자격이 있다는 것을 인정하고 있다(고명석, 2019 : 128). 보건의료와 관련해서 본다면 모든 국민은 의료보장을 받을 권리를 가지며 이를 통해 자신의 행복과 자유를 누리게 된다.

세계인권선언 제23조부터 제27조까지는 직업, 정당한 보수, 여가와 관련된 경제적 권리, 건강, 복지와 교육을 위한 적절한 생활수준에 관한 사회적 권리, 그리고 공동체의 문화생활에 참가할 권리를 포함하고 있다. 이는 포괄적으로 보면 건강할 권리를 추구하는 조항으로 볼 수 있다. 건강은 단지 질병이 없는 상태가 아니라 개인이 신체적 · 정신적 · 사회적인 모든 측면에서 안녕상태에 있으면서 주위 환경과 조화롭게 살아갈 수 있는 상태를 말한다(Antonovsky, 1979). 이를 실현하기 위한 조항은 세계인권선언 제22조부터 제27조까지를 포함한다. 즉, 사회보장을 통해 모든 사회구성원이 건강한 삶을 누려야 한다는 당위성을 말하는 것이다. 이것은 의료사회복지가 추구하는 이념과 맥락을 같이한다고 볼 수 있다.

(2) 인권 원칙과 의료사회복지실천

인권은 사회구성원 각자가 직접 체험할 수 없는 이상적 개념 속에 머무른다면 존재의 의미가 사라진다. 예를 들면, 지금 바로 희귀난치성 질환을 지닌 사람이 비인간적 대우를 받고 있거나, 사회적 약자들이 건강 및 의료와 관련된 사회의 공정한 분배 몫으로부터 배제되어 고통을 겪는다면 정치적 도구로서의 인권일 뿐이다. 이때 인권은 인간의 삶에 도움이 되지 않는 헛된 구호에 지나지 않는다.

인권은 보편성, 불가분성, 양도 불가능성, 포기 불가능성의 원칙이 적용된다고 본다(Ife, 2010 : 84). 인권의 보편성(universal)은 성, 연령, 장애, 인종, 국가, 문화, 종교 등에 관계없이 모든 사람에게 똑같이 적용된다는 의미이다. 불가분성(indivisible)은 인권을 서로 분리시킬 수 없는 하나의 묶음으로 보는 것이다. 양도 불가능성(inalienable)은 개인이나 집단으로부터 빼앗기거나 줄 수 없다는 의미이다. 포기 불가능성(inabrogable)은 개인이 스스로 포기할 수 없다는 것이다.

보건의료 영역에서 인권의 네 가지 원칙을 적용해 보면 다음과 같다. 첫째, 보편성의 원칙이다. 어느 지역에 살든지, 재산이 많든지 적든지, 성별이나 연령을 따지지 않고 건강할 권리, 치료받을 권리를 향유하는 것을 말한다.

둘째, 불가분성의 원칙이다. 인권 현장에서는 권리들을 여러 범주로 구분하여 왔으며, 어떤 권리들은 다른 권리들과 다른 것으로 취급되어 왔다. 이렇게 구분되면 권리들 간의 상충에 대한 논쟁이 일어날 수 있다. 예를 들면, 표현의 자유권과 가짜 뉴스로부터 자유로울 권리, 부모의 권리와 자녀의 권리, 의사의 권리와 환자의 권리 등이다. 이와 같이 권리들이 구분되면 권리 간 갈등이 발생할 수 있다.

인권은 권리들이 상충되지 않는 불가분성을 강조한다. 예컨대 의사의 권리와 환자의 권리가 서로 충돌하지 않도록 권리를 재정의하는 것이다. 의사나 환자 중 한쪽이 과도하게 권리를 주장하는 것이 아니라 다른 편의 권리를 방해하지 않는 범위 내에서만 권리 행사가 이루어져야 한다.

셋째, 인권은 기본적으로 양도 불가능한 특성을 가진다. 하지만 어떤 경우에는 사람들에게 인권을 빼앗기도 한다. 예를 들면, 교도소에 수감이 되면 여러 가지 권리들이 사라지며, 병원 입원의 경우에도 몇몇 권리들을 제약받게 되고, 아동들에게는 투표권이 없으며, 생존권이 적용되지 않는 사람들도 흔하다.

보건의료현장에서는 보다 적극적으로 양도 불가능성의 원칙이 지켜져야 한다. 예를 들면, 환자의 권리를 가족이나 의료진이 행사할 수 없도록 해야 하며, 치료라는 전문성을 매개로 환자의 존엄과 인권을 침해하지 않아야 한다. 환자에 대한 권리의 제한은 사전에 규정된 원칙이나 제도 및 법률에 근거해야 하며, 반드시 사전에 고지하여 동의를 받아야 한다.

넷째, 인권은 포기 불가능성이라는 특성을 가진다. 그러나 개인이 스스로 포기하는 경우도 자주 있어 논쟁거리이기도 하다. 예컨대 회사나 공공기관에서 일하는 사람이 비밀보장의 원칙에 서명하는 것은 표현의 자유를 스스로 포기하는 것이다. 이와 같이 개인적 상황에 따라 자신의 다른 이익을 위해 인권을 자발적으로 제한하기도 한다.

보건의료 영역에서는 인권의 포기 불가능성의 원칙이 보다 엄격히 지켜져야 한다. 왜냐하면 환자는 자주 사건이나 사물에 대한 판단력이 부족하거나 의존적 특성을 보일 가능성이 높고 새로운 환경과 억압적 치료 구조 속에서 인권을 스스로 포기하는 것처럼 보일 수 있기 때문이다. 이는 개인의 의지가 아니라 환경적 압력에 의한 비자발적 포기일 가능성이 높다.

의료기관에 입원하는 사람이라도 최대한의 이동의 자유, 가족과 자유로운 시간을 가질 권리, 존엄하게 대우받을 권리, 안전하고 건강한 환경에서 지낼 권리 등을 향유할 수 있어야 한다. 환자가 스스로의 판단에 따라 다른 더 좋은 이익을 위해 권리를 포기하였다고 가족이나 의료진이 성급히 판단하지 않아야 한다.

(3) 인권 문화와 의료사회복지실천

전 세계인의 마음속에 인권 원칙이 존재하여 일상의 생활로 그대로 이어지게 된다면 인권은 어디에서든지 보장될 것이다. 이러한 인권 문화가 개발된다면 보건의료 영역의 거시적 혹은 미시적 문제의 해결이 한결 수월해질지도 모른다. 예컨대 의료보장 확대를 위한 국가 재정 투입에 대한 논의가 활발해질 수 있고, 의료서비스 과정에서 나타나는 인권침해를 방지하기 위한 규정이나 법률의 제정 혹은 개정이 적극적으로 이루어질 수 있다.

따라서 인권 문화를 개발하기 위해 다양한 차원의 사회적 노력이 필요하며(Reichert, 2007), 이를 의료사회복지와 연결시켜 보면 다음과 같다.

첫째, 의료사회복지의 어떠한 상황에서도, 예를 들면 환자에 대한 존엄한 대우나 저소득층의 의료보장을 위한 과정에서 인권이 중요한 가치로 작용하도록 할 필요가 있다. 보건의료 영역의 독특성이나 전문성을 인정해야 하지만 환자와 가족이 인간다운 삶을 살아가야 한다는 차원에서는 인권이라는 원칙을 기준으로 삼아야 한다.

둘째, 보건의료 영역에서 인권 문화를 개발하기 위해서는 의료진을 포함한 모든 전문직이 인권보장과 직간접으로 관련되어 있음을 강조할 필요가 있다. 특히 의료사회복지사는 사회복지전문직으로서 인권을 의료사회복지실천 과정에 포함시켜야 한다. 의료사회복지사는 인권전문가로서의 정체성을 가지고 실천현장에서 활동할 필요가 있다. 또한 의료사회복지사는 현금이나 서비스 전달뿐만 아니라 환자와 가족의 인권을 보장하는 전문가가 되도록 노력해야 한다.

셋째, 보건의료 영역에서 인권이 선언적 의미에만 그치지 않으려면 법과 정책에 끊임없이 통합되어야 인권 문화가 개발된다. 그것은 환자들이 의료서비스 과정에서 차별과 낙인을 받지 않을 권리들이 법과 제도 속에 포함되어 있는지에서 출발한다. 예를 들면, 경제적 · 사회적 · 문화적 권리와 관련 있는 의료보장은 시민적 · 정치적 권리보다는 상대적으로 법률과 제도로 구체화하는 데 어려움이 있다. 의료사회복지사는 주로 환자나 가족과 미시적인 직접 실천을 많이 하지만 법률, 정책과 제도와 같은 거시적으로 클라이언트에게 도움이 되는 활동에도 참여할 필요가 있다.

넷째, 사회구성원의 질병 혹은 치료와 관련된 인권 실태를 있는 그대로 조사하여 인권에 기반한 치료와 건강증진이 가능하도록 사회적 합의를 이끌어 낼 필요가 있다. 의료사회복지사는 질병으로 고통받고 있지만 치료를 제대로 받지 못하는 저소득층, 의료사각지대에 있는 의료급여 미수급자, 희귀난치성질환으로 장기간 고액의 치료비로 어려움을 겪고 있는 환자와 가족들의 고통을 인권침해의 상황으로 규정하여 조사하고 그들의 인간다운 삶을 위한 과정에 동참해야 한다.

2 윤리적 의료사회복지실천

1) 인권과 윤리적 실천의 의의

의료사회복지의 인권 중심의 실천과 윤리적 실천은 연결되어 있다. 보건의료 분야의 전문직들은 윤리적 실천을 위해 인권을 강조하고 있다. 미국 의사 윤리에서는 '의사는 능숙한 의학적 치료를 제공하는 것에 있어서 인권과 인간존엄성의 마음을 가지고 공헌해야 한다'로, 그리고 미국 간호사협회 윤리인권센터는 '간호 현장에서 강조하는 근본적인 원리는 인간 내면의 가치, 존엄, 인권의 존중이다'라고 규정하고 있다. 미국 공공보건협회는 건강할 권리가 인간의 기본 권리

중의 하나임을 인정하고 보건 분야에서 인권을 교육과정의 기본 요소로 포함하기를 장려하고 있다. 이와 같이 보건의료현장의 윤리적 실천과 인권은 긴밀하게 연관되어 있다(Wronka, 2017 : 8-9).

세계인권선언과 인권 협약은 보건의료 및 보건의료전문가들에게 영향을 미치고 있다. 마찬가지로 국제사회복지사협회(ISFW : International Federation of Social Workers)는 사회복지사를 인권전문가라고 불렀으며, 인권을 사회복지의 이론과 실천의 바탕이 되는 원리라고 하였다(United Nations Centre for Human Rights, 1994). 아이프(Ife)는 윤리적 실천의 준거틀 중의 하나가 인권이라고 언급하였다(Ife, 2008 : 120). 따라서 의료사회복지사의 윤리적 실천에서는 인권을 중요하게 고려할 필요가 있다.

윤리적 실천은 전문직의 가치가 포함되어 있기 때문에 깊은 성찰과 민감성을 필요로 한다. 이를 뒷받침하기 위해 보건의료 분야의 의사, 간호사, 사회복지사 등의 전문직들은 지켜야 할 윤리적 원칙들을 윤리강령으로 명문화하고 있다. 한국사회복지사협회에서는 1982년 제정하고 2001년 3차 개정을 통하여 전문, 윤리기준, 사회복지사 선서로 구성된 사회복지사 윤리강령을 제시하고 있다. 이를 통해 사회복지사의 전문성과 사회적 책임성을 확립하고 전문직으로서의 위상을 강화하는 지침으로 삼고자 한다.

2) 의료사회복지사의 윤리적 책임

의료사회복지사는 사회복지의 가치를 바탕으로 윤리적으로 판단하고 실천해야 할 책임이 있다. 의료사회복지사는 실천 과정에서 윤리적 의사결정을 할 필요가 있다. 윤리적 의사결정이란 실천 과정에서 규범, 가치, 옳고 그름, 좋고 나쁨, 무엇을 해야 하고 무엇을 하지 말아야 할 것인지와 관련된 의사결정을 말한다. 의료사회복지사의 윤리적 의사결정의 근거가 되는 윤리적 책임은 다음과 같다. 이는 우리나라의 사회복지사 윤리강령을 기준으로 하였다.

(1) 전문가로서의 윤리적 책임

첫째, 의료사회복지사는 국적, 인종, 문화, 성별, 연령, 종교, 신체적 또는 정신적 능력 등에 따라 차별적 실천을 하지 않아야 한다. 예컨대 보건의료서비스를 건강보험 수급자와 다르게 의료급여 수급자에게 차별적으로 적용하지 않아야 한다.

둘째, 의료사회복지사 자신의 능력의 범위 안에서 서비스를 제공해야 한다. 예를 들면, 치료비가 부족한 클라이언트에게 지역사회 내의 자원을 활용하여 해결하겠다고 성급히 제안하지 않아야 한다.

셋째, 의료사회복지사는 정직해야 한다. 또한 의료사회복지를 실천하는 과정에서 어떠한 개인적 이득도 취득해서는 안 된다.

넷째, 의료사회복지사는 의료사회복지실천 과정에서 경제적 문제, 생활상의 스트레스, 법적 문제 등의 어려움을 겪을 수 있지만 이것으로 인하여 환자 및 그 가족의 서비스에 방해로 작용해서는 안 된다.

다섯째, 의료사회복지사는 환자와 가족에 대한 서비스에 책임성을 가져야 한다. 의료사회복지사 자신의 서비스가 환자와 가족에게 어떻게 작용하였는지를 반드시 평가하고 개선하려는 노력을 해야 한다.

(2) 환자와 가족에 대한 윤리적 책임

첫째, 의료사회복지사는 의료사회복지실천을 행함에 있어서 어떠한 상황에서도 환자의 이익을 최우선시해야 한다. 이는 의료사회복지실천에서 수많은 윤리적 딜레마의 해결책이 되며, 의료사회복지사의 존재 이유이기도 하다.

둘째, 인간의 존엄성과 자유의 가치를 바탕으로 환자와 가족의 자기결정권을 존중해야 한다. 이 과정에서 의료사회복지사는 환자와 동반자 관계를 형성하며 서비스를 제공할 때 사전에 쉬운 언어로 충분하게 설명하고 동의를 얻어야 한다.

셋째, 의료사회복지사는 환자와 가족의 사생활을 알게 되는 경우가 많이 있다. 이 경우에 아무리 사소한 비밀이라도 다른 사람에게 발설해서는 안 된다.

넷째, 의료사회복지사는 환자와 가족의 신체적 · 정신적 · 경제적 · 사회적 · 문화적인 다양성을 인정해야 한다.

(3) 의료사회복지 실천현장과 관련된 윤리적 책임

첫째, 의료사회복지사는 환자 및 가족과 마찬가지로 동료 및 다른 의료진에게도 인간 존엄성의 가치를 기반으로 존경해야 한다. 자신의 이익을 위해서 동료 또는 고용주와의 분쟁을 활용해서는 안 되며, 동료의 무능력과 비윤리적 행위를 해결하기 위해서 노력해야 한다.

둘째, 의료사회복지사는 인간의 복지를 위해서 일하는 다양한 전문직의 사람들과 함께 일한다. 의료사회복지사는 사회적 연대의 가치를 실현하기 위해 다른 전문직이나 다학제팀과 협력하고 공동의 목표를 달성하기 위해서 노력해야 한다.

셋째, 의료사회복지사는 사회복지학과 학생의 실습이나 지역사회에서 요구하는 슈퍼비전과 자문을 제공하며 유대를 강화해 나가야 한다.

넷째, 의료사회복지사는 클라이언트의 변화 가능성을 확인하기 위해서 제공된 서비스를 기록해야 한다.

다섯째, 환자와 가족의 치료와 재활을 위해 공동으로 노력하는 의료기관에 대해 헌신하는 마음이 있어야 한다.

3) 의료사회복지실천과 윤리적 딜레마

의료사회복지사는 인권 중심 그리고 윤리강령의 준수를 통해 윤리적 실천하는데 도움을 얻는다. 그러나 의료사회복지를 실천하는 과정에서는 윤리적 의사결정을 어렵게 하는 경우들이 자주 발생하는데 이를 윤리적 딜레마라고 한다. 윤리적 딜레마를 해결하기 위한 다양한 방법이 있지만 리머(Reamer)의 윤리적 실천단계를 의료사회복지실천과 연결하여 살펴보고자 한다.

(1) 윤리적 딜레마

의료사회복지사는 보건의료현장에서 클라이언트가 인권침해를 당하지 않고 인권을 향유하기를 원한다. 하지만 어떤 경우에는 권리들이 충돌하거나 가치들이 상충하는 상황에 직면한다. 의료사회복지사는 윤리적 실천의 갈등 상황으로 인하여 윤리적 딜레마(ethical dilemmas)를 겪게 된다. 사회복지실천 과정의 윤리적 딜레마에는 첫째, 행동 X가 윤리적으로 옳을 수도 있고 옳지 않을 수도 있는 경우, 둘째, 한 사람이 행동 X를 수행해야 된다고 믿어지는 동시에 수행해서는 안 된다고 믿어지는 두 가지 형태가 있다(김상균 · 오정수 · 유채영, 2002 : 143). 다음의 사례를 통해 확인해 보자.

〈표 7-2〉 윤리적 딜레마 사례

의료사회복지사는 인공임신중절을 고민하는 클라이언트 김 씨를 만나서 상담하였다. 김 씨는 42세로 국민기초생활보장법상의 수급권자이며, 남편과 김 씨는 성실하게 일을 하지만 가난에서 벗어나지 못하고 있었다. 김 씨는 현재의 남편과 첫 결혼으로 2명의 자녀를 두고 있는데, 자녀들 모두 유전적 영향이 강한 질환으로 치료를 받아야 하지만 치료비 때문에 제대로 병원을 이용하고 있지 못한 상황이다. 이러한 현실에서 셋째 자녀를 임신한 사실을 알고 고민하던 중 의료사회복지사를 만나서 인공임신중절을 원한다고 하였다. 태아는 임신 4개월째이며, 남편도 수술에 동의하였다고 하였다.

위의 사례에서 김 씨가 인공임신중절을 할 수밖에 없다고 생각할 수도 있고, 반면에 그러한 결정이 윤리적으로 바람직하지 않다고 볼 수도 있다. 이렇게 극단적인 사례들이 의료사회복지실천 과정에서 자주 있는 것은 아니지만 의료사회복지사는 윤리적 쟁점과 법률이나 규정을 정확하게 확인할 필요가 있다.

위 사례의 윤리적 쟁점은 태아의 생명권, 부모의 자기결정권 등이라고 할 수 있다. 생명의 가치는 인권과 관련된 가장 필수적 용어이다(Untied Nations Centre for Human Rights, 1994). 생명의 가치는 인간을 넘어 비인간적 존재까지 확대된다. 헌법재판소는 "인간의 생명은 고귀하고 이 세상에서 무엇과도 바꿀 수 없는 존엄한 인간존재의 근원이다"라고 판시하고 있다(고명석, 2021 : 224). 따라서 생명권은 모든 개별 기본권의 전제가 되는 근원적인 권리라고 할 수 있다. 보건의료와 관련된 생명권은 태아의 생명권, 인공수정과 관련된 생명권 등이다.

또 다른 쟁점인 자유권에 근거한 부모의 자기결정권이다. 인류의 역사는 자유를 향한 역사라고 불릴 정도로 인간 삶에 지대한 영향을 미친다. 자유권은 인권의 가장 근원적인 기본권이다. 세계인권선언의 내용 중 자유권은 주로 국가권력이나 타인의 억압의 배제라는 의미로 자유의 가치를 선언하고 있다(고명석 외, 2021 : 227). 즉, 자유권의 보장은 국가에 의한 부당한 침해로부터의 보장을 의미한다.

이러한 맥락에서 국가나 사회의 인공임신중절에 대한 억압적 분위기나 문화에 의해 개인의 자유권을 침해당한다고 가정할 수 있다. 하나의 가설은 생명권을 강조하는 문화적 억압을 통해 개인의 자유권에 제한을 가하는 것이다. 위 사례는 국가나 사회의 억압에 따른 자기결정권의 침해뿐만 아니라 개인의 양심과 종교 및 소득이나 정서적 부담 등이 종합적으로 고려될 필요가 있다.

다음으로 인공임신중절 관련 법률을 살펴보면, 우리나라는 2021년부터 낙태죄가 폐지되었지만 태아가 14주 이상인 경우에는 모자보건법의 인공임신중절수술의 허용한계에 해당될 때만 가능하다. 모자보건법의 예외적 허용 기준에는 본인이나 배우자의 유전적 장애나 전염성 질환, 강간 또는 준강간에 의한 임신, 법률상 혼인할 수 없는 혈족 간 임신, 임신의 지속으로 모체의 건강을 심하게 해칠 우려가 있는 경우이다(모자보건법 제14조). 위 사례의 경우 유전적 질환으로 인공임신중절 예외적 허용 규정을 적용받을 수 있는지를 확인할 필요가 있다.

법률적으로 인공임신중절이 허용된다고 하더라도 태아의 생명권과 부모의 정서적 아픔은 그대로 남아있게 된다. 반면에 김 씨가 셋째 자녀를 출산하는 결정을 하더라도 향후 다섯 명의 가족들이 지금보다 더 인간다운 삶을 살 수 있다는 확신을 할 수도 없다. 만약 국가가 셋째 자녀부터 양육비, 의료비, 학비 등을 책임지는 정책을 펼친다면 위 사례의 딜레마는 다르게 전개될 가능성도 있다.

(2) 윤리적 딜레마의 해결과정

일반적으로 의료윤리(medical ethics)는 생명윤리(bioethics)에서 어려운 딜레마를 가지고 있다. 생명윤리는 의료의 다음 영역을 포함한다(이을상, 2006; Gillon, 1985).

첫째는 죽어가는 환자의 치료, 어떤 사람이 죽도록 허용하는 것, 환자의 요구에 따른 안락사이다. 둘째는 인간 실험과 고지에 입각한 동의의 문제이다. 셋째는 유전, 임신, 출생과 관련된 부분이다. 넷째는 산아제한과 낙태 및 불임에 관한 부분이다. 다섯째는 혈액투석과 장기이식이다. 마지막으로 줄기세포의 연구와 복제에 관련된 내용이다. 보건의료현장에서 생명윤리는 철학적 및 현실적 논쟁이 전개되고 있다. 의료사회복지사는 생명윤리와 관련된 자신의 개인적 가치와 쟁점들을 성찰하고 다양한 논의에 참여할 필요가 있다.

대부분 사회복지사가 실천현장에서 실제로 겪게 되는 윤리적 딜레마는 클라이언트 이익의 상충, 전문직의 가치와 소속 기관의 가치 상충, 비밀보장, 자기결정, 제한된 자원의 공정한 분배 등에서 발생한다(박지영 외, 2020 : 79-83). 의료사회복지 실천현장에서도 유사한 윤리적 딜레마를 겪고 있다. 보건의료현장의 윤리적 딜레마 사례의 해결과정을 리머(Reamer)의 윤리적 실천 단계(김상균 외, 2002; 167-190)로 적용해 설명하고자 한다.

〈표 7-3〉 **윤리적 딜레마 사례**

박 씨는 고등학교 3학년으로 미혼모이다. 그녀는 임신 7개월 만에 1.5킬로그램의 저체중아를 출산하였다. 박 씨의 아이는 현재 인큐베이터에서 집중 치료를 받고 있으며 약 4주 후 퇴원할 것으로 예상된다. 박 씨는 학교를 포기하고 자녀를 양육하기를 바라고 있지만 그녀의 부모는 아이를 입양 보내기를 원하고 있다. 이 문제로 가족은 갈등 상황에 있으며, 아이의 아빠는 행방을 알 수 없다. 그녀의 부모는 아이의 입양을 위해 사회복지관의 사회복지사를 만났으며, 자신들의 경제적 능력과 박 씨의 장래를 생각해서 입양이 가장 바람직하다고 믿고 있다. 또한 부모는 한 곳의 입양기관과 접촉하고 있으며 병원비를 걱정하고 있다. 이러한 갈등 상황 속에서 박 씨가 이 문제를 상의하기 위해 의료사회복지사를 찾아왔다.

위의 사례에 대해 리머(Reamer)의 윤리적 딜레마 6단계 해결과정으로 살펴보고자 한다. 윤리적 딜레마를 해결하는 모델은 리머의 6단계 해결과정만 있는 것이 아니라 다양한 이론과 모델이 존재한다. 따라서 의료사회복지사는 각 사례에 적절한 모델을 활용할 수 있어야 한다.

① 1단계 : 윤리적 쟁점과 관련체계를 확인하는 과정

위의 사례에서 윤리적 쟁점은 누구의 권리를 우선시할 것인지와 관련된다. 박 씨와 부모의 자기결정권의 상충, 미래 삶의 질 전망의 상충 등이다. 보다 거시적으로는 미혼모의 의료보장을 포함한 사회보장과 관련된 사회적 연대와 책임의 차원을 국가 쟁점으로 다룰 수도 있다. 관련체계는 박 씨와 그녀의 자녀, 부모, 지역사회복지관, 입양기관, 입양관련법과 제도, 병원의 행정담당 및 의료진, 지역사회 긴급의료비 지원 체계, 잠재적 입양 부모, 모자보건법, 미혼모 지원 정책, 의료보장제도, 의료사회복지사 등이다.

② 2단계 : 가능한 행동방침과 관계자 및 잠재적 결과에 대한 가설 설정을 하는 과정

이 단계에서는 브레인스토밍(brainstorming)을 실시하고 가능한 행동방침(박 씨가 자녀를 직접 양육하겠다는 자기결정과 입양을 원하는 부모의 결정, 그리고 의사표현을 할 수 없는 자녀에 대한 인간존엄성과 자유권, 포함된 모든 가족의 생활보장과 삶의 질을 향상시킬 수 있는 방안 등)을 확인하면서 각각의 선택 혹은 결정에 대한 미래 전망을 구체적으로 제안할 필요가 있다.

③ 3단계 : 행동방침의 정당성을 면밀히 검토하면서 법률과 규칙을 살펴보는 과정

3단계에서는 기본적으로 상황과 관련된 사회복지사 윤리강령과 다양한 윤리적 결정지침과 원칙을 확인할 필요가 있다. 이 사례에서는 크게 두 가지 차원, 즉 미혼모로 자녀를 양육하는 방안과 자녀를 입양하는 방안 중에서 가설을 설정하고 행동방침의 정당성과 관련 법률과 규칙을 살펴볼 필요가 있다. 미혼모로 자녀를 양육할 경우, 학업의 연속성, 미혼모 지원제도, 부모와의 관계, 생존권의 보장, 미혼모에 대한 사회문화적 분위기와 억압 등을 검토해야 한다. 다르게 입양을 한다면, 박 씨가 겪게 되는 심리적 아픔, 부모와의 갈등, 박 씨 자녀의 인권, 잠재적 입양 부모와의 관계, 입양 관련 법과 제도 등을 살펴볼 필요가 있다.

④ 4단계 : 동료 또는 관련 전문가에게 자문을 구하는 과정

이 상황의 윤리적 쟁점을 이해할 수 있는 병원의 동료, 슈퍼바이저, 기관행정가, 변호사 및 윤리전문가에게 자문을 구하는 과정이다. 윤리적 이슈뿐만 아니라 법적인 문제는 없는지를 확인할 필요가 있다.

⑤ 5단계 : 결정 및 문서화하는 과정

의료사회복지사는 윤리적 결정과정의 단계를 거치면서 윤리적 쟁점이 명료해지고 윤리적 의무가 명백해지기도 하지만 모호하고 불확실한 경우도 존재한다. 이 과정에서는 기록이 중요하며, 문서로 남길 필요가 있다.

⑥ 6단계 : 평가 및 부가적 문제를 확인하는 과정

실천 과정의 딜레마에 대한 어떤 결정을 내리더라도 종결이 아니라 새로운 시작임을 인식할 필요가 있다. 위의 사례에서도 자녀를 양육하든지 입양을 결정하든지 간에 사례에 대한 종결을 선언하고 끝내는 것이 아니라 결정을 번복할 수도 있고 추가적인 어려움도 발생할 수 있다. 의료사회복지사는 윤리적 쟁점이 있는 사례를 개입하고 난 후 클라이언트의 인권을 보장하고 삶의 질을 향상하는 방향으로 전개되었는지를 주관적 혹은 객관적으로 평가할 필요가 있다. 그리고 새로운 상황이 발생한다면 첫 단계로 돌아가서 쟁점을 확인하고 각 과정을 다시 시작해야 한다.

CHAPTER 08

개인 및 가족과의 의사소통

개 요

제8장은 의료사회복지사가 직접 대면하는 클라이언트와의 의사소통 방법들을 서술하고 있다. 사회복지사는 클라이언트와의 의사소통 과정을 지칭하는 말로 상담이나 정신치료보다는 면담이라는 용어를 즐겨 사용한다. 면담의 사전적 의미는 '서로 만나서 이야기하거나 의견을 나눔'이라고 정의되어 있고, 이는 두 사람 간 만남에서 수평적, 상호 존중, 신뢰 관계 형성 등을 통해 클라이언트 스스로 문제 해결을 위한 실마리를 찾는 데 초점을 둔다는 의미이다. 이는 사회복지실천의 관점과 가치를 반영하는 의사소통 방식이라 할 수 있다. 이 장에서는 면담과 의사소통이라는 용어를 문맥에 따라 동의어로 사용한다.

의료사회복지사는 보건의료현장에 따라 다르겠지만 환자 및 그 가족과 의사소통을 주로 한다. 의사소통은 직접 얼굴을 마주보고 할 수 있지만 전화나 다른 ICT를 통한 방식을 활용할 수도 있다. 의료사회복지사가 환자나 가족과 일대일로 만나는 것은 공식적인 관계이며 목적을 분명하게 가진다. 사적인 대화가 아니기 때문에 단 1분을 만나더라도 전후 사정을 충분히 이해하고 클라이언트의 욕구와 기관의 현황 및 관련된 사회 제도들을 파악하고 있어야 한다. 의사소통을 위해 이론을 습득하는 것도 중요하지만 경험을 통해 성찰하고 슈퍼비전을 받아야 한다. 의료사회복지사는 의사소통 능력의 향상을 위해 다양한 상담 이론이나 가족치료 등을 배우고 익힐 필요가 있다.

학습목표

1. 의료사회복지 실천현장의 특수성을 이해하면서 의사소통의 과정 및 긍정적 또는 부정적 의사소통 기법들을 설명할 수 있다.
2. 의사소통 가족치료와 다세대 가족치료의 주요 개념을 이해하면서 환자 가족과의 의사소통에서 활용 방안을 설명할 수 있다.

1 개인과의 의사소통

1) 의사소통의 기초

의사소통은 다른 사회복지실천과 마찬가지로 의료사회복지실천에서도 중요하다. 의료사회복지사와 클라이언트의 의사소통은 일반적인 사회복지사의 의사소통 방법과 큰 차이가 없지만 질병에 초점을 둔 클라이언트의 욕구 및 이차 실천현장이라는 상황에서 이루어진다. 그렇다고 하더라도 환경 속의 인간이라는 사회복지실천의 관점으로 클라이언트를 이해하고 타 전문가 또는 전문 지식으로 해결하기 어려운 욕구를 중심으로 의사소통할 필요가 있다.

(1) 사회복지실천 관점과 의사소통

의료사회복지사는 보건의료현장에서 클라이언트를 만날 때 한 부분만 관찰하는 것이 아니라 다차원적인 시각을 가져야 한다. 의료사회복지사는 클라이언트의 욕구나 문제를 생물학적 요인에만 한정하지 말고 심리적 · 사회적 · 경제적 · 문화적 측면들을 동시에 살피면서 상호 관련성도 확인할 필요가 있다.

예컨대 가족구성원의 입원에 대해 심리적 불안을 호소하는 클라이언트를 만나더라도 입원한 가족의 질병, 행동 문제, 학대, 가족관계, 직업 유지, 법적 문제, 주거, 정신병리적 증상들을 확인할 필요가 있다. 이를 통해 가족의 경제적 부담, 돌봄 부담, 사회서비스의 부족 등을 파악하고 이것들의 상호 관련성을 이해하면서 해결 방안들을 클라이언트와 함께 찾아야 한다.

의료사회복지사는 클라이언트를 직접 만나서 의사소통을 하면서 사회복지실천의 기본 관점인 생태체계적 관점과 강점 관점을 유지한다. 보건의료현장에서는 클라이언트의 복잡한 문제나 욕구를 다양한 전문가들이 자신들의 전문 지식을 통해 해결하려고 한다. 이때 의료사회복지사는 다른 전문가들이 보지 못하거나 부족한 부문을 발견하고 이를 생태체계적 관점이나 강점 관점을 통해 보완할 수 있다.

생태체계적 관점은 클라이언트를 '환경 속의 인간'이라는 맥락 속에서 바라보는 것이며, 강점 관점은 클라이언트의 병리적 측면에만 초점을 두지 않고 장점과 강점도 동시에 고려하여 사정하고 개입해야 한다는 것이다. 예컨대 의료사회복지사는 환자의 신체 질병으로 인한 고통에 대해 면담하더라도 거시적인 의료보장제도부터 가족, 직장 동료와의 관계나 심리적 어려움까지 동시에 살펴보는 것이다. 또한 신체적 질병의 치료를 위한 수술이나 약물요법뿐만 아니라 치료에 대한 의지, 가족의 지지, 돌봄의 안정성 등도 회복의 중요한 변인으로 보는 것이다.

(2) 클라이언트의 욕구

의료사회복지사는 클라이언트의 다양한 욕구를 확인할 필요가 있다. 의료사회복지사가 클라이언트와 의사소통 과정에서 인간의 보편적 욕구를 이해하면 상호 간 신뢰를 형성하는 데 도움을 얻을 수 있다. 인간은 타인으로부터 인정과 사랑을 받고자 하는 욕구, 가치 있고 능력 있는 인간임을 인정받고자 하는 욕구, 여러 가지 두려움에 직면하기를 회피하고자 하는 욕구 등이 있다(노안영 · 강영신, 2002 : 305-306).

의료사회복지사는 환자가 공포 속에 있다면 그 질병 자체뿐만 아니라 수반되는 감정이나 생각에 따른 두려움도 크다는 것을 알 필요가 있다. 예컨대 항암치료를 받고 있는 80대 노인이라고 하더라도 죽음에 대한 두려움을 회피하고 싶고, 가족이나 의료진들로부터 인정과 사랑을 받고 싶고, 자신이 아직도 가치 있고 능력이 있는 사람이라는 사실을 확인하고 싶어 한다.

의료사회복지사는 환자나 가족과의 의사소통에서 클라이언트의 욕구를 알아차려야 한다. 만약 가족과 환자의 욕구가 불일치한다면 원인을 파악하고 동시에 충족할 수 없는 욕구의 상충이 발생한다면 윤리적 결정을 필요로 한다. 또한 표현된 욕구와 숨겨진 욕구가 다르다면 클라이언트와 면담을 통해 진정으로 원하는 욕구에 대해 합의해야 한다. 의료사회복지사가 클라이언트의 욕구를 해결할 수 없을 때는 솔직히 인정하고 다른 대안들을 제안할 수 있다.

(3) 클라이언트의 행동

의료사회복지사는 클라이언트의 행동을 이해하기 위해 말의 내용뿐만 아니라 신체적인 표현 및 습관적 어투 등을 이해 도구로 활용할 수 있다. 예컨대 면담 중에 안면 표정에서 시선을 고정하면 경청이나 주의를 집중하고 있다는 의미이고, 시선을 회피하면 주의를 분산하고 있으며, 눈살 찌푸림이 있으면 반발이나 짜증의 신호이고, 멋쩍게 웃으면 당황하거나 동요하는 순간이라 할 수 있다. 또한 클라이언트가 팔짱을 끼고 있다면 관망하거나 무관심을 드러내는 것이고, 손발의 동작에서 보면 손톱을 물어뜯거나 다리를 떠는 경우에는 긴장이나 초조 혹은 불안한 상태라고 볼 수 있다.

클라이언트가 보이는 문제 행동은 나름대로의 대처 수단일 가능성이 있다. 이때는 면담을 통해 무조건 중단하기를 요청하기보다는 다르게 접근할 필요도 있다. 의료사회복지사는 클라이언트가 대처 수단으로서 문제 행동을 보인다면 해결을 위해서는 클라이언트에게 오히려 자율성과 책임감을 부여하는 것도 하나의 방법으로 적용할 수 있다. 그러나 클라이언트가 지적장애라든지 의사소통의 장애를 지녔다면 자율성과 책임성만 강조하는 것은 바람직하지 않다. 또한 클라이언트의 문제 행동이 개인의 선택을 넘어서는 사회구조적 원인에 기인한다면 개인의 변화만을 강요하는 것은 올바른 접근이 아니다.

(4) 목표 설정

의료사회복지사는 클라이언트와의 의사소통 목적을 명확히 알고 있어야 한다. 의료사회복지사는 클라이언트에게 목적을 제시하고 변화를 강요하는 것이 아니라 함께 해결 과제를 찾아가야 한다. 의료사회복지사는 치료비와 같은 물질적 지원을 요청하는 면담인지, 관련된 모든 사람이 혼란 속에 있어 무엇을 해야 할지를 찾아야 하는 면담인지 등을 클라이언트와 의사소통하여 확인할 필요가 있다.

의료사회복지사는 클라이언트의 문제를 제거 또는 감소시키거나, 새로운 행동을 습득하거나 자원을 확보하는 목표를 수립할 수 있다. 제거나 감소의 목표는 스트레스나 갈등을 감소하거나 적응을 방해하는 요인을 찾아서 제거하는 것을 말한다. 증가나 획득의 목표는 긍정적 행동 변화를 한다든지, 합리적 의사결정 과정을 습득한다든지, 자아존중감을 향상한다든지, 새로운 자원을 확보하여 일상생활에 필요한 도구로 활용한다든지 등을 말한다.

의료사회복지사는 클라이언트와의 면담을 통해 개인이 성장하고 삶의 의미와 용기를 개발하도록 도움을 줄 수 있다. 보다 구체적으로 대인관계를 활성화하거나 학업과 직업을 유지하거나 성공하도록 돕고 공동체 속에서 조화로운 삶을 살도록 지지하거나 여가와 삶의 기쁨을 누릴 수 있도록 지원할 수 있다.

2) 의사소통의 과정

의료사회복지실천에서 의사소통의 과정은 의뢰, 면담 준비, 첫 만남, 초기, 중기, 후기, 그리고 종결과 사후관리의 순으로 진행된다. 그러나 클라이언트의 상황이나 욕구에 따라 융통성 있게 면담을 할 수 있다.

(1) 의뢰

의료사회복지사는 소속된 기관의 특성에 따라 다양한 클라이언트를 의뢰받는다. 예컨대 병원에 근무하는 의료사회복지사는 타 의료진이나 행정부서 혹은 지역사회 기관이나 시설 그리고 자발적 형태로 의뢰받는다. 의뢰는 클라이언트와 공식적인 관계를 형성하는 시작단계라고 할 수 있다.

(2) 면담 준비

면담 전에는 클라이언트에 대한 정보가 많을수록 좋다. 기본적인 정보(이름, 나이, 성별, 질병명, 주요 호소 문제 등)는 반드시 알아두는 것이 유용하다. 새로운 면담은 의료사회복지사에게도 부담이거나 불안을 동반할 수 있다. 이전의 자료들을 충분히 확보하고 사전에 요구 내용 등을 미리 검토하거나 사전 조사를 통해 안정감을 확보할 필요가 있다.

(3) 첫 만남

사회복지사는 클라이언트와 첫 만남에서 자기소개, 클라이언트 소개 요청하기, 면담의 목적 설명, 클라이언트 역할이나 의무 설명, 기관의 정책이나 윤리적 요건 설명, 피드백 요청 등을 상황에 따라 수행하게 된다(Cournoyer, 2000).

의료사회복지사는 환자나 가족과의 첫 만남에서 소속기관과 업무부서 그리고 자신의 성명을 간략히 소개하는 것으로 시작한다. 클라이언트가 의료사회복지사의 업무의 범위라든지 소속기관에 대해 상세하게 질문한다면 솔직하게 답한다. 간혹 민간 의료기관에 소속된 의료사회복지사에게 공무원 신분인지를 확인하는 클라이언트도 있는데 소속기관을 분명하게 밝히면 된다.

의료사회복지사가 지나치게 경직되게 면담의 목적이나 기관의 규정 등을 장황하게 설명할 필요는 없다. 일반 대중이 의료사회복지사의 역할을 제대로 알지 못하는 경우가 있기 때문에 소속기관의 특성에 맞는 소개를 해줄 필요는 있다. 지나치게 방어하는 자세로 한계나 규정을 설명한다면 상호 간 신뢰를 형성하는 데 방해로 작용할 수도 있다.

클라이언트가 분명한 방문 목적을 가지고 올 때도 있지만 막연한 두려움이나 광범위한 도움을 전제로 올 수도 있다. 의료사회복지사는 클라이언트가 목적이 뚜렷하다면 기관이나 자신이 해결할 수 있는 내용인지를 확인하는 것이 우선이다. 그러나 어떤 경우에는 클라이언트가 해결하고 싶은 내용보다 다른 것이 더 필요한 상황도 있고, 잘못된 해결책을 가지고 올 때도 있다. 의료사회복지사는 클라이언트의 입장에 대해 충분히 공감하면서 새로운 대안들을 제시할 필요가 있다.

클라이언트도 정확하게 알 수 없는 복잡하고 이해하기 어려운 문제를 가지고 온다면 단기 면담보다는 장기 면담을 고려할 수 있다. 이때에는 의료사회복지사가 소속된 기관에서 해결할 수 있는 부분과 그렇지 않은 부분을 확인하는 것이 중요하다. 의료사회복지사가 해결할 수 없는 영역에 대해서는 책임감을 가지고 다른 부서나 지역사회 내 기관으로 의뢰할 필요가 있다.

(4) 초기

의료사회복지사는 구체적으로 클라이언트의 문제가 무엇인지를 이해해야 한다. 예컨대 가족의 질병에 따른 심리적 불안인지 치료비 부담인지 아니면 다른 대인관계적 어려움인지를 확인할 필요가 있다. 또한 의료사회복지사는 의사소통을 촉진하기 위해 상호 신뢰하고 개방성과 안정감을 가지고 클라이언트가 희망을 고취할 수 있도록 해야 한다.

만약 장기 면담을 생각한다면 클라이언트에게 동의를 얻어 면담을 구조화할 필요가 있다. 면담의 구조화란 면담 기간, 면담 횟수, 비밀보장의 문제, 기대되는 결과 등을 클라이언트와 합의하는 것을 말한다. 면담 초기에 클라이언트의 비현실적 기대를 발견한다면 수정해야 한다.

(5) 중기

의료사회복지사는 사전 검토 자료 및 클라이언트의 주요한 호소를 근거로 문제를 확인하고 해결 방안들을 함께 찾는다. 클라이언트를 위한 서비스가 단순한 현물이나 현금 서비스가 아니라면 상담의 과정과 기법을 적용할 필요가 있다. 상담은 개입 초기 클라이언트와의 동의 과정을 거친 후 구조화되었을 때 효과가 크다.

(6) 후기

일회성 면담이라면 특별히 수행하지 않아도 된다. 반면 구조화된 회기가 진행된 면담이라면 중기에서 학습하거나 배운 행동들을 시험하고 평가해 보는 단계이다.

(7) 종결과 사후관리

일회성 면담이라고 하더라도 클라이언트와 함께 전체 과정을 정리하고 합의된 결과를 검토하는 시간이다. 일회성 면담이 아니라면 종결 단계에서는 클라이언트의 정서적 측면까지 고려한 순차적 종결이 필요하다. 클라이언트의 상황이나 문제에 따라 사후관리가 필요하다면 의료사회복지사가 클라이언트의 동의를 얻어 수행할 수 있다.

3) 의사소통의 기법

의사소통의 기법은 다양한 상담이나 정신치료의 방법들로부터 직·간접으로 응용할 수 있다. 경청과 같은 긍정적 기법도 있지만 시험하거나 방어하는 부정적 의사소통도 이해하고 있어야 한다.

(1) 긍정적 기법

① 경청

의사소통의 기법 중 핵심은 경청이다. 경청이란 적극적인 듣기라는 의미이며 사람을 움직이도록 만드는 것은 말이 아니라 듣는 것이고, 반응을 보이기보다는 상대의 생각이나 기분을 이해하는 데 초점을 두는 것이다.

의료사회복지사는 경청을 위해 위기나 걱정 그리고 두려움 속에 있는 클라이언트에게 편안한 자세와 개방적인 태도로 대할 필요가 있다. 그리고 말의 내용뿐만 아니라 그 이면에 포함된 동기나 정서에 귀를 기울이고 이해한 바를 클라이언트에게 피드백해야 한다. 클라이언트는 경청을 통해 의료사회복지사와 상호 신뢰를 형성하고, 부정적 감정에 대한 두려움이 감소하고, 자신이 세상에 받아들여지고 있다고 믿으며 스스로 문제를 해결하는 힘을 얻게 된다.

의료사회복지사는 경청하는 과정에서 언어적 표현뿐만 아니라 표현하지 않은 감정과 동기도 파악할 필요가 있다. 그리고 경청에서 피드백은 클라이언트가 말하고자 하는 핵심적인 메시지를 클라이언트의 감정을 확인하면서 가능한 한 짧게 반응하는 것이 좋다.

클라이언트가 너무 매력적이거나 비매력적인 경우, 자신이 아프거나 피로한 경우, 클라이언트의 관심이 아니라 자신의 관심사에 집착하는 경우, 클라이언트의 이야기 중 한 부분에 과도하게 집착하는 경우, 그리고 클라이언트의 문제와 사회복지사 자신의 문제가 유사하다면 경청을 저해하는 요인으로 작용할 수 있다. 또한 클라이언트의 행동에 대해 옳다/ 그르다 등으로 판단하거나 문화적 편견이나 선입견이 있거나 지나치게 동정적으로 접근하면 경청을 방해하는 요인으로 작용한다.

클라이언트의 모든 말에 피드백을 보일 필요는 없으며 인정이나 침묵이 더 좋을 수도 있다. 경청은 클라이언트를 수용하는 것이지 모든 말이나 행동에 동의하는 것이 아니다. 또한 경청은 문제 해결 수단이라기보다는 해결 방안을 찾아가는 필수적인 과정이라 할 수 있다.

② 침묵의 활용

의료사회복지사는 클라이언트의 침묵을 활용할 수 있어야 한다. 안정되고 편안한 의사소통 과정 속의 침묵은 클라이언트에게 자신의 진심을 표현하도록 압박할 수 있다. 또한 클라이언트가 주도적으로 대화를 이끌어 가도록 하여 생각을 집중하고 조직화하도록 만든다. 그러나 클라이언트가 현재 불안이 심해서 긴장을 참을 수 없다든지, 정신병적 증상을 지닌 클라이언트는 장기간 침묵이나 잦은 침묵을 감당하기 어려울 수 있기 때문에 주의할 필요가 있다.

③ 수용

수용은 "예" 또는 "무슨 말씀을 하시는지 알았습니다"와 같은 언어적 표현이나 고개를 끄덕이는 비언어적 행동으로 나타낼 수 있다. 수용은 그 자체로 클라이언트의 정서를 안정시킬 수 있으며 이후 문제 해결을 위한 의사소통으로 나아갈 수 있는 기법이다.

④ 한 명의 인간 존재로 인식

의료사회복지사는 자신이나 가족의 질병으로 위축되어 있거나 외부 환경의 생소함이나 억압에 의해 자존감이 낮아져 있는 클라이언트를 만나게 된다. 특히 응급 상황이 자주 발생하는 병원에 입원한 환자들은 자주 비인간화를 겪을 가능성이 크다. 이때 환자의 인권을 보장하고 인간존엄성을 유지할 수 있도록 격려하고 지원할 필요가 있다.

⑤ 말할 기회를 제공함

위기나 절망 속의 클라이언트는 대화할 준비가 되어 있지 않거나 다른 사람에게 자신을 이해시킬 수 없다. 이때 의료사회복지사는 관심을 보이고 클라이언트를 이해하려는 마음을 보여줄 필요가 있다. 구체적으로 "나와 같이 의논하고 싶은 것이 있습니까?", "어디서부터 이야기를 시작할까요?"라는 식으로 질문해서 생각할 수 있는 동기를 부여하고 클라이언트에게 무언가를 기대하고 있음을 알려야 한다.

⑥ 대화를 이끌어냄

의료사회복지사는 "그 후는요?", "계속 하세요" 등의 표현을 통해 클라이언트가 주도적으로 의사소통에 참여할 수 있도록 지지할 필요가 있다. 그리고 클라이언트가 사건을 순서대로 배열하여 정리할 수 있도록 "이것이 전인가요 아니면 후인가요?", "언제 이 사건이 일어났어요?" 등의 질문을 할 수 있다.

⑦ 관찰한 것은 말로 표현함

의료사회복지사는 심하게 긴장하고 불안해하거나 환각을 보이는 클라이언트를 만날 수 있다. 이때 의료사회복지사는 클라이언트가 거부감을 보이지 않는 수준에서 "긴장하신 것 같습니다", "언제 불안하신지 말씀해 주세요", "무슨 일이 있나요?" 등으로 서로 간에 이해하고 격려하는 느낌을 말로 표현하도록 할 필요가 있다.

⑧ 집중하도록 함

의료사회복지사가 혼란 속에 있는 클라이언트를 만나게 되면 한 가지에 집중하도록 지지할 필요가 있다. 가족의 심각한 질병으로 어찌할 바를 모르는 클라이언트가 치료비를 마련하기 위해 집을 팔아야 한다고 했다가, 장기간 치료를 위해 이사하고 자녀를 전학시켜야 한다고 했다가, 감정이 폭발하여 운다면 "이 점은 좀 더 생각해 볼 가치가 있는 것 같습니다"로 하나의 생각 또는 하나의 낱말이라도 집중하도록 할 필요가 있다.

⑨ 명확히 하도록 요청함

의료사회복지사는 클라이언트에게 다양한 정보를 제공하거나 자신이 말한 의미를 구체적으로 표현하도록 격려하여 현재 상황이나 입장을 정리하도록 도울 필요가 있다. 또한 혼란 속의 클라이언트에게는 "당신은 이렇게 말씀하셨습니다" 등으로 요약하여 의사소통의 목적을 명확히 하도록 도와야 한다.

(2) 부정적 기법

① 지나치게 안심시킴

의료사회복지사가 갑자기 소아암으로 진단받은 자녀를 둔 부모에게 "모든 것이 잘 될 거예요", " 당신들은 잘 대처해 나갈 수 있어요"와 같이 지나친 안심시키기는 바람직하지 않다. 클라이언트를 지나치게 안심시키는 것은 사회복지사 자신의 불안감을 안심시키려는 시도일 수 있다. 클라이언트는 의료사회복지사가 공감 없이 지나치게 안심시키면 '나를 이해하지 못하는구나'라고 생각하게 된다.

② 거부, 비난, 논쟁 그리고 충고

거부는 클라이언트의 생각이나 행동에 대해 심사숙고하지 않거나 경멸하는 태도이다. 비난은 클라이언트의 생각이나 행동에 대해 판단하는 권리를 가진 것처럼 보여지는 것으로 "그건 좋지 않아요", "나는 오히려 당신이 …… 하지 않는 편이 낫다고 생각해요" 등의 말을 하는 것이다. 논쟁은 클라이언트의 생각을 반대하는 것으로 "그런 생각은 좋지 않은 것이에요", "나는 절대로 ……에 동의하지 않아요" 등의 표현을 하는 것이고, 클라이언트를 존중하지 않는다는 의미이다.

충고는 클라이언트에게 어떻게 하라고 지시하거나 권하는 것으로 "나는 당신이 …… 해야 한다고 생각해요", "당신은 이렇게 …… 하지 않으면 실패할 것입니다" 등으로 말하는 것이다. 충고는 클라이언트에게 도움이 될 수 있지만 면담 초기라든지 클라이언트가 받아들일 여유가 없는 상황에서는 신뢰 관계만 해칠 수 있다. 반대로 클라이언트의 말이나 행동에 지나치게 찬성하거나 동의만 한다면 의료사회복지사에게 불쾌감을 줄 수 있는 말을 제한하도록 만들어 대화가 단절되고 면담의 목적을 달성할 수 없도록 만든다.

③ 시험하고 방어함

의료사회복지사는 자주 클라이언트의 인지적 능력이나 현실감을 확인하기 위해서 "오늘이 며칠이죠?", "여기가 어디죠?" 등의 시험하는 말을 할 수 있다. 이는 클라이언트를 불쾌하게 만든다. 대신에 "무슨 일이 일어났는지 기억할 수 있습니까?"라고 표현하는 것이 좋다.

의료사회복지사가 클라이언트의 언어적 공격을 방어하려는 태도는 역설적으로 클라이언트가 자기의 생각이나 느낌이 타당하다고 잘못 판단하도록 만든다. 예를 들면, 의료사회복지사가 환자의 병원 치료 과정이나 치료진에 대한 공격적인 표현에 대하여 "여기는 평판이 좋습니다", "여기서는 당신에게 거짓말을 하지 않을 것입니다", "○○○는 유능한 의사입니다", " 당신을 치료하기 위해서 그런 것 입니다"와 같은 방어적 표현을 말한다.

④ 탐구

탐구란 의료사회복지사가 클라이언트로 하여금 생각, 느낌 및 행동과 사건에 대한 원인을 설명하도록 요청하는 것으로 "왜 그렇게 생각하십니까?", "왜 당신은 그것을 하십니까?"라고 말하는 것이다. 이는 클라이언트를 질책하는 것으로 보여지거나, 충분하지 않은 이유를 찾기 위해 혼란을 가중시키는 것이다.

⑤ 표현감정을 얕봄

클라이언트의 불편한 정도를 제대로 이해하지 못할 때 발생한다. 예컨대 의료사회복지사가 클라이언트가 표현한 의도나 감정을 모른다고 하거나 자신의 수준에 맞추려고(나도 때로는 우울해요) 하는 것은 감정이입과 이해가 부족함을 보여주는 것이다.

⑥ 상투적이거나 융통성 없는 반응

절망 속에 있는 클라이언트에게 "용기를 잃지 마세요", "의사 선생님 말씀만 잘 들으세요", "곧 집에 가실 수(나을 수) 있어요" 등의 표현은 라포(rapport)형성에 도움이 되지 않는다. 또한 아무리 인지적으로나 정서적으로 혼란 속에 있는 클라이언트에게도 융통성 없는 직선적인 부정은 바람직하지 않다. 예를 들면, 조현병 환자에게 "텔레비전을 통해서 악마가 전파된다면 텔레비전을 보지 마세요"라고 말하는 것이다.

⑦ 주제를 벗어남

의료사회복지사는 자신이 원하는 것을 얻거나 자신이 바라지 않는 주제에서 벗어나기 위해 대화의 주제를 갑자기 바꾸지 않아야 한다. 클라이언트가 흥미나 관심을 가지지 않는 의사소통은 의미가 없고 문제 해결에 도움이 되지 않는다.

4) 의사소통 사례의 토의

다음의 사례로 개인이나 팀별로 적절한 질문이나 의사소통 방법들을 찾고 토의하는 시간을 가져보자.

〈표 8-1〉 **토의 사례**

case 1

철수 씨는 에이즈 감염 여부를 알기 위하여 혈액검사를 하려고 보건소로 갔다. 그는 혈액 검사 후 보건소 담당자인 영희 씨와 간단한 면담을 했다. 철수 씨는 결과를 확인하기 위해 2주 뒤 다시 보건소를 방문하여 영희 씨를 만났다. 철수 씨가 인사를 하려고 보니 영희 씨가 울고 있었다. 철수 씨는 "무슨 일이에요? 무슨 일이죠?"라고 물었다. 영희 씨는 울면서 "철수 씨, 어쩌죠. 에이즈 양성판정이 나왔어요" 라고 말하였다. 철수 씨는 너무 큰 충격을 받았지만 영희 씨가 눈물을 닦는 동안 조용히 기다렸다. 그리고 철수 씨는 영희 씨를 보고 "괜찮아요, 걱정 말아요, 모든 것은 다 잘 될 거예요"라고 말했다.

- **토의** : 의사소통의 부적절함을 토의하고 재구성해 보시오.

case 2

A씨 : 내가 방금 들었는데…… 나의 어머니가 어젯밤 돌아가셨어요.
의료사회복지사 : 『 』
A씨 : (침묵과 눈물)
의료사회복지사 : 『 』

- **토의** : 『 』의 적절한 언어 · 비언어적 표현을 의논해 보세요.

case 3

클라이언트 : 나는 요즘 맥이 빠져요. 우울해요. 허무하다는 생각마저 들어요.
의료사회복지사(부적절한 표현) : 너무 좋은 조건에 있는 사람이 왜 그래요. 뭐가 그렇게 우울해요. 받은 복을 한번 세어보세요.

- **토의** : 위의 부적절한 표현을 적절한 표현으로 바꾸어 보세요.

case 4

김말순 씨는 중년의 여성이다. 그녀의 어머니는 얼마 전에 암으로 사망했다. 김말순 씨는 의료사회복지사에게 눈물을 흘리며 그녀가 지난 몇 주 동안 그녀의 어머니가 죽기를 바란 것에 대한 죄책감이 든다고 말했다. 왜냐하면 그녀의 어머니가 매우 고통스러워했고, 말순 씨도 간호하는 데 너무 지쳐 있었기 때문이라고 하였다.

- **토의** : 위의 사례에 대한 향후 의사소통 방향이나 과정에 대해 토의하세요.

case 5

클라이언트 : 아버지를 화나게 해서 너무 미안했어요. 왜냐하면 아버지는 심장병이 있어서 건강이 안 좋으시거든요. 난 아버지가 오래 살기를 원해요. 하지만 때때로 나는 아버지가 죽었으면 해요. 나는 왜 우리가 서로 사이좋게 지내지 못하는지를 알 수가 없어요.
의료사회복지사 : 『 』

- **토의** : 클라이언트가 말한 부분을 의료사회복지사 자신의 언어로 바꾸어서 말해보세요.

case 6

– 부적절한 반응 –

클라이언트 : 내가 에이즈라는 사실을 어머니께 말하고 싶지 않아요.

의료사회복지사 : 어머니가 그 사실을 알고 싶어 하지 않을까요? 어머니가 ㅇㅇ 씨를 걱정한다고 생각하지 않으세요?

클라이언트 : 글쎄요. 그렇게 생각해요. 아니, 모르겠어요. 무슨 의미로 말씀하시는 거죠?

– 적절한 반응 –

클라이언트 : 내가 에이즈라는 사실을 어머니께 말하고 싶지 않아요.

의료사회복지사 : 『 』

클라이언트 : 첫째, 어머니께 걱정을 끼쳐드리기 싫어요. 둘째, 어머니는 나를 붙잡아 놓고 설교할 것이에요. 그리고 세 번째로, 나는 어머니의 반응을 다룰 준비가 되어 있지 않아요. 좀 더 시간이 필요해요.

■ **토의** : 위의 빈칸의 적절한 반응을 제시해 보세요.

case 7

클라이언트 : 선생님 가족 중에 알츠하이머병을 가진 사람이 있습니까?

의료사회복지사 : 예. 사실은 우리 어머니가 알츠하이머병을 앓고 있습니다. 그래서 이 지지그룹에 참석하게 되었습니다. ㅇㅇ 씨는 어머니에 대해서 많은 걱정이 있는 것 같습니다. ㅇㅇ 씨가 어떻게 느끼고 대처하고 있는지를 이야기해 주세요.

■ **토의** : 의료사회복지사가 의사소통 과정 중에 클라이언트의 개인적 질문에 대처하는 방안들을 논의해 보세요.

2 가족과의 의사소통

1) 의사소통 가족치료와 활용

의료사회복지사는 다양한 가족과 면담할 수 있으며, 가족치료나 상담의 기법들을 활용할 수 있다. 여기서는 의사소통 가족치료와 다세대 가족치료를 간략히 소개하여 의료사회복지사가 가족을 이해하는 폭을 넓히고자 한다.

먼저 사티어(Virginia Satir, 1916~1988)의 의사소통 가족치료(Communication Family Therapy)를 살펴보려고 한다. 사티어는 사회복지사로 활동하였고 오랜 경험과 노력 끝에 자신만의 의사소통 모델을 만들었다. 사티어의 의사소통 가족치료는 인간에 대한 존엄성과 존재가치, 성장과 변화를 추구하는 인간의 욕구와 잠재력에 대한 가능성과 동기에 초점을 맞추고 있다(김유숙, 2002 : 139-141).

(1) 기본 믿음

① 모든 사람은 변화 가능하다. 외부적 변화에 한계가 있더라도 내면적 변화는 누구라도 가능하다.

② 인간은 어떤 문제에 성공적으로 대처하고 성장할 수 있는 내적 자원, 즉 생명력(life-force)을 가지고 있다.

③ 인간은 상황에 적절히 반응할 수 있는 선택권을 가지고 있다. 그러나 대부분의 사람은 상황에 적절한 새로운 것을 선택하기보다는 과거에 자주 대처한 스트레스에 반응하는 선택을 한다. 치료의 목표는 클라이언트에게 스스로 자신의 것을 선택하도록 도와주는 것이다.

④ 모든 사람은 감정을 가지고 있고 자신의 감정에 책임을 져야 한다. 자존감이 높은 사람일수록 사회적으로 수용되는 대처방식으로 표현한다. 개인의 문제는 문제 그 자체보다는 그에 따른 대처방식이 문제이다.

⑤ 현재의 성장과 변화는 과거에 대한 수용과 감사로부터 출발한다. 그중에서 부모에 대한 수용이 중요한데, 단지 부모의 역할이 아니라 주어진 상황에 최선을 다한 인간적인 모습과 수준을 수용하는 것이다.

(2) 의사소통 유형

의사소통이란 사람과 사람 사이에서 오고 가는 언어 및 비언어의 모든 것을 의미하며 모든 것을 덮을 수 있는 거대한 우산과 같고 서로 영향력을 주고받는 것을 말한다(Satir, 1972, 송정아 · 최규련, 1997 : 158 재인용). 사티어는 모든 의사소통은 학습되는 것이기 때문에 변화가 가능하다고 보았다. 사티어는 사람들이 스트레스 상황에서 자기를 보호하고 생존하는 대처방법이 있는데 이것을 역기능적 의사소통으로 보았다. 사티어는 역기능적 의사소통 유형을 회유형, 비난형, 초이성형, 산만형으로 구분하였고, 바람직한 의사소통 유형을 일치형으로 제시하였다(송정아 · 최규련, 1997 : 159-168).

① 회유형

회유형(placate)의 사람들은 다른 사람과 상호작용하는 상황은 존중하지만 자기 자신의 가치나 진정한 감정을 무시한다. 그리고 자신의 힘을 다른 사람들에게 넘겨주며, 다른 사람들의 모든 요구를 거의 수용하고 들어준다. 회유형의 사람들은 자신은 별로 중요하지 않다는 메시지를 다른 사람에게 준다.

회유형의 사람들은 자신의 감정을 숨기고 어떤 문제이든 해결하고자 노력하며 모든 잘못은 자신 때문이라고 생각하며 문제의 비난을 자신이 떠맡고자 한다. 회유할 때 자신은 편하게 느끼지 못하면서 다른 사람에게는 편하게 대해준다. 다른 사람을 위해 희생 봉사하며, 모든 사람의 만족을 위해 즐겁게 행동하려고 노력한다.

② 비난형

비난형(blame)은 회유형과 정반대 유형이다. 비난형의 사람은 다른 사람들을 무시하고 오로지 자신만을 생각하는 사람이다. 자기 자신을 방어하기 위해서 다른 사람을 괴롭히고 비난하며 자기 자신과 상황에만 가치를 둔다. 그들은 적개심을 가지고 잔소리하는 폭군으로 보여지기도 한다.

비난형의 사람들은 내면에 외로움과 긴장감으로 가득 차 있으며 실패자라는 패배감을 가지고 있다. 거친 비난은 도움을 요청하는 신호라고 볼 수도 있다. 비난형의 사람들은 다른 사람과 미분화되거나 밀착되어 있는 경우가 흔하다. 그들은 다른 사람을 무시하고 비난하지만 자존감이 낮아 자기 자신이 가치 없다고 생각한다.

③ 초이성형

초이성형(super-reasonable)의 특성을 지닌 사람은 비인간적인 객관성과 논리성의 소유자이며 자신과 다른 사람을 과소평가하고 상황만을 중요하게 여긴다. 그들은 어떤 감정도 밖으로 드러내지 않고 자신과 다른 사람의 감정을 거부한다. 또한 이성적이고 냉정하며 침착한 패턴으로 객관적이고 합리적인 의사소통을 한다. 초이성형의 사람들은 행동이 경직되어 있고 강박적이며 항상 자신이 옳다는 것을 입증하려고 한다.

④ 산만형

산만형(irrelevant)은 초이성형의 정반대 유형이다. 산만형의 사람들은 끊임없이 움직이며 말하고 하나의 주제에서 또 다른 주제로 사람들의 관심을 분산시키려고 한다. 그들은 주의집중을 잘 하지 못하고 생각이나 관심을 자주 바꾼다. 산만형의 사람들은 자신과 다른 사람, 상황 모두를 중요하게 생각하지 않는다.

산만형의 사람들은 자신이 적절하지 않다고 느끼고 다른 사람과 자신의 관계에 대해 관심이 없다. 또한 곤란한 일이 생기면 농담하거나 딴전을 피우고 횡설수설하면서 상황에 적절하게 반응하지 못한다.

⑤ 일치형

일치형(congruent)은 사티어 의사소통 유형의 핵심 개념이다. 일치형의 사람들은 자신과 타인, 상황 모두를 존중하며 신뢰한다. 그들은 사람을 존중하고 자신의 내적 · 외적 자원들을 사용하며 개방적인 대화를 한다. 사티어는 역기능적 의사소통 유형인 회유형, 비난형, 초이성형, 산만형을 일치형의 의사소통 패턴으로 변화시키는 것을 중요하게 보았다.

(3) 의료사회복지실천의 활용

의료사회복지사는 자주 위기와 긴장 속의 가족을 만난다. 평소 구성원 간 개방적이고 신뢰를 바탕으로 긍정적 관심을 가진 가족이라면 융통성 있고 미래지향적으로 문제를 해결해 나갈 수 있다. 그러나 가족구성원 간 적대적이고 거리감이 있으며 무관심하고 대화가 없는 가족이라면 위기를 대처하기보다는 갈등과 긴장 그리고 파국으로 이어질 수도 있다.

의료사회복지사는 역기능적 가족뿐만 아니라 기능적 가족이더라도 가족구성원에게 심각한 질병이 발생하면 혼란 속에 빠질 수 있음을 알아야 한다. 사티어에 의하면 가족들이 표현하는 고통 호소는 하나의 징후이며 실제적 문제는 정서적 메마름이라고 본다. 개입의 목표는 가족구성원들이 욕구와 감정을 공유하도록 도와서 진실한 상호작용을 하도록 하는 것이다.

의료사회복지사는 클라이언트 및 가족과의 의사소통 과정에서 자존감을 높이고 책임감을 가질 수 있도록 지지하여 문제 해결을 위해 스스로 선택권자로서의 역할을 하도록 도울 필요가 있다. 이를 위해 의료사회복지사는 클라이언트와 가족이 그들의 행동을 객관적으로 바라볼 수 있는 상황과 안정된 분위기를 조성해야 한다. 또한 가족구성원들이 서로 비난하지 않는 방법으로 의사소통할 수 있도록 해야 한다.

장기 면담의 경우라면 가족구성원 간에 일어나고 있는 상호작용에 초점을 두고 가족규칙과 의사소통 패턴 및 대처방식 뒤에 숨겨져 있는 감정, 느낌, 기대, 열망 등을 확인할 필요가 있다. 구체적으로는 사티어의 빙산 탐색 단계를 통해 가족의 의사소통을 확인하고 변화시킬 수 있다(Satir, et al., 1991 : 29). 의료사회복지사가 활용할 수 있는 사티어의 가족치료 기법으로는 가족 재구조화, 성장경험 삼각도, 가족 조각, 역할극, 원가족 도표(family of origin map) 등이 있다.

2) 다세대 가족치료의 활용

보웬(Murray Bowen, 1913~1990)의 다세대 가족치료(Multigenerational Family Therapy)는 인간의 행동과 문제에 대해 가장 포괄적인 관점을 지니고 있다. 보웬은 정신과 의사로서 정신역동적인 접근법과 체계적 관점을 바탕으로 다세대 가족치료 모델을 만들었다.

(1) 기본 가정

보웬은 인간이 성장하여 원가족을 떠나 독립하더라도 과거 부모의 영향으로부터 자유롭지 않다고 주장한다. 물리적으로 부모를 떠나 독립생활을 하더라도 미해결된 정서적 반응을 다른 사람과의 관계에서 유사한 패턴으로 반복한다는 것이다(김유숙, 2002 : 115). 예를 들면, 원가족과 구조화된 정서적 갈등을 경험하였던 사람이 그것을 해결하지 않고 결혼하고 가족을 구성하면 원가족에서 겪은 구조화된 정서적 갈등을 현재 가족생활에서 유사한 패턴으로 경험할 수 있다는 것이다.

보웬의 가족치료의 핵심은 지나친 가족 융합(fusion)으로 개인의 주도성이 사라진 상태, 그리고 개별성(individuality)을 강조하면서 자유를 쟁취하려는 상태의 두 극단 사이에서 균형을 잡는 것이다. 보웬은 개인이 융합 속에서 긴장과 갈등을 겪지 않기 위해서는 분화가 필요하다고 보았다. 분화(differentiation)란 개인이 융합과 개별성의 양 극단의 반응에 치우치지 않도록 하는 작용 능력이다. 보웬은 개인의 분화를 위해서는 가족에 대한 미해결된 정서적 문제를 해결해야 한다고 하였다(송정아 · 최규련, 1997 : 198).

보웬은 전체 가족을 하나의 정서적 단위로 보았으며 정신역동적 접근법과 체계적 관점을 연결시켰다. 따라서 다세대 가족치료는 광범위한 가족관계의 연결망을 분석하여 과거와 현재의 상호작용 패턴을 확인하고자 한다. 보웬은 한 세대와 다음 세대로 어떻게 정서적 관계가 연결되는지에 초점을 두었다.

(2) 자아분화

다세대 가족치료의 주요 개념은 자아분화, 삼각관계, 핵가족의 정서 과정, 가족 투사 과정, 다세대 전수 과정, 형제 순위, 정서 단절, 사회의 정서 과정 등 8가지라고 할 수 있는데 그중에서 핵심이 자아분화이다.

자아분화(differentiation of self)의 수준은 정신 내적 또는 대인관계적 분화로 구분된다(송정아 · 최규련, 1997 : 199). 정신 내적 분화는 생각으로부터 감정을 분리할 수 있는 능력을 말한다. 미분화된 사람은 감정으로부터 사고를 분리할 수 없어 맹목적인 추종이나 분노에 의한 거부 등의 감정에 이끌린 삶을 살아간다. 분화된 사람은 충동적 감정에 좌우되지 않고 균형감을 갖춘 객관적 사고 기능을 유지할 수 있다.

개인의 생각과 감정의 분화와 미분화는 대인관계적 분화와 결핍으로 이어진다. 미분화된 사람은 대인관계에서 자신의 의견을 갖지 않거나 표현하지 않으며, 다른 사람에게 좋은 인상을 만들어 내는 것을 더 중요하게 생각한다. 그들은 자주 중요한 쟁점에서 자신과 타인을 분리하지 못하고 이성보다는 감정에 치우친 의사결정을 한다. 그러나 분화된 사람은 이성적 사고로 쟁점에 대해 자신의 의견을 말할 수 있다.

대인관계에서 분화된 사람은 다른 사람과의 관계에서 정서적 친밀감을 유지하지만 확고한 독립성도 지닌다. 또한 그들은 가족의 조화나 안정을 위해 자기를 희생하지 않는다. 분화된 사람은 가족의 정서적 융합으로부터 자신이 자유로워지는 분화를 추구한다. 그들은 다른 사람을 비난하는 대신에 대인관계에서 적극적 참여자로서 자신의 역할을 인식할 수 있다.

보웬은 자아분화 수준을 임의적인 수치로 0에서 100이라는 연속선상으로 구분하여 설명하였다. 이것은 일반적으로 네 개의 범주로 구분하는데, 그 특징은 다음과 같다(김유숙, 2002 : 119; 정 은, 2006 : 43-45).

① 가장 낮은 자아분화 수준(0~25)

이 수준의 사람은 감정적 세계 속에서 살고 있기 때문에 외부 반응에 지나치게 민감하고 지속적인 대인관계의 유지가 어렵다. 다른 사람과 융합이 심하여 인생의 대부분 시간을 타인에게 인정을 받으려는 욕구를 충족시키기 위해 정서적 에너지를 소모하기 때문에 불안이나 스트레스가 높은 편이다. 그들은 사고와 감정을 구분할 수 있는 능력이 매우 부족하다.

② 낮은 자아분화 수준(25~50)

이 수준의 사람은 융합의 정도가 심하지 않으나 다른 사람에게 인정받기 위해 대부분의 에너지를 사용한다. 그들은 관계 지향적이지만 자존감이 낮고 자신의 가치를 다른 사람의 평가와 인정에 의존한다. 이 수준의 사람은 다른 사람이나 집단 그리고 기존의 제도나 규범에 쉽게 영향을 받아 자기 자신의 삶을 살아가는 데 어려움을 겪는다. 그러나 가장 낮은 자아분화 수준의 사람들과 달리 분화 수준을 높일 수 있는 잠재력을 지니고 있다.

③ 보통 자아분화 수준(50~75)

이 수준의 사람은 스트레스가 발생해도 감정에 지배당하지 않을 만큼 이성적 사고가 발달되어 있다. 다른 사람과 관계에서 친밀한 관계를 유지하지만 자율적이고 독립적인 의사결정을 할 수 있다. 그들은 목표지향적 활동을 하고 비교적 정서가 안정되어 있고 주어진 역할을 잘 수행한다. 그러나 심한 스트레스 상황에서 심리적 문제를 보일 수 있지만 빠르게 회복할 수 있다.

④ 높은 자아분화 수준(75~100)

이 수준의 사람은 감정과 사고가 분리되어 있고 높은 수준의 독립적 삶을 산다. 거의 완전히 성숙한 삶을 산다고 할 수 있는 95~100은 드물고 이론적 수준이라고 본다. 일반적으로 75-~95 정도의 사람은 자신의 가치관과 신념이 뚜렷하지만 다른 사람의 관점에 충분히 공감한다. 그들은 다른 사람의 비난이나 칭찬에 거의 영향을 받지 않고 자신과 타인의 기대를 현실적으로 적절히 수용한다.

(3) 의료사회복지실천의 활용

가족구성원 중에 심각한 질병이나 건강 문제가 발견되면 가족은 문제 해결을 시도하지만 각각 대처방식이 다르거나 비현실적 대응을 할 수도 있다. 보웬의 자아분화 개념 중 가장 낮은 자아분화 수준에 있는 가족구성원이 존재한다면 이성적이고 합리적인 문제 해결보다는 감정에 지배되는 폭언이나 폭력을 드러낼 수도 있다. 예컨대 부모의 연명치료 중단 거부 신청 과정에서 부모와 다른 자녀들 모두 동의하지만 낮은 자아분화 수준에 있는 한 명의 자녀가 부모를 살인하는 행위라고 감정적으로 대응하는 경우라 할 수 있다.

자아분화 수준이 낮은 클라이언트는 의료사회복지서비스 과정에서 불평이 많고, 다른 사람을 공격하거나 대인관계에서 정서적 혼란과 갈등을 일으킬 수 있다. 보웬 가족치료의 핵심 목표가 자아분화 수준을 높여서 문제를 해결하는 것이지만 구조적인 장기 치료를 통해 가능하다. 의료사회복지사는 구조화된 상담이 어렵다면 자아분화 수준이 낮은 사람은 불안이 높은 편이기 때문에 가족의 질병으로 인한 스트레스와 불안에 대처하도록 도울 필요가 있다.

의료사회복지사는 자아분화가 낮은 가족이나 개인을 만나면 객관성과 중립성을 유지하고 부정적 감정에 반응하지 않으며 가족 내의 정서적 동요를 진정시켜야 한다. 의료사회복지사는 가족의 질병과 건강 문제에 따른 죄책감이나 책임을 부각하지 않고 당면한 치료 과정이라든지 치료비 등의 해결해야 할 과제에 초점을 둘 필요가 있다.

보웬의 이론은 조부모 사이의 융합이 부모에게 전수되고 자녀에게 투사되는 것으로 가정된다. 만약 자아분화 수준이 낮고 융합된 확대가족의 조부모가 심각한 질병으로 장기적인 치료가 필요하다면 가족구성원들은 현실적 문제 해결에 집중하지 못하고 정서에 지배되어 우왕좌왕하면서 갈등 속에서 혼란을 겪을 수 있다. 이때 의료사회복지사는 가족의 정서적 사랑과 효도의 마음에 대해 공감하고 가족 전체가 정서적 동요나 죄책감에 휩싸이지 않도록 중립적이고 객관적인 입장을 유지해야 한다. 현재 그 가족이 당면한 현실적 문제가 무엇인지를 가족 모두에게 설명하고 실현 가능한 해결 방안들을 제시할 필요가 있다.

CHAPTER 09

집단실천 및 사례관리

개 요

제9장은 의료사회복지사가 자주 활용하는 집단실천과 사례관리의 내용을 포함하고 있다. 집단을 대상으로 하는 실천은 일회성 모임이나 교육부터 장 · 단기 집단상담이나 집단치료에 이르기까지 광범위하다. 여기서는 집단상담이나 집단치료 이론 중에서 집단을 구성하는 방법과 집단구성원들의 변화 요인, 즉 집단치료에서의 치료요인 및 집단발달의 단계를 살펴보려고 한다. 이러한 기초 지식을 바탕으로 의료사회복지사는 상황에 적절한 집단 활동이나 프로그램 그리고 치료적 개입을 할 필요가 있다.

사례관리는 광범위한 보건의료현장에서 서비스의 효율성과 효과성을 높이는 데 유용한 실천방법으로 알려져 있다. 의료사회복지사는 사례관리를 통해 소속된 기관의 재정 효율성뿐만 아니라 서비스 대상자들에게 서비스 질도 향상하는 두 가지 목적을 달성할 수 있다. 의료사회복지사는 사례관리의 특성과 과정 및 적용 방법들을 실천현장에 따라 융통성 있게 접근할 필요가 있다.

학습목표

1. 집단의 구성방법, 구성원의 변화요인 및 발달과정을 이해하고 의료사회복지 실천현장의 적용 방안들을 설명할 수 있다.
2. 사례관리의 특징 및 과정을 이해하고 의료사회복지 실천현장의 적용 방안들을 설명할 수 있다.

1 집단실천

1) 집단의 구성

의료사회복지사가 집단을 구성하기 위해서는 몇 가지 기본 내용을 점검할 필요가 있다. 집단의 크기나 모임의 빈도 등과 같은 기본 구조와 집단구성원에게 나타날 수 있는 문제의 유형과 해결방안을 미리 검토해야 한다.

(1) 기본 구조

① 물리적 조건

집단프로그램실은 계속해서 이용할 수 있으며 비밀이 보장될 수 있는 공간이어야 한다. 일반적으로 집단구성원들이 서로 볼 수 있도록 원형으로 배열할 필요가 있으며, 초기 불안감을 줄이기 위해 간단한 다과를 준비할 수도 있다(엄태완, 2018 : 271).

② 집단의 크기

집단의 크기는 프로그램의 성격에 따라 다양하다. 대규모의 교육 모임일 경우에는 50명 이상도 가능하지만 대인관계를 지향하는 상호작용 집단의 경우에는 8명에서 15명 정도가 적당한 것으로 알려져 있다. 집단구성원의 수가 너무 적으면 구성원 간의 상호작용보다는 치료자와 상호작용하는 경향이 있어 집단의 장점을 극대화하기 어렵다. 반면에 집단구성원이 너무 많으면 상호작용이 풍부하지만 어떤 구성원들은 소외되고 참여에 소극적이 될 가능성이 높다(Yalom, 1985).

③ 모임의 시간과 빈도

일반적으로 집단치료에서 한 번 모임의 적절한 시간은 60분에서 120분 사이로 알려져 있다. 모든 집단 활동에는 사전 준비가 필요한데 최소 20~30분에서 하루나 이틀 혹은 그 이상이 걸릴 수 있다. 모임의 빈도는 하루에 한 번 만나는 집단부터 일주일 혹은 한 달에 한 번 모임을 하는 집단까지 다양하다.

④ 개방집단 대 폐쇄집단

집단을 구조화하는 과정에서 개방집단으로 할 것인지 또는 폐쇄집단으로 유지할 것인지를 결정해야 한다. 개방집단은 집단 활동의 과정에서 집단구성원들의 변동이 허용되는데, 즉 집단 활동 중에 구성원이 떠날 수도 있고 새로운 구성원이 참여할 수 있다. 반면에 폐쇄집단은 집단 활동의 목표를 달성하기 위해 모임이 끝날 때까지 집단구성원들에 변동이 없으며, 중간에 탈락하는 구성원이 발생하더라도 새로운 구성원을 받아들이지 않는다(엄태완, 2018 : 272). 집단의 특성과 목표에 따라 개방집단 혹은 폐쇄집단으로 구조화할지를 기획 단계에서 확정해야 한다.

⑤ 집단구성원의 선택

모든 집단 활동에서 집단구성원을 선정하는 것은 매우 중요하다. 왜냐하면 집단구성원을 제대로 선정하지 못하면 집단에 적극적으로 참여하지 않거나 집단 활동 도중에 탈락하게 되며, 이는 집단의 결속력을 위협하게 되어 집단의 목표를 달성할 수 없기 때문이다. 〈표 9-1〉은 집단치료에서 집단구성원 선택의 기준이다.

〈표 9-1〉 집단치료의 구성원 선택의 기준

기 준	내 용
포함 기준	• 집단 과업을 수행할 수 있는 능력 • 집단에 참여하고자 하는 동기 • 집단의 목표와 일치하는 문제를 가지고 있음 • 집단 모임에 참여의사를 밝히고 끝까지 자리를 지키겠다는 약속
배제 기준	• 집단 과정을 견딜 수 있는 능력이 없음 • 이탈된 역할을 하는 경향 • 심한 초조 • 받아들일 수 있는 행동에 대한 집단 기준에 순응하지 못함 • 한 명 이상의 다른 집단 구성원과 심하게 상반됨

출처 : Yalom(1985).

(2) 집단구성원 문제와 해결

① 결석

집단구성원의 결석은 모임과 모임의 계속성을 파괴하며, 결석했던 구성원을 위해 이전 모임을 요약해 주는 데 많은 시간을 낭비하게 된다. 결석은 집단지도자로 하여금 집단의 생존이 위협당하고 있다고 느끼도록 만든다. 따라서 집단지도자는 결석하는 구성원에게 관대하게 대하거나 유혹적인 자세로 집단의 안정적인 유지를 위해 노력할 수 있다. 이는 편애에 대한 비난으로 집단결속력에 문제를 가져올 뿐만 아니라 집단구성원의 대인관계적 병리를 강화할 수도 있다. 집단의 생존을 위협할 정도로 결석하는 구성원은 집단에서 제외시킬 필요가 있다.

② 집단에서 구성원을 제외시키기

집단구성원 중에 집단의 과정을 파괴하고 방해하는 구성원이 있다면 집단에서 제외시켜야 한다. 파괴적인 구성원은 집단 전체의 결속력을 약화시키거나, 다른 구성원의 사기를 저하시키고, 구성원들의 불안을 증가시키며 참여를 방해하도록 만든다. 또한 파괴적인 구성원 자신도 집단에서 고립감이 증가하고, 집단에 참여하기 위한 동기가 감소되며, 대인관계적 병리를 지속하게 된다. 집단구성원을 집단 활동의 중간에 제외시키면 집단 전체가 불안으로 혼란을 겪게 되는데 집단지도자가 떠나는 구성원과 남아있는 구성원 모두에게 유용한 방향으로 이끌어 가야 한다.

③ 새로운 구성원 참여시키기

개방집단은 필요에 따라 집단 활동의 중간에 새로운 구성원을 참여시킬 수 있다. 새로운 집단구성원을 포함시킬 때의 성공 여부는 적당한 시기 선택에 있다. 예를 들면, 집단구성원들이 위기에 있거나, 아주 심한 갈등 속에 있거나, 새로운 단계의 깊은 결속력으로 나아갈 때에는 새로운 구성원들이 환영받지 못할 가능성이 크다. 반면에 집단구성원들에게 새로운 자극이 필요한 시기에 구성원을 추가한다면 집단에 긍정적으로 작용할 수 있다.

④ 독점하는 구성원

집단에서 독점하는 구성원은 모든 것에 대해 끊임없이 말해서 집단의 모든 시간과 관심을 빼앗아 버린다. 초기에 집단구성원들은 이러한 독점자를 환영하고 격려하지만 점차 좌절과 분노로 바뀐다. 독점하는 구성원이 있다면 집단지도자는 다음 두 가지 측면을 생각해 보아야 한다. 첫째, 왜 집단이 한 명의 구성원에게 모든 모임의 짐을 지도록 허용했는지를 살펴보는 것이다. 예를 들면, 집단구성원들이 자신의 집단 활동에 대한 책임을 면제받기 위해서 독점하는 사람을 계속해서 격려했을 수도 있다. 둘째, 집단지도자는 독점하는 사람에게 의미 없는 강박적인 말보다는 자기 자신에 대해 진실된 표현을 하도록 격려할 필요가 있다.

⑤ 침묵하는 구성원

침묵하는 구성원은 독점하는 구성원만큼 파괴적이지는 않지만 마찬가지로 집단 활동에 어려움을 가져오게 만든다. 침묵의 원인은 부끄러움, 자기노출에 대한 전반적인 두려움, 의식적이거나 무의식적으로 공격적으로 보이는 것에 대한 갈등, 완벽주의적 성향으로 부족함을 보여주지 않는 것, 다른 집단구성원보다 우월감에 따른 거리두기, 다른 특정 구성원에 대한 두려움, 약하거나 울게 되는 것과 같은 결핍감에 노출되지 않기 위해, 또는 집단지도자나 다른 집단구성원을 처벌하기 위해 주기적으로 침묵할 수 있다(Yalom, 1985). 집단지도자는 침묵하는 구성원의 개인적 원인에 따라 다르게 대처할 필요가 있다.

2) 집단구성원의 변화 요인

집단구성원들은 집단 활동의 과정에서 구성원들 간의 상호작용으로 새로운 정보나 학습 그리고 경험을 통해 성장할 수 있다. 이러한 변화의 요인을 얄롬(Yalom, 1985)이 제시한 집단치료의 11가지 치유인자로 확인해 보자.

① 희망의 고취

희망의 고취는 집단 활동 과정에서 자신과 비슷한 문제를 가진 집단구성원의 긍정적 변화를 보고 들으면서 격려와 지지를 받는 것을 말한다.

② 보편성

보편성은 “나만의 문제가 아니다”라는 인식을 통해 불안이 줄어들고 심리적 위안을 얻게 되는 것이다. 예컨대 자조모임에서 다른 사람들이 자신과 똑같은 고통과 어려움을 겪고 있는 것을 보면서 느끼는 안도감이라고 할 수 있다.

③ 이타주의

이타주의는 집단 활동에서 다른 구성원들과 도움을 주고받으면서 발달한다. 집단구성원들은 의기소침한 구성원을 지지할 수도 있고, 반대로 자신의 어려움을 다른 구성원이 지지하거나 도와줄 수 있다. 이타주의적 행동은 자존감을 높여줄 뿐만 아니라 병적으로 자기 자신에게 몰입하여 정신적 힘을 소모하는 사람에게 마음을 분산시키도록 만든다.

④ 집단 결속력

집단 결속력은 집단구성원이 집단 전체와 다른 집단 구성원들에게 가지는 끌어당기는 힘을 말한다. 집단 결속력이 높은 집단에서는 구성원들이 자신을 노출하면서 적극적으로 사회적 행동에 참여한다. 이를 통해 정서적 안정과 갈등을 해결하는 적응적 표현력을 향상하게 된다.

⑤ 정보의 공유

정보의 공유는 집단지도자나 다른 집단 구성원들이 제공하는 정보나 문제 해결 및 대처 방안들을 말한다. 전혀 모르는 타인의 충고는 거부감이 들지만 유사한 문제를 지닌 집단구성원의 충고는 받아들일 가능성이 높다.

⑥ 모방 행동

집단구성원들은 자신과 비슷한 문제를 가지고 있는 다른 구성원들을 관찰하여 행동이나 표현 방식을 배울 수 있다. 또는 집단지도자나 보조자의 의사소통이나 문제 해결 과정을 모방할 수 있다. 이는 장기 상호작용 집단에서 활성화된다.

⑦ 사회화 역량 강화

집단구성원들은 보호받고 안정된 상황에서 상호작용하면서 부적응적인 사회 행동을 확인하고 적응적인 사회 기술을 습득할 수 있다.

⑧ 대인관계 학습

대인관계 학습은 장기적 상호작용 집단에서 발생하는 치유인자이다. 집단이 충분히 상호작용을 지지하고 안정되어 있다면 각 구성원들의 대인관계적 문제들이 드러나고 특징적인 부적응적 행동들이 나타나게 된다. 이 과정에서 구성원들이 서로 관찰하고 반응을 공유하여 각자의 대인관계적 문제를 발견하여 객관적 사실들을 인정하고 교정하게 되는 것이다.

⑨ 감정정화

감정정화는 집단구성원의 긍정적이거나 부정적 감정을 숨김없이 표출하는 것을 말한다. 감정정화는 집단구성원을 정서적으로 안정시키지만 그 자체로 영구적인 변화를 가져올 수는 없다. 그러나 자신의 강한 정서적 표현이 다른 사람에 의해 충분히 수용되었다는 경험을 갖는 것은 중요하다. 왜냐하면 부적응적인 개인에게 지금까지 자신이 근본적으로 남들에게 수용되지 못하며 사랑받지 못한다는 믿음이 크게 흔들리는 계기로 작용하기 때문이다. 감정정화는 인지적 그리고 행동적 변화를 가져오는 계기가 될 수 있다.

⑩ 원가족과 관련된 문제의 교정

이는 원가족으로부터 생성된 문제들에 대한 새로운 감정, 신념 및 행동들을 재학습하도록 만드는 것을 말한다. 집단구성원들 간에 역기능적인 초기 가족경험을 재현하게 된다면 이를 교정하는 장으로 집단이 나아가도록 하는 것이다. 주로 장기 상호작용 집단에서 활용 가능하다.

⑪ 실존적 존재의 인정

이는 집단 활동의 과정을 통해 인간의 다양한 갈등이 실존, 즉 죽음, 소외, 자유, 무의미함 등에 있음을 알아차리는 것이다. 집단구성원들은 삶에 대한 새로운 일반적인 법칙, 즉 삶은 때때로 공정, 부당하기도 하고, 홀로 삶을 직면해야 할 때도 많으며, 삶의 고통이나 죽음은 피할 수 없다는 것을 배우면서 자기 자신의 삶에 대해 보다 큰 책임을 가져야 함을 배운다. 이는 모든 집단 활동을 통해 얻을 수 있는 이득이 아니라 깊은 상호작용 집단에서 가능하다.

3) 집단발달의 과정

집단발달이란 집단이 일정 기간 동안 진행되면서 나타나는 집단 전체의 변화를 말한다. 집단 활동이 일회성이거나 단기간에 마무리되는 집단이라면 집단발달의 단계를 거치지 않는다. 집단지도자는 집단발달 그 자체가 목적이 아니라 발달과정에서 구성원 각각의 변화를 위해 집단의 잠재력을 최대화하는 것에 초점을 두어야 한다. 다르게 말하면 집단구성원에게 이익이 없이 단지 훌륭한 집단을 만드는 것이 목표가 되어서는 안 된다. 집단발달의 과정은 집단의 목적, 집단구성원의 특징, 집단지도자의 이론적 배경 등에 따라 다양하게 구분될 수 있다. 여기서는 말러(Mahler)가 제시한 발달단계를 중심으로 살펴보고자 한다(정원철, 2005 : 329-335).

(1) 출발단계

출발단계는 집단구성원들이 집단과정에 적응하도록 도우며 집단에서 계획한 목표대로 진행되도록 분위기를 조성하는 과정이다. 이는 집단의 초기 과정이며, 보통 첫 1~2회기에 해당되지만 집단의 성격에 따라 연장될 수 있다.

〈표 9-2〉 **출발단계의 특성**

구 분	특 성
주요 내용	• 집단구성원들은 분위기를 파악하며, 참여의 방법을 배우려고 함 • 집단구성원들은 탐색하며 자신이 배제되거나 포함되는지에 민감함 • 감정표현이 허용된다면 집단의 응집력과 신뢰감은 점차로 형성되며, 때로는 부정적인 감정도 표현됨 • 집단구성원들은 신뢰와 불신 속에서 주저하거나 어색한 경우들이 나타나기도 함 • 집단구성원들은 자기 노출의 정도, 어느 정도의 수준으로 참여해야 하는지를 서서히 알아나감 • 집단구성원들은 다른 구성원들에 대한 공감, 수용, 반응의 기본적 태도를 학습하기 시작함
문제적 상황	• 집단구성원들은 집단에서 일어나기를 바라는 일들에 대해 애매모호한 태도를 취하거나 수동적으로 기다리기만 할 수 있음 • 집단구성원들은 집단과 관련된 불신이나 두려움 때문에 저항할 수 있음 • 집단구성원들은 탐색의 과정에서 대체로 긴장할 가능성이 높음
집단지도자 역할	• 지지적인 분위기로 집단을 안정시킴 • 집단구성원들의 집단 참여에 대한 양가감정을 처리하고 참여를 격려함 • 집단구성원들의 자기노출을 격려하고 동기를 강화함 • 집단구성원들의 집단 내 안정된 역할 수행을 위한 집단의 구조화를 다룸 • 집단구성원들에게 공감, 경청, 반응하기와 같은 구성원으로서의 바람직한 역할을 지도함 • 집단에 참여한 구성원들의 욕구를 파악하여 개별 구성원의 목표와 집단의 목표를 확인해 나감

(2) 탐색과 시험단계

탐색과 시험단계는 집단구성원들이 점차 집단에 적극적으로 참여함으로써 긴장과 저항이 발생하며, 집단구성원 간의 기대가 명확하게 드러남에 따라 감정적인 대립이 발생하는 과정이다.

〈표 9-3〉 탐색과 시험단계의 특성

구 분	특 성
주요 내용	• 집단구성원들은 자신이 집단 내에서 수용될지 거부될지에 대해 관심을 가짐 • 집단구성원들은 다른 구성원이나 집단지도자에 대한 시험을 통해 집단이 안전한지를 확인함 • 집단구성원들은 안전하기를 원하는 것과 수반되는 위험을 무릅쓰는 것 사이에서 노력함 • 통제와 권력을 중심으로 어느 정도의 갈등이 존재함 • 다른 구성원들이 경청할 수 있는 자신의 표현 방법에 대해 학습함 • 집단지도자가 신뢰할 수 있는 사람인지를 확인하기 위해 시험하고 관찰함
문제적 상황	• 집단구성원들이 문제 유형에 따라 분류되거나 그들 스스로 레벨을 붙여 소극적이 될 수 있음 • 집단구성원들이 부정적 감정의 표현을 드러내지 않는다면 불신이나 반감이 증가할 수 있음 • 집단구성원들이 충분하고 적극적인 상호 간의 의사 표현을 하지 못한다면 방어적이 되거나 이슈들이 숨겨진 채로 남아 있게 됨
집단지도자 역할	• 집단구성원들에게 갈등 상황을 다루는 의의와 기술을 사용해야 함 • 집단구성원들이 드러내는 방어양식을 인식시킬 필요가 있음 • 집단구성원들의 저항을 존중하고 이것이 생산적으로 활용될 수 있도록 함 • 집단구성원들의 다양한 도전을 전문적으로 다룸으로써 모델로서 기능함 • 집단구성원들이 부정적으로 분류되지 않도록 하며, 자율적이고 독립적으로 기능하도록 함 • 집단구성원들이 '지금-여기'에서 일어나는 일들에 대해 적절한 반응을 나타내도록 격려함

(3) 문제해결단계

문제해결단계는 탐색과 시험단계보다 진전된 과정으로, 모든 집단이나 구성원들이 문제해결단계로 나아가지는 못한다. 특히 개방집단일 경우에 집단구성원 중 일부는 문제해결단계에 이르지 못하고 중도 탈락할 수도 있다.

〈표 9-4〉 문제해결단계의 특성

구 분	특 성
주요 내용	• 집단구성원 간의 신뢰와 응집력 수준이 높음 • 집단 내의 자유롭고 개방적인 의사소통 분위기와 자기 노출이 증가함 • 집단구성원들은 갈등을 인식하고 그 갈등을 다루며, 집단지도자의 기능이 집단에 공유됨 • 집단구성원 간의 대결이 규칙에 의해 이루어지며 부정적인 낙인 없이 진행됨 • 집단구성원들은 변화와 관련된 새로운 행동들을 시도하며, 집단 외부에서도 이를 수행함
문제적 상황	• 집단구성원들은 아주 친밀한 관계로 편안히 지내며 긴장을 풀기 위해 공모하거나 서로 도전하는 것을 피함 • 집단구성원들은 집단 과정의 변화에 대해 관심을 가지지만 이를 집단 외부 활동으로 연결하는 데 어려움을 보임 • 집단구성원들은 불안이나 내적 긴장으로 인해 타 구성원에 대한 관심을 철회할 수도 있음
집단지도자 역할	• 집단 내의 적절한 모델로서 기능함 • 변화하려는 구성원의 의지를 지지하고 이를 일상생활에서 일반화하도록 원조함 • 집단구성원들에게 지지와 대결 간의 균형을 유지함 • 집단구성원들의 개별 욕구를 파악하고, 집단 내의 공동의 주제를 탐색함 • 집단구성원들이 자기탐색을 잘 할 수 있도록 직면이나 해석을 활용하며, 통찰력이 새로운 행동으로 전환되도록 이끌어 줌 • 집단구성원들이 변화하는 데 작용하는 치료적 요인을 인식하고 그들이 원하는 변화를 달성하도록 도와줌 • 집단의 규범을 발달시키고 응집력을 높이는 일에 지속적인 관심을 가짐

(4) 종결단계

이 단계는 이전의 집단 과정에서 얻은 경험을 일상생활에서 문제해결로 이어질 수 있도록 강화하고, 집단 모임이 종료됨으로 인해 발생하는 이별 감정을 다루는 과정이다. 종결단계 이후에도 정기적인 지도집단이나 개별면담 등을 진행할 수도 있다.

〈표 9-5〉 종결단계의 특성

구 분	특 성
주요 내용	• 집단 종료에 따른 집단구성원들의 슬픔이나 불안이 있을 수 있음 • 집단에서 경험한 일들이 실제로 일상생활에 적용할 수 있을지에 대한 두려움과 염려가 있을 수 있음 • 집단구성원들은 종료에 따른 느낌이나 집단 과정에 대한 평가를 하기도 함 • 집단구성원들은 변화와 관련된 책임과 사회 모임에 대한 이야기를 하기도 함
문제적 상황	• 집단에서의 경험을 일반화하는 데 어려움을 보일 수 있음 • 분리불안으로 인해 집단구성원들 간의 친밀감이 저해될 수 있음 • 집단구성원들은 집단의 종결에 대한 반응만 보이면서 집단경험을 계속 성장하기 위한 하나의 방법으로 이용하지 못함
집단지도자 역할	• 종결과 관련된 감정을 처리하도록 도움 • 집단과정에서 미해결된 과업을 처리하고 표현할 수 있는 기회를 제공함 • 집단구성원들이 변화하는 데 필요한 자원과 정보를 제공함 • 집단구성원들이 집단에서 학습한 경험들이 일상생활에서 활용될 수 있도록 지지함 • 집단 과정에서 획득한 사실에 대해 비밀이 보장되도록 강조함 • 집단 과정의 경험과 효과를 평가함

4) 의료사회복지실천의 활용

의료사회복지사는 보건의료현장에서 집단을 활용하여 치료집단, 교육집단, 상호작용집단, 자조집단 등의 형태로 클라이언트들을 도울 수 있다.

치료집단은 집단구성원들이 개별적인 치료계약을 맺고, 자신의 문제나 어려움을 해결하기 위해 집단에 참여하는 것을 말한다. 이는 불안과 우울로 고통받고 있는 집단, 알코올중독 환자의 가족, 외상 후 스트레스를 겪고 있는 집단 등이 해당된다. 의료사회복지사는 치료 집단의 주치료자가 되거나 보조치료자로서 역할을 할 수 있다. 이 경우에는 얄롬(Yalom, 1985)의 집단치료의 11가지 치유인자를 활용할 필요가 있다.

의료사회복지사는 질병의 예방이나 재활 및 지역사회복귀를 위해 환자 및 가족을 대상으로 교육집단을 구성하고 운영한다. 의료사회복지사는 당뇨 환자 및 가족, 뇌졸중 환자 및 가족 등과 관련된 교육 집단을 수행하고 있다. 의료사회복지사는 교육집단을 운영하는 과정에서 다양한 타 전문직과 협력하여 진행할 수 있다.

상호작용집단은 집단구성원의 문제를 해결하기 위해 구성원 간의 상호원조 체계를 구축하는 것에 초점을 둔다. 집단의 목표는 집단지도자와 집단구성원 간의 상호관계 속에서 이루어지는 상호작용을 통해 설정된다. 의료사회복지사가 상호작용집단의 집단지도자가 되기 위해서는 훈련과 경험이 필요하다.

의료사회복지사는 자조집단(self-help group)에 직접 관여하지는 않지만 집단의 형성 및 원활한 유지를 위해서 도움을 줄 수 있다. 보건의료현장의 대표적인 자조 집단으로는 당뇨환자 모임, 이식인 모임, 백혈병환자 보호자 모임, 화상환자 모임, 척수손상환자 모임 등이 있다.

2 사례관리

1) 사례관리의 등장배경

사례관리(case management)의 역사적 기원은 100여 년 전까지 거슬러 올라갈 수 있지만 1970년대부터 정신건강사회복지, 아동복지, 노인복지 등에서 사례관리를 중요한 개입방법 중의 하나로 간주하였다. 1987년에 미국의 사회복지백과사전(Encyclopedia of Social Work, 18th ed.)에서는 개별사회사업(Casework) 항목이 삭제되고 대신 사례관리를 소개할 만큼 사회복지실천에서 사례관리가 차지하는 비중이 크게 증가하였다.

사회복지실천에서 사례관리의 등장은 탈시설화 운동, 복합적인 욕구를 지닌 인구의 증가, 기존 서비스의 분산성, 사회적 지원체계와 지지망의 중요성에 대한 인식 증가, 서비스 전달의 지방분권화, 대인복지서비스 비용효과에 대한 인식 증가에 따른 현상이다(Moxley, 1989 : 13-15). 보건의료현장의 사례관리는 1970년대부터 정신보건 분야에서 주로 지역사회로 퇴원한 정신장애인에 대한 통합적 서비스를 위해 필수적인 실천방법으로 활용되고 있다.

신체 건강보호 분야에서도 사례관리는 하나의 개입방법으로 중요성이 증가하고 있다. 미국의 건강보호 분야에서 행위별수가제도가 아니라 메디케어의 선불상환제(PPS : Prospective Payment System)의 영향으로 1980년대부터 사례관리라는 용어가 등장하였다(조성상 외, 2019 : 209). 선불상환제는 병원이 보험자로부터 질병에 따른 일정 치료비용을 미리 지급받는 제도이다. 따라서 병원 입장에서는 단기 입원을 통해 의료비용을 감소시켜야 하는데 이를 위해 사례관리를 도입하게 된 것이다.

미국의 사례관리는 다학제팀, 즉 사회복지사, 간호사, 재가요양 코디네이터, 행정지원담당자 및 기타 지원인력으로 구성된다. 미국에는 사례관리를 제공하는 간호사 및 사회복지사가 회원으로 있는 미국사례관리협회(American Case Management Association)가 있다. 미국사례관리협회에서는 회원들을 위한 멘토링, 교육, 자원 정보를 제공하고 사례관리에 관한 법률과 정책 및 제도에 관한 이슈들에 영향력을 행사하고 있다(https://www.acmaweb.org).

우리나라의 경우 민간 병원이나 요양병원 등에서 불연속적인 사례관리가 실행되고 있는데, 최근 정신보건 분야에서 병원기반 사례관리가 시범사업으로 실시되고 있다. 병원기반 사례관리란 중증정신질환을 경험한 당사자들이 퇴원 이후에도 적절한 치료를 받고, 안정적인 정착을 할 수 있도록 퇴원 전부터 퇴원 후 3개월까지 정신건강전문요원 및 동료지원가와 함께 초기 평가, 가족 지원, 퇴원계획 수립, 치료 유지 지원 등 집중관리서비스를 제공하는 프로그램이다(권자영 외, 2022 : 259).

의료사회복지와 관련 있는 국가 차원의 사례관리는 2003년 시범사업을 시작으로 2006년 전국으로 확대된 '의료급여사례관리사업'이라고 할 수 있다. 이 사례관리사업의 초기 근본 목적은 두 가지였다. 첫째는 질병, 빈곤 등 복합적 문제를 가지고 있는 수급자를 대상으로 사례관리사가 건강 관련 정보 제공 및 상담을 통해 수급자의 건강 능력을 향상시킬 수 있도록 도와주는 것이다. 둘째는 과다이용 징후가 있는 수급자에게는 상담 및 계도를 통하여 적정한 의료 이용을 할 수 있도록 돕는 데 있다(보건복지부, 2011). 이는 건강보험심사평가원의 의료급여사례관리사업지원단에서 담당하고 있다.

최근에는 응급의료기관에서 자살시도자에 대한 사례관리를 시작하고 있으며, 의료기관이나 요양기관에서 기관 내 사례관리에 대한 관심도 증가하고 있다. 사례관리의 다양한 기능이 있으나 의료비용의 효율성 차원으로 접근하는 경우가 많아서 사례관리 대상자의 건강 능력과 삶의 질을 향상하는 데 보다 많은 초점을 둘 필요가 있다.

2) 사례관리의 특징

의료사회복지 실천현장뿐만 아니라 대부분 사회복지 실천현장에서 사례관리는 사회복지사의 필수 업무 중 하나이다. 따라서 사례관리의 개념, 목적, 원칙 그리고 과정은 자주 언급되지만 의료사회복지 실천현장에서의 적용을 위해 간략하게 검토할 필요가 있다.

(1) 사례관리의 개념

사례관리에 대한 개념은 매우 포괄적이고 다양하게 인식되기 때문에 하나로 통일된 개념을 제시하는 것이 쉽지 않다. 즉, 사례관리의 정의나 목적은 강조하는 내용이나 실천모델에 따라 다양하게 정리될 수 있다는 것이다. 사례관리에 대한 다양한 개념들을 정리하면 다음과 같다(권진숙 · 박지영, 2008; 한국사례관리학회, 2012).

〈표 9-6〉 사례관리 개념들

주요 학자	사례관리 정의
전미사회복지사협회 (NASW, 1984)	서비스들을 연결하고 조정하여 개인의 욕구를 충족시킬 수 있는 포괄적인 프로그램
목슬레이 (Moxley, 1989)	복합적인 욕구를 가진 클라이언트의 복지를 위해 공식적 · 비공식적 지원과 네트워크를 조직하고 조정하며 유지하는 활동
베이커와 인타글리아타 (Baker & Intagliata, 1992)	클라이언트 옹호, 서비스 조정, 자원 통제, 서비스 제공 등을 통합적이고 효율적인 개입을 통해 기관이 클라이언트를 책임지는 활동

커머 (Kumar, 2000)	클라이언트 욕구에 대한 사정, 계획, 조정, 전달과 모니터링을 통해 서비스 통합을 달성하기 위한 전문적 서비스 실천 과정
한국사례관리학회 (2012)	복합적이고 다양한 욕구가 있는 클라이언트와 가족의 사회적 기능 회복을 위해 운영체계를 확립하고 클라이언트와 함께 개인과 환경의 강점을 포함한 체계적 사정과 그들의 욕구와 관련된 내적 자원뿐만 아니라 지역사회의 다양한 자원의 개발과 활용을 통해 클라이언트의 삶의 질을 향상시키는 통합적 실천방법

위의 개념들을 정리하면 사례관리란 만성적이고 복합적인 문제를 가진 개인이나 가족의 일상적 · 사회적 기능을 수행할 수 있도록 치료적 서비스를 제공하거나 필요한 자원들을 획득하기 위해서 사례관리대상자와 함께 노력하는 통합적인 접근방법이라고 할 수 있다.

(2) 사례관리의 목적

사례관리의 목적은 크게 세 가지로 정리될 수 있다(Moxley, 1989).

첫째, 사회서비스와 자원들을 이용하고 접근하기 위한 클라이언트의 능력과 기술을 증진시키는 것이다.

둘째, 클라이언트의 기능 향상과 복지를 증진시키기 위해 사회적 망과 관련된 사회서비스 제공자들의 능력을 발전시키는 것이다.

셋째, 클라이언트에게 효율적 방법으로 서비스와 자원들을 지원함과 동시에 서비스의 효과성도 증진시키는 것이다.

(3) 사례관리의 원칙

사례관리는 단순히 서비스를 연결하고 조정하는 것 이상의 의미를 가진다. 사례관리는 상담, 사정, 개입, 평가 등을 포괄하는 통합적 실천이기 때문에 핵심 원칙을 이해할 필요가 있다. 사례관리의 6가지 원칙을 정리하면 다음과 같다(Moxley, 1989).

첫째, 사례관리자는 클라이언트 수준에서 일해야 한다.

둘째, 사례관리자는 생태체계적 관점을 유지하면서 우선적으로 클라이언트 자신의 공식적이고 비공식적인 자원을 이용할 기회를 보장해 주어야 한다.

셋째, 사례관리자는 행정적 과정과 기술을 이용한다. 따라서 사례관리자는 사례관리팀을 이끌어 가거나, 사례관리 계획을 세우거나, 전달체계를 점검하는 등의 역할과 과업을 수행한다.

넷째, 사례관리자는 임상적 과정과 기술을 이용한다. 사례관리자는 클라이언트와의 관계, 사정, 계획, 개입, 그리고 평가의 과정에서 사회복지실천의 다양한 상담 방법과 기법들을 활용해야 한다.

다섯째, 사례관리자는 책임성에 근거하여 일해야 한다. 사례관리자는 클라이언트에게 서비스를 제공하는 주요 관련자들을 책임성에 근거하여 점검할 필요가 있으며, 궁극적으로 서비스와 자원들이 클라이언트의 욕구에 적절히 대처하는지에 관한 효과성의 책임도 가진다.

여섯째, 사례관리자는 서비스의 통합을 위해 노력해야 한다. 사례관리자는 클라이언트의 다양한 욕구들이 하나의 통합된 방법으로 적용되도록 해야 한다. 또한 사례관리자는 서비스가 클라이언트 스스로의 보호능력을 감소시키지 않도록 보장하면서 동시에 관련된 사회망의 능력도 감소되지 않도록 해야 한다.

(4) 사례관리의 과정

① 클라이언트 발견

사례관리의 첫 단계인 클라이언트 발견은 사례관리가 필요한 개인이나 집단을 발굴하는 과정을 일컫는다. 클라이언트나 그의 가족들이 자발적으로 사례관리서비스를 요청할 수도 있지만 보건의료 분야의 다른 전문가나 팀 혹은 지역사회의 의뢰에 의해 사례를 발굴할 수 있다.

② 초기면접

초기면접(intake)은 사례관리자가 클라이언트를 만나서 향후 서비스 진행을 위한 파트너십(partnership)을 형성할 수 있도록 돕는 과정이다. 의료사회복지사가 사례관리를 하기 위해서는 기관 적합성과 전문가 적합성 여부를 확인할 필요가 있다. 클라이언트도 서비스 이용에 대한 동의, 즉 자기결정에 의한 참여를 의료사회복지사와 합의해야 한다.

③ 사정

사정(assessment)은 클라이언트의 심리사회적 특성을 바탕으로 가장 중요하고 기본적인 욕구를 파악하는 것이다. 사례관리에서는 주로 클라이언트와 관련된 욕구 사정, 자원 사정, 장애물 사정을 중심으로 이루어진다.

클라이언트의 개별 욕구는 크게 건강, 생활능력, 경제상황, 주거, 교육, 비공식적 자원망, 안전으로 범주화할 수 있다(한국사례관리학회, 2016 : 117). 건강 영역은 신체적 건강과 정신적 건강으로 구분하여 질병이나 장애를 잘 인식하고 있는지, 그에 대한 대처가 적절한지 등을 파악하게 된다. 생활능력은 의식주 관련 일상생활 유지와 여가생활 활용의 범주로 구분하여 확인하며, 경제상황은 자산관리, 기초생계 유지 및 취업과 관련된 내용들을 파악하는 것이다. 주거는 주택 확보 및 주거환경 개선이고, 교육은 아동양육이나 학교 적응 등을 확인하는 것이다. 비공식적 자원망은 가족이나 친지를 비롯한 다른 사람과의 접촉과 상호작용 만족도 등을 파악하고, 안전은 돌봄이나 학대, 폭력 등을 확인하는 것이다.

자원 사정은 내적 자원과 외적 자원으로 분류하여 파악한다. 내적 자원은 클라이언트의 성격, 지능, 지식, 능력, 태도, 자신감, 자아존중감 등을 의미하며, 외적 자원은 가족, 친지 등으로 구성되는 비공식적 자원과 공공서비스 등을 포함하는 공적 자원으로 구분할 수 있다(엄태완, 2018 : 325).

장애물 사정은 크게 두 가지로 분류된다(권진숙 · 박지영, 2008 : 125-134). 첫 번째 장애물은 클라이언트나 환경 혹은 둘 모두의 작용으로 문제해결을 방해하는 내부 장애물이다. 내부 장애물은 문제를 해결하는 과정에서 장애가 되는 클라이언트의 무기력이나 동기결여 등을 파악하는 것이다. 두 번째 외부 장애물은 클라이언트가 필요한 자원을 얻는 데 있어서의 어려움을 일컫는 것이다. 예컨대 예산의 부족으로 클라이언트가 필요한 자원이 고갈된 상태를 말한다.

④ 계획수립

이 단계는 사정 과정에서 얻은 정보를 바탕으로 하여 통합적인 서비스 계획을 수립하는 것을 일컫는다. 개입계획은 사례관리자와 클라이언트가 장·단기 목표를 수립하면서 클라이언트에 대한 개별 서비스계획을 구체적으로 세우는 것이다. 보다 구체적으로 구분하면 욕구사정 내용에 대한 숙고, 중장기적 변화목표 수립, 서비스 제공자/ 기관의 선정, 시간계획 수립, 계약 수립, 서비스 제공계획서의 공유 순으로 진행된다(권진숙 외, 2019 : 151-154).

⑤ 실행

실행은 수립된 계획에 따른 목적 달성을 위한 총체적 과정이라고 할 수 있다. 보건의료 분야의 사례관리는 치료, 교육, 훈련, 상담, 정보제공 및 옹호 등과 같은 직접서비스 제공을 다른 분야보다 많이 실행할 수 있다. 그러나 간접서비스도 보건의료현장에서 필요하며, 주로 자원개발, 연결, 조정, 점검 등의 방법을 활용한다.

⑥ 평가와 종결

사례관리에서 평가는 사례관리자와 클라이언트가 초기에 결정한 욕구 및 문제해결을 위해 수립한 목표를 어느 정도 달성했는가를 확인함으로써 종결 여부를 결정짓는 과정이기도 하고, 다른 한편으로는 사례관리자와 클라이언트가 좀 더 향상된 다음 단계로 진입하기 위한 점검의 의미를 갖기도 한다(권진숙·박지영, 2008 : 181).

평가는 클라이언트와 사례관리자 상호 간에 점검을 실시하면서 원래 계획했던 목표들을 총체적으로 확인하는 단계이다. 평가는 두 가지 측면, 즉 클라이언트 측면과 서비스 과정 측면에서 이루어지고, 클라이언트와 함께 실시할 필요가 있다. 클라이언트 측면에서는 원래 바라던 목표를 달성하여 클라이언트의 변화나 문제해결을 달성하였는지를 평가하는 것이다. 서비스 과정 측면에서는 계획대로 서비스가 제공되었는지를 평가하는 것이다.

종결은 사례관리의 마지막 단계로 사례관리자가 클라이언트에 대한 개입을 종료하는 것을 의미한다. 사례관리의 종결은 클라이언트의 사망, 거부, 전출 등과 같은 요인 및 평가를 통해 이루어진다. 사례관리자는 종결 과정에서 클라이언트의 정서적 반응이나 실제적 영향 등을 정확하게 판단해야 하며, 필요하다면 의뢰, 사후관리를 계획에 의거하여 실시할 필요가 있다.

3) 의료사회복지실천의 활용

의료사회복지사는 소속된 기관의 경영이나 양질의 보건의료서비스에 대한 책임성을 지녀야 한다. 의료사회복지사는 병원기반 사례관리를 기획하고 실천할 필요가 있다. 병원기반 사례관리는 최적의 치료서비스를 제공하기 위해 해당 기관의 관련된 모든 자원들을 활용하는 것에 초점을 둔다. 병원기반 사례관리는 입원부터 퇴원계획 기능을 통합하여 특정 질환이나 부서에 환자가 입원해 있는 기간 동안 다학제팀을 구성하여 실천할 수 있다.

의료사회복지사는 병원기반 사례관리를 위한 다학제팀에 참여하여 역할을 수행할 수 있다. 이때 의료사회복지사는 치료의 질적 향상, 재원 기간의 단축, 환자 만족도 증진을 위해 병원 내외의 자원을 연결하고 조정 및 점검하게 된다. 초기 병원기반 사례관리는 비용절감을 목표로 하였지만 서비스의 질적 향상을 동시에 고려하는 방향으로 이동하고 있다. 예를 들면, 행위별수가지불제도에서 포괄수가지불제도로 변경되는 치료서비스 영역에서 병원기반 사례관리를 실시하여 비용관리와 양질의 진료 제공 둘 다 초점을 둘 수 있다.

병원기반 사례관리는 입원 전, 입원 중, 퇴원계획, 퇴원 후 사후관리로 구분하여 구체적 서비스를 제공할 수 있다. 아직까지 병원기반 사례관리는 활성화되어 있지 않기 때문에 의료사회복지사는 병원의 경영전략 차원에서 필요성을 기획하고 실제적 접근 방안을 제시할 필요가 있다. 특히 최근 증가하고 있는 요양병원의 사회복지사는 병원기반 사례관리를 적극적으로 활용할 필요가 있다.

우라나라에서 병원이 아닌 보건의료 분야의 대표적인 사례관리는 의료급여사례관리사업이다. 이 사업은 다빈도 복합상병을 가진 의료급여 수급권자에 대한 밀착상담 및 관리 등을 통하여 이들의 자가 건강관리능력을 향상하고 합리적 의료이용을 유도함으로써 건강 삶의 질 향상과 의료급여 재정안정화에 기여하는 것을 목표로 한다(보건복지부, 2022 : 301).

의료급여사례관리사업의 원래 취지는 서비스와 자원의 효율적 활용과 클라이언트에 대한 서비스 효과성도 동시에 증진시키는 사례관리의 목적을 달성하는 것이었다. 그러나 실제로는 급여재정 안정화 목표에 지나치게 치우쳐 있다(정성식 · 김창엽, 2020 : 211). 예컨대 사업의 대상자를 다빈도 복합상병을 가진 자로 규정하고 있지만 실제로 신규수급자를 제외하면 과다의료이용과 장기입원 여부를 기준으로 사례관리대상자를 선정하고 있다. 또한 정부는 매년 시도와 시 · 군 · 구 의료급여사례관리사업을 평가하는 기준으로 재정 절감에 초점을 맞추고 있다.

정부는 의료급여사례관리사업을 통해 '건강 삶의 질 향상'과 '의료급여 재정안정화'라는 두 가지 목표를 추구한다고 공식적으로 선언하였지만 현실적으로는 의료급여 재정안정화만 강조하고 있다. 지금처럼 의료비용절감 위주의 사업운영체계에서는 건강상태 개선이나 삶의 질 향상 측면이 소홀해질 뿐 아니라 과도한 개입으로 인해 필요한 의료이용의 접근성이 제한될 우려가 있다(정성식 · 김창엽, 2020 : 258).

의료이용 접근성 제한의 경우에는 비수급자와의 형평성 문제라든지 건강권과 관련된 인권과도 연결될 수 있다. 예컨대 비수급자의 경우에는 과다의료이용을 조사하거나 제한하지 않고 있으며, 일부 약물의 과잉 · 중복처방과 같은 경우를 제외하면 모든 과다의료이용을 건강악화와 연결시킬 수도 없다.

따라서 의료사회복지 실천현장의 사회복지사는 의료급여사례관리사업의 원래 목적을 달성할 수도 있도록 실제적 · 정책적 분석에 참여할 필요가 있다. 또한 이 사업과 관련하여 수급권자에 대한 차별적이고 억압적인 상황을 발견한다면 옹호 활동에 동참할 필요도 있다. 예컨대 의료급여관리사가 대상자의 거주지(자택 또는 병원)를 방문하는 것을 사적 공간에 대한 프라이버시 침해로 볼 수도 있다. 물론 자발적 동의를 구하기는 하지만 거부할 경우 의료급여일수 연장을 불승인한다는 점에서(보건복지부, 2022 : 235) 사실상 반강제적이라 할 수 있다. 이러한 세부적 내용에서도 클라이언트의 인권 보장에 관심을 기울일 필요가 있다.

CHAPTER 10

행정 및 실무

개 요

제10장은 의료사회복지실천에서의 행정 및 실무를 서술하고 있다. 제10장의 내용들이 모두 행정 업무라고 하기는 어려우며, 실천방법 중 개인 및 가족과의 의사소통, 집단실천 그리고 사례관리를 제외한 업무들을 포함하였다. 그러나 이러한 모든 실천은 의료사회복지사의 활동이나 업무에서 각각 분리되는 것이 아니라 통합적이고 유기적으로 연결되어 있다.

의료사회복지서비스 질은 의료기관의 재정적 문제와 환자의 건강권 또는 만족도를 포함하는 의료사회복지사의 위상이나 영역의 확대와 연관된다. 팀협력은 언제나 필요한 업무이지만 상당한 노력과 융통성 있는 접근을 필요로 한다. 자원봉사자 관리 및 의료비 지원과 같은 인적 · 물적 자원을 발굴하고 연결하는 업무는 의료기관이나 환자 및 가족 모두로부터 지지받는 활동들이다. 또한 인적 · 물적 자원을 발굴하는 업무는 의료기관의 어떤 전문직보다 사회복지직이 잘 할 수 있는 분야이다. 퇴원계획의 경우에도 환자의 치료와 서비스 만족도뿐만 아니라 의료기관의 경영상의 효율을 동시에 달성할 수 있는 업무이다. 예비의료사회복지사를 위한 실습과 수련은 부가적인 업무이지만 의료사회복지의 활성화를 위해 반드시 필요한 업무라 할 수 있다.

학습목표

1. 의료사회복지서비스의 질 개념을 이해하면서 의료사회복지서비스 질 보장의 과정을 설명할 수 있다.
2. 의료사회복지의 팀협력 의의와 내용을 설명할 수 있다.
3. 인적 · 물적 자원 발굴의 개념을 이해하면서 자원봉사자 관리 및 의료비 지원의 단계를 설명할 수 있다.
4. 퇴원계획의 의의를 이해하면서 퇴원계획의 과정을 설명할 수 있다.
5. 보건의료현장의 실습 및 수련을 이해할 수 있다.

1 의료사회복지서비스의 질

1) 서비스의 질

서비스의 질은 영역과 대상에 따라 다르게 정의될 수 있다. 의료사회복지서비스의 질은 사회복지서비스의 질과 동일한 기준으로 판단할 수도 있지만 보건의료현장의 독특성을 반영할 필요도 있다.

(1) 의료서비스의 질

의료서비스의 질(quality)이란 관련 지식, 가치, 자원들의 변화에 따라 다양하게 정의될 수 있지만 고전적 정의로는 메이어스(Meyers, 1969)가 네 가지로 구분한 개념 정의가 자주 활용된다(강흥구, 2014 : 343-342).

첫째는 접근성이다. 환자가 의료서비스를 이용할 때 어떠한 장벽 없이 손쉽게 이용할 수 있으며, 치료뿐만 아니라 예방, 재활, 건강증진 등을 포함한 포괄적 서비스를 제공하는 것을 말한다.

둘째는 의료 기술의 질이다. 의료 전문가의 능력과 제반 서비스의 질적 수준을 말한다.

셋째는 지속성이다. 환자가 시간적 또는 지리적으로 어려움이 없이 적절한 의료서비스를 받는 것이다. 즉, 환자가 어디에 살든지 어떤 질병을 지니고 있든지 간에 원하는 의료서비스를 지속적으로 받는 것을 말한다.

넷째는 효율성이다. 효율적 의료관리 시스템을 갖추고 적절한 재원을 확보하여 효과적인 치료를 시행하여 환자의 만족도와 건강을 향상시키는 것을 말한다.

현대에 이르러 의료서비스의 질은 주로 공급자 측면과 소비자 측면으로 구분하여 설명되고 있다(Bopp, 1990; Georgette, 1997). 공급자 측면의 의료서비스 질이란 진단의 정확성, 의료 기술의 숙련성 등 의학적 기술 제공능력을 말한다. 반면에 소비자 측면의 의료서비스 질이란 환자가 평가하는, 즉 환자의 요구나 기대에 부응하는 정도를 의미한다.

(2) 의료사회복지서비스의 질

의료사회복지서비스의 질과 관련된 정의는 다른 사회복지서비스의 질과 마찬가지로 실천의 영역과 대상 등에 따라 다양하다. 의료사회복지서비스의 질에 대한 정의는 의료서비스를 제공하는 기관이나 대상자 그리고 서비스 방법에 따라 다를 수 있다. 의료사회복지서비스는 산출 결과만을 고려하는 것이 아니라 과정도 중요하게 포함해야 한다.

의료사회복지서비스의 질과 관련하여 강흥구(2014)는 유형성, 접근성, 적합성, 부합성, 보증성, 신뢰성, 감정이입, 반응성의 여덟 가지 속성으로 정리하였다(강흥구, 2014 : 347). 이러한 속성을 종합하여 네 가지로 정리하여 살펴보면 다음과 같다.

첫째, 조직적으로 서비스를 해야 한다. 즉, 의료사회복지서비스를 제공하기 위한 시설, 인력, 장비 등을 갖추고 있어야 한다.

둘째, 접근 가능해야 한다. 즉, 클라이언트가 제도적으로나 공간적으로 제약 없이 의료사회복지서비스를 제공받을 수 있어야 한다.

셋째, 전문성을 갖추어야 한다. 즉, 의료사회복지사는 서비스 제공에 필요한 지식과 기술을 갖추고 클라이언트에게 신뢰와 기대를 제공할 수 있어야 한다.

넷째, 서비스 표준을 갖추어야 한다. 즉, 의료사회복지서비스의 실천을 위한 업무 표준 목록과 지침을 갖추어 서비스를 실시하고 그에 따른 평가를 해야 한다.

2) 서비스의 질 보장

서비스의 질 보장은 의료서비스의 질 보장과 의료사회복지서비스의 질 보장으로 구분하여 살펴본다.

(1) 의료서비스의 질 보장

서비스의 질 보장(QA : Quality Assurance)이란 서비스의 질을 평가하여 소비자의 기대와 욕구에 부합하는지, 서비스 전달과정의 문제가 없는지를 확인하여 부족한 부분을 발견하여 수정하고 보완하는 과정을 의미한다(권 승, 2011 : 236). 서비스의 질 보장을 위해서는 전문적으로 규정된 표준(standards)이 있어야 하고, 이를 근거로 평가하여 수정하고 보완해야 한다. 따라서 의료서비스의 질 보장을 위해서는 의료서비스 표준 체계를 근거로 하는 평가가 법적·제도적으로 마련될 필요가 있다. 이와 관련된 제도로는 국내의 의료기관인증제와 국외의 국제의료기관평가위원회인증을 들 수 있다.

① 의료기관인증제

의료기관인증제는 외부 기관에서 의료기관의 서비스 질 보장을 위한 제도이고, 이는 의료기관평가인증원에서 담당하고 있다. 의료기관인증제는 2009년 7월 의료법 개정을 통하여 법적 근거를 마련하였고, 2010년 의료기관평가인증원을 개원하였다.

평가 대상은 모든 의료기관이며 병원급 이상 의료기관은 자율적으로 인증을 신청할 수 있다. 평가는 정기평가와 수시평가로 구분하며, 정기평가는 4년마다 실시하고 수시평가는 정기평가를 받은 의료기관이 평가수준을 유지하고 있는지를 확인할 필요가 있을 때 실시한다. 평가방법은 현장평가를 원칙으로 하며, 평가의 기준틀은 기본가치체계, 환자진료체계, 성과관리체계, 조직관리체계의 4개 영역이고 구체적 평가내용은 13개 범주, 92개 기준, 512개 항목으로 구성되어 있다(보건복지부, 2021b : 4). 의료기관인증평가 결과는 인증, 불인증으로 나뉘며 그 결과에 따라서 국가로부터 지원받는 지원금 지급에 영향을 미친다.

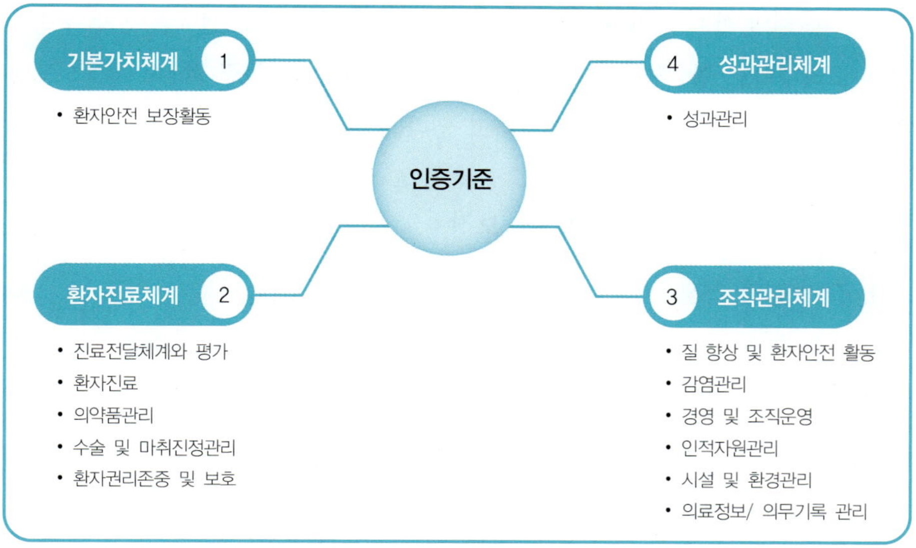

|그림 10-1| **의료기관인증의 4개 영역**

출처 : 의료기관평가인증원 홈페이지.

② 국제의료기관평가위원회인증

국제사회에서 의료기관평가와 관련하여 인지도 높은 의료기관인증은 국제의료기관평가위원회(JCI : Joint Commission International)의 인증이다. JCI인증은 미국의 의료기관 및 프로그램을 인증하는 JCAHO(Joint Commission on Accreditation of Healthcare Organizations)라는 비영리조직이 만든 의료기관 국제인증이다(김연수 외, 2022 : 181).

JCI인증평가의 목표는 6가지이다. 첫째, 환자를 정확하게 확인한다. 둘째, 효과적인 의사소통을 향상시킨다. 셋째, 고위험 약물의 안전성을 향상시킨다. 넷째, 안전한 수술을 보장한다. 다섯째, 의료 관련 감염의 위험을 감소시킨다. 여섯째, 낙상으로 인한 환자의 부상 위험을 줄인다. JCI인증은 일반병원, 종합병원, 대학병원뿐만 아니라 장기케어 프로그램이나 환자 이송 조직, 1차 건강케어기관까지 다양한 유형의 의료 관련 기관을 대상으로 하고 있다(Joint Commission International, 2023).

JCI인증은 환자가 입원하는 순간부터 퇴원할 때까지 13개 분야 1,214개 항목을 평가한다. JCI인증은 3년간 유효하고 이후에는 재인증 심사를 통과해야 유지된다. JCI인증 여부는 해외 민간의료보험사가 병원과 계약할 때 최우선적으로 요구하는 조건이며, 해외 환자 유치 활성화를 위한 필수 요건이다. 2023년 1월 현재 우리나라는 고려대학교 안암병원, 연세대학교 세브란스병원, 가톨릭대학교 서울성모병원 등 7개 의료기관이 인증을 획득하고 있다(Joint Commission International, 2023).

(2) 의료사회복지서비스의 질 보장

① 질 보장의 과정

의료사회복지서비스의 질 보장을 위해서는 구조 확립, 평가, 문제해결의 과정이 필요하다(강흥구, 2014; 한인영 외, 2006; Coulton, 1991).

첫째, 구조 부문에서 보면 의료사회복지부서가 효과적인 서비스를 할 수 있는 제도적·물리적 조건을 갖추고 있는지, 의료사회복지서비스를 제공할 수 있는 충분한 사회복지사가 채용되어 있는지, 기관 내 직무교육프로그램이 존재하는지, 병원 내외의 전문가들 간 의사소통의 통로와 장치가 마련되어 있는지를 확인하는 것이다.

둘째, 평가 부문에서 보면 의료사회복지사가 제공하는 서비스와 대상자를 명확히 제시해야 한다. 예컨대 의료사회복지서비스의 범위를 심리사회적 사정, 상담, 교육, 정보제공, 퇴원계획, 의료비 지원, 의뢰, 사례관리 등으로 기술하는 것을 말한다. 또한 서비스 대상자를 의료기관 내 클라이언트로 한정할 것인지 아니면 지역사회에 거주하는 어떤 클라이언트를 포함할지 등이다.

다음으로 측정 가능한 지표를 설계하여 표준을 확립할 필요가 있다. 의료사회복지서비스의 평가 지표는 서비스의 질이 부적절하거나 추가적인 검토가 필요하다는 사실을 확인하는 도구가 된다. 의료사회복지서비스에 대한 각각의 지표마다 성과의 표준이 명확해야 한다.

셋째, 문제해결 부문에서 보면 의료사회복지서비스에 대한 주기적 평가 후 문제를 발견하면 원인을 찾아야 한다. 이후 규명된 문제를 해결할 수 있는 구체적 방안들을 도출하여 제도적 혹은 실천적 대안을 제시할 필요가 있다. 추가적인 모니터링을 통해 지표가 향상되어 성과를 달성했는지를 확인해야 한다.

② 질 보장의 예시

의료사회복지서비스의 질 보장과 관련된 공식 인증기준은 의료기관인증기준 '6장 환자권리 존중 및 보호'에서 확인할 수 있다. 〈표 10-1〉과 같이 의료기관인증평가 기준 6.4에서 '의료사회복지체계를 수립하고 운영한다'의 조사목적, 조사항목, 기준의 이해로 구분하고 있다(보건복지부, 2021b : 119). 이를 통해 의료사회복지서비스의 질 보장과 동시에 전문성을 확립하고 효율적이고 효과적인 의료서비스에 동참해야 할 필요성을 확대하고 있다.

〈표 10-1〉 의료기관 인증기준 중 의료사회복지체계 항목

기준 6.4
의료사회복지체계를 수립하고 운영한다.

조사목적
의료기관은 의료윤리강령을 실현하기 위해 지역사회 요구도를 반영한 의료사회복지체계를 수립하고, 대상자에게 서비스를 제공한다.

조사항목

	조사항목	구분	상급	종합	병원	조사결과
1	의료사회복지체계가 있다.	S	정규	정규	정규	□상 □중 □하
2	직원은 의료사회복지서비스 의뢰 가능대상 및 의뢰절차를 알고 있다.	P	정규	정규	정규	□상 □중 □하
3	의료사회복지서비스를 제공한다.	P	정규	정규	정규	□상 □중 □하
4	지역사회 요구도를 반영한 의료사회복지서비스를 제공한다.	P	정규	정규	정규	□상 □중 □하

기준의 이해

1) 의료사회복지체계에는 다음의 내용을 포함한다.
   - ㅇ 의료사회복지 담당 부서 또는 담당 직원
   - ㅇ 의료사회복지서비스 의뢰 가능대상 및 의뢰절차
   - ㅇ 의료사회복지서비스의 종류와 대상자 선정절차
     - – 환자 상담 : 심리사회적 상담, 경제적 문제 상담, 지역사회 자원연결 상담, 재활상담
     - – 진료비용 지원 등

ㅇ 사회공헌
  * 예시 : 보육시설, 학교 등 지역사회 의료지원 등
2) 직원은 의료사회복지서비스 의뢰 가능대상 및 의뢰절차를 알고 있다.
3) 체계에 따라 대상자를 선정하고 필요한 의료사회복지서비스를 제공한다.
4) 체계에 따라 지역사회 요구도를 반영한 의료 사회공헌을 한다.

출처 : 보건복지부(2021b), p. 119.

의료사회복지사는 공식적인 인증기준을 통한 질 보장뿐만 아니라 사회복지실천의 윤리와 가치, 그리고 다양한 방법과 기술들을 개발하여 의료사회복지서비스의 질 보장을 위해 노력하고 있다. 구체적으로 예를 들면, 환자의 의료서비스 만족도를 조사한다든지, 의료기관 내 환자의 고충처리 상담실을 운영한다든지, 환자편의향상위원회에 참여하여 의료서비스를 개선하기 위해 노력하는 것 등이다.

2 팀협력

1) 협력의 필요성

팀협력이란 의료사회복지사가 보건의료현장에서 여러 분야의 전문가팀과 협력 활동을 하는 것을 말한다. 의료사회복지사가 적극적으로 팀협력을 하는 장소 중 하나는 병원이다. 병원은 의사를 포함하여 간호사, 물리치료사, 방사선사, 임상병리사, 영양사, 사회복지사, 임상심리사, 언어치료사, 작업치료사 등 다양한 직종의 전문가들이 한 명의 환자를 두고 협력하여 치료하는 곳이다. 의료사회복지사는 환자의 치료에 직접 관여하는 전문가뿐만 아니라 행정요원 등을 포함한 병원 내 모든 부서나 전문가들과 협력한다. 또한 병원 외부의 공공 및 민간 기관의 관련자, 자원봉사자, 종교인, 자조모임의 회원 등과 환자의 회복과 지역사회 복귀를 위해 협력한다.

의료사회복지사는 단기간 회복이 가능하거나 치료 비용의 지불에 큰 어려움이 없는 사람보다는 복합적인 곤란을 겪는 개인이나 가족을 실천 대상으로 한다. 예컨대 '경제적 부담을 지닌 소아암 환자와 가족'과 같이 신체적 질병과 동시에 심리 · 사회 · 경제적 어려움을 지닌 사람들을 말한다. 위의 사례에서 보면 소아암의 치료, 경제적 문제를 해결할 수 있는 외부 자원, 심리 · 정서적 지지 집단, 학령기 학생이라면 학습 지원 등을 통합 적용해야 한다. 이때 의료사회복지사는 이들 집단 간 혹은 전문가 간 유기적 협력을 가능하게 하는 조정자 또는 관리자의 역할을 수행한다.

의료사회복지사는 보건의료현장에서 질병의 치료와 예방, 그리고 건강한 삶을 살아가는 데 필요한 물적 또는 인적 자원들을 동원하고 연결하기 위해 노력한다. 이 과정에서 의료사회복지사는 의학적 지식과 기술을 지닌 집단이나 사람, 행정 서비스를 제공하는 집단이나 사람, 정서적 또는 물질적 지지를 제공하는 집단이나 사람, 법률서비스를 제공하는 집단이나 사람, 그리고 환자와 가족 등과 협력적 활동을 수행해야 한다. 따라서 의료사회복지사는 협력의 방법과 과정에 대한 기본 지식을 습득하고 응용할 수 있어야 한다.

2) 협력의 방법

의료사회복지사는 내 · 외부의 다양한 기관과 클라이언트의 욕구와 문제를 해결하기 위해 협력한다. 보건의료현장의 의료사회복지사는 다학문팀이나 학제간 팀에 구조적으로 포함되기보다는 대상이나 상황에 따라 다양한 팀협력의 역할을 수행할 수 있다. 예를 들면, 상급종합병원의 의료사회복지사가 일반적인 업무를 하다가 장기이식의 상황이 발생하면 장기이식팀의 다학문팀에 참여하는 것을 말한다.

(1) 일반적 협력의 형태

① 자문과 협의

의료사회복지사는 의뢰의 형태로 기관 내·외부에 자문 또는 협의를 할 수 있다. 자문(consulting)은 권위, 자격, 능력을 갖춘 사람 중에서 의견, 조언, 정보를 구하는 과정이다(김기태 외, 2016 : 278). 자문의 첫 단계는 문제나 곤경과 관련된 구체적 자료를 확보하는 것이다. 자문가는 문제해결을 위한 대책을 성급히 제시하는 것이 아니라 몇 가지 방안들을 제안하여 의뢰인이 선택하도록 할 필요가 있다. 자문은 시간제한적이고 보통 3세션을 넘지 않는다(Germain, 1984 : 207).

자문과 협의는 구분된다. 협의(conferring)는 둘 이상의 전문가들이 클라이언트를 위해 대등한 입장에서 의견을 교환하여 가능한 해결책을 찾아가는 과정이다. 그러나 자문은 특별한 지식이나 기술을 지닌 전문가에게 정보나 의견을 제공받는 것을 말한다. 자문과 협의 둘 다 조언이나 정보를 반드시 실행해야 하는 것은 아니다.

병원에 근무하는 의료사회복지사는 협의나 자문 형태의 모호한 요구를 다른 팀으로부터 받는 경우도 있다. 예를 들면, 의사나 간호사 또는 행정요원으로부터 환자와 관련된 서비스를 협의 또는 자문의 형태로 의뢰받을 수 있다. 이때 의료사회복지사는 융통성 있지만 표준화된 절차와 규정을 가지고 협력할 필요가 있다. 그렇지 않으면 전문가 간 불필요하거나 지나친 자문 또는 협의 의뢰로 혼란이나 갈등을 겪을 수 있다. 또한 의료사회복지사는 지역사회의 다양한 기관 및 전문가와 자문 또는 협의를 할 수 있다. 자문과 협의는 의료사회복지사가 가장 빈번하게 수행하는 협력 활동이라고 할 수 있다.

② 사례회의

사례회의(case conference)는 협의의 한 형태라고 할 수 있다. 사례회의는 보건의료현장에서 주로 개별 클라이언트에 대한 서비스 과정에서 진행된다. 병원의 경우에는 환자와 관련된 의사, 간호사, 물리치료사, 작업치료사, 언어치료사, 임상심리사, 종교인, 사회복지사 등이 참여한다. 전문가들은 사례회의에서 자신의 분야에 대한 견해를 발표하고, 다른 분야의 전문가들의 의견을 경청함으로써 전인적 치료를 위해 협력한다(조성상 외, 2019 : 193). 의료사회복지사는 다양한 전문가들이 포함된 사례회의에 참여한다. 이때 의료사회복지사는 전인적 관점에서 사회복지학의 철학과 가치 그리고 실천방법을 중심으로 의견을 제시하고 동참할 필요가 있다.

③ 업무회의

업무회의는 조직의 업무를 원활하게 하기 위해서 관련자들이 모여 실시하는 회의를 말한다. 예컨대 병원에서 실시하는 자선진료 프로그램의 운영에 의료진, 진료비 담당 직원, 홍보요원, 사회복지사가 참여하는 업무회의를 할 수 있다. 이때 의료사회복지사는 자신의 역할을 잘 숙지하여 병원의 자선진료 프로그램이 잘 운영될 수 있도록 역할을 수행할 필요가 있다(조성상 외, 2019 : 194).

④ 다학문적 집단교육

다학문적 집단교육은 병원에서 빈번하게 발견되는 팀협력의 형태라고 할 수 있다. 예컨대 당뇨환자 교육 프로그램에서 의사에 의한 의학적 교육, 간호사에 의한 인슐린요법, 영양사에 의한 영양관리, 운동처방사에 의한 운동관리, 사회복지사에 의한 스트레스관리와 생활교육과 같은 다학문적 집단교육이 실행된다(조성상 외, 2019 : 193). 병원에서 실시되는 다학문적 집단교육의 경우에 의료사회복지사는 환자의 심리사회적 문제에 초점을 둔다. 또한 지역사회에서도 보건의료와 관련된 다학문적 집단교육을 실시할 수 있는데, 이때에는 프로그램을 기획하고 조정하는 역할도 포함된다.

(2) 구조화된 팀협력의 형태

① 단일학문팀

단일학문팀(unidisciplinary team)은 한 영역의 전문가가 클라이언트에게 자신의 숙련 분야의 서비스를 제공한다. 예컨대 한 병원에서 의사가 혼자 환자의 질병을 진단, 치료 그리고 예방까지 전담하는 경우를 말한다(최송식, 1998 : 65).

② 다학문팀

다학문팀(multidisciplinary team)은 팀 내의 위계질서가 분명하고 리더는 의학적 전문성과 법적 책임이 있는 의사가 담당한다. 다학문팀은 개입 계획이나 결과를 공유하기는 하지만 개입활동을 조정하지는 않는다(최송식, 1998 : 71). 이는 병원의 중환자실팀, 수술실팀 등에서 활용하는 팀 접근이며 주로 의사가 리더로서 역할을 수행한다. 병원에서 의료사회복지사가 참여하는 다학문팀은 재활의학과, 장기이식팀 등이라고 할 수 있다.

③ 학제간팀

학제간팀(inter-disciplinary team)은 다학문팀과 다르게 클라이언트에게 제공되는 서비스를 전문가 간 협력적으로 통합하고 조정하는 팀을 말한다. 보건의료현장에서 학제간팀 접근은 클라이언트의 질병에만 초점을 맞추기보다는 생리 · 심리 · 사회 · 문화적인 통합적 관점을 유지한다. 학제간팀은 다학문팀보다 구조가 위계적이지 않고 클라이언트와 가족의 참여가 권장되고 그들의 욕구를 해결하기 위해 협력한다(최송식, 1998 : 72).

학제간팀은 병원보다는 지역사회보건기관에서 자주 활용된다. 예컨대 지역보건소에서 클라이언트의 건강보호를 위해 간호사, 사회복지사, 물리치료사, 작업치료사가 일주일에 두 번 만나는 팀이 여기에 해당한다(강흥구, 2014 : 140). 또한 노인성 질환을 지닌 사람은 신체 · 심리 · 사회 · 문화적으로 다양한 욕구의 충족을 위해 통합적 평가와 개입이 필요하다. 이때에는 지역사회나 의료기관의 전문가들이 학제간팀 접근을 해야 환자나 가족의 욕구를 충족할 수 있고 장기적으로는 비용도 절감된다.

④ 학제초월팀

학제초월팀(trans-disciplinary team)은 다양한 영역의 전문가로 구성된 팀이 자신의 전문 영역을 고집하지 않고 필요한 경우 융통성 있게 역할을 수행한다. 전문가들은 자신의 분야뿐만 아니라 타 전문 영역의 지식이나 기술도 어느 정도 숙련되어 있어야 한다(최송식, 1998 : 73). 이는 의료기관보다는 지역사회의 정신건강 복지센터나 정신재활센터 등에서 볼 수 있는 협력 방법이다.

3) 팀협력의 과제

의료사회복지사는 전문가팀 간 협력의 과정에서 조직 내의 힘의 불균형으로 인해 어려움이나 갈등을 겪을 수 있다. 의료사회복지사의 대부분 업무는 기관 내·외부의 타 전문가나 팀과 관련되어 있을 수밖에 없다. 예컨대 병원 내에서 새로운 프로그램을 실시한다고 하면 의사와 간호사, 행정요원의 협력이 필수적이다. 또한 환자와 가족의 동의가 필요하고 공간을 확보하기 위해 담당자와 협의해야 한다. 반대로 의료진이나 행정요원이 서비스를 의뢰하더라도 병원 내부 그리고 지역사회의 자원을 확보하기 위해 다양한 영역의 사람이나 조직과 협력할 수밖에 없다.

의료사회복지는 병원 등의 보건의료현장에서 일차적 서비스가 아니라 이차적 서비스로 분류되기 때문에 의료서비스보다 중요성이나 필요성을 강조하기 어려운 경우도 많다. 또한 의료사회복지부서 전체 구성원이 한 명일 수도 있어 다수의 전문가로 구성된 의료팀과의 협력 과정에서 다수의 힘에 압도될 수도 있다. 의료사회복지사는 보건의료현장에서 팀협력이 필수 업무이지만 여러 가지 어려움을 겪는다. 따라서 의료사회복지팀이나 의료사회복지사는 다음과 같은 전략이나 대처 방안들을 중심으로 대응할 필요가 있다.

첫째, 모든 협력의 중심은 일, 즉 업무에 두어야 한다. 협력의 목적을 뚜렷하게 정리하고 이를 달성할 수 있도록 구체적 수단이나 방안들을 만들고 추진하는 데 초점을 두어야 한다. 어떠한 팀협력이라도 최종 목표는 클라이언트, 즉 환자와 가족의 건강과 삶의 질 향상이라는 사실을 강조할 필요가 있다.

둘째, 팀협력에서 발생하는 갈등을 해결과제로 삼아야 한다. 팀협력을 하다 보면 환자의 입장에서 바람직하지만 부서나 전문가 이기주의로 반대 의견을 주장하는 팀도 있다. 이때 의료사회복지사는 정서적 대응으로 에너지를 소진하지 말고 실제적이고 해결 가능한 방안들을 중심으로 협력의 과정을 진행할 필요가 있다.

셋째, 외부 조직이나 기관과의 연대가 필요하다. 특히 한 기관에 한 명의 의료사회복지사만 있다면 자원봉사자라든지, 지역사회의 공공 및 민간 기관의 전문가들과 평상시 친밀한 관계를 형성해 둘 필요가 있다. 어떤 경우 팀협력 과정의 갈등이나 힘의 불균형 문제를 외부 조직이나 기관과 적절히 연대하여 해결할 수도 있다.

넷째, 팀워크를 형성하기 위해 노력해야 한다. 다수의 의료사회복지사가 팀으로 조직되어 있다면 내부의 팀워크를 위해 평상시 상호 존중하고 성장할 수 있도록 분위기를 만들 필요가 있다. 이를 통해 다른 전문가나 팀과의 협력에서 목적 달성을 위한 단결된 힘을 보여줄 수 있다. 또한 의료사회복지사는 자신이 속한 조직 전체의 팀워크를 향상하는 데 기여할 필요가 있다. 예를 들면, 기관 전체 야유회나 체육대회, 사례회의, 워크숍 등에 적극적으로 참여하여 다른 팀과의 유대를 강화하는 것을 말한다. 이를 통해 향후 팀협력에서 발생할 수 있는 불필요한 정서적 갈등이나 업무 이외의 불협화음을 사전에 차단할 수 있다.

다섯째, 개인이나 팀의 변화를 보여줄 필요가 있다. 의료사회복지사는 지역 내 연구모임이나 유관기관 활동에 참여하고, 대학원에 진학하여 연구방법이나 관련 주제들을 학습하여 업무와 연결하고 적용할 필요가 있다. 의료사회복지팀의 활동 내용을 기관 소식지나 외부 대중매체를 통해 홍보하는 것도 중요하다. 이러한 변화의 과정과 내용들은 이후 팀협력에서 긍정적으로 작용할 가능성이 높다.

3 자원발굴과 활용

1) 자원봉사자 관리

의료사회복지사는 지역사회로부터 인적·물적 자원을 활용하는 데 강점을 지니고 있다. 의료기관의 다른 어떤 전문직보다 지역사회의 자원을 발굴하고 활용할 수 있는 전문성을 확보하고 있다. 인적 자원 개발의 대표적인 사례는 자원봉사자 관리이고, 물적 자원 개발의 대표적인 예시가 바로 의료비 지원이다. 두 가지 실천 모두 의료사회복지의 위상 강화, 병원 경영상의 기여, 지역사회 협력과 보호의 기능을 동시에 달성할 수 있다. 먼저 자원봉사자 관리의 의의와 과정을 살펴볼 것이다.

(1) 의료기관 자원봉사의 의의

① 의료기관 측면

의료기관의 입장에서 보면 자원봉사자를 활용하여 양적 · 질적 서비스 수준을 높일 수 있다. 의료기관들은 경영상의 이유로 제공할 수 없었던 업무와 서비스들을 자원봉사자들을 활용하여 제공할 수 있다. 또한 의료기관의 자원봉사는 선호하는 사람들이 많고 전문직 종사자들도 다수 참여하고 있다. 따라서 단순 자원봉사가 아니라 질적으로 높은 자원봉사를 통해 의료기관의 이미지를 향상시키고 경영의 효율성도 높일 수 있다.

자원봉사가 병원 운영에 기여하는 효율성을 구체적으로 확인한 결과도 있다. 강흥구(2001)의 조사에 의하면 일주일에 1회 3~4시간씩 봉사하는 자원봉사자의 경우 약 20명당 정규 직원 1명의 몫을 대체하는 것으로 나타났다(강흥구, 2014 : 269 재인용). 예컨대 이러한 자원봉사자가 100명 있는 병원의 경우 정규 직원 5명의 몫을 대체하는 것이 된다. 만약 단순한 업무를 처리하는 직원의 연봉을 2,000만 원이라고 가정할 경우, 자원봉사자 관리에 투입되는 예산이 2,000만 원이라고 하더라도 연간 8,000천만 원의 예산 절감 효과를 기대할 수 있다.

② 이용자 측면

의료기관의 이용자들은 자신이나 가족의 위기 상황에 노출되어 있기 때문에 불안하고 낯선 공간에서 처음으로 시도해야 하는 일들로 불편함을 겪을 수 있다. 잘 교육받은 자원봉사자들은 이용자들을 따뜻하고 친절하게 대하여 안정감을 높이고 의료기관 이용의 불편함을 감소시킬 수 있다. 의료기관의 의료진이나 행정 직원들은 업무의 특성상 긴 시간 동안 차분하게 행정 절차나 방법들을 이용자에게 설명하기 어려운 측면이 있다. 이를 보완하는 자원봉사자의 역할로 인해 의료기관에 대한 긍정적 이미지뿐만 아니라 이용자를 위한 접근성과 서비스 만족도를 높이는 결과를 가져온다.

③ 지역사회 측면

자원봉사자는 지역사회 내의 인적 자원을 활용하므로 공동체의 연대감과 협력 및 보호를 활성화하는 촉매 역할을 할 수 있다. 만약 한 곳의 병원을 중심으로 형성된 자원봉사자들이 있다면 그러한 참여 경험을 통해 시민의식을 성숙시키고 지역사회 내의 문제를 해결하는 데 동참할 수도 있다. 또한 자원봉사자 개인 차원에서도 의료기관 자원봉사를 통해 성장과 자기실현 혹은 삶의 새로운 활력을 찾는 기회가 될 수 있다.

④ 의료사회복지사 측면

의료사회복지사는 미시적 차원에서 자원봉사 관리라는 업무를 통해 사회복지팀을 홍보할 수 있다. 또한 자원봉사자의 힘을 통해 의료사회복지서비스의 정당성을 확보하거나 병원 경영에도 이바지하는 측면을 강조할 수 있다. 그러나 가장 중요한 것은 의료기관 이용의 어려움을 겪는 환자와 가족에게 정서적 · 실제적 도움이 될 수 있도록 하는 것이다. 이와 같은 목적을 이해하면서 의료사회복지사는 의료기관 자원봉사의 긍정적 측면을 강화해 나갈 필요가 있다.

(2) 의료기관 자원봉사의 관리 단계

의료기관 자원봉사자 관리는 대부분 의료사회복지팀에서 수행한다. 의료사회복지사는 자원봉사자들을 모집하고 훈련하며 연결하고 조정하는 업무를 수행한다. 일반적으로 다음과 같은 단계로 자원봉사자들을 관리한다(김연수 외, 2022 : 193-195).

① 자원봉사관리체계 기획

의료기관 내 기존의 자원봉사관리체계가 마련되어 있지 않다면 기관 전체 자원봉사의 목적과 필요성, 그리고 절차를 기획하여 공식적 의사결정 과정을 통해 승인받을 필요가 있다. 기존의 자원봉사관리체계가 수립되어 있고 새로운 자원봉사 영역이 필요하다면 세부 목표와 절차를 기획하여 담당 부서와 협력하여 계획을 수립한다.

② 홍보와 모집

의료사회복지사는 승인된 절차로 자원봉사자를 모집한다. 자원봉사자를 모집하기 위해서는 홍보를 해야 하는데 지역 방송매체나 홍보문 부착, SNS 등을 통해 할 수 있다. 모집 내용에는 목적, 자격, 활동내용, 접수처, 혜택 등을 명확하게 제시할 필요가 있다.

③ 접수

의료사회복지사는 자원봉사 신청을 받고 접수를 한다. 기본적 인적사항뿐만 아니라 활동 가능한 시간이나 자원봉사자의 조건 등을 확인한다. 이 과정에서 자원봉사자의 의도가 진료비 감면 혜택이나 진료순서의 특혜, 특정 단체의 사업이나 상품의 홍보를 위한 것인지 파악하는 것도 중요하다.

④ 교육훈련

자원봉사자 교육훈련은 크게 기본 교육과 업무 교육으로 구분할 수 있다. 기본 교육은 자원봉사의 의의와 목적 등을 모든 자원봉사자를 대상으로 한다. 업무 교육 훈련은 자원봉사자가 배치되거나 수행하는 업무에 대한 이해나 적응력을 높이기 위한 것이다.

⑤ 배치

자원봉사자의 배치는 봉사의 지속성이나 자원봉사자나 서비스 이용자의 만족도와 관련이 있기 때문에 중요하다. 의료기관에서 자원봉사자가 필요한 영역들은 다음과 같다.

■ 안내

자원봉사자는 접수안내창구를 활용하는 이용자들을 돕는다. 자원봉사자는 초진기록지 작성 보조, 진료안내, 병원시설 안내 등을 맡는다. 어떤 경우에는 특정 질환이나 증상에 대해 진료과를 안내할 수도 있으므로 간단한 의료지식을 필요로 한다.

■ 병실봉사

입원환자에 대한 간병 봉사, 병실 환자를 대상으로 도서를 빌려주는 도서봉사, 신생아실에서 하는 기저귀 갈기, 수유하기 등의 봉사, 소아환자를 위한 탁아봉사, 장기 입원 아동 · 청소년을 대상으로 하는 학습지도봉사, 임종을 앞둔 환자와 가족을 위한 호스피스 봉사 등이다. 이는 전문적 지식이나 숙련 기간이 필요하다.

■ 서비스지원봉사

의료기관에서 지원하는 각종 소모품을 정리하거나 제작하는 봉사, 약국에서 약을 일정하게 분리하거나 잘못 조제된 약의 포장제거 및 분리업무 등의 봉사, 각종 검사실(위내시경실, 채혈실, 방사선과 검사실 등)이나 응급실에서 정리와 질서유지를 하는 봉사, 의무기록실이나 원무과 등에서 관련 서류들을 정리하고 전달하는 행정서비스봉사 등을 말한다.

⑥ 점검과 평가

의료사회복지사는 자원봉사활동에 대해 주기적 혹은 상시적으로 점검하고 평가할 필요가 있다. 점검은 자원봉사자 입장, 각 부서의 입장, 이용자의 만족도 등을 중심으로 실시된다. 점검과 평가는 자원봉사자 개인을 평가하는 것이 아니라 원래의 자원봉사의 목적과 내용에 대한 사항이어야 한다. 점검과 평가는 언제나 의료서비스 이용자에 초점을 두어야 한다.

2) 의료비 지원

물적 자원 개발의 대표적인 예인 의료비 지원의 의의와 과정을 살펴보고자 한다. 의료비 지원은 의료사회복지사가 환자와 가족 및 의료기관으로부터 가장 많이 지지받는 활동 중의 하나이다.

(1) 의료비 지원의 의의

의료사회복지의 입장에서 보면 의료비 지원의 의의는 크게 두 가지, 즉 환자와 가족을 위한 경제적 지원으로 삶의 질을 보장하는 측면과 병원 경영의 효율성을 강화하는 측면이라고 할 수 있다.

한 명의 개인에 대한 의료비 지원이라 할지라도 거시적으로 보면 사회적 불평등을 해소하여 구성원들의 인권을 보장하는 수단으로 볼 수 있다. 우리나라는 국민건강보험제도와 의료급여제도를 통해 전 국민 누구나 의료비에 대한 걱정 없이 치료를 받을 수 있음을 자랑하고 있다. 그러나 본인부담금이라든지 비급여 항목이 엄연히 존재한다. 또한 만성질환이라든지 희귀난치성질환의 경우에 의료보장제도로 지원하고 있지만 사각지대가 있으며, 긴급한 의료비 지출을 감당할 수 없는 사회구성원들도 다수 발생하고 있다.

의료는 사람들이 삶을 살아가는 과정의 기본적이고 필수적인 요소이다. 대부분의 의료서비스는 치료해야 할 질병과 관련이 있다. 만약 의료서비스를 통해 치료할 수 있는 질병을 경제적 문제로 방치한다면 개인의 인간다운 삶을 제한하는 것임과 동시에 정의로운 사회와도 멀어지는 것이다.

의료사회복지사는 개별 환자에게 지원하는 의료비 지원이 자신이 속한 조직의 안정성을 강화할 뿐만 아니라 사회구성원으로서의 개인이 인권을 향유하고 사회 전체가 보다 정의롭게 변하는 데 이바지한다는 사실을 알 필요가 있다. 그렇게 하기 위해서는 의료비 지원의 과정이 투명하고 모금의 목적과 방법이 타당하며 절차적 공정성도 확보해야 한다.

(2) 의료비 지원의 과정

① 지원대상 선정

의료사회복지사는 대상자의 자발적 신청, 의료기관 내 진료부서나 원무과의 의뢰, 그리고 지역사회 내 기관으로부터 의뢰받아 의료비 지원대상을 발굴하고 선정한다. 의료사회복지사는 지원대상을 선정할 때 객관적이고 합리적인 판단 기준에 근거해야 한다.

대상 선정은 개별 상황에 따른 전문적 융통성이 필요하지만 기본적인 절차와 지침이 필요하며 최종 심의기구 등을 두어 공정하게 처리해야 한다. 또한 지원 대상자 면담 과정에서는 대상자가 수치심을 느끼지 않도록 하고, 모든 의뢰 대상이 의료비 지원을 받을 수 없기 때문에 그에 따른 정서적 대응이나 방안도 마련할 필요가 있다.

② 자원 동원

의료사회복지사가 의료비를 모금할 수 있는 방법은 의료기관 내·외부의 자원 동원이다. 의료기관 내부의 기금은 조직 내 기금 사용을 위한 기준이 있기 때문에 이에 따르면 된다. 만약 의료기관 내부의 의료비 기금을 사회복지팀에서 운영한다면 기준과 절차를 보다 더 투명하게 할 필요가 있다.

의료기관 외부의 기금은 정부나 공공 및 민간 기관, 특별기금행사, 그리고 개인 후원자를 발굴하여 확보할 수 있다. 정부나 지방자치단체를 통해 활용할 수 있는 대표적 제도는 긴급의료비지원제도 등이 있으며, 민간 외부기관으로는 사회복지공동모금회나 기업의 사회공헌팀 등으로부터 지원을 받을 수 있다.

특별기금행사는 걷기대회, 음악회, 전시회와 같은 기금 마련 행사를 말한다. 이때 주의해야 할 점은 지나치게 환자 개인의 경제적 빈곤이나 곤란을 부각시키지 않아야 한다는 것이다. 왜냐하면 의료비를 지원받은 대상자가 지역사회로 돌아가야 하기 때문에 개인의 프라이버시가 지나치게 노출된다면 개인의 일상생활에 도움이 되지 않기 때문이다.

개인 후원자를 통해 기금을 확보하기 위해서는 기금의 사용 목적을 분명히 설명하고 사용 후에도 그 과정을 소상히 밝히는 것이 중요하다. 개별 환자를 위한 모금보다는 소아암환자, 화상환자, 절단환자, 척수손상환자 등을 대상으로 하여 구체적 기금 성격을 제안하는 것이 바람직하다. 예컨대 A 공장 화재로 화상을 입은 외국인노동자 5명을 위한 사회재활 기금 등이다.

③ 자원 연결

의료비 지원이 결정되면 대상자에게 연락하여 기금 마련의 방법 등에 관하여 동의를 얻는다. 이때 의료비를 어떠한 방식으로 모금하는지를 대상자에게 상세하게 설명하고 동의를 얻어야 한다. 모금액을 따로 정하지 않는 경우라면 그러한 상황에 대해서도 대상자에게 알려야 한다. 지원 과정이 종료되면 후원금이 투명하게 사용되었음을 확인할 수 있는 자료들을 보관하고 있어야 한다.

4 퇴원계획

1) 퇴원계획의 정의와 필요성

퇴원계획은 의료기관의 경영상의 효율과 환자의 치료 및 만족도를 향상하는 목표를 동시에 달성할 수 있는 방법이다. 퇴원계획은 미국에서 시작되고 활성화되었으며, 우리나라에 맞게 적용한다면 환자와 가족을 위한 실질적 도움이 될 수 있다.

(1) 퇴원계획의 정의

퇴원계획은 미국에서 비롯되었다. 1965년 미국에서 메디케어와 메디케이드 제도가 시행되어 의료비 지출이 증가하게 되었고, 이에 대한 해결책으로 제시된 포괄수가제로 조기퇴원을 통한 의료서비스 효율성을 강조하면서 발달하였다. 미국에서는 퇴원계획을 위한 팀접근에서 의료사회복지사의 역할이 강화되어 왔다.

퇴원계획(discharge planning)이란 환자를 병원에서 지역사회로 복귀시키는 과정에서 양질의 서비스를 제공하기 위해 이루어지는 전문직 간의 상호활동이다(James, 1987, 강흥구, 2014 : 294 재인용). 생태체계적 맥락에서 본다면 퇴원계획은 환자, 가족, 치료팀, 병원, 지역사회 등의 많은 집단과 체계 간의 상호작용과 서비스의 연결, 조정 등을 통해 환자가 지역사회로 안정되게 적응할 수 있도록 돕는 복합적인 심리 · 사회적 활동이다(박은주, 1995 : 2).

퇴원계획은 의료기관의 클라이언트가 자신이 거주하였던 지역사회로 되돌아가는 것을 의미하며, 신체적 질병뿐만 아니라 심리 · 사회 · 경제적 측면을 통합적으로 사정하고 실천하는 것이며 보통 팀접근을 필요로 한다. 퇴원계획은 병원경영 측면에서나 환자의 치료적인 면에서도 중요하기 때문에 의료사회복지사의 중요한 역할로 간주되고 있다(황숙연, 1994 : 12). 퇴원계획은 치료팀 모두의 참여가 필요하기 때문에 의료기관 내부의 명확한 규정이나 지침이 있어야 한다. 의료사회복지사가 퇴원계획 팀에서 사례관리의 방법을 적용한다면 효과적인 개입이 될 수 있다.

(2) 퇴원계획의 필요성

퇴원계획의 필요성은 의료적 · 경제적 · 사회적 측면으로 구분하여 살펴볼 수 있다(임승규, 1997; 황숙연, 1994).

첫째, 의료적 측면이다. 생활환경의 변화와 의료기술의 발전 등으로 평균 수명이 연장되었고, 만성질환자의 증가나 교통사고와 산업재해로 인한 후천적 장애로 복합적인 문제를 지닌 사람들이 의료기관에 입원하고 있다. 이로 인해 의료기관은 단순히 질병을 진단하고 치료하는 것에서 그치지 않고 환자에 대한 지속적이고 포괄적인 개입이 필요하게 되었다. 의료기관은 급성 치료단계부터 퇴원 후의 적절한 배치와 보호에까지 포괄적이고 연속적 서비스를 제공해야 할 책임으로부터 자유롭지 않게 되었다. 이를 위한 의료서비스가 바로 퇴원계획이라 할 수 있다.

둘째, 경제적 측면이다. 의료서비스의 효율적 활용과 의료기관 경영상의 목적을 의미한다. 국가적으로나 개별 병원 단위에서도 최소의 비용으로 최대의 효과를 거두려는 방편으로 퇴원계획을 활용하고자 한다. 예컨대 포괄수가제(DRG)에 의한 진료비 지불방식으로 전환된 질병이라면 최소 기간의 입원으로 치료 목표를 달성해야 환자나 의료기관에 유익하다. 이때 퇴원계획을 통해 불필요한 의료비를 줄이고 환자의 일상생활 적응을 앞당길 수 있다.

셋째, 사회적 측면이다. 이는 지속적이고 충분한 치료와 보호를 받고 싶은 환자의 욕구를 충족시켜 주는 것과 관련이 있다. 만약 의료기관이 재정 효율성만 강조하여 적절한 치료와 지속적 보호를 하지 않거나, 혹은 그렇다고 환자가 생각한다면 의료기관과 환자 간 갈등이 발생한다. 이렇게 되면 환자의 치료와 회복에도 문제가 발생하고 의료기관 입장에서도 효과적인 치료를 할 수 없거나 부정적 평판을 얻게 된다.

따라서 퇴원계획을 통해 의료기관의 재정 효율성 달성과 환자가 충분하고 적절한 치료를 받을 수 있는 권리를 동시에 충족시킬 수 있다. 의료사회복지사는 환자가 지역사회에 복귀하는 과정에서 연속적 서비스를 받을 수 있도록 다양한 자원을 지원하면서 환자와 가족의 권익을 옹호하는 역할을 수행할 필요가 있다.

2) 퇴원계획의 과정

퇴원계획의 단계는 사회복지실천의 과정과 유사하지만 세부 내용에서는 차이가 있다. 여기서는 퇴원계획의 과정을 선별단계, 동의 및 정보수집단계, 계획수립 및 실행단계, 평가 및 점검단계로 살펴보고자 한다(강흥구, 2014; 김연수 외, 2022).

(1) 선별단계

퇴원계획의 기본은 입원에서부터 수립하는 것이다. 입원계획을 통해 입원 기간 중에 발생할 수 있는 문제에 대해 사전에 대처하여 조기퇴원이 가능하도록 할 수 있다. 퇴원계획 대상자를 선별하기 위해서는 고위험 환자를 대상으로 선별할 수 있다. 고위험 환자를 선별하여 퇴원계획을 수립하게 되면 병원 운영을 효율적이고 합리적으로 할 수 있다. 또한 환자 입장에서도 사회적 요인으로 입원을 지속하거나 진료 종결 과정의 문제를 확인하고 대처할 수 있다.

퇴원계획의 대상이 되는 고위험 환자는 진료비 지불능력이 없거나, 고가의 진료비가 예상되거나, 진료비 납부 책임자가 제3자이거나, 미혼부모나 10대 부모이거나, 신생아에 문제가 있거나, 가족이 없거나, 영구적 장애가 남거나, 정서적 문제를 보이거나, 학대가 의심되거나, 만성질환자이거나, 국민기초생활수급권자이거나, 자살 위험이 있는 경우 등이라고 할 수 있다. 중복되는 요인들이 많으면 많을수록 퇴원계획의 대상자로 선별될 가능성은 높아진다.

(2) 동의 및 정보수집단계

퇴원계획의 대상자가 되면 의료사회복지사는 환자의 동의를 얻고 관련된 정보를 수집해야 한다. 정보는 환자와 가족에 대한 일반적 정보부터 의료적 문제, 향후 치료계획, 예상되는 장애나 지지체계 및 활용 가능한 자원 등을 말한다.

(3) 계획수립 및 실행단계

퇴원계획을 수립하기 위해서는 사정을 필요로 한다. 퇴원계획의 사정에 고려할 요소는 가족의 퇴원계획, 퇴원문제, 퇴원 결정에 따른 문제가 있다(강흥구, 2014 : 306). 가족의 퇴원계획에는 시간, 장소, 간병자 및 가족의 욕구를 포함한다. 퇴원문제는 퇴원 후 거주할 곳, 퇴원 후 보호 제공자, 진료비, 법률적 문제, 제3자 지불체계로 인한 퇴원 지연, 퇴원 거부 등을 확인하는 것이다. 퇴원 결정에 따른 문제는 퇴원의 주 결정자, 간병의 주체, 가족들의 역할 변화에 따른 적응, 지속적 의료비 문제, 환자에 대한 건강관리, 가옥 구조의 변화, 의료용품이나 보장구의 활용, 퇴원에 따른 사회적 제도 적용(예 장애인 등록) 등이다.

(4) 평가 및 점검단계

퇴원계획의 전반적 과정을 점검하고 평가하며 보완되어야 할 부분을 수정하는 단계이다. 의료기관 내의 제도나 규정으로 확립되어 있어야 하고 특정 사례에 대한 명확한 목표와 성과가 사전에 제시되어야 가능하다.

3) 퇴원계획의 이슈

우리나라의 경우 퇴원계획이 구체적이고 조직적으로 활성화되어 있다고 보기는 어렵다. 입원계획의 경우에는 장기이식 환자 등에서 이루어지고 있으나 퇴원계획 대상자 선별을 위한 고위험 환자를 발견하는 시스템도 제대로 갖추어져 있지 않다. 보통 각 임상 과에서 퇴원계획을 의뢰하게 되면 불규칙적으로 시행하는 정도라 할 수 있다. 의료사회복지사는 퇴원계획을 중요한 업무라고 인식하더라도 조직이나 타 전문가가 다르게 생각할 수 있음을 알아야 한다. 따라서 퇴원계획은 다음과 같은 이슈들을 점검하면서 진행할 필요가 있다(윤현숙 · 김연옥 · 황숙연, 2011 : 232).

첫째, 병원의 효율성과 환자의 의료서비스 만족도가 동시에 충족되어야 한다. 단지 퇴원계획이 병상가동률을 높이는 침상 비워주기가 되어서는 안 된다.

둘째, 퇴원계획은 절차 매뉴얼로 진행되는 단순 과정이 아니라 정교하고 복합적인 기술을 요하는 전문 과정이다.

셋째, 퇴원계획은 의료서비스의 종결이 아니라 연속적 서비스 과정 중의 하나이다. 즉, 퇴원계획은 환자가 퇴원하면 마무리되는 종결이 아니라 지역사회로까지 확장된 서비스를 제공할 책임을 포함한다는 의미이다.

넷째, 퇴원계획은 다양한 전문가들이 함께 참여하므로 갈등이 있을 수 있는데 이를 조정할 수 있는 기능과 규정을 마련해 두어야 한다.

5 실습 및 수련 교육

1) 실습교육

실습교육은 의료사회복지사나 의료사회복지부서의 필수 업무는 아니지만 여건이 된다면 실습교육기관으로 인증받는 것이 좋다. 보건의료현장의 실습은 의료사회복지사에게 많은 부담이 되는 것도 사실이다. 특히 병원의 의료사회복지팀은 실습생을 위한 공간 마련이 쉽지 않고 다른 전문직이나 관련 부서로부터 허가나 협력을 얻어야 한다. 또한 실습생들은 병원에 입원한 환자들과 직접 만나기 때문에 사생활 보장이라든지 부적절한 관계 형성에도 관심을 기울여야 한다. 따라서 많은 기관에서 의료사회복지 실습교육을 실시하지 않기 때문에 학생들이 실습기관을 찾기가 쉽지 않다. 실습기관은 대한의료사회복지사협회 홈페이지나 개별 의료기관의 홈페이지를 통해 확인할 수 있다.

의료사회복지 실습은 학생들에게 유용성이 많다. 보건의료현장은 사회복지의 이차 현장(secondary setting) 중 대표적이라 할 수 있으며 학생들에게 임상적 경험을 제공할 수 있는 기관들로 구성되어 있다. 또한 타 전문직과의 협력 과정을 체험할 수 있으며, 보건의료서비스의 독특한 특성들도 경험할 수 있다. 그러나 보건의료기관 실습은 의학용어나 특정 질환 관련 의학 지식을 습득해야 하거나 위계적 구조 속의 다른 전문직과 관계를 형성해야 하는 등 쉽지 않은 과정이다.

보건의료기관 취업이나 수련을 목적으로 하는 학생들은 다양한 사전 정보들을 습득하고 본인의 직업 정체성을 확인한 후 실습 기관을 선택할 필요가 있다. 실습기관은 학생들이 의료사회복지실천을 충분히 경험할 수 있도록 실습프로그램을 개발하여 적용해야 한다.

2) 수련교육

수련교육은 2018년 11월 사회복지사업법 개정안이 통과되어 2020년 12월 12

일부터 시행된 의료사회복지사 국가자격의 신설로 더욱 중요하게 되었다. 의료사회복지사 자격제도는 2008년부터 대한의료사회복지사협회가 주관하여 민간자격으로 운영되었으나 2020년부터 국가자격으로 전환된 것이다.

의료사회복지사 자격은 사회복지사업법 제11조 제2항에 따라 사회복지사 1급 자격을 취득한 후 수련 인증기관에서 1년 이상 보건복지부령으로 정하는 수련과정을 이수한 자에게 주어진다. 따라서 의료사회복지사 수련제도는 의료사회복지사 자격자 배출을 목적으로 운영되는 법정 교육과정으로, 2022년 기준 전국 26개 의료기관이 수련기관으로 인증받고 수련교육에 참여하고 있다(대한의료사회복지사협회 홈페이지).

의료사회복지사 수련은 사회복지사 1급 자격을 취득하고 수련기관에 선발된 자를 대상으로 한다. 수련과정은 이론, 실습, 학술활동의 세 부분으로 구성되어 있고 이론교육 150시간, 임상실습 830시간, 학술활동 20시간으로 과목별 실습시간을 준수하여 1년 이상 총 1,000시간 이상으로 진행된다(대한의료사회복지사협회 홈페이지).

수련기관은 의료사회복지 업무를 수행하는 담당 부서를 갖추고, 5년 이상의 의료사회복지사 실무경험이 있는 사람 1명 이상이 수련지도자로 상시근무하는 의료법 제3조 제2항 제3호에 따른 병원급 의료기관(정신병원은 제외)에서 신청하여 지정받을 수 있다(사회복지사업법 시행규칙 제4조의2). 수련기관 지정기간은 3년간 유효하며 해당기간 이후 재승인을 받아야 한다.

수련지도자의 자격 요건은 사회복지사 1급 및 의료사회복지사 자격증 취득 후 취득일자 기준으로 5년 이상 실무경력이 있으며, 수련기관에 상근하여 재직 중이며 수련지도자 관련 교육을 이수한 자로 보건복지부로부터 인증된 자 중 위촉한다(사회복지사업법 시행규칙 제4조의2).

수련생은 수련 후 평가를 통해 자격증을 받는다. 수련평가는 실습평가와 학습평가로 구분할 수 있는데 실습평가는 수련기관의 장이 확인서로 인정하고 학습평가는 수련과제와 지필시험으로 확인한다. 모든 수련과정을 이수하면 한국사회복지사협회에서 신청서를 받고 검토 후 보건복지부장관 명의의 의료사회복지사 자격증을 발급한다.

CHAPTER 11

만성질환과 의료사회복지실천

개 요

제11장은 만성신부전, 암, 뇌졸중, 당뇨병과 같은 만성질환의 특성과 의료사회복지의 접근 방안들을 설명하고 있다. 이러한 내용들은 의료사회복지사뿐만 아니라 지역사회에서 활동하는 사회복지사들에게도 유용한 지식이 될 수 있다.

만성신부전 환자는 신장이식을 하기 전에는 일주일에 2~3번 규칙적으로 투석을 해야 하기 때문에 삶의 모든 영역에서 제약을 받는다. 또한 환자의 신체적 · 심리적 고통은 다른 어떤 만성화된 질병보다도 크다고 할 수 있다. 암은 과거에 비해 치료 가능성이나 생존율이 높아졌지만 여전히 생명을 위협하는 질병이며, 소아암의 경우에는 환자뿐만 아니라 가족 모두의 불안이 증가하고 경제적 어려움도 가중된다. 당뇨병은 현대의 질병이라고 불릴 만큼 환자가 늘어나고 있으며, 소아당뇨병 환자는 발달과정상의 여러 어려움을 겪는다. 장기이식은 과거에는 신장이식 위주였지만 최근에는 간장, 심장, 폐, 췌장, 췌도, 소장, 안구 등 다양한 장기에 대해 생체 및 사체 이식을 한다. 사회복지사는 장기이식팀에서 활동할 수 있는 법적 근거를 확보하고 있다.

학습목표

1. 만성신부전의 의료적 특성을 이해하면서 환자와 가족의 심리사회적 문제와 욕구를 바탕으로 의료사회복지의 실천방법을 설명할 수 있다.
2. 암의 의료적 특성을 이해하면서 성인암 및 소아암 환자와 가족의 심리사회적 문제와 욕구를 바탕으로 의료사회복지의 실천방법을 설명할 수 있다.
3. 뇌졸중의 의료적 특성을 이해하면서 환자와 가족의 심리사회적 문제와 욕구를 바탕으로 의료사회복지의 실천방법을 설명할 수 있다.
4. 당뇨병의 의료적 특성을 이해하면서 환자와 가족의 심리사회적 문제와 욕구를 바탕으로 의료사회복지의 실천방법을 설명할 수 있다.
5. 장기이식의 의료적 특성을 이해하면서 환자와 기증자 및 가족의 심리사회적 문제와 욕구를 바탕으로 의료사회복지의 실천방법을 설명할 수 있다.

1 만성신부전

1) 의료적 특성

신부전(renal failure)은 신장 기능의 상실로 발생하는데 급성과 만성으로 구분된다. 신부전이 생기면 몸속의 노폐물이 쌓이고, 소변은 감소하며(완전히 중단될 수도 있음), 적혈구 생산이 줄어든다. 의료사회복지사는 주로 만성신부전 환자와 관련된 업무를 수행한다. 만성신부전은 장기간에 걸쳐 여러 원인에 의해 비가역적으로 배설, 조절, 대사 및 내분비적 신장 기능이 전체적으로 저하되거나 이상 반응을 보이는 상태를 말한다. 만성신부전은 주로 오래된 당뇨병이나 고혈압 등의 원인으로 발생한다.

만성신부전의 초기증상으로는 야뇨가 특징이지만 신장이 과도하게 기능이 저하되면 노폐물이 체내에 머물러 요독증(uremia)으로 사망할 수도 있다. 대부분 만성신부전은 신장의 기능이 지속적으로 감소하게 된다. 만성신부전의 대표적인 증상은 빈혈이고, 응고장애가 동반되어 잇몸의 출혈, 코피, 장출혈 등이 발생한다. 심혈관계의 합병증은 투석을 받고 있는 환자들의 사망원인 중 가장 높게 작용하고 고혈압이 중요한 위험인자이다. 소화기계통의 증상으로는 식욕부진, 오심, 구토가 나타난다. 또한 골격기관이나 피부, 내분비계통 그리고 생식기관 등에서 이상증상이 발생한다(박민수, 2019 : 181-185).

만성신부전의 치료는 크게 인공투석과 신장이식으로 구분된다. 인공투석은 혈액투석과 복막투석의 두 가지 형태가 가능하다. 혈액투석은 환자의 혈액을 관을 통해 체외로 빼내어 투석기(필터)를 통해 노폐물과 수분을 걸러낸 후 체내로 다시 주입하는 치료를 말한다. 치료시간은 환자의 상태에 따라 다르지만 보통 주 3회 투석하며 1회에 4시간 정도 걸린다(김봄이 · 김혜영 · 이지선, 2021 : 601-602).

복막투석은 환자의 복부에 관을 삽입하여 체내의 노폐물과 수분을 제거하는 치료방법이고 지속적 외래 복막투석과 자동 복막투석의 형태가 있다. 지속적 외래 복막투석은 투석액을 하루에 4회 정도 교환하고 1회 투석액 교환 시간은 약 30분이다. 자동 복막투석은 밤에 자는 동안 투석액을 자동으로 교환해 주는 방법으로 치료 시간은 8~10시간이다. 복막투석의 가장 큰 장점은 가정에서 시간을 자율적으로 조절할 수 있기 때문에 일상생활이나 사회생활에 도움이 된다. 그러나 단점으로는 복강 안에 삽입된 관을 영구적으로 지녀야 하고 복막염이 발생할 수 있다(최귀윤 · 정영순, 1995 : 118-119).

신장이식은 다른 사람의 신장을 제공받는 것을 말하며 생체이식과 사체이식의 형태가 있다. 만성신부전 환자의 신체 조직에 맞는 기증자를 찾는다면 인공투석의 고통으로부터 벗어날 수 있기 때문에 가장 원하는 치료방법이다. 그러나 기증자를 찾기가 어려우며 수술비용도 많이 들고, 이식 후 신체의 거부반응이 일어날 수 있으며 거부반응을 억제하기 위해 면역억제제를 평생 복용해야 하는 어려움도 있다.

2) 심리사회적 문제와 욕구

만성신부전 환자 및 가족의 심리사회적 문제와 욕구를 살펴보면 다음과 같다.

(1) 환자

만성신부전으로 진단되어 평생 동안 투석치료를 해야 하거나 신장이식이 필요하다는 통보를 받은 사람은 큰 충격과 혼란을 겪는다. 만성신부전 환자는 수많은 상실을 경험한다. 즉, 일상생활과 식사의 제한, 직업과 전문적 역할의 상실, 활동의 감소, 동료 환자의 죽음 등으로 인한 상실감이다. 이로 인해 환자는 우울과 절망감을 느끼며 죽고 싶다는 마음을 지닐 수 있다.

또한 투석치료를 지속하면 재정적으로 어려움을 겪거나 돌보는 가족과의 불화로 정서적 지지 기반을 상실할 수도 있다. 환자 내면의 가장 큰 스트레스는 죽음불안이다. 그들은 동료 환자의 죽음과 신체 기능이 약화되고 고통이 증가하는 것을 보면서 자신의 죽음에 대해 걱정한다. 연구에 의하면 투석을 중단한 만성신부전 환자의 96%가 한 달 안에 사망한 것으로 조사되었다(Murray, et al., 2006 : 1252). 만성신부전 환자는 죽음 불안으로 고통받고 이는 삶의 질을 저하하는 요인이 된다.

〈표 11-1〉 **혈액투석 환자의 하루**

김 씨는 65세의 만성신부전 환자이고, 매주 월요일, 수요일, 금요일에 투석을 받는다. 김 씨는 투석을 받기 위해 집에서 아침 8시에 출발하여 8시 45분에 병원에 도착한다. 오전 9시 30분부터 투석을 시작하는데 간호사가 와서 팔에 기계를 연결할 바늘을 꽂기 전에 몸무게를 측정하고(투석하는 동안 수분을 얼마나 제거해야 하는지를 측정하기 위함), 혈압을 재고, 치료받을 동안 사용할 베개와 담요를 준비한다. 4시간의 투석 시간 동안 활력징후(vital sign)를 측정하고, 약을 주고, 김 씨의 주치의, 간호사, 영양사, 사회복지사가 방문한다. 어떤 때 김 씨는 투석 후에 과도한 출혈이나 낮은 혈압과 같은 문제가 생겨서 이것이 안정될 때까지 기다렸다가 집에 가기도 한다. 오후 2시가 넘어 집으로 가는데 집에 가면 3시 정도가 된다. 아침에 일어나서 병원에서 투석받고 집에 오는 데까지 8시간 정도 걸렸다. 이를 일주일 3번 신장이식을 받기 전까지 반복해야 한다. 1박 이상의 여행이나 장거리 이동은 거의 생각하지 못하고 있다.

(2) 가족

만성신부전 환자의 가족은 초기에는 환자의 정서적 고통과 상실감에 대해 공감하고 지지한다. 그러나 시간이 지나면서 경제적 곤란과 돌봄의 문제로 인하여 가족 간 갈등이나 문제가 발생할 수 있다.

만성신부전 환자가 가족의 경제를 책임지고 있었던 사람이라면 가족 전체는 치료비와 생활비 등으로 어려움을 겪을 수 있다. 가족의 경제적 어려움은 가족 간 정서적 문제를 일으키거나 친지 및 대인관계에서 예전과 다른 갈등을 가져올 수 있다. 가족구성원 모두 새로운 생활양식을 만들고 적응해야 할 과제를 부여받는다.

투석치료를 받는 환자의 상태에 따라 다르지만 장기간 지속되면 가족구성원의 돌봄을 받아야 할 수도 있다. 가족구성원의 장기적 돌봄은 신체적 및 정서적 소진을 가져오도록 만들어서 돌봄제공자의 부담감을 극대화시켜 가족 갈등의 원인이 된다(양종철 · 임소연 · 최기철, 2004).

또한 인간 신체 구조상 신장은 2개이며 하나만으로 기능이 가능하기 때문에 가족에게는 신장이식이 중요한 이슈가 된다. 신장이식의 경우 가족구성원은 신체조직 적합도가 높을 수 있기 때문에 이식 가능성을 검사하거나 그렇게 하기를 압박 받기도 한다. 가족구성원 중에는 표면적으로 동의하지만 실제로는 거부하는 사람이 있을 수 있다. 이식 적합도 검사에 동의하지 않는 가족은 죄책감을 가질 수 있으며 만약 신장이식을 하지 않아 가족이 사망한다면 그 죄책감은 평생 이어질 수도 있다. 한편 가족구성원 중 환자에게 신장이식이 가능하다는 결과를 통보받더라도 수술에 대한 부담과 하나의 신장으로 평생을 살아야 한다는 압박감 때문에 수술 결정을 망설일 수도 있다.

3) 의료사회복지실천

만성신부전 환자를 위한 사회복지실천은 병원에 근무하는 사회복지사와 지역사회 기관에서 일하는 사회복지사가 다를 수 있다. 여기서는 병원에서 일하는 의료사회복지사의 업무에 대해 살펴보기로 한다. 의료사회복지사는 신장 치료팀과 협력하여 만성신부전 환자 사정, 환자 및 가족 상담과 교육, 위기개입, 사례관리, 재활지원 그리고 생애말 의료에서 역할을 수행한다.

의료사회복지사는 신장 치료팀과 협력하여 팀 의료 계획과정에 참여하고 환자의 심리사회적 문제와 관련된 업무를 담당한다. 만성신부전 환자를 위한 통합적 사정은 의료 과정에서 필수적이고 중요하다. 의료사회복지사는 투석이나 이식 환자 모두 사회적 · 심리적 · 경제적 · 환경적 · 문화적 욕구를 사정해야 한다. 신장이식의 경우에는 이식 기증자도 사정하고 동기와 동의를 확인하면서 불안을 감소시키고 옹호 역할을 수행한다. 또한 환자와 가족을 포함한 관련된 사람들을 상담하고 교육할 필요가 있다. 우울과 같은 정서적 문제를 포함하여 경제적 그리고 환경적 어려움에 대해 상담하고 교육한다. 교육과 상담을 통해 환자가 투석치료를 포기하거나 규칙적으로 받지 않는 것을 예방할 수 있고, 치료 과정의 부작용이나 어려움도 해결할 수 있다.

위기개입은 신장이식 과정이 원활하지 않거나 장기 투석으로 인한 우울과 상실감 때문에 좌절하여 폭력이나 자살을 시도하는 경우에 필요하다. 사례관리는 만성신부전 환자가 여러 가지 어려움이나 문제를 해결해야 할 때 제공한다. 의료사회복지사는 환자의 재활에도 참여하는데 일이나 직장, 사회활동이나 일상생활의 새로운 적응을 돕는다. 또한 의료사회복지사는 직업재활훈련을 제공하거나 연결할 수 있으며, 환자를 대변하거나 옹호하는 역할도 수행할 필요가 있다.

의료사회복지사는 필요한 경우라면 만성신부전 환자와 가족에게 생애 말기에 대한 정보를 제공한다. 말기 만성신부전 환자와 가족에게 완화의료와 생애말서비스에 대한 교육을 한다. 완화의료 프로그램에는 통증과 증상 관리, 돌봄 계획, 영적 및 심리사회적 지지를 포함한다. 의료사회복지사는 필요한 경우에 생애말서비스를 통해 환자의 자기결정을 존중하고 옹호할 필요가 있으며, 가족을 위한 사별 프로그램도 기획하고 제공한다.

2 암

1) 의료적 특성

암의 의료적 특성을 성인암과 소아암으로 구분하여 살펴보면 다음과 같다.

(1) 성인암

암(cancer)은 의학적으로 악성종양(malignant tumour)이라는 병변을 일컫는 일반적으로 통용되는 말이다. 암이란 인체 내에서 세포가 조절되지 않고 무한정 증식하면서 생기는 수백 가지의 질병을 일컫는 포괄적 용어이다.

암은 일반적으로 비정상적 세포들을 성장하게 만드는 유전형질의 손상에서 시작된다. 암 세포들은 악성종양의 형태가 되며, 건강한 조직들을 공격하고 파괴하면서 혈액이나 림프계를 통해 퍼지는데 이를 전이(metastasis)라고 한다. 암 세포의 성장이 빠르거나 공격적인 경우에 사망으로 이어지기도 하지만 많은 경우 악성종양은 느리게 성장하며 치료를 통해 조절하거나 멈추게 할 수 있다(서울대학교암병원 암건강증진센터, 2013).

암은 발생 부위에 따라 위암, 폐암, 간암, 대장암, 유방암, 자궁경부암, 전립선암, 방광암, 신장암, 구강암, 췌장암, 백혈병 등으로 분류된다. 암의 원인은 다양하지만 크게 유전적, 환경적 그리고 행동 양식에서 찾는다(서울대학교암병원 암건강증진센터, 2013). 환경적 요인으로는 유독성 화학물질이나 대기 오염과 같은 물리적 환경과 빈곤, 주거와 영양, 예방적 접근성 등과 같은 사회구조적 요인이 동시에 작용한다. 개인의 행동 양식으로는 음주나 흡연, 비만 및 식습관 등이 특정 암의 주요 원인으로 알려져 있다.

암의 치료는 수술, 항암화학치료, 방사선 치료가 적절히 혼합되어 진행된다(김세민, 2008 : 32). 암 치료의 목적은 완치이지만 경우에 따라서는 생명을 연장하거나 삶의 질을 향상하는 데 초점을 두기도 한다. 수술은 암의 예방, 진단 및 치료를 위해 이용되며, 암이 억제되어 있거나 쉽게 제거된다면 가장 효과적인 치료법이다. 항암화학치료는 신체 전반에 걸쳐 암 세포를 공격하는 수백 가지의 약품으로 치료하는 광범위한 치료법을 말한다. 방사선 치료는 악성종양을 파괴하거나 최소화하기 위해 이온화 방사선을 이용하는 것이며, 종종 수술로 접근하기 어려운 악성종양을 목표로 하기도 한다. 방사선 치료와 항암화학치료는 심신을 지치게 하며 탈모, 구토 등의 다양한 부작용으로 환자들을 힘들게 한다.

(2) 소아암

소아암(childhood cancer)은 영아기를 제외한 18세 미만의 아동이나 청소년에 발생하는 암을 의미한다. 소아암 환자의 3분의 1은 백혈병이고 그 다음으로 뇌종양이 많고 호지킨림프종, 골암, 연부조직암 등의 순이다. 우리나라는 매년 1,000~1,500여 명의 소아암 환자가 발생하며 치료 기간도 2~3년으로 길다(동아일보, 2022. 9. 9).

소아암의 원인은 정확하게 밝혀져 있지 않지만 성인암과 달리 환경적 요인보다는 유전적 요인이나 다른 질환과의 연관성이 높은 것으로 알려져 있다. 소아암 세포는 대개 빠르게 성장하고 장기의 심부에서 발생하기 때문에 암이 상당히 진행될 때까지 발견되지 않는 경우가 많다(소아암센터, 2013).

소아암은 70% 이상이 완치되지만 치료 기간은 성인에 비해 오래 걸리고 치료 과정도 복잡하다. 성인암과 마찬가지로 수술, 항암화학치료, 방사선 치료를 병합하여 사용한다. 소아암 환자의 치료는 다학제간 팀협력을 필요로 한다. 치료팀에는 소아암 전문의, 방사선 종양학과 전문의, 병리학자, 외과 전문의, 간호사, 영양사, 사회복지사, 심리학자, 자원봉사자 등이 포함된다. 또한 소아암 환자의 부모와 형제자매도 치료팀의 일원으로 참여하면 더 효과적인 것으로 알려져 있다(김연수 외, 2022 : 260).

2) 심리사회적 문제와 욕구

성인암과 소아암으로 구분하여 환자 및 가족의 심리사회적 문제와 욕구를 살펴보면 다음과 같다.

(1) 성인암

① 환자

암은 유전적 차이, 오염된 공기, 영양섭취, 예방검진이나 개인적 행동 양식 간의 복합적인 상호작용에 의해 발생한다. 그러나 사회구조적 또는 환경적 변인들은 암 발생률을 높일 뿐만 아니라 치료의 완치나 사망률과도 밀접한 관련이 있다(서울대학교암병원 암건강증진센터, 2013). 즉, 암도 다른 만성질환과 마찬가지로 건강불평등의 구조적 원인과 관련이 있다는 의미이다.

하지만 원인이 무엇이든지 간에 암으로 진단받은 사람은 당혹감과 충격으로 어찌할 바를 모른다. 암 환자들은 두려움, 불확실성, 슬픔 등의 정서적 문제를 처리해야 하고 향후 치료 과정의 대처, 사회적 · 직업적 역할이나 관계를 새롭게 설정해야 하는 과제를 안게 된다.

환자는 복잡한 암 진단과 치료 과정을 이해하면서 의료진과의 상호작용, 치료비용을 감당할 방법 등을 가족과 의논해야 한다. 또한 암 환자들은 일, 여가, 사회적 관계 등 삶의 모든 영역에서 사소하거나 극단적인 어려움에 부딪힐 수 있다. 어떤 환자들은 인간 삶의 유한성이나 불확실성과 같은 철학적이고 실존적인 불안감으로부터 벗어나지 못할 수 있다.

많은 환자들은 암 자체보다 치료 과정의 고통과 불편함으로 삶의 질이 낮아진다(박진아 · 홍지연, 2014 : 387-388). 암 수술은 통증과 이동성의 약화, 감염 등의 단기적 문제와 더불어 흉터, 조직 손상, 심각한 기능 장애와 같은 영구적 부작용에 대처해야 한다. 항암화학치료와 방사선 치료는 피로, 통증, 메스꺼움 구토, 탈모 등의 부작용을 동반하며 삶의 에너지를 감소시키고 이동성이나 자율성을 제한하여 일상 및 사회활동에 상당한 제약을 가한다.

암 진단으로 인한 단기적 충격으로부터 벗어난다고 하더라도 환자들은 죽음에 대한 불안, 우울로 장기간 고통을 겪는다. 특히 예후가 좋지 않은 암의 경우에는 환자들의 스트레스가 매우 높아서 심리적 · 정서적 고통도 증가한다. 암은 신체적 문제에 대한 치료뿐만 아니라 심리적 · 사회적 · 경제적 차원의 적응이나 대처가 동시에 필요한 질병이다.

② 가족

가족구성원 중 한 명이 암으로 진단받으면 가족 전체에 다양한 영향을 미친다. 가족 전체의 슬픔과 우울은 초기부터 겪는 정서적 문제이다. 그와 동시에 가족은 예전과 같은 가족 기능을 유지하기 위해서는 변화를 요구받게 되는데 그 과정에서 가족 역할이나 기능에서 혼란과 갈등을 겪을 수 있다.

가족은 기능, 규칙 및 의사소통의 변화를 통해 적응해야 한다. 예컨대 너무 아프거나 기력이 소진되어 있는 환자는 자녀를 돌볼 수 없기 때문에 다른 가족이 돌보거나 대안을 마련해야 한다. 또한 가족의 경제적 부양자가 환자라면 다른 가족이 대신 일을 해야 하고, 외모나 성욕에 변화가 생긴다면 환자 스스로 배우자와의 의사소통에서 자신감을 상실하기도 한다.

가족은 치료기간이 길어지면 간병에 대한 부담과 치료비 등의 경제적 부담으로 의료진이나 다른 가족에게 분노를 표출하거나 치료를 포기할 수도 있다. 가족은 암말기로 진행되면 사별에 대한 아픔과 슬픔으로 정서적으로 힘들어한다. 또한 환자를 위해 호스피스 완화의료나 임종에 대한 준비 등에 관심을 가진다.

(2) 소아암

① 환자

소아암 환자들은 연령이나 심각성에 따라 다른 심리사회적 어려움을 보인다. 그러나 대부분 환자는 치료 과정에서 나타나는 탈모 등의 외모 변화, 고통스러운 검사와 치료 과정 등으로 신체적 · 심리적 고통을 겪는다. 학령기의 아동들은 직접적으로 질병에 대한 설명을 듣지 않더라도 심각성을 인식하며 다른 만성질환을 가진 아동보다 불안이 더 높다. 아동 · 청소년기의 환자들은 부모나 친지들의 과잉보호로 통제영역을 벗어나거나 행동이나 감정을 조절하지 못하거나 지나치게 자기중심적이 될 수도 있다.

학령기 아동들은 집중치료와 면역체계가 떨어진 상태이기 때문에 학교생활이 자주 중단될 수 있다. 이로 인하여 학업을 포기하지 않도록 해야 하며, 항암치료로 인해 발생할 수 있는 외모의 변화 등으로 다른 학생의 놀림이나 거부, 선생님의 지나친 방임이나 과잉기대감 등의 문제가 발생할 수 있다. 따라서 학령기 소아암 환자는 학교에 다니는 것이 치료과정의 일부분이 되어야 하며 학교도 치료팀에 포함될 필요가 있다(한인영 외, 2006 : 201).

② 가족

소아암 환자의 부모는 최초 진단 시 충격으로 대처할 방법을 찾지 못할 정도로 혼란과 두려움을 겪는다. 부모는 슬픔과 분노 그리고 죄책감 등의 정서적 고통 속에서도 아픈 자녀의 치료와 치료비용 그리고 다른 자녀를 돌보거나 직장이나 사회생활을 지속해 나가야 한다. 이때 부모 중 지나치게 한쪽의 부담감이 가중되면 가족 전체 및 부부 갈등으로 더 큰 어려움에 직면한다.

소아암 환자가 다른 활동을 하지 못하고 집에만 있게 되면 가족 모두 스트레스가 증가하고 부모 중 한쪽은 직장이나 사회생활을 포기해야 한다. 부모는 슬픔과 상실감으로 사회 접촉을 피하고 아픈 아동의 재발과 죽음을 끊임없이 걱정하기도 한다. 어떤 부모들은 지속적으로 우는 소리를 하거나 염세적 생각을 친지나 주변인들에게 말하고 다니기도 한다(정영순 · 정복례, 2017 : 319). 형제자매들은 아픈 자녀에 집중된 가족생활로 말미암아 퇴행, 불면증, 질투, 죄의식, 반사회적 행동이나 우울과 불안 그리고 학교생활에 부적응하는 패턴을 보일 수도 있다.

우리나라는 소아암 환자를 치료하는 의료기관이 수도권에 집중되어 있기 때문에 다른 지역에 거주하면 장거리 이동을 하거나 주변에 숙소를 구해야 하는 등의 어려움도 발생한다. 입원이나 치료가 장기화될수록 경제적 부담은 커지고 일을 하면서 아픈 자녀를 돌보아야 하기 때문에 가족구성원 모두 큰 어려움을 겪게 된다.

3) 의료사회복지실천

성인암과 소아암으로 구분하여 의료사회복지실천의 접근 방안들을 살펴보면 다음과 같다.

(1) 성인암

의료사회복지사는 성인암 환자들이 경험하는 신체적 · 정서적 · 심리적 · 영적 · 사회적 그리고 실제 생활의 영향에 대해 이해하고 있어야 한다. 예컨대 암의 증상과 치료방법 및 부작용에 대한 지식, 암과 관련된 보건의료 및 사회서비스 체계와 지원, 암 치료의 과정, 환자와 가족에 대한 교육과 상담, 말기암 환자에 대한 완화의료, 다학제간 협력, 사례관리 등을 말한다. 어떤 환자에게는 정신건강서비스를 제공하거나 연결할 필요도 있다.

의료사회복지사는 성인암 환자를 돕기 위한 집단프로그램을 기획하고 운영할 수도 있다. 이러한 집단프로그램은 의사, 간호사, 사회복지사, 영양사, 심리사 등이 참여하는 다학제간 팀협력을 바탕으로 한다. 의료사회복지사는 주로 가족의 스트레스 대처와 사회적 지지 등에 대한 강의와 함께 프로그램을 기획하거나 운영, 조정하는 역할을 수행할 수 있다(김연수 외, 2022 : 257).

의료사회복지사는 다른 만성질환과 마찬가지로 성인암 환자들의 경제적 문제 해결에도 초점을 두어야 한다. 암환자를 지원하는 공공 및 민간 차원의 지원 사업에 대한 지식을 가지고 적절한 정보를 제공하고 직접 자원을 연결하여 도와야 한다. 의료급여대상자는 직접 치료비용의 대부분을 공적 측면에서 해결할 수 있지만 장기적으로 일상생활에 어려움을 겪을 수 있기 때문에 이에 대한 지원도 마련할 필요가 있다.

(2) 소아암

의료기관에 소속된 의료사회복지사는 대개 성인암 환자보다는 소아암 환자와 관련된 업무를 하는 경우가 많다. 소아암 환자들은 치료 기간이 길고 사회와 단절될 수 있기 때문에 같은 연령대의 발달 과업을 질병의 치료만큼 중요하게 고려할 필요가 있다. 소아암 환자 치료팀에 참여하는 의료사회복지사는 환자나 가족에 대한 정보수집과 심리사회적 사정, 개별 또는 집단치료 프로그램, 경제적 지원, 지역사회자원 연결 등을 주도하거나 지원한다.

의료사회복지사는 소아암 환자나 가족과의 첫 만남에서 목적을 명확히 표현해야 한다. 왜냐하면 보통 사람들은 의료사회복지사가 빈곤하거나 말기 환자들과 접촉하고 일한다고 알기 때문이다. 만남의 목적을 분명히 하지 않으면 자신의 가족을 경제적인 무능력자로 본다고 불쾌해하거나, 질병이 심각하여 회복 불가능 상태로 보는 것이 아닌지 불안해할 수 있다(한인영 외, 2006 : 202).

의료사회복지사는 환자와 가족의 정보를 수집하고 그들의 욕구를 확인한 후 동의를 얻어 개입할 수 있다. 치료팀의 일원으로 협력 활동을 수행할 수도 있고 어떤 한 부문의 서비스를 독자적으로 할 수도 있다. 예를 들면, 소아암 환자의 학교와 관련된 일이라든지, 치료비를 지원하기 위해 외부 자원을 연결하는 것 등이다.

의료사회복지사는 소아암 환자의 질병을 직접 치료하는 전문가가 아니지만 소아암의 증상이나 치료방법 그리고 부작용을 이해하고 있어야 한다. 그리고 소아암과 관련된 병원 내·외부의 보건의료시스템을 파악하고 윤리적이고 법적인 문제도 알고 있어야 한다. 또한 소아암은 가족 전체의 변화와 지지가 필요하기 때문에 가족의 역동과 갈등을 이해하고 지원할 수 있어야 한다.

소아암 환자는 사회성을 발달시키고 공식적 교육서비스와도 단절되지 않는 것이 중요하다. 유아기의 소아암 환자는 또래들과의 놀이나 부모와의 애착과 친밀감을 발달할 기회를 가져야 한다. 또한 학령기의 아동은 또래와 비슷한 학업 수준을 유지하고 또래 관계를 통해 전 생애 발달과정을 적절하게 수행할 서비스를 지원받아야 한다.

3 뇌졸중

1) 의료적 특성

뇌졸중은 갑작스러운 신경학적 증상이며, 일반적으로 중풍이라고 불린다. 뇌졸중(stroke)은 뇌혈관이 막히거나 터짐으로 인해 그 부분의 뇌가 손상을 입어 발생하는 뇌혈관 질환이다. 뇌혈관이 막히거나 터지면 뇌에 산소와 영양소를 공급하는 혈관에 이상이 생겨 뇌기능이 저하된다.

뇌졸중으로 뇌기능이 저하되면 다양한 형태의 신체적 그리고 정신적 장애가 발생한다. 뇌졸중 환자의 약 75%는 뇌기능의 손상으로 인한 신체 기능의 저하와 인지장애를 보이며 우울, 분노 등의 정서적 어려움을 겪는다(김종성, 2005). 뇌졸중 환자의 상태에 따라 다양하지만 뇌졸중으로 인한 합병증과 후유증은 〈표 11-2〉와 같다.

〈표 11-2〉 뇌졸중의 합병증과 후유증

문 제	설 명
운동마비	뇌 손상이 일어난 반대편 부위의 팔과 다리가 마비되며, 보통 다리보다 팔쪽이 더 심하고 회복도 느림
경 직	팔다리가 뻣뻣해지고 마음대로 움직여지지 않고 한 방향으로 굳어지며 어느 시기까지 계속 심해짐
관절구축	팔다리가 운동마비로 움직이지 못하게 되면서 관절까지 굳어지는 증상
연하곤란	팔다리와 마찬가지로 입속과 목 부근의 근육도 마비되어 음식을 씹거나 삼키는 것을 잘 하지 못함. 이는 음식물이 식도가 아니라 기관지로 들어가 폐렴을 일으키는 원인이 됨
실어증	언어를 이해하고 말을 하는 뇌 영역이 손상되어 나타나는 현상
시야결손	시각을 담당하는 뇌가 손상되어 나타나며 단순히 잘 안 보이는 것과 다르게 시야 자체가 좁아지는 현상
어깨통증	팔 근육이 마비되어 팔의 무게가 중력 때문에 무겁고 팔로 가는 자율신경의 작용이 마비되어 팔과 손이 붓고 심한 통증이 생기는데 이것이 어깨통증을 유발함
욕 창	신체가 마비되어 스스로 움직이지 못하여 피부와 조직들에 피가 통하지 않아 썩어 들어가는 증상이고, 욕창은 치료가 잘 안 되며 수술을 해야 하는 경우가 많기 때문에 예방을 위해 환자의 자세와 위치를 자주 바꾸어 주어야 함
인지장애	의식상태가 저하되고 기억이나 판단력 등 지적 능력이 저하되며, 때로는 치매와 같은 증상이 나타나기도 함
우 울	다양한 정서적 문제가 발생하지만 그중에서도 우울의 문제가 심각하며, 감정의 조절이 잘 안 되고 의욕을 상실함

출처 : 대한뇌졸중학회(2015).

2) 심리사회적 문제와 욕구

뇌졸중 환자 및 가족의 심리사회적 문제와 욕구를 살펴보면 다음과 같다.

(1) 환자

뇌졸중 환자는 의식을 회복한 후 자신의 신체 기능의 일부가 예전과 다르다는 사실을 알고 나면 큰 충격을 받는다. 많은 뇌졸중 환자들은 기능 회복을 위한 의욕을 상실하고 재활을 위한 동기를 쉽게 찾지 못한다. 뇌졸중 환자들이 재활에 적극 참여하지 않는 심리사회적 문제는 크게 세 가지 차원에서 발생한다(양영옥 외, 2018; 이주연 외, 2002).

첫째, 정서적 문제이다. 뇌졸중 환자들은 자신의 신체 기능과 외모의 변화로 인하여 실망, 낙담, 무기력한 삶의 태도가 이어지며 우울증으로 고통받을 수 있다. 환자가 우울 상태가 되면 쉽게 지치고 불면, 식이장애, 불안, 집중력 저하, 무관심, 위축, 민감, 지속적 신체 불평 등이 나타난다. 환자들은 점점 사회적으로 고립되고 가족들이 자신에게 보이는 지지적 자극에도 쉽게 짜증 내고 분노를 폭발하기도 한다.

둘째, 재활과 사회복귀의 문제이다. 뇌졸중 환자의 재활 과정은 시간이 오래 걸리고 변화가 느리다. 환자들은 재활 과정을 포기하거나 치료진이나 가족과 갈등 관계를 지속할 수도 있다. 뇌졸중 환자가 자신의 기능 저하를 수용하기에는 시간이 걸리기 때문에 가족이나 친지들이 삶의 역할과 태도를 빠르게 바꾸라고 종용하지 않아야 한다. 대부분의 뇌졸중 환자들의 초기 재활의 목표는 이전의 기능을 회복하여 일상생활이나 직장생활을 하는 것에 둔다. 하지만 신체 기능이나 인지 기능이 빠르게 회복되지 않으면 상실감과 불안감에 휩싸일 수 있다. 뇌졸중 발병 이전에 직장이나 사회적 역할에 인생의 의미를 크게 부여하였던 사람일수록 쓸모없거나 가치 없는 존재가 되었다는 실망감으로 더욱 위축된다.

셋째, 경제적 문제이다. 뇌졸중 환자 중 저소득층과 고소득층 간의 사망 위험의 불평등은 크게 나타난다(정승민 · 조성일 · 공소연, 2021 : 291). 즉, 뇌졸중 환자 중 저소득층이 치료와 재활이 느리고 삶의 만족도가 크게 낮다는 의미이다. 뇌졸중은 치료비용뿐만 아니라 이전에 수행하던 일이나 직장에 복귀하는 것이 어려울 수도 있어 장기적으로는 생활비가 실질적 문제가 된다. 만약 가족의 경제 부양자가 뇌졸중 환자가 된다면 가족 전체의 삶의 역할과 기능이 변하게 된다. 가족의 변화는 긍정적 측면도 있지만 역할 혼란과 갈등을 일으키는 원인으로 작용할 수도 있다.

(2) 가족

뇌졸중 환자의 가족은 초기의 심리적 충격으로부터 어느 정도 회복이 되더라도 환자가 영구적인 기능 장애로 일상생활이나 직업생활을 제대로 유지할 수 없다는 사실에 절망한다. 의료사회복지사는 가족 간의 역할 변화 및 경제적 문제를 해결할 수 있는 방안들을 함께 찾을 필요가 있다. 만약 장애등록이 가능하다면 환자와 가족에게 절차와 혜택에 대한 정보를 제공하고 장애인등록 과정을 소개할 필요가 있다.

뇌졸중 환자를 장기적으로 누군가가 돌보아야 한다면 한 명의 가족구성원이 희생하도록 방치하지 않아야 한다. 의료사회복지사는 가족이 돌볼 수 있는 시간이나 영역, 그리고 사회 제도나 서비스로부터 지원받을 수 있는 부분을 구체화하여 안정적이고 지속적 돌봄 체계를 구조화해야 한다. 그렇지 않으면 가족구성원 간의 불화가 지속되어 가족 붕괴로 이어질 수도 있다.

3) 의료사회복지실천

의료사회복지사는 뇌졸중 환자가 반응하지 못한다고 듣고 생각하거나 느낄 수 없다고 판단하지 않아야 한다. 뇌졸중으로 의식이 없다고 하더라도 정서적 안정을 위해 노력할 필요가 있다. 환자의 가족이나 다른 사람들이 환자 바로 옆에서 부정적인 결과나 표현을 하지 않도록 교육이나 협조를 요청해야 한다.

의료사회복지사는 뇌졸중 환자에 대한 심리사회적 사정, 개별 상담이나 정보제공, 집단프로그램 기획 및 실천, 가족 상담, 지역사회자원 연결, 사례관리 등을 수행한다. 뇌졸중 환자가 재활계획에 참여하게 되면 의료사회복지사는 다음과 같은 내용들을 점검할 필요가 있다(김규수, 2001 : 237).

첫째, 뇌졸중 환자가 할 수 있는 일과 없는 일을 스스로 판단하도록 돕는다. 초기에는 희망과 용기를 주는 적극적 지지가 도움이 되지만 재활계획을 위해 실현 가능한 목표를 함께 찾아나가야 한다. 가족들이 당황해하거나 좌절하면 환자는 크게 실망하고 우울해할 수 있기 때문에 가족들이 안정되도록 하는 것도 중요하다.

둘째, 흥미와 관심 있는 일들을 하도록 지원하고 계획한다. 신체적 활동이든지 정신적 활동이든지 간에 몰입할 수 있도록 다양한 자극을 제공하고, 부정적이고 염세적인 생각에 빠지지 않도록 지원할 필요가 있다.

셋째, 사회복귀를 위해 불안감과 의존심을 버리고 독립심을 강화하도록 할 필요가 있다. 퇴원 후 재활계획을 가족과 함께 만들고 세부 방법들을 구체화하도록 도와야 한다. 의료사회복지사는 환자와 가족에게 지역사회 내의 자원을 활용할 수 있는 정보를 제공하고 연결해 주어야 한다.

뇌졸중 환자를 위한 치료는 특히 팀협력이 필요하다. 캐나다 온타리오에 있는 체독병원(Chedoke Hospital)의 다학제팀의 전문가들을 살펴보면 재활의학전문의, 물리치료사, 작업치료사, 언어치료사, 재활간호사, 재활간호 임상의, 약사, 영양사, 신경심리학자, 사례관리자, 레크리에이션 치료사, 사회복지사가 팀을 구성한다. 여기서 사회복지사는 환자와 가족의 심리사회적 지지를 제공하고, 정부와 지역사회의 자원을 연결하며 장기보호에 대비한 퇴원계획을 지도한다(홍영수, 2009 : 166). 다음의 〈표 11-3〉은 뇌졸중 환자에 대한 팀 사례회의의 장면을 보여준다.

〈표 11-3〉 뇌졸중 환자에 대한 팀 사례회의

재활의학과 과장 : 지금부터 서 씨에 대한 사례회의를 시작하겠습니다.

담당 의사 : 서 씨는 65세 된 여자 환자로서 5월 21일 본원 응급실을 통하여 입원하여 신경과를 거쳐 본과로 전과되었습니다. MRI(자기공명영상) 소견상 발병 원인은 TIA(일과성 뇌허혈 발작)인 것으로 보입니다(중략). 앞으로 2주간의 입원이 더 필요할 것으로 예상됩니다.

물리치료사 : 환자의 ROM(운동 범위) 평가 결과 어깨 우측 관절과 우측 다리의 운동이 매우 제한적으로 이루어지고 있습니다(중략).

작업치료사 : ADL(일상생활동작)에서 타인의 도움이 약간 필요한 상태입니다. 의복을 입고 벗는 것은 딸이 도와주고 있고, 용변의 자기관리를 위한 연습을 시행하고 있습니다(중략).

언어치료사 : 발음이 약간 어눌해져 있고 삼키기 기능도 부자연스러운 상태입니다(중략).

임상심리사 : 우울 평가에서 경한 우울 증세를 보이고 있으며, 기타 인지적 평가에서는 특별한 문제가 발견되지 않았습니다(중략).

의료사회복지사 : 간병 중인 큰딸과 상담한 결과 경제적 측면에서 진료비 조달의 어려움이 예상되고 있는 상태입니다. 이에 E 복지재단에 진료비 지원을 신청한 상태이며 일주일 이내에

결과를 회신받을 수 있을 것입니다. 또한 퇴원 후 발병 이전에 생활하던 집으로 복귀할 예정인데 집이 대로에서 20여 미터 떨어져 있고 경사로이므로 이동에 불편이 있을 것으로 예상됩니다. 자녀로 작은딸이 한 명 더 있는데 두 딸 모두 환자의 집과는 두 시간 이상 걸리는 곳에 거주하고 있고 생업 때문에 지속적으로 돌봄을 제공하기는 어려움이 있습니다. 이에 퇴원 후 생활을 지원해 줄 수 있는 자원봉사자를 확보하기 위해 환자 거주지 인근의 사회복지관 및 환자가 다니는 교회 측과 접촉하고 있습니다.

재활의학과 과장 : 예 모두 각 분야에서 평가를 잘해 주셨습니다. 향후 물리치료실에서는 ……해주시고, 작업치료실에서는 ……해주시고, 사회사업팀에서는 ……해주시고(중략). 각 분야의 선생님들은 치료계획에 참고해 주시기 바랍니다.

출처 : 홍영수(2009), pp. 167-168 재구성.

4 당뇨병

1) 의료적 특성

당뇨병(diabetes mellitus)은 전 세계적인 유행병 중의 하나로 기원전 1,500년 전 이집트의 고대 문서에도 기록이 있을 정도로 오랜 역사를 가지고 있는 질병이다. 당뇨병은 소변으로 포도당이 배출된다고 하여 이름 붙여진 질병으로, 보통 건강한 사람은 소변으로 당이 넘쳐나지 않을 정도로 혈당이 조절된다. 당뇨병은 췌장에서 분비되는 인슐린이라는 호르몬이 모자라거나 제대로 기능하지 못하여 혈당이 지속적으로 높은 상태를 일컫는다(송영득 외, 2017). 즉, 당뇨병은 췌장에서 충분한 인슐린을 생산하지 못하거나 정상적인 기능이 이루어지지 않아 발생하는 대사질환의 일종이고, 혈중 포도당의 농도가 높아지는 고혈당으로 인하여 여러 증상을 일으키는 질환이다.

당뇨병에 걸리면 소변으로 포도당이 빠져나가면서 수분을 동시에 배설하기 때문에 소변량이 많아지게 된다. 많은 양의 물이 소변으로 빠져나가게 되면 몸속의 수분이 모자라게 되어 갈증이 심해지고 물을 많이 마시게 된다. 또한 포도당이 에너지원으로 흡수되지 못하기 때문에 공복감을 느끼고 음식을 많이 먹게 된다. 음식을 많이 섭취하더라도 세포 안으로 흡수되지 못하는데다 다뇨로 인한 탈수로 체중은 오히려 줄어들게 된다.

대부분 당뇨병 환자는 증상이 서서히 나타나기 때문에 잘 기능하며 당뇨병을 앓고 있다는 사실도 모르고 수년 동안 지낸다. 그러나 당뇨병은 심각한 급성 또는 만성 합병증이 유발될 수 있으므로 적절한 시기에 치료와 관리를 필요로 한다. 급성 합병증은 고혈당과 저혈당의 경우로 나누어 볼 수 있다. 당뇨병을 치료하지 않아 고혈당이 지속되면 숨가쁨, 메스꺼움, 구토, 심한 갈증뿐만 아니라 당뇨병성 케톤산혈증으로 의식을 잃고 심하면 사망으로 이어질 수도 있다. 저혈당의 경우에도 어지러움, 초조함, 심계항진, 발한뿐만 아니라 심각하면 의식상실, 경련, 혼수상태를 야기할 수도 있다(송영득 외, 2017).

만성 합병증은 당뇨병이 오랜 기간 지속되어 혈관에 변화가 생겨서 좁아지거나 막히면서 생기는 증상이다. 만성 합병증으로는 심장병, 만성신부전, 뇌졸중, 시력 상실, 성기능 장애, 발의 손상 등이 있다(서동교, 2021). 당뇨병의 만성 합병증은 신장의 손상으로 투석이나 이식 수술을 해야 하거나, 뇌졸중으로 심각한 기능 장애를 겪거나, 발을 절단해야 하는 등 심각한 경우도 있기 때문에 치료와 관리가 중요하다.

당뇨병은 유전적 또는 환경적 원인에 의해 발생하지만 아동과 청소년에서 주로 진단되는 제1형 당뇨병(흔히 소아당뇨병이라 불림)은 유전적 원인이 더 크게 작용한다. 그러나 전체 사례의 90~95%를 차지하는 제2형 당뇨병의 경우에는 예방이 가능한 환경적 원인이 대부분이다. 제2형 당뇨병 환자의 증가는 높은 사회경제적 지위에서 동반되는 비만 및 신체 활동량 감소 등과 관련이 있다. 따라서 당뇨병 환자는 개발도상국보다 선진국에서 거의 2배 정도 많다(Black, 2002).

당뇨병은 일반적으로 완치가 아니라 지속적으로 관리를 해야 하는 질병으로 알려져 있다. 당뇨병의 관리 방법으로는 크게 식사요법, 약물요법, 운동요법이 있다(서동교, 2021). 아동·청소년에게 주로 진단되는 제1형 당뇨병의 경우에는 인슐린을 투여하는 약물치료가 기본적으로 필요하다. 왜냐하면 제1형 당뇨병은 체내에서 인슐린을 전혀 생산하지 못하는 것이 원인이 되어 발생하는 질환이기 때문이다. 제2형 당뇨병의 경우에는 식사조절과 적절한 운동을 통해 생활 습관을 바꾸는 것이 필요하고 개인에 따라 약물치료를 동반할 필요가 있다.

2) 심리사회적 문제와 욕구

당뇨병 환자 및 가족의 심리사회적 문제와 욕구를 살펴보면 다음과 같다.

(1) 환자

성인들에게 주로 진단되는 제2형 당뇨병보다는 소아당뇨병으로 알려진 제1형 당뇨병으로 진단받는 아동 · 청소년들의 심리사회적 어려움이 더욱 많다. 아동 · 청소년들은 인슐린을 주사 맞고 약물을 복용하고 식사를 조절하며 혈당을 주의 깊게 측정하는 과정에서 단순한 불편함부터 심각한 적응의 문제까지 광범위한 고통을 겪는다.

당뇨병은 진단받는 순간부터 수동적으로 치료받는 문제가 아니라 환자가 주체적이고 적극적으로 문제를 관리하고 적응해 나가야 하는 질병이다. 학업이나 직장생활 등의 사회적 활동을 적극적으로 수행해야 하는 사람들은 기존 사회생활의 스트레스에 당뇨병 관리의 스트레스가 추가된다. 당뇨병은 병 그 자체보다는 심각한 합병증을 초래할 수 있기 때문에 환자들은 부담감과 두려움, 불안, 우울과 같은 심리적 어려움을 동시에 지니게 된다(송영득 외, 2017).

당뇨병을 진단받은 사람의 나이가 젊을수록 평생 관리를 해야 한다는 사실을 수용하기가 어렵다. 개인의 성격이나 환경에 따라 차이가 있을 수 있지만 일상생활의 어려움과 잠재적 불안을 받아들이고 삶의 과정에 포함하려면 상당한 적응 시간이 필요하다. 인슐린 주사를 주기적으로 맞아야 하는 사람은 실제적이고 가상적인 바늘에 대한 공포도 어려움 중의 하나이다.

(2) 가족

소아당뇨병 환자를 둔 부모는 유전적 원인에 대한 죄책감, 두려움, 자녀의 평생 당뇨병 관리에 대한 분노로 고통을 겪는다. 또한 식사, 운동, 약물, 인슐린 주사 과정에서 보이는 자녀의 힘겨운 적응 과정을 지지하고 관리를 함께 해나가야 한다. 환자의 가족들은 좌절하고 불안과 우울을 겪지만 환자에게는 희망과 안정감을 주어야 한다는 부담감으로 더욱 어려움에 직면한다.

시간이 지날수록 성인이나 아동 · 청소년 환자이든지 간에 가족의 경제적 문제가 발생한다. 중산층이라고 하더라도 평생 관리하는 질병을 가족 중 한 명이 지니고 있다면 경제적 어려움이 발생한다. 또한 성인의 경우에는 직업적 능력이나 사회적 활동 능력을 상실하거나 감소될 수 있기 때문에 경제적 손실이 두드러진다. 아동 · 청소년의 경우에는 인슐린 주사 등의 치료비용뿐만 아니라 미래 직업이나 사회활동 능력의 장애가 유발될 수 있기 때문에 가족의 고민은 더욱 커진다.

3) 의료사회복지실천

의료사회복지사의 당뇨병에 대한 직접 실천은 주로 대학병원이나 종합병원의 당뇨병 환자 치료팀의 일원으로 활동하는 경우이다. 의료사회복지사가 소속된 의료기관에 따라 실천의 방법이 다르지만 당뇨병 환자가 의뢰되면 일차적으로 심리사회적 어려움을 사정한다. 의료사회복지사는 사정을 바탕으로 사회복지사 단독으로 가능한 교육이나 상담인지 다른 치료팀이나 외부 기관의 협력이 필요한지를 확인하고 계획을 수립하여 개입한다.

의료기관 내 당뇨병 교실이나 당뇨캠프가 운영되고 있다면 팀에서 역할을 수행한다. 의료사회복지사는 당뇨병 교실 등 당뇨교육 프로그램에서 의사, 간호사, 영양사, 운동처방사, 약사 등과 팀을 이루어 활동한다. 당뇨병 교실의 교육 내용은 당뇨병 개요, 합병증의 예방과 치료, 목표혈당, 고혈당과 저혈당의 예방과 치료, 영양요법, 약물복용, 자가혈당 측정, 인슐린 주사방법, 심리사회적 스트레스

관리, 지역사회 자원, 보호자 교육 등이다(정향미, 2009 : 41). 의료사회복지사는 당뇨병 적응, 일상생활 스트레스 관리, 가족의 지지 방법에 대해 교육한다.

당뇨캠프는 1920년 미국에서 처음 시행되었고 우리나라에서는 1981년 도입되었다. 의사, 간호사, 영양사, 사회복지사 등 치료진이 캠프의 준비, 진행, 평가를 실시한다. 사회복지사는 당뇨병 자기관리에서 중요한 심리사회적 측면에 초점을 맞추어 당뇨병의 수용과 스트레스 관리 등을 교육한다(한인영 외, 2006 : 185).

당뇨병은 만성적인 질환이기 때문에 많은 가족이 경제적 어려움을 호소한다. 의료사회복지사는 당뇨병을 치료할 수 있는 경제적 여건을 확보하고 있는지를 사정하여 지원 계획을 수립한다. 특히 소아당뇨병의 경우에는 직접 치료비용 이외에도 추가적인 경제적 부담이 발생할 수 있으므로 의료기관 내·외부의 자원을 활용하여 지속적이고 안정적인 치료를 받을 수 있도록 할 필요가 있다.

5 장기이식

1) 의료적 특성

장기이식(organ transplantation)이란 장기가 손상되어 더 이상 제 기능을 하지 못해 기존의 치료법으로 회복이 어려운 경우에 건강한 다른 사람의 장기로 대체·이식하여 그 기능을 회복시키는 의료행위를 말한다. 장기이식을 위해서는 장기기증이 일차적으로 필요하다. 장기기증(organ donation)이란 다른 사람의 장기 등[1]의 기능회복을 위하여 대가 없이 자신의 특정한 장기를 제공하는 행위를 의미한다.

장기기증의 형태는 뇌사기증, 사후기증, 생체기증이 있다. 먼저 뇌사기증은 뇌

1 장기 등이란 「장기 등 이식에 관한 법률」 제4조에서 정의한 "사람의 내장이나, 그 밖에 손실되거나 정지된 기능을 회복하기 위하여 이식이 필요 조직"으로서 신장, 간장, 췌장, 심장, 폐, 소장, 췌도, 안구, 골수, 말초혈, 손·팔, 발·다리 등이 해당된다.

혈관질환 · 교통사고 등으로 인한 뇌사자의 장기를 가족 또는 유족의 신청에 의하여 기증하는 경우이다. 뇌사자는 신장, 간장, 심장, 폐, 췌장, 췌도, 소장, 안구 등의 장기를 기증할 수 있다. 사후기증은 사망한 후 안구와 인체조직 등을 기증하는 것이고, 생체기증은 살아 있는 사람의 장기를 기증하는 것을 말한다. 생체기증을 할 수 있는 장기는 신장, 간장, 췌장, 췌도, 소장, 골수이다. 살아 있는 사람의 장기이식은 법률적으로나 윤리적으로 엄격한 심사를 통해 이루어진다 (Childress & Liverman, 2006).

장기이식은 1954년 미국에서 신장이식수술이 최초로 진행되었고 우리나라에서는 1969년에 처음으로 시도되었다. 장기이식은 만성신부전이나 간암 환자 등에서 기존 치료방법으로 회복이 어려운 환자를 치료하는 획기적인 치료법으로 각광받고 있지만 이식할 장기를 기증받는 일도 쉽지 않고 이식 후 신체 거부 반응으로 인한 부작용 등의 어려움도 있다(유진수, 2020).

장기이식은 다른 의료와 다르게 타인의 장기가 필요하기 때문에 기증자의 인권이나 윤리적 문제가 존재한다. 뇌사자의 장기기증도 이식 과정의 절차적 공정성이 지켜지고 있는지, 경제적 이득이나 권력자들의 개입이 없는지 등의 이슈들이 끊임없이 제기되고 있다. 또한 생체기증자의 경우에는 장기 매매나 생명윤리 등의 관점에서 법적 또는 도덕적 문제 제기가 있어왔다. 이러한 사회적 논쟁들을 다루기 위해 국가에서는 2000년도에 「장기 등 이식에 관한 법률」을 제정하여 공포하였다. 이 법을 통해 기증자의 자발성과 인권을 보장하면서 장기이식 과정의 인도적 정신을 실현시키기 위해 노력하고 있다.

2) 심리사회적 문제와 욕구

장기이식과 관련된 환자, 기증자 및 가족의 심리사회적 문제와 욕구를 살펴보면 다음과 같다.

(1) 환자

장기이식을 받아야 하는 환자는 장기를 기증하는 사람이 나타나야 이식 수술을 받을 수 있다. 가족 중의 누군가로부터 기증받아야 하는 환자는 거절당하는 것에 대한 두려움과 제공자에 대한 죄책감을 동시에 지닌다.

장기이식 환자는 수술 전후 치료과정에서 심리적 어려움을 겪는다. 환자는 다른 치료와 달리 기증자를 구해야 하기 때문에 뇌사자든지 가족이든지 간에 기증을 받아야 한다. 살아 있는 가족으로부터 장기를 기증받는다면 가족의 수술 전후 나타날 수 있는 신체적 위험과 부작용에 대해 부담을 가질 수밖에 없다. 뇌사자로부터 기증받기 위해서는 수요에 비해 뇌사 기증자가 매우 적기 때문에 자신의 순서를 최소한 몇 년 이상 오랜 기간 동안 기다리는 스트레스를 겪는다(조성상 외, 2019 : 275).

이식수술 후 환자들은 장기거부 증상이 나타나지 않을까 두려움을 가지며, 만성신부전 환자는 이식 수술이 실패하여 다시 투석치료를 받아야 할 경우 자살시도를 할 수도 있다. 가족으로부터 장기를 기증받은 환자는 그 가족구성원에 대해 양가감정을 가지거나 적대적 의존을 형성할 수 있다.

뇌사자의 장기를 기증받은 경우에도 다양한 정서적 반응을 경험한다. 예컨대 뇌사자의 신장을 이식받았다면 사망한 사람에 대한 생각을 자주 하게 되며, '내가 살기 위해 운명적으로 그가 죽었다' 등의 죄책감에 시달릴 수도 있다(Groves & Muskin, 2005). 반면 사망한 사람의 가족과 환자 가족 간의 새로운 유대관계가 형성되기도 하며, 만약 2개의 신장이 각기 다른 환자에게 이식되었을 경우에 이식받은 두 환자 가족 간에 유대관계가 생기기도 한다(Abram, 1975, 한인영 · 최현미, 2000 재인용).

이식환자들은 초기의 감염이나 이식된 타인의 장기에 대한 거부반응을 억제하기 위해 장기간 면역억제제를 복용해야 한다(유진수, 2020). 또한 면역억제제 복용으로 다양한 부작용이 발생할 수 있기 때문에 정기적인 검사와 치료를 병행해야 한다. 이식 수술 후에도 직장 복귀가 어려울 수 있으며, 노동능력이 제한되어 경제적 활동에 어려움을 겪을 수 있다. 장기이식 환자들은 고액의 치료비와 생활비 등으로 빈곤한 삶을 살아갈 수 있다.

(2) 기증자 및 가족

장기를 이식받아야 하는 환자가 오랜 기간 동안 기다리지 않으려면 가족으로부터 기증받아야 한다. 가족구성원 중 한 명이 장기이식 기증자가 되어야 한다면 다양한 반응을 보이며 이전의 가족 문제가 표면화될 수도 있다.

가족구성원 중 한 명이 생체이식 기증자가 된다면 다음과 같은 감정반응을 보일 수 있다(한인영 · 최현미, 2000 : 84). 첫째, 자신의 생동하는 기관을 포기해야만 한다는 것, 둘째, 대수술을 앞두고 죽을지도 모른다는 부담감, 셋째, 남은 기관(예컨대 2개의 신장 중 남은 1개)이 병들지도 모른다는 상상에 따른 두려움, 넷째, 환자에 대한 무의식적 원한, 다섯째, 수술 후 우울증 등을 겪을 수 있다.

가족 중 기증자는 수술 전에는 친지나 다른 가족들로부터 관심과 격려를 받다가 수술 후에는 환자의 생존과 치료로 모두의 관심이 이동하게 되면 버림받았다는 분노를 느낄 수도 있다. 이러한 분노를 표현하지 못하면 우울증이 발생하거나 가족이나 친지에게 지나친 요구를 함으로써 불화를 유발하기도 한다. 그러나 모든 가족 기증자가 환자와 갈등 관계를 형성하는 것은 아니고 양쪽 모두 긍정적 유대감을 증가시키기도 한다. 특히 고령인 부모가 자발적으로 자녀에게 장기를 이식한 경우에는 가족 간 갈등이나 문제가 크게 일어나지 않는다.

가족 중 자발적이지 않게 떠밀려서 조직 적합도 검사를 받았다면 적합하더라도 환자에게 미리 알리지 않는 것이 좋다. 기증자가 심리적으로나 정서적으로 매우 불안정하고 다른 가족구성원들의 강요에 의해 조직검사를 받을 수도 있기 때문이다. 이때 최종적으로 적합하더라도 기증자가 원하지 않는다면 조직검사가 부적합하다고 환자에게 알릴 수도 있다. 장기 기증이 적합하다는 사실을 환자와 기증자 모두 알게 된 후 기증할 수 있는 가족구성원이 두려움으로 포기한다면 둘 다 죄책감, 원망, 분노 등으로 어려움을 겪기 때문이다.

3) 의료사회복지실천

장기이식과 관련하여 사회복지사는 법적 근거를 기반으로 활동한다. 사회복지사는 「장기 등 이식에 관한 법률」 시행령 제24조, 제25조의 인력 규정에 포함되어 있다.

〈표 11-4〉 장기구득기관의 시설 · 장비 및 인력 등(제24조 관련)

1. 시설 및 장비
2. 인력
   가. 장기구득 의사 1명 이상
   나. 장기구득 간호사 6명 이상
   다. 사회복지사 1명 이상
   라. 행정 업무 담당 인력 1명 이상

〈표 11-5〉 이식의료기관의 시설 · 장비 · 인력(제25조 관련)

1. 시설 및 장비
2. 인력
   가. 공통 기준
   1) 진단검사의학과, 병리과, 마취통증의학과, 영상의학과, 재활의학과, 정신과, 소아청소년학과 및 내과(감염 전문 및 호흡기 전문) 전문의를 각각 1명 이상 두어야 한다.
   2) 1)에도 불구하고 안구만을 이식하려는 경우에는 진단검사의학과 및 마취통증의학과 전문의만을 각각 1명만 둘 수 있고, 골수 또는 말초혈만을 이식하려는 경우에는 진단검사의학과, 마취통증의학과, 내과(감염 전문) 및 소아청소년과 전문의만을 각각 1명만 둘 수 있다.
   3) 장기 등의 적출 · 이식을 위한 상담 · 연락 업무 등을 담당하는 간호사와 사회복지사를 각각 1명 이상 두어야 한다. 다만, 안구만을 이식하려는 경우에는 그렇지 않다.

장기이식과 관련된 의료사회복지사의 역할은 환자와 기증자의 심리 · 사회 · 경제적 상황에 대한 사정과 이식 전후의 안정을 위한 지지와 상담 등을 포함한다. 의료사회복지사는 필수적으로 관련법에서 정한 기증예정자에 대한 장기기증 상담평가를 실시한다. 법률에서 정한 필수 상담평가 이외에는 병원에 따라 의료사회복지사의 업무가 다양하지만 한 의료기관의 사례를 보면 〈표 11-6〉과 같다(조성상 외, 2019).

〈표 11-6〉 장기이식과 관련된 사회복지사 업무 사례

업 무	내 용
환자 관련 업무	심리사회적 사정, 이식에 대한 인식과 기대, 가족지지 체계, 이식 후 일상 및 사회생활 복귀 계획, 정기 치료 과정의 문제, 경제적 문제 등
기증자 관련 업무	심리사회적 사정, 자발성, 고지된 동의, 신체적 · 정신적 건강 상태, 기증 철회 존중 고지
장기기증 상담평가	신청서 작성, 기증의 자발성 및 보호자 동의 여부 확인, 본인 여부 확인 및 구비서류 점검, 사회복지사 상담평가서 작성
멘토링 프로그램	이전 이식 경험이 있는 환자와 기증 경험이 있는 사람들이 진행하는 멘토링 프로그램 기획과 실행
퇴원교육	이식 수술 후 퇴원을 앞두고 있는 환자 및 보호자를 대상으로 하는 교육
자조모임	환자와 가족들을 위한 자조모임 소개 및 자조모임 활성화

출처 : 조성상 외(2019), pp. 282-284 재구성.

CHAPTER 12

산업재해 및 요양병원의 의료사회복지실천

개 요

제12장은 산업재해 및 요양병원과 관련된 의료사회복지실천을 설명하고 있다. 다른 환자와 다르게 산업재해 환자는 국민건강보험공단이 아니라 근로복지공단에서 현물이나 현금을 지급받는다. 근로복지공단은 전국에 10개 병원을 운영하고 있는데 대부분 의료사회복지사를 고용하고 있다. 산업재해 환자는 장기 치료가 필요하거나 영구 장애를 지니고 일상생활이나 사회생활을 해야 하는 사례도 많다. 산업재해 환자의 치료 및 재활서비스 과정을 이해할 때 사회복지사 개입의 질적 수준이 향상될 수 있다.

노령 인구 및 노인성 질환자의 증가로 요양병원의 수가 늘어나고 있다. 현재 한 개의 요양병원당 근무하는 사회복지사의 수는 적지만 환자의 특성상 사회복지실천을 통해 해결해야 할 부분이 많다. 따라서 요양병원의 사회복지사 활동에 대한 법적이고 제도적 근거가 마련될 가능성이 높고 실제적 요구도 확대될 것이다. 요양병원에 근무하는 사회복지사는 임종 과정을 자주 목격할 수 있다. 이때 호스피스 · 완화의료의 내용을 이해하고 있으면 도움이 된다. 또한 호스피스 · 완화의료 영역은 향후 사회복지사 활동의 새로운 공간이 될 수 있다.

학습목표

1. 산업재해를 이해하면서 의료사회복지실천의 방법들을 설명할 수 있다.
2. 요양병원의 특성을 이해하면서 치매 환자에 대한 인권 중심의 실천과 호스피스 · 완화의료의 내용을 통해 임종 환자를 위한 실천 방안들을 설명할 수 있다.

1 산업재해와 의료사회복지실천

1) 산업재해의 현황

산업재해를 당한 노동자는 산업재해보상보험(이하 산재보험)을 통해 치료비와 임금을 보상받는다. 한국은 산업재해 사망사고 발생률이 경제협력개발기구 국가 가운데 네 번째로 높고(통계청, 2022b), 노동자가 재해를 당하더라도 산업재해로 인정받기가 쉽지 않다. 2021년 12월 말 기준으로 총 근로자 19,378,565명 중 산업재해자 수는 122,711명(사고재해자 수 102,276명, 질병재해자 수 20,435명)이고 이 중 사망자는 2,080명(사고사망자 수 828명, 질병사망자 수 1,252명)이다(고용노동부, 2021).

산재보험의 보상대상은 사고재해와 질병재해 두 가지이고 업무와 관련된 사고와 질병(직업병)인지의 여부가 보상을 결정하는 데 관건이다. 산재보험의 적용을 받는 근로자가 업무상의 사유에 의하여 부상을 당하거나 질병에 걸린 경우 요양급여의 대상이 된다. 즉, 근로자는 근로복지공단이 설치한 의료기관이나 산재보험 지정의료기관 등에서 진료받고, 비용은 근로복지공단에서 해당 의료기관에 직접 지급한다.

근로자의 사고는 추락, 끼임, 절단, 화재, 폭발 등이고, 질병은 신체부담작업, 요통, 난청, 직업성 암 등이다(고용노동부, 2021). 산재환자들은 신체적 고통과 장애뿐만 아니라 산재 상황의 트라우마, 우울증, 좌절감, 자신감 위축, 공포와 불안, 가족갈등, 대인관계 위축, 적응의 어려움, 알코올 및 약물 남용, 자살시도 등의 심리 · 사회적 어려움을 동반한다(한정원 · 이병숙, 2018).

산재환자들은 치료나 재활이 종결된 이후에 다시 직장으로 복귀하기도 하지만 영구 장애를 진단받아 새로운 삶을 살아갈 수도 있다. 산재환자들은 사고나 직업병의 형태에 따라 근골격계 질환, 난청, 뇌 · 심혈관계 질환, 만성 호흡기 질환, 암 등의 여러 가지 질병으로 고통을 받는다.

2) 주요 질환과 사고

산업재해로 인한 심각한 형태의 질병으로는 암, 뇌 · 심혈관계 질환 등이 있지만 산재사고로 인해 중도장애인의 삶을 살아야 하는 문제는 척수손상, 절단, 화상 등이라고 할 수 있다.

(1) 척수손상

척수손상(spinal cord injury)이란 척추뼈 안쪽에 위치한 중추신경인 척수가 손상을 입는 상태를 말한다. 척수신경이 끊어지게 되면 뇌의 신호전달이 차단되어 운동신경과 감각신경이 마비되고 자율신경도 손상을 입어 혈압조절, 체온조절, 대소변조절 기능도 제대로 작동하지 않게 된다. 척수손상은 외부의 충격에 의해 척추골절 및 탈구로 인해 척수가 손상되어 하반신마비나 사지마비를 초래한다(Senelick, 1998).

척수손상은 70%가 외상에 의해, 30%는 종양 또는 감염과 같은 질병에 의해 발생한다(서울아산병원, 2022). 외상은 주로 사고로 발생하는데 자동차와 오토바이 사고 또는 폭력에 의해 발생하지만 추락에 의한 사례도 많다. 노동자가 업무 중에 추락을 하여 척수손상을 당하게 되면 산재환자로 인정받아 치료와 보상을 받게 된다.

척수손상 환자는 신체의 일부 혹은 전신마비로 독립적인 생활이 어렵다. 또한 자기조절기능을 상실하게 되고 예전의 신체구조, 기능, 외모 변화로 현재의 신체상(body-image)을 받아들이기가 쉽지 않다. 일반적으로 급격한 신체적 손상 후의 반응은 급성기, 수용기, 재활기의 3단계를 거친다(장수미 외, 2021 : 195-196).

첫째, 급성기에는 병에 대한 강렬한 부인(denial), 퇴행, 불안 및 두려움, 적개심, 상실, 비통함 등의 감정이 발생한다. 이러한 반응은 정상적 반응이지만 너무 긴 시간 동안 지속된다면 정신적 고통이나 대인관계적 의존, 사회적 고립으로부터 회복하기가 어려워진다.

둘째, 수용기에는 급성기에 나타난 심리적 반응들이 어느 정도 회복되고 현재의 상황에서 적응할 수 있는 현실적 방안들을 생각하는 시기이다. 이 기간을 지나야 장기적인 계획을 수립하여 재활의 시기로 넘어갈 수 있다.

셋째, 재활기에는 가능한 신체 기능을 회복하고 책임감과 독립적인 사회적 기능을 유지하여 사회로 복귀하는 단계이다. 이 시기에는 개인의 변화된 생활양식을 가지고 삶의 질을 향상시키는 데 초점을 둔다. 재활기는 질병의 정도, 성격, 경제적 상황에 따라 다르지만 보통 급성기 3~6개월, 수용기 6개월~1년 정도를 거친 후에 시작된다.

지역사회로 복귀하더라도 척수손상 환자는 장애로 인하여 자립생활과 이동이 제한되면서 심리적 · 사회적 고립감이 증가된다. 휠체어의 사용과 같은 새로운 적응 과제가 생기고 감각신경의 마비로 욕창이 발생하거나 자율신경 마비로 배설 조절기능에 장애가 생기는 등 무력감과 불편함이 가중된다. 산업재해 환자의 경우 충분한 보상을 받거나 경제력이 충분하지 않다면 장기적인 치료, 재활 그리고 생활에 어려움을 가질 수밖에 없다.

(2) 절단

사고로 인한 신체 절단은 손상의 부위가 어디인지에 상관없이 당사자에게 충격과 아픔을 가져다준다. 신체 기관의 상실은 심리적 적응 기간을 필요로 하는데 둔마기, 애망기, 혼란기, 재건기로 구분할 수 있다(한인영 · 최현미, 2000 : 86-87).

'둔마기'는 신체 기관의 상실에 대해 "믿을 수 없어요", "꼭 꿈만 같아요", "견딜 수 없어요" 등의 말을 하는 초기 단계라고 할 수 있다. 이 시기에는 외부의 고통으로부터 자신을 지키기 위해 마음의 문을 닫고 당장의 충격만 흡수하려고 한다.

'애망기'는 상실한 신체 대상을 그리워하며 애타게 찾는 시기를 말한다. 신체 기관의 상실이 발생한 후 수 시간 내지 수일 후부터 시작해서 감정의 변화가 격해지거나 심한 불면증이 생기기도 한다. 이 시기에는 잃어버린 대상에 대한 생각에 잠겨 현실에 여전히 존재하고 있다고 착각하는 경향이 두드러지게 나타난다.

이와 같은 환상감각은 절단된 기관이 아직 그대로 있는 것처럼 느끼는 현상을 말한다. 예컨대 절단한 신체가 그대로 있는 것으로 느끼는 환상지, 그 환상지가 아파오는 것을 환상통이라고 한다. 대부분의 환상통은 오래 지속되지 않지만 평소 장애인에 대해 좋지 않은 감정을 지닌 사람, 의수족을 하기 싫어하는 사람, 사회생활에 복귀가 쉽지 않은 사람, 평소 적대적이었던 사람에게 의존해야 하는 경우 등에서는 보다 길게 이어질 수 있다(Kolb & Brodie, 1982).

'혼란기'는 상실한 신체기관을 되찾으려는 희망을 포기하였지만 상실한 신체기관이 없는 상태에서 새로운 삶을 시도할 생각을 하지 못하는 시기이다. 이 시기에 우울, 불안, 짜증, 긴장이 지속되고 가족 간 갈등이 표면화될 수 있다.

'재건기'란 절단환자가 상실을 극복하고 새로운 삶의 양식을 받아들이고 바뀐 인생을 살아가는 시기를 말한다. 하지만 대다수의 절단환자들이 4단계의 심리적 적응 단계를 거쳐 회복하는 것은 아니다. 어떤 환자들은 상실한 신체기관을 언제나 그리워하면서 혼란과 분노를 폭발하며 살아갈 수도 있다. 즉, 사고로 신체기관을 상실한 사람은 개인에 따라 다르지만 어느 정도의 새로운 삶으로 적응하는 시간이 필요하며 상실된 기관을 애도할 수 있도록 기다려 줄 필요가 있다는 것이다. 그 이후에 재활 과정을 통해 새로운 삶의 양식으로 사회적응을 할 수 있다.

(3) 화상

산재에 의한 화상이든지 아니든지 간에 심각한 화상은 개인의 삶을 송두리째 바꾸는 고통과 전환의 출발점이 된다. 화상 환자는 화상을 입는 과정의 트라우마, 치료 과정의 심한 통증과 생리적 균형 상실, 검게 탄 피부와 시뻘건 살점을 보거나 전신을 타인에게 노출해야 하는 수치감을 겪는다. 화상은 단기간 치료가 아니라 장기간 반복된 수술과 치료 및 입원이 필요하고 영구적인 외모 손상을 입을 수도 있다.

심각한 화상 환자는 입원 초기, 입원 중기, 퇴원 후에 따라 심리사회적 문제가 다르게 나타난다(김규수, 2001 : 340-342). 응급으로 이송된 화상 환자는 체액상실, 전해질 불균형으로 생리적 쇼크 상태에 빠지고 괴사조직체 제거, 기관절개술 등이 필요하다.

정신적으로 해리상태, 외상성 스트레스, 섬망(delirium)이 올 수도 있다. 화상 직후 환자들은 해리상태를 겪게 되는데, 꼭 꿈꾸는 것처럼 그 당시 무슨 일이 일어났는지 잘 파악하지 못하고 의식이 있어 말을 하지만 나중에 이를 기억하지 못한다. 외상성 스트레스는 불안, 불면, 악몽이나 감정 조절의 실패 등으로 나타난다. 섬망은 시간, 장소, 사람을 인식하지 못하거나 인지기능의 장애, 의식의 혼탁, 심한 불안이나 환각 등을 말하며, 반드시 치료 초기에만 나타나지는 않는다.

치료 중기는 화상 환자의 상태가 어느 정도 안정된 수주일에서 수개월 동안을 말하며 피부이식과 치료를 받으면서 희망과 절망 사이에서 방황하는 시기를 말한다. 이때 환자는 자신의 외모와 신체 기능의 상태를 알 수 있으며, 이후 사회생활이나 직장생활의 변화 정도를 알 수 있다. 환자들은 이 시기에도 여전히 치료 과정에서 심한 통증을 겪고 심각한 불안과 두려움을 느낀다.

또한 환자들은 왜 하필 나에게 이런 일이 생기는지에 대해 원인 제공자나 신에게 분노나 적개심을 표출한다. 마찬가지로 치료진이나 가족에게도 이유 없는 화나 짜증을 반복해서 내기도 한다. 환자는 용모, 신체 일부, 피부를 잃었다는 데서 오는 애도 반응의 한 형태로 우울증을 경험할 수 있다.

병원 치료를 마치고 퇴원을 하면 현실적인 문제에 직면하게 된다. 먼저 외모의 변화로 병원 입원 중에는 유사한 문제를 가지고 있는 사람들과 치료진이나 가족의 지지로 견디게 된다. 그러나 퇴원 후에는 예전과 다른 외모로 친지나 대중들을 만나야 한다는 부담감을 지닐 수밖에 없다. 따라서 대인관계가 위축되거나 가족 및 부부 관계의 갈등이 생길 수도 있다. 퇴원 후에도 화상 환자들은 불안, 불면, 우울, 사고재연의 악몽 등의 심리·정서적 어려움을 겪는다. 또한 원래의 직장에 복귀하지 못하거나 취미나 운동을 이전과 같이 할 수 없다면 삶의 동력을 상실하고 사회적 고립과 경제적 곤란을 동시에 경험하게 된다.

3) 의료사회복지실천

산업재해환자는 근로복지공단이 설치 또는 지정한 의료기관에서 요양을 하고, 발생하는 비용은 근로복지공단에서 의료기관에 직접 지급한다. 근로복지공단은 산재보험법 제10조에 근거하여 고용노동부장관의 위탁을 받아 산재보험법의 목적을 달성하기 위한 사업을 효율적으로 수행하기 위하여 설립되었다. 근로복지공단은 다양한 업무를 수행하지만 여기서는 근로복지공단에서 운영하는 의료기관의 사회복지사 업무를 중심으로 살펴보고자 한다. |그림 12-1|과 같이 근로복지공단은 전국에 10개 병원, 4개 의원, 2개의 케어센터를 직영하고 있다.

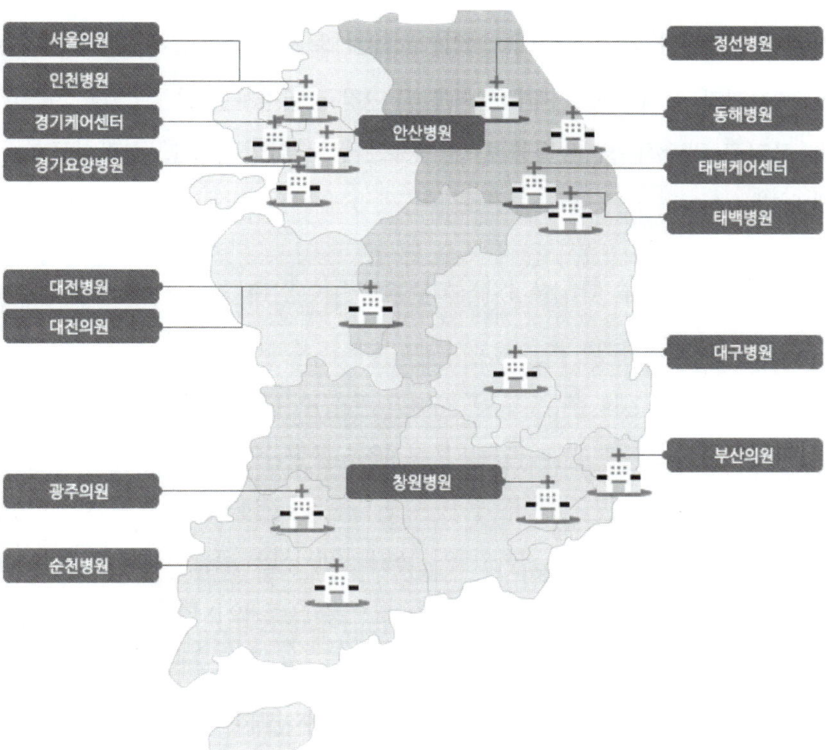

|그림 12-1| **근로복지공단 직영 병원**

출처 : 근로복지공단 홈페이지.

근로복지공단에서 운영하는 대부분의 병원에서는 사회복지사가 채용되어 활동하고 있다. 산재환자들이 아닌 경우에는 일반적인 의료사회복지 업무를 수행하고 있다. 산재환자들의 경우 산재보험의 재활수가에 포함된 개입으로 환자의 재활을 돕고 병원 경영에도 도움을 주고 있다. 여기서는 재활수가에 포함된 사회복지사의 업무를 중심으로 살펴보고자 한다. 사회복지사는 직업사회 평가(직업재활, 생활환경), 선별 심리검사, 집중 상담, 집단 심리회복 프로그램을 실시하고 재활수가를 청구할 수 있다.

직업사회평가는 직업재활 평가와 생활환경 평가로 구분되어 있으며 각각 수가를 산정할 수 있다. 직업재활 평가는 치료 기간 중 1회만 산정할 수 있으나 재요양 등으로 의학적 평가내용이 현저하게 변화가 있다면 추가적으로 실시할 수 있다. 직업재활 평가는 인구사회학적 정보와 산재 유형, 즉 사고(추락, 전도, 절단, 협착, 감전, 화재, 폭발 등)와 질병(진폐, 난청, 근골격계, 뇌심혈관질환 등)을 조사한다. 그리고 의학적 평가, 직업 관련 정보, 심리사회적 정보를 평가하도록 구성되어 있다.

〈표 12-1〉 직업재활 평가양식

■ 기본정보

<table>
<tr><td colspan="2">성 명</td><td></td><td>성 별</td><td>□ 남 □ 여</td><td>주민등록번호</td><td></td></tr>
<tr><td colspan="2">주 소</td><td colspan="5"></td></tr>
<tr><td colspan="2">재해일자</td><td colspan="3"></td><td>내원일자</td><td></td></tr>
<tr><td colspan="2">재해시 직무</td><td colspan="3"></td><td>요양유형</td><td>□ 최초요양 □ 재요양</td></tr>
<tr><td colspan="2">재해 경위</td><td colspan="3"></td><td>요양기간</td><td></td></tr>
<tr><td colspan="2">산재유형</td><td colspan="5">□ 사고(추락, 전도, 절단, 협착, 감전, 화재, 폭발 등)
□ 질병(진폐, 난청, 근골격계, 뇌심혈관질환 등)</td></tr>
<tr><td colspan="2">승인상병</td><td colspan="5"></td></tr>
<tr><td colspan="2">주호소</td><td colspan="5"></td></tr>
<tr><td colspan="2">학 력</td><td colspan="3"></td><td>종 교</td><td></td></tr>
<tr><td colspan="2">혼인상태</td><td colspan="5">□ 미혼 □ 기혼(사실혼) □ 별거/ 이혼/ 사별</td></tr>
<tr><td rowspan="4">주거환경</td><td>소유</td><td colspan="5">□ 자가 □ 전세 □ 월세 □ 기타( )</td></tr>
<tr><td>가옥구조</td><td colspan="5">□ 단독주택 □ 아파트 □ 다세대주택 □ 원룸/ 오피스텔 □ 기타( )</td></tr>
<tr><td>층수</td><td colspan="5">□ 1층 □ 2층 □ 그 이상 □ 지하</td></tr>
<tr><td>승강장치</td><td colspan="5">□ 엘리베이터 □ 계단 □ 경사로 □ 기타( )</td></tr>
<tr><td colspan="2">월평균소득
(산재이전)</td><td colspan="5">□ 100만원 이상 ~ 200만원 미만 □ 200만원 이상 ~ 300만원 미만
□ 300만원 이상 ~ 400만원 미만 □ 400만원 이상 ~ 500만원 미만
□ 500만원 이상</td></tr>
<tr><td colspan="2">특이사항</td><td colspan="5"></td></tr>
</table>

■ 의학적 평가

<table>
<tr><td>질병군
(승인상병 기준,
중복체크 가능)</td><td colspan="6">□ 뇌손상 □ 척수손상 □ 상지절단 □ 하지절단
□ 하지골절 □ 상지골절 □ 척추/ 골반골절 □ 기타 근골격계 손상
□ 내부장기손상 □ 기타( )</td></tr>
<tr><td>동반질환</td><td colspan="6">□ 무
□ 유 □ 고혈압 □ 당뇨 □ 결핵 □ 간질환 □ 심장질환 □ 암 □ 기타( )</td></tr>
<tr><td rowspan="4">수술력</td><td>□ 무</td><td>수술일시</td><td colspan="3">수술명</td><td>비고</td></tr>
<tr><td rowspan="3">□ 유</td><td></td><td colspan="3"></td><td></td></tr>
<tr><td></td><td colspan="3"></td><td></td></tr>
<tr><td></td><td colspan="3"></td><td></td></tr>
<tr><td rowspan="6">기본 기능평가</td><td colspan="2">의식상태</td><td colspan="4">□ 명료 □ 혼돈 □ 반의식 □ 무의식</td></tr>
<tr><td colspan="2">보행가능 여부</td><td colspan="4">□ 불가능 □ 가능(가능 시 보조기 혹은 의지 필요 □ 무 □ 유)</td></tr>
<tr><td colspan="2">일상생활수행 여부</td><td colspan="4">□ 완전독립 □ 부분독립 □ 관찰하 독립 □ 완전의존</td></tr>
<tr><td colspan="2">비위관 유무</td><td>□ 무 □ 유</td><td colspan="2">배뇨관 유무</td><td>□ 무 □ 유</td></tr>
<tr><td colspan="2">기도관 유무</td><td>□ 무 □ 유</td><td colspan="2">상처 및 욕창 유무</td><td>□ 무 □ 유</td></tr>
<tr><td colspan="2">수면장애 유무</td><td>□ 무 □ 유</td><td colspan="2"></td><td></td></tr>
<tr><td>특이사항</td><td colspan="6"></td></tr>
</table>

■ 직업 관련 정보

휴업급여수령액 (최저임금기준보장 60,240원/일)	□ 100만원 이상~200만원 미만 □ 400만원 이상~500만원 미만	□ 200만원 이상~300만원 미만 □ 500만원 이상	□ 300만원 이상~400만원 미만
산업분류상 일한 곳의 사업내용 (제10차 한국 표준산업분류)	□ 농업, 임업 및 어업 □ 전기, 가스, 증기 및 공기조절 공급업 □ 도매 및 소매업 □ 정보통신업 □ 사업시설 관리, 사업지원 및 임대 서비스업 □ 전문, 과학 및 기술 서비스업 □ 협회 및 단체, 수리 및 기타 개인 서비스업	□ 광업 □ 수도, 하수 및 폐기물 처리, 원료재생업 □ 운수 및 창고업 □ 금융 및 보험업 □ 공공 행정, 국방 및 사회보장 행정 □ 교육 서비스업 □ 기타( )	□ 제조업 □ 건설업 □ 숙박 및 음식점업 □ 부동산업 □ 예술, 스포츠 및 여가관련 서비스업 □ 보건업 및 사회복지 서비스업
직종(제7차 한국 표준직업분류)	□ 관리자 □ 서비스 종사자 □ 기능원 및 관련 기능 종사자	□ 전문가 및 관련 종사자 □ 판매 종사자 □ 장치기계 조작 및 조립 종사자	□ 사무종사자 □ 농림, 어업 숙련 종사자 □ 단순노무 종사자
종사상 지위	□ 상용직(정규직) □ 자영업자 또는 고용주	□ 임시직(계약직) □ 기타 ( )	□ 일용직
직업복귀 욕구	□ 원직장/원직무 □ 원직장/타직무	□ 타직장/원직무 □ 타직무/타직무	□ 창업 □ 기타 □ 생각해보지 않음
특이사항			

■ 심리사회적 정보

<table>
<tr><td>주돌봄자</td><td colspan="2">□ 없음 □ 배우자 □ 자녀
□ 부모 □ 간병인 □ 기타</td><td>주돌봄자 연락처</td><td></td></tr>
<tr><td rowspan="3">심리적 문제</td><td colspan="4">□ 무 □ 유</td></tr>
<tr><td>우울</td><td colspan="3">□ 항상 그렇다 □ 자주 그렇다 □ 보통이다
□ 약간 그렇다 □ 전혀 그렇지 않다</td></tr>
<tr><td>불안</td><td colspan="3">□ 항상 그렇다 □ 자주 그렇다 □ 보통이다
□ 약간 그렇다 □ 전혀 그렇지 않다</td></tr>
<tr><td>특이사항</td><td colspan="4"></td></tr>
</table>

년 월 일

평가자 ______________ (서명)

의사 ______________ (서명)

출처 : 근로복지공단(2022). 요양급여 산정기준 별표4.

생활환경 평가는 기본정보와 종합평가 결과로 구분된다. 종합평가에는 가옥 실내·외 이동 및 일상생활 수행 시 문제점, 일상생활 향상을 위한 추천 도구, 가족/ 환자 의견, 종합의견을 평가하도록 되어 있다.

생활환경 평가는 가옥구조 파악, 환자의 이동상태(예컨대 휠체어, 지팡이 등), 실외환경(경사, 엘리베이터 등), 출입구(예컨대 문의 폭, 문지방, 난간 등), 실내환경의 제한 유무, 거실과 침실에서의 수행제한이 있는지, 욕실, 복도, 세탁실 등에서 수행제한이 있는지, 기타 집안의 가구나 시설들의 수행에 제한이 있는지 등을 평가한다.

다음으로 심리적 어려움이 있는 산재환자를 위해 다학제적 접근을 통한 의학적인 심리평가를 실시할 수 있다. 사회복지사는 선별 심리검사와 심층 심리검사 중 선별 심리검사를 수행할 수 있다. 선별 심리검사의 구체적 평가 내용의 기록은 〈표 12-2〉와 같다.

〈표 12-2〉 **선별 심리검사 기록지**

■ 기본정보

성 명		성별/ 나이	/
진료과		재해일	
상병명			

■ 선별 심리검사 결과

구 분	외상 후 스트레스 진단 척도		벡 우울척도-II		벡 불안척도	
점 수						
수 준						
별도 첨부			○		○	
규 준			0-13	최경도 (Minimal)	0-7	정상범위 (Minimal)
	10 이하	경도(Mild)	14-19	경도(Mild)	8-15	경도(Mild)
	11-20	중등도 (Moderate)	20-28	중등도 (Moderate)	16-25	중등도 (Moderate)
	21-51	고도(Severe)	29-63	고도(Severe)	26-63	고도(Severe)

■ 심층평가기준 대상 여부

대상 여부	☐ 대상	☐ 미대상
비고		

년　　월　　일

평가자 ______________ (서명)

의사 ______________ (서명)

출처 : 근로복지공단(2022). 요양급여 산정기준 별표4.

집중상담과 집단 심리회복 프로그램의 적용 대상은 선별 검사 결과 상담과 집단 프로그램을 제공할 필요성이 있는 산재환자, 가족 또는 동료 등이다. 집중상담은 심리적 문제를 해결하기 위해 산재환자나 가족을 대상으로 집중적인 심리상담을 실시하는 것을 말한다. 집단 심리회복 프로그램은 산재환자 집단, 가족 또는 동료를 대상으로 회복 프로그램 운영계획을 수립하여 실행하는 것을 말한다. 집중상담과 집단 심리회복 프로그램은 의사, 간호사, 임상심리사, 사회복지사 등의 전문가가 참여할 수 있다.

〈표 12-3〉 집중상담 운영일지

성 명		성별/ 나이	/
진료과		재해일	
상병명			
상담일자	. . .		: ~ : (총 분)

구 분	세부 내용
주요 상담내용	(구체적으로 작성)
상담결과	(구체적으로 작성)
상담 대상자	상담 대상자(해당항목 √ 표기)
	□ 산재환자 □ 가족
상담자 직종 및 서명	상담자 직종(해당항목 √ 표기)
	□ 의사 □ 간호사 □ 임상심리사 □ 사회복지사 □ 기타( )
상담자 서명	성명 : ____________ (서명)

출처 : 근로복지공단(2022). 요양급여 산정기준 별표4.

〈표 12-4〉 집단 심리회복 프로그램 운영일지

<table>
<tr><td rowspan="3">성명</td><td>산재</td><td colspan="3">김철수</td></tr>
<tr><td>가족</td><td colspan="3">홍길동, 정유비(　　명)</td></tr>
<tr><td>동료</td><td colspan="3">홍장미, 이관우(　　명)</td></tr>
<tr><td colspan="2">교육일자</td><td>. . .</td><td>교육시간</td><td>: ~ : (총 분)</td></tr>
</table>

<table>
<tr><td>구 분</td><td>세부 내용</td></tr>
<tr><td rowspan="2">프로그램명</td><td>구분</td></tr>
<tr><td>□ 마음회복 프로그램　□ 심리치료 프로그램
□ 희망찾기 프로그램　□ 가족 프로그램
□ 부부 상담　□ 취미활동 지원
□ ____________</td></tr>
<tr><td>교육목표</td><td></td></tr>
<tr><td rowspan="4">운영내용</td><td>주요 운영내용(구체적으로 작성)</td></tr>
<tr><td>1.</td></tr>
<tr><td>2.</td></tr>
<tr><td>3.</td></tr>
<tr><td rowspan="2">교육대상자</td><td>교육대상자(해당항목 √ 표기)</td></tr>
<tr><td>□ 산재환자　□ 가족　□ 동료</td></tr>
<tr><td rowspan="2">교육자 직종
및 서명</td><td>교육자 직종(해당항목 √ 표기)</td></tr>
<tr><td>□ 의사　□ 간호사　□ 임상심리사
□ 사회복지사　□ 장애인재활상담사　□ 특수재활교사　□ 기타(　　)</td></tr>
<tr><td>교육자 서명</td><td>성명 : ____________ (서명)</td></tr>
</table>

출처 : 근로복지공단(2022). 요양급여 산정기준 별표4.

2 요양병원과 의료사회복지실천

1) 요양병원의 현황

요양병원은 의사나 한의사가 의료를 행하는 곳으로 요양환자 30명 이상을 수용할 수 있는 시설을 갖추고 주로 장기요양이 필요한 입원환자에게 의료를 행할 목적으로 개설하는 의료기관이다(의료법 제3조). 요양병원은 인구의 고령화에 따른 노인성 질환자와 만성질환자의 증가로 수요가 증가하게 되었는데 2021년 국내 요양병원의 수는 1,466개로, 2010년 867개에서 약 1.7배 증가했다(통계청, 2022c).

요양병원은 요양시설과 실제적인 기능이 유사하여 입원하는 사람들이 구분되지 않고 있다. 그러나 〈표 12-5〉와 같이 요양병원과 요양시설은 운영 목적, 설립 주체, 운영인력, 서비스 대상, 서비스 내용에서 차이가 있다. 근본적으로 요양병원은 의료법에 의해 설립되어 건강보험 수가체계의 적용을 받으며, 요양시설은 노인복지법에 의해 설립되어 노인장기요양보험제도 수가체계의 적용을 받는다(김진수 외, 2013).

〈표 12-5〉 요양병원과 요양시설의 구분

구 분	요양병원	요양시설
설립 근거 및 적용 법률	• 의료법(제3조, 시행규칙 제36조) : 의사(또는 한의사)가 요양환자 30인 이상을 수용할 수 있는 시설을 갖추고 주로 장기요양이 필요한 노인성 질환과 장애가 있는 자에 대한 입원, 외래 및 재활 치료 등의 의료서비스 제공 • 국민건강보험법	• 노인복지법(제31~39조, 시행규칙 제30조의2, 제14~29조) : 노화 현상에 의해 신체, 정신 기능이 쇠퇴하여 거동이 불편한 자 중 요양등급 판정자가 계약에 의해 시설에 입소하여 신체활동지원과 일상 가사지원을 제공 • 노인장기요양보험법
적용제도 및 재원	국민건강보험제도	노인장기요양보험제도
보험자	국민건강보험공단	국민건강보험공단

시설 기준	30병상 이상, 입원실, 의무기록실, 소독시설, 식당, 휴게실 등	• 침실(1실 4인 이하), 식당, 조리실, 세면장 및 목욕실 • 10인 이상 시설에는 의료 및 간호사실, 프로그램실, 물리치료실
인력 기준	• 의사 : 환자 40명당 1인 • 간호(조무)사 : 환자 6인당 1인 • 기타인력 : 약사, 방사선사, 물리치료사, 임상병리사, 사회복지사, 의무기록사	• 촉탁의(의사) : 월 2회 방문 • 간호(조무)사 : 입소자 25명당 1인 • 물리(작업)치료사 : 입소자 30명 이상일 경우 1인 • 사회복지사 : 입소자 30명 이상일 경우 1인 • 요양보호사 : 입소자 2.5명당 1인
서비스 내용	노인성 질환자, 만성질환자, 외과적 수술 후 또는 상해 후 회복 시간에 있는 자에 대한 치료 및 간병	신체활동지원(개인위생, 목욕 등), 일상생활지원(간병, 수발 등), 일상동작훈련, 기능훈련, 간호, 취미, 오락 등 프로그램 운영
서비스를 받을 수 있는 자	질병이나 장애가 있는 자가 본인 및 의사의 판단에 따라 의료서비스 제공	장기요양 인정등급을 받은 자 중 급여 이용 계약 시 서비스 실시
이용자 분류	의료서비스 요구도에 따른 7개군(의료최고도, 의료고도, 의료중도, 문제행동군, 인지장애군, 의료경도, 신체기능저하군)	기능상태 요양필요도에 따른 5등급 분류(요양시설 이용 등급은 3등급 이상)

출처 : 김진수 외(2013), p. 51 재구성.

원래의 목적으로 보면 요양병원은 독립생활이 가능하지 않은 사람 중 의료적 처치가 장기간 필요한 경우, 요양시설은 노인장기요양보험제도에 근거하여 등급을 인정받은 사람 중에서 의료적인 처치보다는 돌봄이 필요한 사람이 이용하도록 설계되었다. 그러나 요양병원은 건강보험에 가입되어 있는 사람이라면 누구라도 이용할 수 있기 때문에 의료적 욕구 등의 이유로 요양시설보다 더욱 선호되기도 한다. 향후 요양병원과 요양시설의 서비스 질이나 이용자의 욕구를 분석하고 운영 체계를 보완하여 원래의 두 기관 설립 목적을 달성할 수 있도록 할 필요가 있다.

요양병원은 급성질환이나 응급치료를 목적으로 하는 일반병원이나 종합병원과 달리 주로 노인 및 만성질환자를 장기적으로 치료하면서 간병관리를 수행하는 보호(care)에도 초점을 두고 있다. 또한 만성질환자의 고통을 최소화하기 위한 완화의료, 그리고 임종 과정의 서비스인 호스피스까지 포함하고 있다.

요양병원의 사회복지사는 의사, 간호사, 물리치료사, 요양보호사 등 여러 전문직들과 팀워크를 이루어 서비스를 제공한다. 사회복지사는 만성질환자와 임종 과정의 환자나 가족들에게 서비스를 제공해야 하기 때문에 다른 어떤 분야의 사회복지사들보다 정서적 어려움과 소진을 겪을 가능성이 높다.

2) 치매와 의료사회복지실천

요양병원에는 다양한 노인성 질환자와 만성질환자들이 치료를 받고 있다. 요양병원의 사회복지사는 장기 치료가 필요하거나 일상적 생활 기능을 수행하기 힘든 환자들을 위한 업무를 한다. 그중에서도 사회복지사들이 서비스를 제공하는 데 상당한 어려움을 겪는 대상이 치매를 지닌 사람이다.

(1) 치매의 개념

1970년대 이전에 시골 마을에는 이른바 '노망(老妄)났다'고 불리던 노인들이 한두 명씩은 있었다. 그들은 그 마을의 누구에게나 두려움의 대상이 되었으며, 돌봄은 오롯이 가족들, 특히 여성의 몫이었다. 돌보는 가족이나 본인 입장에서는 아마도 대소변을 가릴 수 없는 상황에 이르게 되면 가장 큰 고통이었을 것이다. 오늘날의 치매는 '노망났다'라는 사회의 혐오적 메시지를 질병의 범주로 바꾸도록 만든 용어이다(Ohi, 2008).

치매의 영어 표현은 'dementia'로 그 어원은 라틴어의 'demens', 즉 정신이 상실된 상태라는 의미이다. 치매의 한자 표현은 어리석을 치(癡)와 어리석을 매(呆)를 써서 일상적인 생활에 심한 어려움이 있는 상태라는 의미를 함축한다. 미국의 질병 진단 기준인 DSM-5에서는 신경인지장애(Neurocognitive disorder)로 명명하고 있으며, 뇌의 손상으로 인해 의식, 기억, 언어, 판단 등의 인지적 기능에 심각한 문제가 나타나는 장애라고 설명한다(엄태완, 2020b : 224). 한마디로 말하면 인간이 동물과 다른 주요한 특성인 사고의 기능에 결함이 생기는 문제라는 것이다. 사고 기능의 결함은 다양한 문제를 가져온다.

치매는 다양한 원인, 종류 그리고 증상들을 보인다. 의학적으로는 뇌세포가 서서히 파괴되면서 기억을 점차 잃는 것을 의미하며, 현대 의학 기술로는 발병 이전 상태로 돌아가는 것이 불가능하고 진행되는 속도를 늦추는 것이 최선이라고 본다. 치매는 원인질환에 따라 적절한 치료가 가능한 가역성 치매와 치료가 잘 되지 않고 점차 악화되는 비가역성 치매로 구분할 수 있는데, 대부분의 치매는 비가역적 특성을 가지고 있다(최낙원, 2018).

치매의 종류는 다양하지만 전체 치매 중 50~60%를 차지하는 알츠하이머성 치매의 경우와 같이 뇌신경의 퇴행성 변화에 의해 일어나는 치매, 혈관성 치매, 감염이나 독성물질에 의한 치매, 그리고 다양한 뇌손상에 의한 치매로 구분할 수 있다. 치매의 유형에 따라 나타나는 증상은 다르지만 대부분은 기억력 감퇴를 동반한다(이승우 외, 2016).

(2) 치매의 증상

① 초기 증상

치매의 초기에는 연령에 따른 기억력 감퇴, 건망증, 일시적 우울증 등과 구분이 어렵다. 치매가 의심되는 초기의 증상들은 다음과 같다(최낙원, 2018 : 76).

- 최근에 본인이 무엇을 했는지 잘 기억나지 않는다.
- 물건이나 사람의 이름이 떠오르지 않아 단어 표현이 어렵다.
- 이유 없이 화가 나거나 갑자기 우울해진다.
- 움직이거나 속옷을 갈아입는 것조차 싫을 정도로 매사가 귀찮고 힘들다.
- 냄새를 잘 못 맡거나, 다른 사람의 말이 잘 안 들린다.
- 주변에서 "요즘 무슨 일 있느냐"는 이야기를 들을 정도로 멍해질 때가 많다.

- 거스름돈 같은 간단한 물건값 계산이 안 돼 장보기가 힘들고, 지갑에는 잔돈이 쌓인다.
- 잠이 안 올 정도로 불안하고 잠꼬대가 심하다.
- 늘 다니던 길이 낯설거나 길을 잃고 헤매기도 한다.
- 이유 없이 체중이 빠진다.

② 인지 및 정신행동 증상

치매의 증상은 병리적 차원에서 인지 및 정신행동 증상으로 구분할 수 있다(엄태완, 2020b : 225-227).

〈인지적 증상〉

인지적 증상은 기억, 상황 파악, 언어 등에서 나타난다. 기억장애는 최근의 일에 대한 기억력이 현저하게 떨어지고 점차 오래된 과거의 기억도 손상되는 순으로 나타난다. 언어 능력도 처음에는 단어가 기억나지 않아 표현력이 감퇴하는 것처럼 보이지만 점차 다른 사람의 말도 잘 이해하지 못하고 이후에는 횡설수설하는 수준까지 진행되다가 아예 말을 하지 않는 상태로 진행된다.

시간, 장소, 사람에 대한 파악력이 저하된다. 시간에 대한 장애가 나타나 날짜 관념이 정확하지 않고 점차 계절이나 밤낮도 구분하지 못한다. 장소에 대한 파악력이 저하되어 늘 다니던 길을 잘 못 찾거나 나중에는 집 안에서도 방이나 화장실을 구분해서 찾아가지 못한다. 치매가 상당히 진행되면 사람에 대한 파악도 흐려지는데, 초기에는 가끔씩 만나는 사람을 알아보지 못하다가 말기에는 자신의 자녀, 배우자와 같이 가까운 사람도 알아보지 못한다.

〈정신행동 증상〉

정신행동 증상은 다양하지만 주로 우울을 동반하는데, 일시적인 우울부터 심각한 허무감, 비관적 사고, 죽음에 대한 생각, 의욕이나 즐거움 상실, 식욕 상실, 초조감, 울음, 죄책감 등을 나타낸다. 또한 성격이 급격하게 변한 것처럼 보인다.

예를 들면, 행동이 위축되고 소극적이고 수동적이거나 쉽게 짜증이나 화를 내고 이기적 행동을 자주 드러낸다. 수면 주기가 변하여 심한 불면증과 이에 동반되는 초조행동, 착란 상태 등을 나타내며 밤에 자지 않아 돌보는 사람들을 지치게 만든다.

정신병적 증상으로는 망상과 환각이 나타나기도 한다. 망상 중에 흔한 것은 누군가 자신의 물건을 훔쳐갔다는 내용, 누군가 자신을 해치려 한다거나, 간병인이 사기꾼이라거나, 배우자가 부정한 짓을 했다는 것 등이다. 환각 중에는 실제로 없는 사물을 보는 환시와 실제로 들리지 않는 것을 듣는 환청이 가장 많으며, 이것으로 인해 치매 환자는 난폭행동이나 초조행동을 하기도 한다.

인지적 및 정신행동 장애로 인한 종합적 결과는 일상생활과 관련된다. 치매 환자는 기본적인 일상의 생활, 즉 일어나고, 세수하고, 밥 먹고, 대소변 가리고, 산책하고, 잠을 자고, 물건을 사고, 이야기하고, 시장을 보는 등에서 서서히 그리고 나중에는 완전히 기능을 상실한다. 이 기능의 정도에 따라 누군가의 돌봄을 받으면서 집에서 거주할 수 있는지를 구분하는 기준이 된다.

(3) 치매 환자를 바라보는 두 가지 관점

① 자유지상주의 관점

자유지상주의를 근간으로 하는 시장 만능주의는 치매 환자를 어떻게 바라볼까(엄태완, 2020b : 230-233). 시장 만능주의에 의해 작동하는 사회는 다른 사람보다 경제적 자원을 더 많이 가진 사람이 사회의 모든 의제를 독점하게 된다. 그들은 경제적 힘을 바탕으로 정부에 영향력을 미치거나 대중매체를 통제하고 자신들이 제공하는 고용과 투자를 취소하겠다고 위협하면서 사람들을 복종하도록 만든다. 일반 대중은 두려움과 불안 속에서 더 오랜 기간 노동을 하지만 노부모나 자녀를 제대로 돌보지 못하게 된다.

시장 만능주의가 사회구조 및 문화로 자리 잡는다면 치매 환자를 둔 가족은 누구의 도움도 받지 못하게 되어 경제적 곤란을 시작으로 가족 붕괴까지도 이를 수 있다. 이러한 과정을 직·간접으로 경험한 일반 대중은 타인의 안녕보다는 자신의 이기심을 충족하는 것을 삶의 최우선 과제로 둔다. 사람들은 삶의 모든 과정에서 서로가 서로를 돕겠다는 마음과 문화보다는 자신의 이익 추구에만 관심을 가지게 될 것이다. 이러한 사회에서 치매는 사회 공동의 부담이 되며 가족 단위의 문제로 간주되기 때문에 나이가 들수록 경제적 능력이 부족한 사람들은 가족이나 사회로부터 소외될까 봐 더욱 불안하게 된다.

자유지상주의를 근간으로 하는 사상이 사회를 지배하는 문화가 된다면 치매 혹은 치매 환자는 사회적 이익에 도움이 되지 않는 존재이다. 치매는 개인 간이든지 사회에 의해서든지 간에 도움을 받아야 하는 사회문제이다. 자유지상주의가 구조적 혹은 문화적으로 견고해지면 일반 대중은 자신이 치매에 걸렸을 때 도움을 받지 못할 수 있다는 불안감이 높아진다. 왜냐하면 이러한 문화 속의 사람들은 모든 것을 혼자서 견뎌야 하고 자신 이외의 타인을 도울 필요가 없으며 자기 자신도 다른 사람에게 도움을 청하지 않을 것이라고 다짐하기 때문이다.

② 인권 관점

인권은 사회의 허구적 목적이 아니어야 한다. 예를 들면, 지금 그 장소에서 치매 환자가 비인간적 대우를 받고 있다면 정치적 구호로서의 인권은 인간의 삶에 도움이 되지 않는다.

인권 원칙은 치매 환자들에게 보다 엄격히 적용될 필요가 있다. 인권 원칙은 보편성(universal), 불가분성(indivisible), 양도 불가능성(inalienable), 포기 불가능성(inabrogable) 등이다(Ife, 2010 : 84-86). 인권의 보편성은 성, 연령, 장애, 인종, 국가, 문화, 종교 등과 상관없이 모든 사람에게 똑같이 적용된다는 의미이다. 불가분성은 인권을 서로 분리할 수 없는 하나의 묶음으로 보는 것이다. 양도 불가능은 개인이나 집단으로부터 빼앗기거나 줄 수도 없다는 의미이다. 포기 불가능은 자기 스스로 포기할 수 없다는 것이다.

이러한 인권의 원칙들은 때로 논쟁을 불러일으키기도 하지만 치매 환자와 관련된 인권은 보편성, 불가분성, 양도 불가능성, 포기 불가능성의 원칙들이 어떠한 논쟁적 담론 없이 그대로 적용될 필요가 있다(엄태완, 2020b : 235-238).

보편성의 원칙에서 본다면 소득, 성별, 연령 등에 상관없이 치매 환자는 인간답게, 존엄하게, 행복하게 살아가도록 보장받아야 한다. 그들은 악랄한 구금, 폭행, 학대 등으로부터의 안전하게 보호받아야 하며 잠을 자고 시간에 맞추어 음식을 먹고 계절에 맞는 의복을 입을 수 있어야 한다. 또한 자주 무시하기 쉽지만 정치적 권리를 향유하기 위해 투표권 행사를 언제나 진지하게 생각하고 여가와 이동의 자유도 최대한 보장받아야 한다.

인권의 불가분성의 원칙에서 본다면 권리들 간의 상충에 대한 논쟁이 일어나기도 한다. 예를 들면, 표현의 자유와 가짜 뉴스로부터 자유로울 권리, 부모의 권리와 자녀의 권리, 의사의 권리와 환자의 권리 등이다. 이와 같이 인권들이 갈등 관계에 처할 수 있지만 근본적으로 인권은 권리들이 상충되지 않는 불가분성이 강조된다.

치매와 관련된 인권은 개인 간 권리의 상충을 보완하는 수준을 넘어서야 한다. 예컨대 치매 환자의 권리와 돌보는 사람 간의 권리 상충을 뛰어넘어야 한다. 즉, 치매 환자의 인간답고 존엄하게 살 수 있는 여건들을 사회 전체가 만들어야 하며, 치매 환자를 돌보는 사람들도 그들의 인권이 침해받지 않도록 법적 · 제도적 장치가 마련되어 있어야 한다.

인권의 양도 불가능성 원칙이란 다르게 말하면 다른 사람에게 주거나, 인권으로 다른 특정한 것과 바꿀 수 없다는 의미이다. 하지만 경우에 따라 사람들에게서 인권을 빼앗기도 한다. 예를 들면, 교도소에 수감이 되면 여러 가지 권리들이 사라지며, 아동들에게는 투표권이 없으며, 생존권이 적용이 되지 않는 사람들도 흔하다.

하지만 치매 환자에 대한 인권은 모든 권리가 당사자의 책임이나 추정을 근거로 침해당하지 않도록 해야 한다. 예컨대 치매 환자가 입원한다면 치료와 감금이라는 논쟁을 치매 환자 입장에서 적극적으로 펼칠 필요가 있다. 특히 관련된 사람들의 편의, 병원의 사익, 국가책임의 방기 등에 의해 치료라는 미명 아래 감금을 하고 있는 것이 아닌지를 다양한 사람과 기관을 통해 확인할 수 있도록 할 필요가 있다. 또한 입원 이후에도 존엄한 대우를 받는지를 끊임없이 외부 사회가 관찰할 수 있도록 제도적·문화적 여건을 마련해야 한다.

인권의 포기 불가능성이라는 원칙에서 본다면 치매 환자는 시기에 따라 다르지만 사건이나 사물에 대한 판단 및 사회적 힘을 사용할 가능성이 낮아지기 때문에 더욱 중요하다. 왜냐하면 다른 사람의 판단이나 국가나 사회의 힘을 통해 당사자가 스스로 인권을 포기하는 것으로 간주할 수도 있기 때문이다.

치매 환자들도 기본적 인간의 권리, 즉 이동의 자유, 안전하고 건강한 환경에서 살 권리, 가족과 자유로운 시간을 가질 권리, 존엄하게 대우받을 권리 등을 향유할 수 있어야 한다. 이러한 권리들이 환자 스스로의 판단에 의해 다른 더 좋은 이익을 위해 포기하였다고 관련된 사람이나 사회가 지레 판단하지 않아야 한다.

(4) 의료사회복지실천

요양병원의 사회복지사는 치매, 중풍, 뇌혈관 질환과 같은 노인성 질환뿐만 아니라 만성질환자, 외과적 수술이나 상해 후 회복 중에 있는 환자 등 다양한 클라이언트를 대상으로 업무를 한다. 사회복지사의 역할은 일반적인 의료사회복지실천과 유사성도 있고 다른 내용도 있다. 요양병원 환자의 특수성에 비추어 본다면 클라이언트의 변화가 매우 느릴 수도 있고 어떤 경우에는 회복보다는 고통을 최소화하면서 편안하게 삶을 마감하도록 돕는 과정에 참여할 수도 있다.

치매 환자는 사회복지사가 돌봄을 제공하기 어려운 클라이언트일 수 있다. 왜냐하면 신체적 문제뿐만 아니라 일상생활이나 대인관계를 상식적 수준으로만 접근할 수 없기 때문이다. 왜 갑자기 공격적으로 변하는지, 왜 다른 사람의 물건을 계속해서 훔치는지, 왜 식사를 하고도 밥을 안 준다고 하는지 등을 이해하기 위해 사회복지사는 치매와 관련된 지식들을 습득할 필요가 있다.

치매의 정도에 따라 다르겠지만 치매 환자가 옆에 있는 사람이 보이지 않는다고 하면 지식이 없는 사람은 환자가 거짓말을 한다고 화를 낼지 모른다. 그러나 이것은 치매 환자의 시야가 한정되고 좁아져서 나타난 결과이고, 실제로 환자는 옆에 있는 사람이 보이지 않는 것이다(Kakei, 2021). 이 외에도 사회복지사나 치료진을 지치게 만드는 치매 환자들의 고집이나 공격성에 대해 이해한다면 문제를 완전하게 해결하지는 못하겠지만 정서적 소진을 가져오는 부적절한 대응을 하지는 않을 것이다.

사회복지사는 치매 환자를 이해하기 위해 대화를 시도하고 가족을 만나거나 다른 전문가의 진단이나 기록들을 살펴보아야 한다. 이를 바탕으로 치매 환자를 어떻게 대할지 또는 어떠한 프로그램에 참여시킬지를 계획하고 실행해야 한다. 치매 환자 가족의 어려움이나 고통과 관련된 상담이나 집단 교육을 기획하고 팀 협력을 통해 실행할 필요가 있다.

치매에 대한 대처는 가능한 방법을 동원하여 나타나는 부정적 결과들을 최대한 늦추는 것이 최상이라고 본다. 즉, 현재의 치매 치료는 근본 원인을 해결하는 것이라기보다는 증상이 더 이상 나빠지지 않도록 관리하는 것에 가깝다. 치매 치료의 목표는 치매를 완치하는 것이 아니라 치매 환자와 가족의 행복과 삶의 질에 초점을 둔다(엄태완, 2020b : 228). 따라서 요양병원의 사회복지사는 치료팀 또는 병원 전체가 치매 환자를 치료하고 돌봄을 제공하는 과정에서 인권 문화를 형성하는 것이 일차적 과제라는 인식을 할 필요가 있다.

치매 환자를 위한 요양병원 내의 인권 문화 형성은 어려운 일이 아니다. 치매 환자를 '정신이 나간' 혹은 '미친' 대상으로 규정하는 것이 아니라 모든 인간과 똑같은 한 명의 인격체로 간주하는 것이다. 예를 들면, 병동 내의 직원이나 다른 환자들이 치매 환자를 무시하거나 혐오하고 방치하는 것에 동의하지 않는 것이다. 이때 사회복지사가 거창하게 인권침해라는 구호를 외칠 필요도 없이 치매 환자에게 존대하는 언어를 사용하고 반복해서 규정이나 규칙을 예의 바르게 설명하는 자세를 지니면 된다.

또한 요양병원의 구조적 인권침해를 예방하기 위해 외부 인권 강사를 초청하는 특강을 기획하여 최고의사결정권자에게 타당성을 설명하고 병동에 인권 관련 서적을 비치할 수 있다. 가족이나 자원봉사자 또는 지역사회 관계자와 협력하여 종사자 전체에 대해 인권 민감성을 향상할 수 있는 방안들을 마련할 수 있다. 요양병원에 근무하는 사회복지사의 인권도 제대로 보장되지 않는 사례도 많다. 하지만 사회복지사는 전문직으로서 치매 환자의 인간 존엄성을 유지하는 데 최선을 다해야 하는 의무와 책임이 있다. 이를 반복해서 실행한다면 요양병원에서 중요한 전문직으로서 사회복지사의 위상이 한층 강화될 것이다.

3) 호스피스 · 완화의료와 의료사회복지실천

요양병원의 사회복지사는 타인의 임종을 반복해서 경험하면서 소진과 정서적 어려움을 겪을 수 있다. 따라서 사회복지사는 임종 과정의 서비스인 호스피스 · 완화의료의 내용을 이해할 필요가 있다.

(1) 호스피스 · 완화의료의 개념

호스피스 · 완화의료는 2016년 「호스피스 · 완화의료 및 임종과정에 있는 환자의 연명의료결정에 관한 법률(이하 연명의료결정법)」이 제정되면서 서비스가 활성화되었다. 법률적으로 호스피스 · 완화의료란 암, 후천성면역결핍증, 만성폐쇄성 호흡기질환, 만성 간경화, 그 밖에 보건복지부령으로 정하는 질환으로 말기환자로 진단을 받은 환자 또는 임종과정에 있는 환자와 그 가족에게 통증과 증상의 완화 등을 포함한 신체적 · 심리사회적 · 영적 영역에 대한 종합적인 평가와 치료를 목적으로 하는 의료를 말한다(연명의료결정법 제2조 제6항).

호스피스 · 완화의료는 호스피스와 완화의료의 두 단어를 합해서 만든 용어이다. 호스피스(hospice)란 원래 중세 유럽의 순례자나 여행자, 가난하고 아픈 사람을 돌보는 휴식처를 의미했다. 이후 서구에서 요양원이나 수도원에서 임종 과정의 환자를 돌보는 기관으로 변화되었고, 1960년대 이후 말기 환자의 치료보다는 돌봄에 초점을 두고 생애말을 편안하게 해주는 접근법으로 정착되었다(한국호스피스완화의료학회, 2018).

완화의료(palliative care)는 질병에 대한 치료가 효과를 나타내지 않는 환자에 대해 고통이나 증상들을 조절하고 심리적 · 정신적 · 사회적 문제들을 중요하게 고려하여 환자와 가족들의 삶의 질을 유지하는 것을 목적으로 하는 의료활동이다. 완화의료는 질병의 어느 과정에서나 적용될 수 있으며, 특히 시한부의 삶을 사는 환자들의 삶을 긍정하고 죽어간다는 것을 정상적인 과정으로 인정한다(한국호스피스완화의료학회, 2018).

호스피스 · 완화의료란 임종 과정의 환자에 대해 치료보다는 돌봄에 초점을 두며, 신체적 고통의 조절뿐만 아니라 심리적 · 정신적 · 영적 · 사회적 측면의 삶의 질을 유지하기 위해 다학제적 팀, 즉 의사, 간호사, 성직자, 사회복지사 등으로 구성된 팀으로 일하는 생애말돌봄 활동이라고 할 수 있다. 우리나라의 경우 2016년에 제정된 연명의료결정법에 의해 서비스들이 제도적으로 정착되고 있다.

연명의료결정법에 근거해 2017년도부터 국가 차원에서 호스피스 · 완화의료 서비스를 입원형, 가정형, 자문형의 3개 유형으로 구분하여 지원하고 있다(표 12-6). 입원형 호스피스의 경우 2022년 9월 기준으로 전국 95개 의료기관, 1,589병상이 운영되고 있는데, 전체 의료기관 중 2.9%에만 설치되어 있다(허대석, 2022). 대부분의 호스피스 서비스는 상급종합병원이나 종합병원에 집중되어 있으며 사망자 수가 가장 많은 병원이나 요양병원에는 호스피스 설치 의료기관이 거의 없다.

〈표 12-6〉 **호스피스 · 완화의료 서비스 유형**

유형 구분	입원형	가정형	자문형
개 념	보건복지부 지정 호스피스 전문기관 병동에 입원한 말기암 환자와 가족들에게 호스피스 · 완화의료 서비스를 제공	가정에서 지내기를 원하는 말기 환자와 가족에게 보건복지부 지정 전문 기관의 호스피스 팀이 가정으로 방문하여 호스피스 · 완화의료 서비스를 제공	일반 병동과 외래에서 진료를 받는 말기 환자와 가족에게 호스피스 팀이 담당 의사와 함께 호스피스 · 완화의료 서비스를 제공
대 상	말기암	말기암, 말기후천성면역결핍증, 말기만성폐쇄성호흡기질환, 말기만성간경화, 말기만성호흡부전	말기암, 말기후천성면역결핍증, 말기만성폐쇄성호흡기질환, 말기만성간경화, 말기만성호흡부전

서비스	• 포괄적인 초기 평가 및 돌봄 계획 수립과 상담 • 음악/ 미술 요법 등 프로그램 • 환자 및 가족의 심리/ 사회/ 영적 문제 상담 • 24시간 전화상담 및 응급 입원 서비스 • 호스피스 · 완화의료 자원봉사자의 돌봄 봉사 • 통증 및 신체증상 완화 • 사별 가족 돌봄 서비스 • 임종 관리 • 자원 연계 및 이벤트 프로그램 운영 • 환자와 가족 교육(환자를 돌보는 방법, 증상 조절 등)	• 포괄적인 초기 평가 및 돌봄 계획 수립과 상담 • 환자 및 돌봄 제공자 교육 • 주 · 야간 상담전화 • 사별 가족 돌봄 서비스 • 심리적/ 사회적/ 영적 지지 • 장비 대여/ 연계 및 의뢰 서비스 • 임종 준비교육 및 돌봄 지원	• 신체증상관리 자문 • 생애 말기 돌봄 계획 및 상담 지원 • 임종 준비 교육 및 돌봄 지원 • 재가서비스 연계 • 심리적/ 사회적/ 영적 지지 • 자원 연계/ 경제적 지원 · 호스피스 입원 연계(말기 암인 경우)
서비스 비용	의사, 간호사, 사회복지사 상담 시 수가 발생	의사, 간호사, 사회복지사 개별 방문 시 수가 발생	의사, 간호사, 사회복지사 상담 시 수가 발생

출처 : 국립암센터 중앙호스피스센터 홈페이지.

〈표 12-7〉 입원형 호스피스 설치 현황

구 분	사망자 수	설치 의료기관/ 전체 의료기관
상급종합병원	45,817명(22.9%)	16개/ 45개(35.6%)
종합병원	72,163명(36.1%)	53개/ 325개(16.3%)
병원/ 요양병원	82,033명(41%)	26개/ 2,857개(0.9%)
계	200,013명	95개/ 3,227개

출처 : 의학신문(2022. 9).

〈표 12-7〉에서와 같이 의료기관에서 다양한 만성질환으로 연간 사망하는 약 20만 명의 환자를 기준으로 본다면 호스피스 · 완화의료가 필요한 환자 중 약 10% 정도인 2만 명 정도가 서비스를 받고 있다(의학신문, 2022. 9). 특히 병원이나

요양병원의 경우에는 설치 의료기관이 매우 부족하여 적절한 호스피스 · 완화의료 서비스를 받지 못하고 있다. 요양병원은 다른 어떤 병원보다도 회복과 재활을 통해 자신이 살던 지역사회로 돌아가는 비율이 낮은 의료기관이다. 따라서 요양병원은 호스피스 · 완화의료 서비스를 법률에 근거하여 더욱 확대할 필요가 있다.

(2) 의료사회복지실천

한국인 전체 사망자 중 77.1%가 의료기관에서 사망하고 있지만 국민건강보험공단에서 실시한 조사에 의하면 국민의 57.2%가 가정에서의 임종을 원하고 있으며, 호스피스 기관 19.5%, 의료기관 16.5%로 나타나서 대부분 자신이 살던 곳에서 임종을 바라고 있다(의학신문, 2022. 9). 요양병원에서 임종을 맞이해야 하는 대부분의 사람들도 가정에서 편안한 임종을 원한다. 그러나 현실적으로 가능하지 않기 때문에 호스피스 · 완화의료를 통해 이러한 욕구들을 최대한 충족시킬 필요가 있다.

호스피스 · 완화의료는 환자, 가족이나 간병인, 호스피스 의사, 주치의, 간호사, 사회복지사, 성직자, 약사, 자원봉사자, 물리치료사 등이 포함된다. 대부분 요양병원은 제도적 호스피스 · 완화의료 서비스가 존재하지 않기 때문에 학제 간 팀워크가 제대로 작용하지 않는다. 따라서 요양병원의 사회복지사는 제도적 서비스가 정착될 수 있도록 노력하는 한편 다음과 같은 임종 과정의 환자들을 위한 지침 혹은 접근 방안들을 숙지할 필요가 있다(유수현 외, 2013; 장수미 외, 2021; 조성상 외, 2019).

첫째, 〈표 12-8〉과 같이 임종 과정의 사람에게도 기본적 자유와 최후까지 인간다운 삶을 살 권리가 있음으로부터 시작해야 한다.

〈표 12-8〉 임종 과정의 권리

사실을 알 권리	임종 과정의 사람이 자신의 병에 대한 상황을 자세히 알고 싶어 한다면 사실 그대로를 알려야 한다. 그러나 환자들 중에는 자신의 병에 대한 슬픈 사실을 알기 원하지 않는 사람도 있으므로 그런 사람에게는 다르게 대처해야 한다.
비밀을 보장받을 권리	임종 과정의 상황을 타인에게 말할 것인지를 결정하는 것은 가족들이나 다른 친구들의 의견이 아니라 환자의 요구에 의해 결정되어야 한다. 어떤 환자가 자기 병에 대해 함묵하기를 원하면 그대로 존중해 주어야 한다.
치료를 수락 · 거부할 권리	임종 과정의 환자는 치료에 대해서 자세히 설명을 들을 권리가 있으며, 환자 자신이 치료를 승낙할지 거부할지를 결정할 권리가 있다. 치료의 종류를 결정할 권리도 있다.
죽을 장소를 선택할 권리	어떤 환자는 배우자, 형제, 자매, 자녀, 친척 등이 함께 모여 있는 집에서 죽기를 원한다. 또 다른 사람은 고통에 대하여 대처해 줄 전문적 의료교육을 받은 전문가가 있는 병원에서 죽기를 원한다. 이런 경우 환자의 모든 소원은 존중되어야 한다.
시신 처리 결정권	임종 과정의 사람이 만일 자기 시신을 매장하는 것보다 화장을 원한다면 그렇게 해야 한다. 만일 자기 신체 중의 한 부분, 즉 눈이라든지 신장 등을 기증하기를 원한다면 절차대로 할 필요가 있다.

출처 : 김기태(2006), pp. 616-617 재구성.

둘째, 사회복지사는 생애 말기에 나타나는 신체적, 심리 · 사회적 변화들을 알고 있어야 한다. 말기 환자들은 호흡곤란, 식욕부진, 통증, 메스꺼움, 변비 등의 신체적 증상과 함께 불안, 우울, 불면, 분노, 정서적 위축 등의 심리 · 사회적 반응들을 보인다. 이를 적절히 이해하여 환자와 가족들의 욕구를 확인하고 대처할 필요가 있다.

셋째, 사회복지사는 임종 과정에 있는 환자와 가족들의 이야기를 경청해야 한다. 환자나 가족들이 죽음에 대해 이야기를 나누고 싶다면 진지하게 들어주어야 한다. 예컨대 환자나 가족들이 임종을 언급하는 것 자체를 피하거나 두렵게 생각한다고 단정하지 않아야 한다.

넷째, 사회복지사는 죽음을 앞둔 환자의 종교나 영성을 존중해야 한다. 종교가 있는 환자라면 종교와 관련된 의식이나 예배를 할 수 있도록 도와야 한다. 상실과 죽음이 임박한 환자들은 생리적 · 심리적 · 사회적 측면을 초월한 영적 신념

체계가 혼란 속에 빠질 수 있다. 사회복지사는 환자의 종교와 영성에 대해 이해하고 그들의 욕구에 대처할 방법들을 가지고 있어야 한다.

다섯째, 사회복지사는 임종 과정의 환자에 대한 건강불평등을 완화하는 데 기여해야 한다. 가족이 없거나 빈곤한 환자들에 대한 차별이나 편견을 해소할 수 있는 방안들을 찾을 필요가 있다. 요양병원의 임종 과정에서도 건강불평등을 겪고 있는 환자들을 확인하고 공식적·비공식적 서비스를 찾아서 연결할 필요가 있다.

여섯째, 사회복지사는 연명의료결정법 또는 호스피스와 관련된 제도를 알고 있어야 한다. 예를 들면, 사전연명의료의향서와 연명의료계획서와 같은 것을 말한다. 사전연명의료의향서는 만 19세 이상의 사람이 자신의 연명의료중단 등 결정이나 호스피스 이용에 관한 의사를 직접 문서로 작성하는 것을 말한다. 연명의료계획서는 말기 환자나 임종 과정에 있는 환자가 담당의사와 함께 연명의료에 대한 사항을 계획하는 문서이다.

〈표 12-9〉 사전연명의료의향서와 연명의료계획서 비교

구 분	사전연명의료의향서	연명의료계획서
작성자	만 19세 이상인 자(본인)	환자의 의사에 따라 담당의사가 작성(환자가 직접 의사표현을 할 수 없는 경우에도 가능함)
대상 질병	제한 없음	제한 없음
작성 시기	본인이 희망할 때 언제나 가능	말기 또는 임종 과정에 있는 환자에 해당되는 시기
작성 기관	보건복지부의 지정을 받은 사전연명의료의향서 등록기관	윤리위원회가 설치된 의료기관
작성 내용	향후 임종 과정에 있는 환자가 되었을 때를 대비하여 연명의료 및 호스피스 관련 의향 문서로 작성	임종 과정에서 환자의 연명의료 적용 여부와 호스피스 관련 의향을 문서로 작성
비 용	없음	수가 발생

출처 : 국립연명의료관리기관 홈페이지.

일곱째, 사회복지사는 환자와 가족의 상실을 이해해야 한다. 환자는 신체의 일부를 상실할 수 있고 방광이나 장기 조절과 같은 기능을 상실할 수도 있다. 심리적으로는 독립성, 자존감, 명료한 의식, 희망 등을 상실하고 사회적으로는 배우자나 부모의 역할을 상실하고 있음을 직감한다. 가족들도 사랑하는 사람을 잃게 된다는 상실감에 고통스러운 감정을 지니게 된다. 사회복지사는 이러한 상실의 아픔을 이해하고 개별적 특성에 따라 애도하고 수용할 수 있도록 도와야 한다.

여덟째, 사회복지사는 죽음과 질병에 대한 트라우마로부터 자신을 보호해야 한다. 사회복지사는 죽음과 질병 그리고 고통과 관련된 역전이를 다룰 수 있는 방안들을 찾고 도움을 받아야 한다. 죽음을 앞둔 사람, 그리고 임종 환자를 둔 가족의 슬픔을 늘 마주해야 하는 사회복지사는 자기 치유 방법과 스트레스 관리 기술을 필요로 한다.

CHAPTER 13

의료사회복지의 현재와 미래

개 요

제13장은 의료사회복지의 현재와 미래를 간략하게 점검하는 내용으로 구성되어 있다. 의료사회복지의 전망을 살펴보고 자신의 직업 가능성을 확인하는 것을 목표로 한다. 교과목의 전 과정을 통해 의료사회복지사로서 자기 자신의 적성을 탐색하고 우리나라 의료보장 및 의료사회복지의 발전 방향을 살펴본다. 의료사회복지의 현재와 미래에 대한 학습자 간 토의 및 관련 자료나 학술지를 추가적으로 검토해 볼 필요가 있다.

학습목표

1. 의료사회복지의 현재 상황을 이해하여 자신의 직업 가능성을 탐색할 수 있다.
2. 의료보장 속의 의료사회복지를 이해하면서 우리나라 의료보장의 과제와 의료사회복지의 전망을 설명할 수 있다.

1 의료사회복지의 현재

1) 누구를 위한 의료사회복지인가?

의료사회복지의 실천 초점을 건강에 둔다면 의료사회복지의 대상은 모든 사회구성원이 될 것이고, 치료에 초점을 맞춘다면 실천의 대상은 환자이다. 광의적으로 보면 의료사회복지의 대상은 사회복지에서와 마찬가지로 모든 사회구성원이라고 할 수 있다. 그러나 실제로는 소속된 기관에서 요청하는 대상의 범위를 넘어 개입하기가 쉬운 것은 아니다. 예컨대 병원에 근무하는 사회복지사라면 대상이 환자나 그 가족에 한정될 수밖에 없다.

현재 대부분 의료사회복지사는 의료기관에 소속되어 일을 하기 때문에 환자나 가족을 위한 개입 이외의 실천을 하기가 어렵다. 더 큰 고민은 소속된 기관의 이익이 클라이언트의 회복이나 이득보다 우선시되어야 하는 상황에서 발생한다. 사회복지사 활동의 대부분은 기관의 이익과 클라이언트의 이득이 일치하는 영역이다. 예컨대 병원 치료비용을 지불할 수 없어 입·퇴원을 하지 못하는 클라이언트를 발견하고 사회복지사가 지역사회 자원을 연결하여 이를 해결하는 경우를 말한다. 그러나 어떤 상황에서는 소속된 기관의 영리 우선의 지침을 그대로 따를 수밖에 없을 때도 있다. 더욱이 의료사회복지 실천현장은 사회복지서비스 제공이 일차적 목적인 현장이 아니며, 소수 혹은 '1인 사회복지사'로 활동하기 때문에 조직화된 목소리를 내기도 어렵다.

우리나라 사회복지사 윤리강령에서는 '사회복지사는 사회복지실천을 행함에 있어서 어떠한 상황에서도 클라이언트의 이익을 최우선으로 해야 한다'고 명시하고 있다. 의료사회복지는 소위 말하는 이차 세팅(secondary setting)이어서 사회복지 전문직이 아닌 타 전문직이나 조직에서 달성하려는 목적을 수행하는 기관들과 관련된 분야이다. 따라서 사회복지사 윤리강령이나 가치만으로 문제를 해결하기에는 어려움이 많다. 마찬가지로 사회복지의 가치만으로 클라이언트 최우선의 이익만을 이상적으로 주장할 수도 없다.

실천현장의 특수성과 독특함이 있을지라도 의료사회복지는 궁극적으로 서비스를 제공받아야 하는 사람의 이익을 위해 존재한다. 사회복지학의 이론과 가치가 언제나 실천현장에 그대로 적용되지는 않지만 폭넓고 올바른 방향성을 제공한다는 사실에는 변함이 없다. 의료사회복지 실천현장에서 일하는 사회복지사는 환자의 고통을 줄이고 가족의 아픔을 해소하는 동시에 소속된 기관의 업무를 원활하게 하고 이익을 위해 최선을 다할 필요가 있다.

의료사회복지사는 실천의 과정에서 다음의 질문들을 통해 사회복지의 가치를 점검하는 것이 좋다. 즉, 서비스 이용자들을 위해 일하고 있는지, 그리고 자신의 업무들이 쌓여서 사회를 보다 정의롭게 만들고 구성원 모두의 행복을 위한 조각들이 되는지를 평가하는 것을 말한다. 그렇게 해야만 반복되는 질병과 고통 그리고 죽음을 다루는 현장에서 에너지를 상실하지 않고 전문가로서의 소명 의식과 직장인으로서의 직업 의식 그리고 인간으로서의 삶의 목적에서 벗어나지 않게 된다.

2) 의료사회복지의 실천현장은 어디인가?

의료사회복지를 어떻게 정의하느냐에 따라 달라지겠지만 광의적으로 보면 모든 사회복지실천현장에서 의료사회복지의 내용을 다루고 있다. 사회복지서비스를 이용하는 사람들은 여러 가지 문제를 동시에 가지고 있기 때문에 건강, 의료, 질병의 해결도 중요한 욕구 중 하나이다. 이러한 맥락에서 본다면 모든 사회복지 실천현장이 바로 의료사회복지 실천현장이라 할 수 있다.

현실적으로 의료사회복지의 대표적인 실천현장은 종합병원이나 상급종합병원과 같은 의료기관이다. 최근에는 재활병원이나 요양병원 등에서 활동하는 사회복지사들도 점차 증가하고 있다. 병원 중심의 실천현장에서 하나의 논쟁은 정신과 또는 정신병원을 의료사회복지 실천현장에 포함하느냐와 관련된다. 의료사회복지의 하위 범주로 정신건강사회복지를 포함한다면 긍정적 요인도 많을 것이다.

그러나 정신적 문제, 정신질환, 정신장애는 신체질환과는 다른 원인과 개입 방안들이 존재한다. 정신적 문제는 생물학적 원인이 강하게 작용하기도 하지만 심리적 · 사회적 · 환경적 요인도 중요하게 작용한다. 사회복지 법정 교과목에도 의료사회복지론과 정신건강사회복지론이 구분되어 있고, 신체질환과 정신적 문제가 연관되어 있는 것은 사실이지만 똑같이 질병이라는 범주 속에서 다룰 필요는 없다. 즉, 정신건강사회복지를 의료사회복지의 하위 범주로 포함시키기보다는 병렬 관계로 보는 것이 적절하다는 의미이다.

따라서 의료사회복지 실천현장은 정신과나 정신병원 그리고 정신건강복지센터 등 정신건강복지법에 포함된 기관이나 시설과 구분될 필요가 있다. 이는 많은 논의가 필요하겠지만 지금까지 밝혀진 과학적 결과로 볼 때 신체질환과 똑같은 혹은 유사한 병리학적 인과성으로 정신질환 또는 정신적 문제를 다루기에는 증거가 부족하기 때문이다(Beresford, 2016; Castrodale, 2017; Glasser, 2003; 백재중, 2018; Nakai, 1982).

또 다른 쟁점은 모든 의료기관이나 보건 관련 기관을 의료사회복지 실천현장이라고 볼 것인지의 여부이다. 이와 관련해서는 소극적 입장에서 사회복지사가 채용되어 있는 보건의료 기관이나 시설을 의료사회복지 실천현장이라고 볼 수 있다. 이에 대한 구체적 논의는 필요해 보인다. 현재 병원을 포함하여 공중보건을 다루는 기관에서 사회복지사를 정식으로 채용하지 않는 경우도 많다. 그러나 의료사회복지의 방법과 기술을 포괄적으로 적용하여 사회서비스를 제공하는 기관들이 점차 늘어나고 있다. 이는 기존의 의료사회복지 실천현장을 확대할 뿐만 아니라 공중보건과 같은 새로운 실천현장에서 일할 기회를 확보할 가능성을 높인다.

향후 주목할 실천현장은 요양병원과 호스피스 · 완화의료 분야라고 할 수 있다. 2021년 국내 요양병원의 수는 1,466개로, 2010년 867개에서 약 1.7배 증가했다(통계청, 2022c). 요양병원은 장기치료, 돌봄, 가족과의 단절, 인권침해 등의 문제들로 인해 사회복지사가 필수적으로 개입해야 할 실천현장이다. 사회복지사의 활동을 위한 국가 지원이 절실한 보건의료현장이라 할 수 있다. 예컨대 요양병원의 사회복지사 급여를 정부나 지방정부에서 제공하여 의료기관의 부담을 줄여

주는 동시에 환자의 인권 보장과 관련된 활동을 적극적으로 수행할 수 있도록 하는 것이다.

2016년 「호스피스 · 완화의료 및 임종과정에 있는 환자의 연명의료결정에 관한 법률」이 제정되어 호스피스 · 완화의료의 입원형, 가정형, 자문형 모두 법적으로 사회복지사가 활동할 수 있게 되었다. 또한 사회복지사의 서비스가 보험 수가로 비용을 청구할 수 있기 때문에 이의 활성화가 기대된다.

3) 의료사회복지사는 어떻게 양성되는가?

지금까지 의료사회복지사는 주로 상급종합병원의 의료사회복지팀이나 대한의료사회복지사협회의 책임감과 헌신으로 양성되었다. 그러나 2018년 11월 23일 사회복지사업법 일부개정안이 국회 본회의를 통과하고 2020년 12월 12일부터 시행됨에 따라 의료사회복지사 국가자격이 신설되었다(보건복지부, 2020). 따라서 2008년부터 민간자격으로 운영되던 의료사회복지사 자격이 2020년부터 법적 근거에 의한 국가자격으로 전환되었다.

의료사회복지사 국가자격은 사회복지사업법 제11조 제2항에 따라 사회복지사 1급 자격을 취득한 후 제11조 제3항에 따른 수련기관에서 1년 이상 보건복지부령으로 정하는 수련과정을 이수한 자에게 주어진다. 즉, 의료사회복지사 국가자격을 취득하려면 사회복지사 1급 시험에 합격한 후 국가가 지정한 수련 인증기관에서 수련을 마쳐야 한다. 의료사회복지 수련에 대한 내용은 사회복지사업법 제11조 제3항 및 동법 시행규칙 제4조 제2항(영역별 사회복지사 수련기관 및 수련과정)에 근거하며, 2022년 기준 전국 26개 의료기관이 수련기관으로 인증받고 수련교육에 참여하고 있다(대한의료사회복지사협회 홈페이지).

의료사회복지 수련대상은 수련 인증 기관별로 선발 절차를 진행하여 선발하고 있다. 수련과정은 이론, 실습, 학술 활동 총 세 부분으로 구성되고 이론교육 150시간, 임상실습 830시간, 학술 활동 20시간으로 과목별 실습 시간을 준수하여 1년 이상 총 1,000시간 이상으로 진행된다.

이론교육은 법과 정책 15시간, 임상 윤리 15시간, 이론 및 실제 85시간, 조사 연구 15시간, 기획 및 행정 20시간으로 총 150시간이다. 임상 실습은 법과 정책 20시간, 임상 윤리 20시간, 이론 및 실제 750시간, 조사 연구 20시간, 기획 및 행정 20시간으로 총 830시간이다. 학술 활동은 학술로 인정되는 다양한 분야 또는 보수교육, 포럼, 심포지엄 등의 행사를 연간 20시간 이상 이수해야 한다.

수련성과 평가는 실습평가와 학습평가로 구분된다. 실습평가는 수련기관의 장이 확인서로 인정해야 한다. 학습평가는 과정평가를 위한 수련과제와 달성평가를 위한 지필시험이 있다. 수련과제는 임상 분야별 진행 사례에 대한 사정, 개입 사례 각 15건과 프로그램 개발 및 임상 사례 연구 1사례 등을 수련 기간 동안 제출해야 한다. 한국사회복지사협회는 전 수련과정을 이수한 수련생이 발급신청서와 구비서류를 제출하면 검토 후 보건복지부장관 명의의 의료사회복지사 자격증을 발급한다.

2 의료사회복지의 미래

1) 의료사회복지의 전망은 어떠한가?

사회복지학을 전공하는 학생의 입장에서 의료사회복지의 전망이란 향후 의료사회복지 실천현장이 확대될 것인지, 그리고 직업적 안정성이 보장되는지와 관련이 있다. 우리나라의 의료사회복지사는 1950년대 후반에 대학병원에 채용되기 시작하여 1960년대 소수의 병원으로 확대되었다. 획기적 변화는 1973년 개정된 의료법 시행령에 종합병원 내 사회복지사가 활동할 수 있는 근거를 마련해 주면서부터이다. 이후 폭발적으로 의료사회복지사가 채용되지는 않았지만 대학병원을 중심으로 의료사회복지사들이 활동할 수 있었다.

최근의 의료사회복지와 관련된 법적 이슈는 의료사회복지사가 국가자격으로 전환되었다는 사실이다. 물론 의료사회복지사 국가자격을 취득한다고 하더라도 보건의료현장에서 일할 수 있도록 취업을 보장하는 것은 아니다. 하지만 법적인 근거에 의한 전문 자격을 취득한 사람들이 늘어날수록 활용하려는 사회적 욕구는 한층 더 강화될 것이다. 예를 들면, 사회구성원들의 의료서비스 욕구가 보다 구체화되고 질적 수준을 담보하는 데 초점이 맞추어진다면 법적·제도적 변화를 요구할 것이다. 이렇게 된다면 생물학적 처치를 넘어서는 욕구들이 발생할 것이며 이에 적절히 대응할 수 있는 전문직이 사회복지사가 되는 것이다. 또 다르게 보면 법률적 변화가 없더라도 보건의료기관 간 서비스의 질적 향상을 위해서 사회복지서비스를 확대하는 시도를 할 수 있다. 또한 의료사회복지사가 병원의 경영에 유·무형의 도움이 된다는 인식도 확산되고 있다.

인구 구조의 변화, 즉 노인인구의 급격한 증가와 1인 가구의 증가도 의료사회복지의 확대와 연결된다. 우리나라가 고령사회가 됨에 따라 최근 노인성 질환자가 급격히 증가하고 있으며 그에 따라 요양병원이 크게 증가하고 있다. 요양병원의 경우에는 치료와 케어가 동시에 제공되어야 하며 장기간 입원하는 환자가 많기 때문에 사회복지서비스가 필요할 수밖에 없다. 그렇게 되면 사회복지서비스를 제공하기 위한 전문인력이 필요하게 된다. 현재는 사회복지사 채용과 관련된 법적 근거가 부족하고 의료보험 수가 등을 통한 서비스 비용이 제대로 발생하지 않고 있다. 하지만 요양병원 등의 노인성 질환자를 위한 서비스 질을 향상해야 한다는 사회적 요구가 증가하게 되면 사회복지서비스를 제공할 수 있는 사회복지사 채용이 증가할 수밖에 없다.

1인 가구 중 가족과 연결이 단절되어 있거나 경제·사회적 요인으로 인해 의료기관 접근성이 떨어지는 사람들은 보건의료서비스뿐만 아니라 사회복지서비스도 동시에 받아야 한다. 이를 위한 시범 사업으로 「301네트워크」를 실시하였는데 사회경제적 요인으로 인해 병의원 방문을 하지 못하는 환자를 대상으로 지역사회 네트워크 구축을 통해 의료서비스와 사회복지서비스를 동시에 제공하여 이용자의 삶의 질을 향상시켰다. 301네트워크란 취약계층의 어려움을 해소하고자 공공·민간·지역사회가 하나로 힘을 합쳐 보건·의료·복지서비스를 통합적(3가지 영역을 하나로=301)으로 연결해 주는 서비스를 말한다. 향후 「301네트워크」

와 같은 지역사회통합 보건 · 의료 · 복지서비스 사업은 제도적으로 정착될 수 있으며, 이때 의료사회복지 영역은 확대될 수밖에 없다.

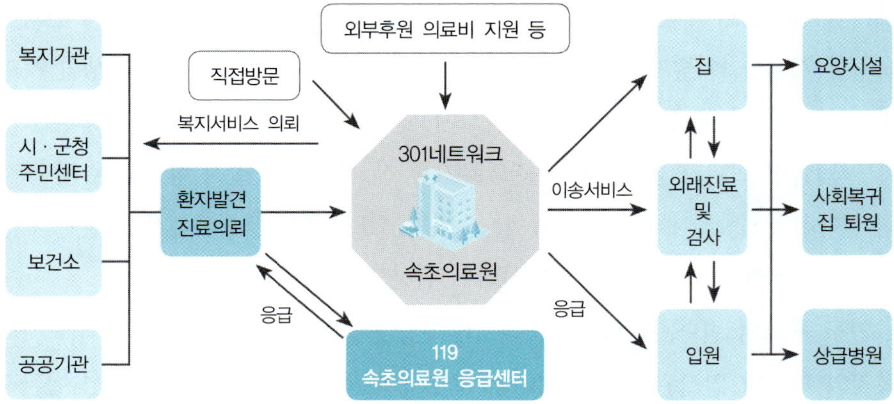

|그림 13-1| 301네트워크 보건의료복지통합서비스

출처 : 속초의료원 홈페이지.

2) 의료사회복지의 과제는 무엇인가?

(1) 사회구성원으로서의 과제

의료사회복지의 궁극적 목적은 모든 사회구성원의 삶의 질 향상이라고 할 수 있다. 따라서 의료사회복지의 과제는 사회 전반의 법, 제도, 서비스 등과 관련이 있다. 하지만 여기서는 의료사회복지와 보다 직접적으로 관련 있는 두 가지 거시적 과제를 제시하고자 한다.

첫째, 건강보험의 보장성 강화이다. 이는 의료비 부담에 대한 국가의 책임성을 강조하는 것이다. 건강보험의 보장성 강화의 내용에는 급여 적용 범위 확대, 비급여 부담 완화, 본인부담상한액 조정 등을 통해 사회구성원의 의료비 부담을 줄이는 것을 의미한다.

개인이 어찌할 수 없는 질병의 치료로부터 발생하는 비용의 대부분을 건강보험의 재정으로 충당하게 된다면 사회구성원의 삶의 질은 크게 향상될 것이다.

또한 중산층 이상의 가구들이 과도하게 지출하는 민간의료보험비와 건강 및 질병과 관련된 경제적 여건에 대비하는 불안이나 걱정을 대폭 줄일 수 있다. 이를 통해 확보된 사회구성원 각각이 지니는 여분의 힘은 다른 생산적 활동에 투자할 수 있기 때문에 사회가 보다 역동적으로 변할 수 있다.

둘째, 보건의료의 공공성을 강화하는 것이다. 건강보험의 보장성을 강화하는 것도 공공성을 강화하는 측면이 될 수 있다. 또한 국민 전체가 건강을 증진하여 질병을 예방하고, 질병이 발생하더라도 질환별, 계층별, 지역별로 의료서비스 접근성의 격차가 없도록 하는 것이다. 보건의료가 공공재로서 기능을 향상한다면 건강불평등을 감소하고 건강형평성을 강화하여 전 생애 동안 건강한 삶을 유지할 가능성을 높일 수 있다.

(2) 전문직으로서의 과제

의료사회복지사는 전문직으로서의 위상을 강화하고 영역의 확대를 위해 노력해야 한다. 이러한 노력의 결과는 거시적으로 사회구성원들의 삶의 질이 향상되고, 의료사회복지사가 소속된 기관에서 서비스를 이용하는 사람들의 이익이나 만족도가 향상되는 방향으로 나아가야 한다. 몇 가지 향후 해결해야 할 과제들을 제시하면 다음과 같다.

첫째, 의료법상 자격 명시 및 적정인력 기준을 마련하는 것이다. 이는 가장 중요하고 긴급하며 현실적인 과제이다. 사회복지사와 관련된 의료법상의 자격과 인력 기준은 시행규칙 제38조의 '종합병원에는 사회복지사업법에 따른 사회복지사 자격을 가진 자 중에서 환자의 갱생 · 재활과 사회복귀를 위한 상담 및 지도 업무를 담당하는 요원을 1명 이상 둔다'에 근거한다.

우선 의료법 시행규칙의 '사회복지사업법에 따른 사회복지사 자격을 가진 자'가 아니라 '의료사회복지사'로 자격을 명시할 필요가 있다. 그렇게 해야만 의료사회복지사의 수준을 유지하여 서비스 내용의 전문성과 사회적 승인 및 정당성을 확보할 수 있다. 또한 '담당하는 요원을 1명 이상 둔다'가 아니라 적정인력 기준을 제시하도록 해야 한다. 예컨대 종합병원의 경우 환자 몇 명당 의료사회복지사 1인, 요양병원의 경우에도 환자 수에 따라 의료사회복지사 채용을 법적으로 규정하는 것을 말한다.

둘째, 의료사회복지서비스의 건강보험 수가 적용 확대가 필요하다. 최근 의료기관 간 경쟁과 함께 경영의 효율화 추구는 전통적으로 소비적 활동으로 인식되어 온 사회복지서비스에 대한 지원과 투자를 축소하도록 만들었다. 이에 대한 대응은 크게 두 가지인데, 사회복지서비스의 건강보험 수가 적용의 확대 및 외부자원의 확보(예컨대 기업들의 사회공헌사업과 연계하거나 사회복지공동모금회의 의료비 지원 연계 등)를 통해 경영 효율에 기여하는 것이다.

후자는 여러 가지 변수들이 작용할 수 있기 때문에 안정적인 대응은 건강보험 수가 적용 확대에 있다. 이를 위해 의료사회복지사들은 사회복지학계와 실천현장의 전문가, 그리고 한국사회복지사협회와 같은 직능단체들과 협력하여 의료사회복지서비스의 효과성을 일반 대중에게 널리 알릴 필요가 있다. 이와 동시에 구체적이고 전문적인 연구와 자료들을 통해 수가 적용과 확대의 정당성을 제시해야 한다.

셋째, 국가자격 제도의 정착 및 활성화가 필요하다. 2020년부터 의료사회복지사 국가자격이 신설되어 전문인력으로서 법적 근거를 확보하게 되었다. 향후 지속적인 발전을 위해서는 두 가지 과제, 즉 수련을 통해 의료사회복지사를 양성하는 측면과 자격을 취득한 의료사회복지사가 활동할 수 있는 영역을 확보하는 것이다.

의료사회복지사 수련기관은 2023년 현재 대부분 대학교 부속병원이므로 양적으로 확대하는 것이 쉽지 않다(소수의 재활병원, 요양병원 및 도립병원이 지정되어 있음). 따라서 당분간 의료사회복지사 국가자격을 취득하기에 어려움이 많을 것이다. 전문성을 갖춘 소수의 수련생을 훈련하여 전문가를 배출하는 것도 의미가 있지만 소위 말하는 수적 힘도 간과할 수 없는 부분이다. 적절한 수련기관과 수련생, 그리고 의료사회복지사 배출에 대한 노력이 절실하다.

또 다르게 중요한 것은 의료사회복지사 국가자격을 취득한 후 전문직으로서 활동할 수 있는 공간을 확보해 나가야 한다. 만약 국가자격을 취득한 의료사회복지사가 활동할 수 있는 병원이나 보건기관이 부족하거나 합당한 대우를 받지 못한다면 어렵게 쟁취한 국가자격이라는 결과물의 의미가 사라지게 된다.

넷째, 소속된 기관이나 서비스 이용자로부터 전문성을 인정받아야 한다. 의료사회복지사 국가자격 제도도 전문성을 인정받기 위한 하나의 과정이라 할 수 있다. 전문성을 갖춘 전문가로서 의료사회복지사는 소속된 기관과 이용자들로부터 필요 혹은 이득을 제공할 수 있어야 한다. 소속된 기관의 부당한 이익에 동참하는 것은 전문가 혹은 사회복지사로서 비윤리적 실천이고 불법적 일에 가담하는 것이 될 수도 있다. 어떤 경우에는 의료사회복지사가 지식과 경험이 부족하여 이용자들을 위한 노력이었음에도 불구하고 오히려 해를 끼치는 상황이 발생할 수도 있다. 두 가지 모두 의료사회복지사의 전문성을 의심받는 행위이다. 따라서 의료사회복지사는 자신이 소속된 기관의 이해, 이용하는 클라이언트의 이해, 관련된 법과 제도 그리고 사회 · 문화적 가치 등을 학습하고 적용하기 위한 노력을 지속해야 한다.

다섯째, 학생들의 실습과 자원봉사 경험을 제공할 기회를 확대할 필요가 있다. 학생들을 위해 의료사회복지 실습과 자원봉사 경험을 제공하는 것은 현장 전문가의 수고와 노력이 필요하다. 어떤 경우에는 기회를 제공하고 싶어도 의료기관의 사정상 가능하지 않을 수 있다. 또한 사회복지사가 채용된 보건의료 기관이나 시설의 절대적 수가 부족하다는 한계도 있다.

학생들은 자신의 직업 적성을 확인하기 위해 관련 기관에서 실습을 하거나 자원봉사를 한다. 학생 실습이나 현장 체험과 교육을 위해 현장 전문가의 희생이나 책임을 논하기보다는 제도를 통해 상호 이익이 되는 방안들을 찾아야 한다. 예컨대 의료기관 실습이 기관 평가에 유익하거나, 아니면 제도적인 규정에 포함된다면 의료사회복지사들은 자신 있는 책임감을 발휘할 수 있을 것이다.

참고문헌

강흥구(2006). 사회복지사의 직무특성이 직무만족에 미치는 영향에 관한 연구. **한국사회복지학, 58**(2), 355-375.

_____(2014). **의료사회복지실천론**. 경기 : 정민사.

건강보험심사평가원(2020). 신포괄수가제 모형 개선 및 의료 질 관리 방안 연구. 건강보험심사평가원.

고경환 · 장영식 · 김현아 · 김진욱 · 이정우 · 강지원 · 정영애(2012). 2011년도 한국의 사회복지 지출 추계. 보건사회연구원.

고명석(2019). **사회복지와 인권**. 서울 : 동문사.

고명석 · 박명혜 · 박서영 · 이경준 · 황춘화(2021). **사례중심 복지와 인권**. 서울 : 동문사.

고용노동부(2021). 2021년 산업재해현황. 산업안전보건정책과.

공공보건의료에 관한 법률(2021). https://www.law.go.kr. 2023. 1. 20.

국민기초생활보장법(2021). https://www.law.go.kr. 2023. 1. 26.

권석만(2013). **현대이상심리학**. 서울 : 학지사.

권 승(2011). 복지국가 사회서비스 질 관리 정책의 동향에 관한 연구 : 영국의 사례연구를 통한 노인장기요양보험시장에의 정책적 함의. **21세기정치학회보, 21**(3), 231-258.

권자영 · 김린아 · 김학령 · 박소연 · 최권호(2022). **의료사회복지론**. 경기 : 양서원.

권진숙 · 박지영(2008). **사례관리의 이론과 실제**. 서울 : 학지사.

권진숙 · 김성천 · 유명이 · 이기연 · 조현순 · 함철호(2019). **사례관리 전문가교육 : 실무자 기초과정**. 서울 : 학지사.

근로복지공단(2022). 2022년 요양급여 산정기준.

김교성 · 최명민 · 임정기 · 이현주(2016). 사회복지사는 누구이며 무슨 일을 하는가?. **서울특별시사회복지사협회 창립30주년 기념 세미나 자료집**, 9-89.

김규수(2001). **의료사회사업실천론**. 서울 : 형설출판사.

김기태(2003). **위기개입의 이해**. 부산 : 서림출판사.

_____(2006). **위기개입론**. 서울 : 대왕사.

김기태 · 김수환 · 김영호 · 박지영(2007). **사회복지실천론**. 경기 : 공동체.

김기태 · 황성동 · 최송식 · 박봉길 · 최말옥(2016). **정신보건복지론**. 경기 : 양서원.

김기환 · 서진환 · 최선희(1997). 의료사회사업가의 직무표준화를 위한 연구. **한국사회복지학**, 33, 1-28.

김동배 · 이윤로(2004). **집단사회사업의 실천과 평가**. 경기 : 21세기사.

김미경(2008). 노년기와 영성 : 노인복지 인식전환을 위한 단상. **한국노년학연구**, 17, 97-111.

김범수 · 신원우(2009). **지역사회복지론**. 경기 : 공동체.

김복순(1968). 한국 의료사회사업에 대한 고찰. 이화여자대학교 대학원 석사학위논문.

김봄이 · 김혜영 · 이지선(2021). 혈액투석 환자의 스트레스 개념분석. **성인간호학회지**, 33(6), 601-615.

김상균 · 오정수 · 유채영(2002). **사회복지윤리와 철학**. 서울 : 나남출판.

김숙남 · 최순옥(2010). 간호사의 죽음불안과 영성. **한국간호교육학회지**, 16(1), 101-110.

김세민(2008). 변모하는 우리나라에 암치료. KSCO News & Education, 26-34.

김연수 · 김경희 · 김진숙 · 최명민(2022). **의료사회복지론**. 서울 : 신정.

김연수 · 김경희 · 박지영 · 최명민(2017). **의료사회복지의 이해와 실제**. 서울 : 나눔의집.

김영범(2002). 사회보험의 기원과 제도적 특성-의료보험과 국민연금을 중심으로. **경제와 사회**, 55, 1-34.

김유숙(2002). **가족치료**. 서울 : 학지사.

김종성(2005). 뇌졸중 후 발생하는 감정장애 : 우울, 불안, 감정조절장애, 분노조절장애, 그리고 피로. **대한신경과학회지**, 23(1), 1-8.

김종옥 · 권중돈(1993). **집단사회사업방법론**. 서울 : 홍익재.

김진수 · 선우덕 · 이기주 · 최인덕 · 이호용 · 김경아(2013). **요양병원과 요양시설의 역할정립 방안 연구 : 연계방안을 중심으로**. 세종 : 한국보건사회연구원.

김한해(2021). 제5차 국민건강증진종합계획(HP2030)에서의 ‘건강형평성’ 목표 : HP2020에 대한 평가와 국외 사례고찰을 바탕으로. **보건교육건강증진학회지**, 38(4), 33-51.

김혜란 · 공계순 · 박현선(2013). **사회복지실천론**. 경기 : 나남출판.

남석인 · 최권호(2014). 의료사회복지사의 역할. 대한의료사회복지사협회 2014년 춘계심포지엄 발표자료.

노병일(2016). **사회보장론**. 경기 : 공동체.

노안영 · 강영신(2002). **성격심리학**. 서울 : 학지사.

노인장기요양보험법(2021). https://www.law.go.kr. 2023. 1. 26.

대한뇌졸중학회(2015). **뇌졸중**. 서울 : 범문에듀케이션.

대한의료사회복지사협회(2013). 대한의료사회복지사협회 40년사. 대한의료사회복지사협회.

동아일보(2022. 9. 9). 어느 소아암 의사의 호소. https://www.donga.com

모자보건법(2021). https://www.law.go.kr 2023. 1. 26.

문창진(1997). **보건의료 사회학**. 서울 : 신광출판사.

박민수(2019). **신장 : 만성신부전을 고친 사람들의 이야기**. 서울 : 비전브리지.

박은주(1995). 퇴원계획 활용을 위한 퇴원 반응 연구. 이화여자대학교 대학원 석사학위논문.

박지영 · 배화숙 · 엄태완 · 이인숙 · 최희경(2014). **사회복지의 이해**. 서울 : 학지사.

______________(2020). **사회복지실천론**. 서울 : 학지사.

박진아 · 홍지연(2014). 성인 암환자 삶의 질 영향요인 : 국민건강영양조사 제6기 2차년도(2014). **한국산학기술학회논문지, 18**(5), 382-390.

배화숙(2004). 통일 한국의 의료보장제도 모형 개발. 부산대학교 대학원 박사학위논문.

백재중(2018). **자유가 치료다**. 서울 : 건강미디어협동조합.

보건복지부(2011). 의료급여사업안내. 기초의료보장과.

______(2019). 의료급여사업안내. 기초의료보장과.

______(2020). 사회복지사업법 시행령 사회복지사의 등급별 · 영역별 자격기준(제2조 제1항 관련).

______(2021a). 제2차 공공보건의료 기본계획(2021~2025). 보건의료정책심의위원회.

______(2021b). 급성기병원 인증기준(4주기). 보건복지부 · 의료기관평가인증원.

______(2022). 의료급여사업안내, 기초의료보장과.

보건의료기본법(2021). https://www.law.go.kr 2023. 1. 20.

사회보장기본법(2021). https://www.law.go.kr 2023. 1. 20.

사회복지사업법(2021) https://www.law.go.kr 2023. 1. 28.

서동교(2021). 당뇨병발의 원인, 진단, 합병증 및 치료. **대한의사협회지, 64**(8), 523-528.

서울대학교암병원 암건강증진센터(2013). **암 치료 후 건강관리 가이드**. 서울 : 비타북스.

서울아산병원(2022). **질환백과 : 완전 척수 손상**. 서울 : 서울아산병원.

소아암센터(2013). **소아암 100문 100답**. 경기 : 국립암센터.

송명자(1995). **발달심리학**. 서울 : 학지사.

송영득 · 이현철 · 안철우 · 남지선 · 이은영 · 송선옥(2017). **당뇨병백과**. 서울 : 현존.

송정아 · 최규련(1997). **가족치료 이론과 기법**. 강원 : 하우.

아동의 권리에 관한 협약(2002). https://www.law.go.kr/trtyInfoP.do?trtySeq=188 2023. 1. 26.

양영옥 · 김민주 · 박경연(2018). 뇌졸중 환자의 삶의 질 관련된 사회 심리적 요인에 대한 메타분석. **지역사회간호학회지, 29**(4), 510-519.

양종철 · 임소연 · 최기철(2004). 만성신부전 환자의 정신병리, 가족지지체계 및 삶의 질. **Kidney Research and Clinical Practice, 23**(3), 476-483.

엄명용 · 김성천 · 오혜경 · 윤혜미(2016). **사회복지실천의 이해**. 서울 : 학지사.

엄명용 · 노충래 · 김용석(2008). **사회복지실천기술의 이해**. 서울 : 학지사.

엄태완(2018). **정신건강사회복지론**. 서울 : 학지사.

______(2020a). **인간행동과 사회환경**. 경기 : 공동체.

______(2020b). **정신건강, 사회정의와 인권으로 답하다 : 삶이 고통스러운 사람들과 함께**. 경기 : 지식공동체.

유수현(1999). 의료사회사업의 개념에 관한 연구. **박현경 과장 정년퇴임 기념 논문집**, 27-50.

유수현 · 김창곤 · 김원철(2013). **의료사회사업론**. 경기 : 양서원.

유수현 · 서규동 · 유명이 · 이봉재 · 이종하(2014). **정신보건사회복지 총론**. 서울 : 신정.

유승현 · 김동하(2017). 건강불평등과 지역사회 건강증진 : 국가건강증진계획 사례 비교. **보건교육건강증진학회지, 34**(4), 1-9.

유진수(2020). 장기이식의 역사와 주요 면역억제제의 발전. **대한의사협회지, 63**(5), 241-250.

윤현숙 · 김연옥 · 황숙연(2011). **의료사회복지실천론**. 서울 : 나남.

의료법(2021). https://www.law.go.kr 2023. 1. 28.

의학신문(2022. 9). 입원형 호스피스 설치 현황(http://www.bosa.co.kr).

이규식(2018). **보건의료정책 : 의료보장 패러다임**. 서울 : 계축문화사.

이규식 외(2013). 공공보건의료체계 현황 미 정책과제 분석. 감사원 · 건강복지정책연구원.

이성기 · 원석조(2019). **사회보장론**. 경기 : 공동체.

이소영(2014). 미국의 건강 불평등 지표와 시사점. **보건복지포럼, 210**, 27-36

이승우 · 서완석 · 천은진 · 김혜금 · 이영지 · 배대석 · 이동엽 · 구본훈(2016). DSM-5 신경인지장애의 아형에 따른 신경인지기능의 특성 및 아형별 중증도에 영향을 미치는 인자. **생물치료정신의학, 22**(3), 196-208.

이은우 · 전성표 · 이재기(2000). 사회복지제도 및 삶의 질을 위한 기초여건 : 배분적 정의의 관점을 통한 각국의 비교분석. **사회과학논집, 10**(2), 97-128.

이을상(2006). **죽음과 윤리**. 서울 : 백산서당.

이주연 · 최경애 · 김경아 · 김민영 · 조진희 · 이주경 · 김린아 · 차문경(2002). **뇌졸중 : 대한의료사회복지사협회 임상시리즈**. 서울 : 나눔의집.

임승규(1997). 효과적 퇴원계획을 위한 의료사회복지사의 개입방안. **대한병원협회지, 10**, 38-47.

장기 등 이식에 관한 법률(2021). https://www.law.go.kr 2023. 1. 28.

장수미 · 이영선 · 이인정 · 임정원 · 최경애 · 한인영(2021). **의료사회복지론**. 서울 : 학지사.

전광석(2018). 1976년 의료보험법 : 낮은 수준의 보편적 평등의 기원. **사회보장법학, 7**(2), 79-118.

정범길(2017). **건강보험과 노인장기요양보험의 이해와 활용**. 서울 : 밥북.

정성식 · 김창엽(2020). 의료급여사례관리에 대한 비판적 정치 분석. **비판사회정책, 68**, 209-270.

정승민 · 조성일 · 공소연(2021). 소득 수준이 뇌졸중 환자의 사망에 미치는 장기적 영향에 관한 연구. **사회보장법연구, 10**(2), 275-300.

정영순 · 정복례(2017). 항암치료를 받는 소아암 환아 어머니의 경험. **한국산학기술학회논문지, 18**(10), 309-322.

정원철(2005). **사회복지실천과 상담**. 경기 : 양서원.

정 은(2006). **가족치료 이론과 실제**. 서울 : 창지사.

정향미(2009). 당뇨병 교육을 위한 정보광장 : 당뇨병환자의 Survival Skills. **당뇨병(JDK), 10**(1), 41-44.

조두영(1993). **임상행동과학**. 서울 : 일조각.

조성상 · 송효석 · 이기주 · 이동영 · 정대희 · 홍영수(2019). **의료사회복지실천론**. 서울 : 신정.

조성일(2015). 건강형평성. **대한의사협회지, 58**(12), 1104-1107.

채구묵(2015). **사회복지조사방법론**. 경기 : 양서원.

최규진 · 하세가와 사오리(2022). 역사 속 공공병원 설립 운동을 찾아서. **의료와 사회, 11**, 144-157.

최권호 · 김준표(2017). 의료사회복지사의 역할 불일치와 직무만족. **한국사회복지행정학, 19**(4), 133-158.

최권호 · 이현아 · 고혜민(2021). 의료사회복지론 교과목 지침 개선방안. **한국사회복지교육, 54**, 107-141.

최귀윤 · 정영순(1995). 복막투석 도입기의 투석액 용량 조절에 따른 합병증에 대한 분석적 연구. **성인간호학회지, 7**(1), 118-128.

최낙원(2018). **치매의 모든 것**. 서울 : 범문에듀케이션.

최송식(1998). 의료세팅에서의 팀 협력에 관한 연구. **사회과학연구, 14**, 60-80.

최순남(2005). **인간행동과 사회환경**. 서울 : 법문사.

최혜지 · 김경미 · 정순둘 · 박선영 · 장수미 · 박형원 · 배진형 · 박화옥 · 안준희(2013). **사회복지실천론**. 서울 : 학지사.

통계청(2022a). 제11차 국제질병분류(ICD-11)의 소개 5부.

______(2022b). 근로자 10만 명당 치명적 산업재해 수.

______(2022c). 요양병원 수.

한국사례관리학회 편(2012). **사례관리론**. 서울 : 학지사.

_________________(2016). **사례관리전문가 심화과정교육**. 서울 : 학지사.

한국호스피스완화의료학회(2018). **호스피스 · 완화의료**. 서울 : 군자출판사.

한상윤 · 신지민 · 박은영 · 남석인(2021). 감염병 상황에서 의료사회복지사의 역할 변화 : 코로나바이러스감염증-19를 중심으로. **한국사회복지행정학**, 23(2), 191-223.

한인영 · 최현미(2000). **의료사회사업론**. 서울 : 학문사.

한인영 · 최현미 · 장수미(2006). **의료사회복지실천론**. 서울 : 학지사.

한정원 · 이병숙(2018). 산재환자의 외상후 스트레스가 삶의 질에 미치는 영향 : 회복탄력성의 효과. **한국산학기술학회논문지**, 19(4), 167-177.

허대석(2022). 한국인 임종에서 호스피스의 역할. 공감NECA 10월호, 한국보건의료연구원.

호스피스 · 완화의료 및 임종과정에 있는 환자의 연명의료결정에 관한 법률(2021). https://www.law.go.kr 2023. 2. 2.

홍석한(2020). 미국의 공공부조 분권화와 그 시사점. **미국헌법연구**, 31(1), 97-131.

홍영수(2009). **의료사회복지 사례연구 Ⅰ**. 서울 : 신정.

황숙연(1994). 만성질환자에 대한 의료사회사업가의 퇴원계획 과정에 관한 연구. 서울대학교 대학원 박사학위논문.

Adams, R., Dominelli, L., & Payne, M.(2005). *Social work futures : crossing boundaries, transforming practice*. New York : Palgrave macmillan.

Allport, G.(1961). *Pattern and growth in personality*. New York : Holt, Rinehart and Winston.

Antonovsky, A.(1979). Health stress and coping : New perspectives on mental and physical well-being. San Francisco : Jossey-Bass. 공은숙 역(2019). **건강생성모델 : 질병중심의료에서 건강중심의료로의 전환**. 서울 : 학지사메디컬.

Arrow, K. J.(1963). Uncertainty and the welfare economics of medical care. *American Economic Review, 53*(5), 941-973.

Barr, D. A.(2007). *Introduction to U. S. health policy : The organization, financing and delivery of health care in America*(2nd ed.). Baltimore : The Johns Hopkins University Press.

Battistella, R. M.(1997). The political economy of health services : A review and assessment of major ideological influences and the impact of new economic realities. In T. J. Litman & L. S. Robins(Eds.), *Health politics and policy*, 75-108, Albany : Delmar Publisher.

Beresford, P.(2016). Psychopolitics and mad studies. *Self & Society, 44*(1), 81-83.

Beveridge, W.(1942). *Social insurance and allied services*. Reprinted 1984. London : HMSO.

Black, S. A.(2002). Diabetes, diversity, and disparity : What do we do with the evidence?. *American Journal of Public Health, 92*(4), 543-548.

Bopp, K. D.(1990). How patients evaluates the quality of ambulatory medical encounters : A marketing perspective. *Journal of Health Care Marketing, 37*(1), 13-36.

Busse, R., Grinten T., & Svensson, P. G.(2002). Regulating entrepreneurial behaviour in hospitals : Theory and practice. In R. B. Saltman, R. Busse & E. Mossialos(Eds.), *Regulating entrepreneurial behaviour in European health care system*, 126-145. European Observatory on Health Care Systems, Copenhagen : WHO Europe.

Bronfenbrenner, U.(1979). *The ecology of human development : Experiments by nature and design.* Cambridge, MA : Harvard University Press.

Brown, J. A.(1992). *Handbook of social work practice.* Springfield, IL : Charles C. Thomas Publisher.

Brammer, L. M.(1985). *The helping relationship : Process and skills*(3rd ed.). Englewood Cliffs, NJ : Prentice-Hall.

Caplan, G.(1964). *Principle of preventive psychiatry.* New York : Basic Books.

Castrodale, M. A.(2017). Critical disability studies and mad studies : Enabling new pedagogies in practice. *The Canadian Journal for the Study of Adult Education, 29*(1), 49-66.

Childress, J. F., & Liverman, C. T.(2006). *Organ Donation : Opportunities for Action.* 윤익진 · 김영훈 · 박정환 · 민상일 · 방기태 · 이삼열 · 허규하 공역(2013). **장기기증 실천을 위한 기회**. 대한이식학회.

Claiborne, N., & Vandenburgh, H.(2001). Social workers' role in disease management. *Health & Social Work, 26*(4), 217-225.

Commission on Social Determinants of Health(2008). *Closing the gap in a generation.* Geneva : World Health Organization.

Coulton, C.(1991). Development and implementing quality assurance programs. In R. C. Edwards, & J. A. Yank(Eds.), *Skills for effective human services management.* Washington, D.C. : NASW Press.

Cournoyer, B.(2000). *The social work skills workbook*(3rd ed.). 김인숙 · 김용석 공역(2001). **사회복지실천기술연습**. 서울 : 나남출판.

Corburn, J.(2005). Urban planning and health disparities : Implications for research and practice. *Planning Practice & Research, 20*(2), 111-126.

Cowles, L. A. F.(2000). *Social work in the health field : A care perspective.* New York : Haworth Press.

CDC(2022). https://www.cdc.gov/phap/ 2022. 11. 20.

Danaher, K.(2004). *Ten reasons to abolish the IMF and World Bank*(2nd ed.). New York : Seven Stories Press.

Dattilio, F. M., & Freeman, A. M.(1994). *Cognitive-behavioral strategies in crisis intervention.* New York :

Guilford Press.

Evans R. G., & Stoddart G. L.(1990). Producing health, consuming health. *Social Science and Medicine, 31*(12), 1347-1363.

Fineberg, H. V.(2011). Public health and medicine, where the twain shall meet. *American Journal of Preventive Medicine, 41*(4 Supplement 3), S149-S151.

Fox, D. M.(1990). Health policy and the politics of research in the United States. *Journal of Health Politics, Politics and Law, 15*(3), 481-499.

Friedlander, W. A., & Apte, R. E.(1974). *Introduction to social welfare*. Englewood Cliffs : Prentice-Hall.

Gambrill, E. D.(2012). *Social work practice : A critical thinker's guide*(3rd ed.). New York : Oxford University Press.

Gehlert, S., & Browne, T.(2012). *Handbook of health social work*(2nd ed.). 송인한 외 공역(2015). 보건사회복지. 서울 : 박영사.

Georgette, M., Zifko-Baliga, & Robert, F. K.(1997). Managing perception of hospitals quality. *Marketing Health Services*, Spring, 28-35.

Germain, C. B.(1984). *Social work practice in health care*. NY : The Free Press.

Gillon, R.(1985). *Philosophical Medical Ethics*. 박상혁 역(2005). 의료윤리. 서울 : 아카넷.

Gitterman, A., Knight, C., & Germain, C. B.(2021). *The life model of social work practice*(4th ed.). New York : Columbia University Press.

Glasser, M.(2003). *Warning : Psychiatry can be Hazardous to Your Mental Health*. 박재황 역(2004). 경고 : 정신과 치료가 당신의 정신건강에 피해를 줄 수 있다. 서울 : 가톨릭출판사.

Gostin, L. O.(2001). The human right to health : A right to the "highest attainable standard of health". *The Hastings Center Report, 31*(2), 29-30.

Greβ, S., Gildemeister, S., & Wasem, J.(2004) The social transformation of American medicine : A comparative view from Germany. *Journal of Health Politics, Policy and Law, 29*(4-5), 679-700.

Groves, M. S., & Muskin, P. R.(2005). Psychological responses to illness. In J. L. Levenson(Ed.), *The American psychiatric publishing textbook of psychosomatic medicine*, 67-88. Washington, D.C. : American Psychiatric Publishing.

Hepworth, D. H., & Larsen, J. A.(1993). *Direct Social Work Practice : Theory and Skills*(4th ed.). Belmont : Brooks/Cole.

Hepworth, D. H., Rooney, R. H., Glenda, D. R., & Strom-Gottfried, K.(2016). *Direct social work practice : Theory and skills*(10th ed.). Boston, MA : Cengage Learning.

Herman, J.(1997). *Trauma and Recovery : The aftermath of violence*. 최현정 역(2007). 트라우마 : 가정

폭력에서 정치적 테러까지. 서울 : 플래닛.

Ife, J.(2008). *Human Rights and Social Work : Towards Rights-based practice*. New York : Cambridge University Press.

_____(2010). *Human Rights from Below-Achieving rights through community development*. New York : Cambridge University Press.

Institute of Medicine, US(1988). *The Future of Public Health*. Washington DC : National Academy Press.

James, R. K., & Gilliland, B. E.(2008). *Crisis Intervention strategies*(4th ed.). Belmont CA : Brooks/Cole.

Johns Hopkins Bloomberg School of Public Health(2008). *Core function and essential services*(unpublished file).

Jurkowski, E. T., & Keefe, R. H.(2013). Handbook for public health social work. In R. H. Keefe & T. A. Ewans(Eds.), *Introduction to public health social work*, 3-20, New York : Springer Publishing Company.

Kakei, Y.(2021). *Ninchishosekai no arukikata*. 김동희 역(2022). 비로소 이해되는 치매의 세계 : 당사자 시점에서 본 13편의 치매 이야기. 서울 : 에디터유한회사.

Kirst-Ashman, K., & Hull, G.(1997). *Generalist practice with organizations and communities*. Chicago : Nelson-hall.

Klein, R.(2013). *The new politics of the national health service*(7th ed.). London : CRC Press.

Kolb, L. C., & Brodie, H.(1982). *Modern Clinical Psychiatry*(10th ed.). Philadelphia : W. B. Saunders Co.

Lantz, P. M., House, J. S., Lepkowski, J. M., Williams, D. R., Mero, R. P., & Chen, J.(1998). Socioeconomic Factors, Health Behaviors, and Mortality. *Journal of the American Medical Association, 279*, 1703-1708.

McDaniel, S. H.(1995). Collaboration between psychologists and family physicians : Implementing the biopsychosocial model. *Professional Psychology : Research and Practice, 26*(2), 117-122.

Moxley, D. P.(1989). *The practice of case management*. Thousand Oaks, CA : Sage Publication.

Murray, A. M., Arko, C., Chen, S. C., Gilbertson, D., & Moss, A. H.(2006). Use of hospice in the United States dialysis population. *Clinical Journal of the American Society Nephrology, 1*(6), 1248-1255.

Nakai, Hisao(1982). *Bunretsubyo to jinrui*. 한승동 역(2015). 분열병과 인류 : 정신병은 어떻게 만들어졌나. 서울 : 마음산책.

National Association of Social Workers(NASW, 2000). *Social work speaks : National Association of Social Workers policy statements, 2000-2003*(5th ed.). Washington, D.C. : NASW Press.

Ohi, G.(2008). *Chihorojin wa nani wo miteiruka.* 안상현 역(2013). **치매 노인은 무엇을 보고 있는가.** 경기 : 윤출판.

Reichert, E.(2007). *Challenges in human rights : A social work perspective.* New York : Columbia University Press.

__________(2011). *Social Work and Human Rights.* New York : Columbia University Press.

Ron, A., Abel-Smith, B., & Tamburi, G.(1990). *Health insurance in developing countries : The social security approach.* Geneva : ILO.

Rosen, G.(1993). *A history of public health*(expanded ed.). Baltimore : The Johns Hopkins University Press.

Satir, V., Banmen, J., Gomori, M., & Gerber, J.(1991). *The Satir model : Family therapy and beyond.* Palo Alto, CA : Science and Behavior Books.

Senelick, R. C.(1998). *The Spinal Cord Injury Handbook for Patients and Their Families.* 박지연 역(2016). **척수손상 환자와 가족을 위한 안내서.** 서울 : 군자출판사.

Slaiku, K.(1990). *Crisis Intervention.* Boston : Allyn and Bacon.

Strickler, M., & Bonnefil, M.(1974). Crisis intervention and social casework : Similarities and differences in problem solving. *Clinical Social Work Journal, 2*, 36-44.

Susser, M.(1974). Ethical components in the definition of health. *International Journal of Health Services, 4*, 539-548.

Swinton, J.(2009). Promoting healing environments through spiritual care for healthcare professional and patients. *Health & Mission, 17*, 15-23.

Torrens, P. R., & Breslow, L.(2002). The evolution of public health : a joint public-private responsibility. In S. J. Williams & P. R. Torrens(Eds.), *Introduction to health services*(6th ed.), 162-176, Albany, NY : Delmar Thomson Learning.

United Nations Centre for Human Rights(1994). *Human rights and social work : A manual for schools of social work and social work profession.* 이혜원 역(2005). **인권과 사회복지실천.** 서울 : 학지사.

Weisman, A. D.(1978). Coping with illness. In T. P., Hackett & N. H., Cassem(Eds.), *Massachusetts General Hospital handbook of general hospital psychiatry.* Saint Louis : Mosby.

WHO(2010). *Health systems financing : The path to universal coverage.* WHO : World Health Report 2010.

Wronka, J.(2017). *Human rights and social justice : Social action and service for the helping and health professions* (2nd ed.). Thousand Oaks, CA : Sage Publications.

Yalom, I. D.(1985). *The theory and practice of group psychotherapy*(3rd ed.). 최해림 · 장성숙 공역(1993). **최신 집단정신치료의 이론과 실제.** 서울 : 하나의학사.

Zastrow, C.(1999). *The practice of social work*(6th ed.). Belmont, CA : Brooks/Cole.

_________(2009). *Social work with groups : A comprehensive workbook*(7th ed.). Belmont, CA : Brooks/Cole.

_________(2010). *Introduction to social work and social welfare : Empowering people*(10th ed.). Belmont, CA : Brooks/Cole.

건강보험심사평가원 홈페이지. https://www.hira.or.kr/main.do

국립암센터 중앙호스피스센터 홈페이지. https://hospice.go.kr

국립연명의료관리기관 홈페이지. https://www.lst.go.kr

국민건강보험공단 홈페이지. https://www.nhis.or.kr/nhis/index.do

근로복지공단 홈페이지. https://www.comwel.or.kr/comwel/main.jsp

대한의료사회복지사협회 홈페이지. http://www.kamsw.or.kr/00_main/main.php

속초의료원 홈페이지. https://www.sokchomc.co.kr

의료기관평가인증원 홈페이지. https://www.koiha.or.kr

통계청 홈페이지. https://kosis.kr

American Case Management Association 홈페이지. https://www.acmaweb.org

Joint Commission International 홈페이지. https://www.jointcommission.org

찾아보기

인 명

내 용

저/자/약/력

■ **엄태완(Eom, Tae Wan)**

부산대학교 대학원 사회복지학 박사
부산 동래 & 안락 병원 사회복지사(8년)
정신건강사회복지사 1급(수련슈퍼바이저)
백석대학교 사회복지학부 교수
University of Washington School of Social Work Visiting Scholar
(재)경남사회서비스원 이사장
진해노인종합복지관(경남대 운영) 관장
현 경남대학교 사회복지학과 교수
　경남대학교 인문사회대학 학장

〈주요 저서〉

완벽한 친절함으로부터의 고립(2022, 바른북스, 세종도서 교양부문 선정)
정신건강, 사회정의와 인권으로 답하다 : 삶이 고통스러운 사람들과 함께(2020, 지식공동체, 한국연구재단 우수성과 50선 선정; 교육부장관상 수상)
인간행동과 사회환경(2020, 제2판, 공동체)
사회복지실천론(2020, 학지사, 공저)
사회문제론(2020, 제2판, 정민사, 공저)
정신건강사회복지론(2018, 학지사)
디아스포라와 노마드를 넘어 : 이북이주민과의 공존(2016, 경남대출판부)
사회복지의 이해(2014, 제2판, 학지사, 공저)
탈북난민의 위기적 경험과 외상(2010, 경남대출판부) 등

의료사회복지론

|저자| 엄태완

|1판 1쇄| 발행 2023년 5월 30일
|1판 2쇄| 발행 2025년 1월 15일

|발행인| 김동훈
|발행처| 공 동 체

|주소| 경기도 고양시 일산동구 호수로 358-39, 동문타워 I 905호(백석동)
|전화| 031) 814-3000(대표)
|팩스| 031) 814-3100
|홈페이지| www.compub.co.kr
|전자우편| compub@naver.com
|출판등록| 2005년 10월 6일
|등록번호| 제396-2005-36호

|ISBN| 979-11-6725-319-4
정가 21,000원